동아시아 자료학의 가 능 성

고대 동아시아사의
이해를 중심으로

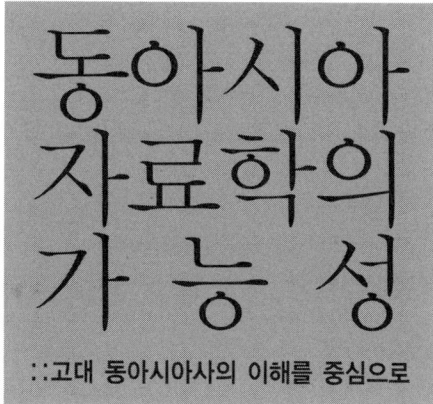

동아시아 자료학의 가능성

::고대 동아시아사의 이해를 중심으로

권인한·김경호·이승률 책임 편집

과거 역사상을 연구하는 역사학을 포함한 고대 사회의 성격을 규명하는 경우, 종이로 제작된 문헌이 아닌 그 이전 시기에 사용한 출토 자료의 발견이란 문헌 자료가 지닌 한계를 극복하고 새로운 역사상을 서술할 수 있는 계기를 제공한다. 특히 중국고대사 연구의 경우, 문헌자료의 한계는 더욱 분명하다. 춘추시대 연구의 주요 문헌자료인 춘추좌씨전春秋左氏傳은 노국魯國 중심의 역사서술의 한계를 벗어나지 못하였으며, 국어國語 역시, 지어志語의 분량이 다른 제후 국에 비해 절대적으로 많을 뿐만 아니라 전체적인 서술도 춘추좌씨전春秋左氏傳과 중복되는 내용이 상당 부분 보이기 때문에 올바른 춘추시기의 사회상을 이해하기에는 다소 무리가 있다. 전국시대를 이해하기 위한 문헌자료 역식 마찬가지이다. 대표적인 역사서인 사기史記의 경우, 연대年代를 중심으로 한 기사내용은 상당한 혼란이 있으며, 기술 내용 역식 진통 중심으로 구성되어 있어 지역적 편차가 심화할 수 있다. 전국책戰國策 역식 국별체로 편집되어 있지만, 기술 내용이 사기史記와 차다란 차이가 있는 부분도 있으며 기사의 연대 확정이 불분명한이나 가공의 역사서라고하기 비판을 받고 있다. 아마도 문헌자료의 한계에 의한 고대사 연구는 한국이나 일본의 고대사학계도 비슷한 문제일 것이다. 출토자료에 대한 정리와 석독은 이러한 역사 연구의 한계인 자료의 공백을 메우고 있을 뿐만 아니라 위질적 역 있는 자료를 잦은된 사료로서 확장생시키고 있다. 바로 여기에서 역사연구— 특히 고대사연구— 에서의 출토 자료 문헌을 대흡롭게 인식할 필요가 있다.

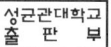
성균관대학교
출 판 부

● 머리말

이 책은 2008년 8월 28·29일 양일에 걸쳐 동아시아자료학연구회의 주최로 성균관대학교 동아시아학술원 인문한국사업단에서 「동아시아 자료학의 가능성 모색 – 출토자료를 중심으로」라는 주제로 개최된 국제학술회의에서 발표된 글들을 모아 펴낸 것이다.

이 학술회의에서는 한국을 비롯 중국·대만·일본 4개국에서 출토자료를 연구하는 저명학자 12명 및 토론자 12명이 한데 모여, 위의 주제와 관련된 심도 있는 발표와 열띤 토론을 벌였다. 중국에서는 천웨이陳偉 교수(武漢大學)·리쥔밍李均明 교수(淸華大學)·천쑹창陳松長 교수(湖南大學)가, 대만에서는 지쉬성季旭昇 교수(玄奘大學)가, 일본에서는 이누카이 다카시犬飼隆 교수(愛知縣立大學)·히라카와 미나미平川南 교수(國立歷史民俗博物館)·야나카 신이치谷中信一 교수(日本女子大學)·후지타 가쓰히사藤田勝久 교수(愛媛大學)가, 그리고 한국에서는 이 책의 3인의 편저자 및 이용현李鎔賢 교수(국립부여박물관)가 각각 발표자로 참석하였다. 특히 외국에서 참석한 학자들은 고문자 및 음운, 역사, 철학사상 분야에서 탁월한 업적을 남김은 물론 국제적으로도 활약하고 있는 학자들이다. 이 자리를 빌려 귀중한 시간을 할애하고 고견을 개진해 주신 국내외 학자 분들께 다시 한 번 진심으로 감사의 말씀 드린다.

이번 국제학술회의를 개최하게 된 문제의식과 목적은 다음과 같다. 지금까지 동아시아 문화에 관한 연구는 주로 문헌자료(전래문헌)를 중심으로 진행되어 왔다. 그러나 20세기 이후 한·중·일 동아시아 삼국에서 수많은 출토자료가 발견되고 그 중요성에 대한 인식이 심화됨에 따라 지금은 출토자료를 이용한 연구가 일반화되고 있다.

　그런데 종래의 연구의 일반적인 경향을 살펴보면 고문자학, 역사학, 철학사상, 문학 등 각 전문분야별로 연구가 집중되어 왔지만, 그 연구방법이나 주요 대상에는 큰 차이가 있었다. 그 때문에 각각의 지역 및 전문분야별로 독자적인 연구가 진행되어 온 것은 부정할 수 없으며, 문화 전체를 대상으로 한 종합적 수준에서의 '자료학'의 연구방법론은 반드시 확립되었다고 할 수 없다.

　이러한 연구 동향 속에서 근 30년 이래 한국에서 발견된 간독簡牘은 양적인 면에서는 아직은 중국이나 일본에 비하여 상대적으로 적지만, 자료가 절대적으로 부족한 한국 고대라는 시대나 그 사회상을 이해하는 데 매우 중요한 실마리를 제공하고 있다. 더구나 한국에서 발견된 출토자료의 성서成書시기가 중국과 일본의 중간 시기에 해당한다는 점에서 선진先秦시대에서 기원후 8세기에 걸친 동아시아 문화에 대하여 지금이야말로 출토자료를 매개로 한 학제적 연구를 수행할 수 있는 좋은 기회라고 생각된다.

　한편 새로운 연구방법론을 개발하고 자료를 폭넓게 활용함으로써 고대 동아시아 문화에 관한 이해의 폭이 한층 확대된 것은 사실이다. 그러나 한국 학계는 물론 전 세계적으로 보아도 출토자료를 중심으로 한 '자료학'이라는 연구 분야가 완전히 정착되었다고 할 수는 없다. 따라서 이 문제에 대한 심도 깊은 논의도 또한 필요하다.

　이 학술회의에서는 '자료학'의 대상과 의미, 연구방법론, 문제점 및 그것이 과연 고대 동아시아 문화를 올바로 이해하기 위한 매체로서의 역할을 할 수 있는지 등의 문제의식을 제기하면서, 그 가능성을 고대 문자와 언어,

역사, 철학사상 분야에서 학제적이면서 총체적으로 모색해 보고자 하였다. 더 나아가서는 출토자료가 자료학이라는 보다 넓은 학적 틀 속에서 갖는 본질적인 의의를 논의하는 것이 이 학술회의의 최종 목표였다.

여기서 잠시 이해를 돕기 위하여 인문한국사업과 동아시아자료학연구회에 대하여 간단히 설명하면 다음과 같다.

먼저 인문한국사업(Humanities Korea Project)이란 구 한국학술진흥재단(2009년부터 한국연구재단으로 통합 운영)에서 2007년부터 지원하고 있는 사업이다. 이 사업은 연구소 또는 연구단 중심의 연구 체제를 확립하여 연구 주체를 양성하고 연구 기능을 강화하며, 아젠다 중심의 학제적 통합 연구를 장기적으로 지원하는 것을 목적으로 하고 있다. 동아시아학술원은 2007년도에 본 사업에 선정되어 '소통과 확산－동아시아 연구를 통한 한국 인문학의 창신'이라는 아젠다를 설정하고, 동아시아 연구의 거점 연구소로서 세계적 수준의 핵심연구센터(HUB)를 구축하는 것을 목표로 현재 1단계 3년차 사업을 수행 중이다.

본 사업단에서는 위의 아젠다를 체계적이고 효과적으로 수행하기 위하여 학제적 교육·연구 활동의 통합 체계이자 기관연구의 수행 주체인 리서치 클러스터(Research Cluster)를 조직·운영하고 있다. 동아시아자료학연구회는 바로 그러한 리서치 클러스터 중의 하나이며 2008년 3월에 처음 조직되었다. 본 연구회의 산하 조직으로는 초간윤독회楚簡輪讀會가 있으며, 매월 1회에서 수회에 걸쳐 자료 윤독, 국내외 석학 초청 강연 및 학술회의 개최, 총서 간행 등의 연구 활동 및 사업을 주관해 왔다.

본 연구회의 명칭으로 사용하고 있는 '자료학'이라는 개념은 국내는 물론 해외에서도 아직은 매우 생소한 개념이다. 한·중·일 삼국의 경우만 보더라도, 한국과 중국에서는 자료학이라는 개념을 아직은 거의 사용하고 있지 않다. 그나마 일본에서 1990년대 초중반부터 주로 역사학·민속학·문헌학적인 입장에서 '문헌자료학文獻資料學' '역사민속자료학歷史民俗資料學' '중세자료학中世資料學' '인문자료학人文資料學' 등의 용어가 간간히 사용되고 있었다. 그러던 것이 2001년도에 일본 에히메愛媛대학에서 '자료학연구회資料學研究會'가 발족되고 '정보 전달'이라는 시점에서 출토자료를 연구함으로써 고대 동아시아, 특히 중국과 일본의 고대 사회의 특질을 역사적으로 구명하려는 작업을 지속적으로 진행시키고 있다.

본 연구회 또한 동아시아 사회와 문화 전반을 객관적이고 총체적으로 연구하기 위해서는 반드시 '자료'에 입각한 연구가 필수불가결하다는 인식하에 '자료학'이라는 개념을 도입하게 되었다. '자료학'이라고 한다면 가장 먼저 그것이 과연 기존의 문헌학(philology)과 무슨 차이가 있는가라는 의문이 들 것이다. 학적 규정의 문제는 아직은 현재진행형이기 때문에 여기서 체계적으로 논하는 것은 시기상조이다. 그러나 문헌학과 구분되는 점은 분명 존재한다. 사실 문헌학이라는 개념 자체도 그 의미하는 바가 동서양이 다르고 사용 주체에 따라서도 다르기 때문에 한 마디로 정의내리기는 힘들다. 다만 서양에서는 사전적 의미로서 한 민족 또는 여러 민족이 남긴 모든 분야의 유형·무형의 문화적 소산, 특히 언어적 소산을 자료로 하여 연구하고 그 결과를 바탕으로 그 민족의 생활과 문화에 관한 전체 모습을 창조적이며 통일적으로 재현하려는 학문으로 정의된다. 그에 비하여 동아시아에서는 훈고학訓詁學·고증학考證學·판본학版本學 내지는 문헌정보학 등의 개념과 맞물려 그보다 훨씬 더 축소된 의미에서 사용되고 있는 것이 현실이다.

자료학은 이러한 문헌학적 방법론을 기초로 한다는 점에서 분명 상통하는 면이 있다. 그러나 본 연구회에서 자료학을 표방하는 보다 중요한 이유는 사실은 좀 더 다른 데에 있다. 그것은 먼저 지금까지 동아시아 각국이 일국사적一國史的 시각에서 문사철文史哲과 같이 분과分科 학문적으로 연구해 온 종래의 학문적 방법론을 지양하는 것으로부터 출발한다. 최근 고개를 들고 있는 민족우월주의적 태도도 물론 극복의 대상이 된다. 그리하여 동아시아 각국의 사회와 문화의 고유성 및 다원성을 인정하고 국가와 시대를 뛰어넘어 동아시아 전근대 및 근대 이후의 문화적 소통과 확산 과정을 입체적으로 조명함으로써, '동아시아란 무엇인가'라는 물음에 한 걸음씩 다가가려고 하는 것이 본 연구회가 지향하는 목표 중의 하나이다. 이러한 목표를 달성하는 데 필요하다면 그것이 고대자료든 근현대자료든, 국내자료든 외국자료든, 지상紙上자료든 지하地下자료든 디지털자료든 그 어떤 자료라도 자료학의 대상이 된다. 또, 어떤 자료를 이해하는 데 필요하다면 그것이 인문과학이든 사회과학이든 자연과학이든 그 어떤 방법론이라도 자료학 방법론의 대상이 된다.

고대 동아시아의 출토자료를 예로 들면, 중국에서 고안된 죽간과 목간과 같은 서사재료는 한반도에서도 거의 유사한 형태의 것이 발견되고 있다. 그러나 유사한 것뿐만 아니라 중국과는 다른 형태의 것도 발견되고 있다. 그것을 한반도 고유의 서사재료의 형태라고 한다면, 그것이 다시 일본 고대 사회에 심대한 영향을 끼쳤다는 것이 한일 고대 목간의 비교 연구를 통하여 서서히 밝혀지고 있다. 서사재료의 형태뿐만 아니라 그 용도나 내용에서도 고대 동아시아의 출토자료에 공통점과 차이점이 있다는 것 또한 밝혀지고 있다. 이러한 사실은 종래의 문헌자료만 가지고는 좀처럼 알 수 없었던 새로운 사실이다. 일국사가 아닌 동아시아 문화 전체를 시야에 두고자 하는 자료학의 유효성은 바로 여기에 있다고 할 수 있다. 보다 구체적인 사항은 이 책에 실려 있는 논문들을 통하여 그 대체적인 윤곽을 알 수 있을 것으로 확신한다.

그러나 앞으로 '자료학'을 학문적으로 정립시키기 위해서는 해결해야 할 문제나 과제들이 너무나도 많다. 학술회의 때에도 논의된 바 있지만, 자료학을 학적으로 체계화시키기 위해서는 우선 연구방법론을 보다 구체적으로 수립하는 것이 매우 시급하다. 다음으로 문사철 분과 학문만이라도 융합할 수 있는 학제적 연구 환경 및 기반을 조성하는 것도 당면 과제 중의 하나라고 생각한다. 그밖에도 여러 가지 문제들이 있을 수 있겠지만, 이러한 문제들은 결코 단기간에 해결될 수 있는 것이 아니다. 이 책에서는 국내에서 장기적인 안목에서 자료학을 정립시키기 위한 일환으로 고대 동아시아의 출토자료라는 공통의 자료를 통하여 자료학의 가능성을 모색해 보았다. 국내에서는 새롭게 시도하는 이 분야에 대하여 독자 제현의 뜨거운 관심과 아낌없는 격려를 바란다.

2009년 9월
동아시아자료학연구회
권인한·김경호·이승률

《동아시아 자료학의 가능성》의 출판을 축하하며

중국사회과학원 역사연구소 연구원 부쉔췬(卜宪群)

일전에 한국 성균관대학교 동아시아학술원 김경호 교수가 나에게 《동아시아 자료학의 가능성》이라는 저작에 대한 축사를 써달라고 부탁하였다. 김 교수는 나의 친구로서 일찍이 중국사회과학원 역사연구소에서 방문학자로 활동하였다. 나 역시 성균관대학교 동아시아학술원을 방문하여 학술강연을 한 적이 있으며 두 기관은 학술교류협정을 체결하여 학술교류를 진행하고 있다. 이러한 모든 사정들은 나로 하여금 축사를 빠른 시간내에 작성하여 발송하게 하였다. 인사말은 줄이고, 주로 목차의 내용을 중심으로 감상을 피력하고자 한다.

'동아시아자료학'을 정확하게 말하면 '동아시아출토자료학'인데 더 구체적으로 말하면 한국·중국·일본을 중심으로 한 '동아시아 출토 간독 자료학'이다. 이런 형식과 이름으로서 동아시아지역에서 출토된 자료를 연구하는 것은 방법과 격식에서 모두 새로운 시도라고 볼 수 있다.

인류의 서사체재는 민족마다 일률적이지는 않다. 동아시아 지역에서는 종이를 보편적으로 사용하기 전에는 주로 죽간·목간과 비단을 사용하였다. 비단은 보존하기가 비교적 어렵기 때문에 이를 대신하여 발견한 것은 나무나대나무로 만든 간독이다. 이러한 목간은 중국에서 출토된 것이 중심이 되며, 시간적으로도 중국의 간독이 제일 앞서고 총 수량도 20여만 매, 글자 수도 100여만 자나 된다. 중국 외에 한국과 일본에서도 간독으로 구성된 문자자료가 발견되었다.

　간독자료는 각국의 고대사 연구에서 매우 중요하다. 특히 전국시기로부터 삼국시기까지의 중국고대사의 연구에서는 없어서는 안 되는 자료이다. 이 시기의 역사를 연구하는 각국의 학자들은 대부분 이 분야로 관심을 기울이거나 혹은 전문적인 간백학 연구에 종사하거나, 혹은 간백자료로부터 자신이 이용할 수 있는 자료를 발견하기도 하였다. 이로 인하여 중국고대사연구는 커다란 발전을 하였다. 예를 들면 이 책에 실린 천쑹창陳松長 선생의 진秦나라 군郡의 명칭에 관한 연구, 리쥔밍李均明 선생의 진한秦漢 문서에 관한 연구, 천웨이陳偉 선생의 한나라 초기 율령律令에 관한 연구, 이승률 선생의 출토문자와 중국고대사상사에 관한 연구, 야나카谷中信一 선생의 제초齊楚문화교류의 연구 등이다. 이러한 연구들은 간독자료의 출현에 의해서 비로소 전개될 수 있었기 때문이다. 전통적인 문헌자료만으로는 이러한 문제를 제기할 수가 없으며 설령 제기한다고 해도 새로운 발전은 기대하기 어려울 것이다. 당연히 간독자료의 의의는 역사학에 국한된 것이 아니라 기타 많은 연구분야에서 역시 중요한 가치를 가지고 있다. 나는 한국과 일본의 학술연구에서 한국과 일본의 간독에 대한 가치에 대해서는 많은 이해가 없다. 단지 본서의 목차와 내용을 보면 이 책이 언어학, 역사학 연구의 의의와 가치가 매우 높음을 알 수 있다. 이러한 이유로서 이 책의 출판은 각국에서 상관된 학술연구와 국제교류를 추진하는 데에 매우 커다란 의미가 있을 것이라고 믿는다.

　동아시아학술원 김경호 선생은 이 책의 편찬에 대해 더욱더 깊은 인식을 가지고 있는 듯하다. 그것은 고대 동아시아 이해를 중심으로 한 21세기 동아시아 출토문헌 '자료학'의 건립이라고 본다. 중국 문화를 중심으로 한 고대 동아시아는 주변지역으로 복사되어 주변의 국가와 민족에게 영향을 끼쳤다. 고대 동아시아 문화권 역시 간백을 중심으로 한 출토문헌자료가 발견되었으며 이것은 고대 동아시아사 연구를 위한 교류의 공간을 제공하였다. 이 공간의 가장 좋은 기초는 곧 '동아시아 출토문헌 자료학'의 개념에 대한 공통의 이해를 달성하는 것이며 동시에 이러한 각도에서 고대 동아시아 연구를 진행하는 것이다. 이러한 측면에서 본다면 대단히 중요한 의의가 있다. 나의 이러한 견해가 김경호 교수의 본래 취지와 일치하는지는 모르겠다.

이 책의 저자들에 대해서 나 역시 비교적 잘 알고 있는 학자들로서 모두 한국·중국·일본 간독학 연구에서 훌륭한 연구자들이다. 이름 있는 분들이고 나와 친숙한 분들이다. 나는 이 책의 출판이 한국·중국·일본 삼국의 학술교류를 추진하고 삼국의 출토문헌 및 역사문화의 연구의 촉진하는 데 중요한 의의를 발휘할 것이라 확신한다.

2009년 9월 베이징北京에서

祝贺《东亚资料学的可能性摸索》一书的出版

中国社会科学院 历史研究所 研究员 卜宪群

前些日子，韩国成均馆大学东亚学术院金庆浩教授来信，嘱我为《东亚资料学的可能性摸索》(以下简称《摸索》)一书的出版写几句贺词。金教授是我的朋友，曾在社科院历史所做过访问学者，我也曾去那里做过学术访问，并与东亚学术院签订了和历史所学术交流的协议，这一切都使我应当尽快将祝词送达！客套的话我不想多说，仅就所看到的目录内容谈一点自己的感想。

本书命名的"东亚资料学"实际为"东亚出土资料学"，更具体的说是以韩中日为代表的"东亚出土简牍资料学"。以这样的形式和名称来研究东亚地区的出土资料，从方法和体例上来说都应该是一个创新吧！

人类的书写载体在各民族都有不同的差异，东亚地区在纸的普遍使用之前，主要是简帛。由于帛的保存比较困难，我们目前发现的主要是以木、竹制成的简牍。这些简牍以中国的发现为主，时间上也以中国简牍为早，其总数已达二十多万枚，字数也达一百多万。除中国外，韩国和日本也发现了以简牍作为载体的文字资料。

这些简牍资料在各国古代历史的研究上都有重要意义，特别是对从战国至三国时期的中国古代史研究意义尤为显著。研究这段历史的各国学者，差不多都把眼光转到这些方面，或者从事专门的简帛学研究，或者从中发现各种可为己所用的资料。中国古代史的研究因此而大大往前推进。例如本书所收录的陈松长先生关于秦郡名的研究，李均明先生关于秦汉文书的研究，陈伟先生关于汉初律令的研究，李承律先生关于出土文字与中国古代思想史的研究，谷中信一先生关于齐楚文化交流的研究等课题，都是因为简牍材料的出现才可能展开的，依靠传统的文献材料大都不可能提出这些问题，即使提出也难以有新的进展。当然简牍资料的意义不仅对于历史学，在其他许多学科上也都有重要的价值。我对韩日简牍在韩日学术研究上的价值了解不多，仅从本文作者的目录来看，它们对于语言学、历史学研究的意义和价值也是非常高的。因此，本书的出版对推进各国的相关学术研究和国际交流很有意义。

然而东亚学术院的金庆浩教授对本书的编纂还有更深入的思考，那就是建立以对古代东亚史理解为中心的21世纪的东亚出土文献"资料学"。这个提法非常新颖。古代的东亚以中国文化为中心向周边辐射，影响周边国家和民族。古代的东亚文化圈也都发现了以简帛为主体的出土文献资料，这为古代东亚史的研究提供了一个平台和交流对话的空间，这个平台和空间的最好基础就是达成对"东亚出土文献资料学"概念的共同理解，并从这个视角开展对古代东亚史的研究。这显然具有重大意义。我不知道我的这个看法是否符合金教授的本意。

本书的作者我大都比较熟悉，均为韩中日简牍学研究的著名专家，我相信本书的出版对推进三国的学术对话和学术交流，促进三国出土文献及历史文化的研究发挥出重要意义！

2009年 9月 于北京

동아시아 자료학의 가능성에 대한 유익한 탐구

무한대학 간백연구중심 천웨이(陈伟)

최근 저는 김경호 교수와 이메일을 통해서 『동아시아 자료학의 가능성』이 곧 출판될 것이라고 알게 됐다. 1년 여 전 김 교수가 재직하고 있는 성균관대학교에서 개최한 학술회의에 참가했던 상황이 나도 모르게 매우 선명하게 눈앞에서 펼쳐졌다.

2008년 8월 28~29일에 성균관대학교 동아시아학술원 인문한국(HK) 사업단이 주최한 국제 학술회의 '동아시아 자료학의 가능성에 대한 모색'이 성균관대학교에서 거행되었다. 한국과 중국, 대만 및 일본의 학자 총 40여 명이 참석하였다. 한국, 중국, 대만과 일본의 학자 12명이 논문을 발표하였고, 토론자와 기타 회의 참석자들은 발표 논문들에 대하여 토론을 진행하였다.

간독연구는 끊임없는 자료의 발견으로 인해, 20세기 말부터 중국, 일본, 한국에서 새로운 연구 열풍이 일어났다. 이와 관련한 각종 학술회의, 특히 국제 학술회의는 많이 거행되었다. 일반적인 국제 학술회의와 비교하여, 이번 학술회의는 다음과 같은 세 가지 측면에서 본받을만한 특징이 있다.

첫 번째는 회의 주제의 국제성이다. 학술회의는 '동아시아 자료학의 가능성'을 전체 주제로 내걸면서 동시에 한국·중국·일본에서 출토된 간독을 연구 대상으로 하였다. 각국의 간독 형제形制와 내용에 대한 구체적인 해독에 대한 발표문도 있었고, 동아시아 국가들의 출토자료의 관련성에 착안하여 그들에 대한 총괄적인 연구를 진행한 논문도 있었다. 이것은 일반적인 특정 주제의 학술회의의 한계를 크게 뛰어넘는 것으로, 회의 참석자들이 보다 거시적인 배경하에서 문제에 대한 사고와 연구를 하게 하고 나아가 동아시아 역사 연구에 대한 출토문헌의 의의를 탐구하게 했다.

두 번째는 간독 문헌 자료의 성격에 대한 해설의 중시이다. 자료학의 측면에서 출토된 간독자료에 대하여 전세傳世 문헌과의 공통성 및 특수성을 분석하고, 전세傳世 문헌 연구와 전세傳世 문헌을 기초 자료로 진행한 간독문헌의 학술적 의의 가운데 특수한 의의를 탐구 토론하여 출토문헌 자료학의 창건을 준비한다는 것이다. 이에 대하여, 일본 에히메愛媛 대학의 '자료학 연구회'의 학자들은 이미 상당한 성과를 거두었다. 이번 회의를 주관한 김경호 교수는 에히메 대학 학자들의 연구 성과를 높이 평가함과 아울러 자신의 노력을 통해서 이러한 시도를 더욱 발전시키려 한다고 하였다.

세 번째는 첫 번째와 상응한 것으로, 이번 회의 준비가 최고 수준으로 국제화되었다는 점이다. 대체로 대다수 회의 참석자의 학문 배경으로 인하여 회의에서 가장 많이 사용한 언어는 중국어일 것이다. 그러나 주최측은 모든 발표된 논문에 대하여 발표자가 작성한 모국어 이외에 다른 두 개의 언어로 발표문을 요약하고 번역문을 제공했다. 모든 토론자의 토론 의견 역시 같은 방법으로 준비하였다. 이렇게 하여 모든 사람들에게 발표자와 토론자의 의견을 비교적 쉽게 이해할 수 있게 하여 회의의 효율 및 효과를 제고할 수 있었다.

한국 성균관대학교는 뛰어난 학문 전통과 오랜 인문학의 배경을 가지고 있는 학교이다. 성균관대학교 동아시아학술원의 김경호 교수와 이승률 교수는 젊으며, 각각 중국 진한 간독 및 전국시대 간독 연구 영역 분야에서 탁월한 연구 성과를 거두고 있다. 이들의 이러한 우수한 학술 연구팀이 반드시 중국, 심지어 동아시아 간독 문헌 연구에서 보다 큰 독자적인 성과를 얻을 것으로 기대한다. 국제학술회의 '동아시아 자료학의 가능성에 대한 모색'의 성공적인 개최와 논문집의 순조로운 출판은 좋은 시작과 전조라고 하겠다.

东亚资料学可能性的有益探索

武汉大学简帛研究中心　陈伟

最近与金庆浩教授通电子邮件，得知《东亚资料学可能性的探索》即将出版。一年多前在金教授任职的成均馆大学参加同名国际学术研究会的情形，不禁又清晰地在眼前再现。

2008年8月28-29日，由韩国成均馆大学东亚学术院、人文韩国事业团主办的"东亚资料学可能性的探索－－以出土资料为中心"国际学术研讨会，在成均馆大学召开，韩国学者与来自中国大陆和台湾地区的学者、日本学者40多人与会。韩国、中国和日本学者有12人发表论文，论文讲评人和其他与会学者对这些论文进行了讨论。

简牍研究由于资料的不断涌现，从上世纪末开始，在中国、日本和韩国掀起新的研究热潮。各种相关的学术会议，包括国际会议，也开得比较多。与一般的国际学术会议相比，这次研讨会在以下三个方面具有值得称道的特点。

第一，会议主题的国际性。研讨会以"东亚资料学可能性的探索"为宗旨，同时把中国、韩国、日本的出土简牍作为研究对象，既有对于各国简牍形制与内容的具体解读，也有论文着眼于东亚各国出土资料的关联性，对它们进行总体研究。这大大超出了一般专题会议的限制，使得与会者可以在更加宏大的背景中思考和研究问题，探讨出土文献对于东亚历史研究的意义。

第二，重视对简牍文献资料性质的阐发。即从资料学层面对待出土的简牍资料，分析其与传世文献的共性与特性，探讨简牍文献在传世文献研究和以传世文献为基本资料而进行的学术研究之中的特殊意义，酝酿出土文献资料学的创建。在这方面，日本爱媛大学"资料学研究会"的学者已经作出有益的尝试。主持这次会议的金庆浩教授对爱媛大学学者的工作表示赞赏，并通过自己的努力，将这一尝试推向前进。

第三，与第一点对应，会议安排尽量国际化。大概由于多数与会者的学术背景，会议上使用最多的似乎是汉语。不过，主办方对每篇发表的论文，除了发表者写作所用的母语之外，还都提供了另外两国语言的要旨译文。各位讲评人的评论意见，也如此安排。使得大家对发表者、评论者的意见能够比较方便地理解、答辩和讨论，会议的效率、效果因而得到保证。

韩国成均馆大学，是一所有着优良学术传统和深厚人文底蕴的学校。成均馆大学东亚学术院的金庆浩和李承律两位教授，年富力强，分别在中国秦汉简牍和战国简牍的研究领域，作有突出的成果。以他们这些的学术班底，必定能够在中国以至东亚简牍文献研究中，作出独特的贡献。"东亚资料学可能性的探索"国际学术研讨会的成功召开和同名论文集的顺利出版，乃是一个良好的起步和预兆。

간행에 즈음하여

일본국립역사민속박물관 관장   히라카와 미나미(平川南)

　중국에서는 문자는 신神과의 대화로부터 시작하며, 그 다음에 각 지역의 호족이 왕에게 충성을 맹세하여 섬겼다는 유래를, 왕으로부터 포상으로 받은 금속이나 화폐로 만들어진 청동기에 적었다. 게다가 진대秦代에는, 서체를 통일해서 문자를 통치의 도구로 삼았다.

　한편, 일본의 문자는 먼저 중국 왕조와의 외교상의 필요로부터 시작하며, 그 다음에 국내 정치에 있어서는, 왕이 그 신하에게 명문銘文을 새긴 칼을 하사하였다. 그런 다음에 지방 호족이 왕을 섬긴 유래를 도검刀劍이나 거울에 적었던 것이다. 그리고 문서행정이 정착한 8세기 무렵부터, 신神에 대해서는 토기土器에 음식을 담아서 헌상獻上함과 동시에, 문자로써 자신의 소원을 신에게 전했던 것이다. 전체적인 개시 연대는 다르지만, 고대 조선에 있어서도 거의 동일한 흐름이라고 생각할 수 있지 않을까? 이렇게 고대에 있어서의 중국과 고대 조선 및 일본의 문자의 흐름의 상이相異점은, 문자가 발생한 중국과 그 문자를 수용한 고대 조선 및 일본과의 차이를 단적으로 나타내고 있다고 말할 수 있을 것이다.

　고대 조선의 출토 자료는, 지금까지 중국과 일본에 비하여 적은 것으로

간과되기 십상이었다. 그러나 중국·일본의 중간 지점에 위치하는 고대 조선의 자료적 가치는, 헤아릴 수 없을 정도다.

특히 고대 조선의 문자 자료는 음의音義를 비롯해, 목간 등의 형상·표기·기재 내용 모두 고대 일본의 목간 연구에 그치지 않고, 역사·문화 전반에 걸치는 귀중한 자료들이다. 특히 고대 일본의 초기 문자 문화의 잃어버린 고리를 풀 수 있는 열쇠는, '고대 조선에 있다'라는 느낌이 강하다.

이번에 성균관대학교가 중국·일본에 앞서, '동아시아 자료학의 가능성 모색'이라고 하는 주제로 국제학술회의를 개최하여, 한 권의 책으로 정리할 수 있게 된 것은, 동아시아사에 관련되는 학술 연구의 진전에 크게 공헌하는 의의意義있는 사업으로 높이 평가될 것이다.

最刊行に寄せて

国立历史民俗博物馆 馆长 平川 南

中国では文字は神様との対話からはじまり、次に各地の豪族が王に忠誠を誓い仕えた由来を、王から褒賞として受けた金属の地金や货币によって作った青铜器に記した。

さらに秦代には、书体を统一し、文字を统治の道具とした。

一方、日本の文字はまず、中国王朝との外交上の必要からはじまり、次に国内政治において、王からその臣下に対して铭文を刻んだ刀を下赐した。次に地方豪族が王に仕えた由来を刀剣や镜に記したのである。そして文书行政が定着した八世纪顷から、神に対して土器に食物を盛り、供献するとともに、文字によって自らの愿いを神に伝えたのである。全体的な开始年代は异なるが、古代朝鲜においてもほぼ同様の流れと考えられるのではないか。このような古代における中国と古代朝鲜および日本の文字の流れの相违は、文字の生まれた中国とその文字を受容した古代朝鲜および日本との违いを端的に表しているといえるであろう。

古代朝鲜の出土资料は、これまで、中国と日本に比して少ないことから见过ごされがちであった。しかし、中国・日本の中间地点に位置する古代朝鲜の资料的価値は、はかりしれない。

とくに、古代朝鲜の文字资料は音义をはじめ、木简等の形状・表记・記载内容のいずれも、古代日本の木簡研究にとどまらず、歴史・文化全般にわたる貴重な資料群である。とくに、古代日本の初期文字文化のミッシングリンクを解く鍵は、"古代朝鮮にあり"という感が強い。

　今回の成均館大学校が中国・日本に先がけて、「東アジア 資料学 可能性 摸索」というテーマで国際学術会议を开催し、一书にまとめられたことは、東アジア史に关わる学术研究の进展に大きく贡献する意义ある事业と高く评価されるであろう。

차 례

1부 출토문자자료 연구의 가능성

2부   문자와 문화

3부 지역과 사회

출토문자자료
연구의
가능성

우리 역사학은 연구하고, 역사학은 소위한 고대 사회의 실결을 규명하는 것은, 출토된 물리된 문헌이 아닌 그 이전 전자에 사용된 출토 일들의 완성이며 많은 자료가 지닌 한계를 극복하고 새로운 역사성을 확보할 수 있다. 자료를 개권원다. 특히 목간대지 연구의 경우, 문헌자의 한계는 더욱 심각하다. 출토자체 연구의 주요된 연사대인 출토사체간육관리문지이 노국화된 중기의 역사기술이 수없이 많아서 기록하기에, 국이해한 옥기, 우리해한을 완결하고 다룬 취주사대 비방 사대경우가 많은 문비 아니라 인체적인 기술로 출토화체간화관관관관관 동기된 내용이 워낙 방학 부에 기 때문에 오래된 출토지석 위해의 알레에게가게는 대에 무리가 있다. 한국사의도 이해하기 위한 문자자료 대지 대지사시체사는, 대체적인 마사대있은 가기화으로 경우, 아바워진요운 경우로만 기아대통을 장양할 것이나 있으며, 각속 대등 역사 시초 중심으로 구성하여 있어 학적인 완성이 신선출 안구 없다. 문헌 형화원화중 역시 사원배화으로 구성하여 글 짓만, 시초 대등이 화기로화를 거다로 지어가 있는 부분도 있으며, 기사이 연대 화상이 동일하기아하 가록의 미기사의 미시 연계되는 발가 있다. 어리유로 문비에나 경 안계에 지학 기대과 연, 결과 진술에나 일부지 고대사목계도 배울한 습 배업 것이다. 출토기화체체가 경기된 기록을 지나가가 부어나 한계된 자료의 숙채를 대부로 끝을 찾아 아나다 엄감이지 않는 가리를 무거운 자리로서 알비출가 가고 있다. 이같 연구에서지저사의연구는 동과 고대의연구는 – 해석적 방법 지못 자료 분야의 새로에 적극적 필요가 있다.

21세기 동아시아 출토문자자료의 연구 현황과 '자료학'의 가능성

고대 동아시아사의 이해를 중심으로

김경호 (金慶浩)*

1. 문제제기

간독簡牘, 간백簡帛, 목간木簡 등으로 불리우는 출토문자자료出土文字資料[1]는 두 가지 측면의 성격을 가지고 있다. '출토出土'란 지하로부터라는 개념으로 고고학 분야와 밀접하며, '문헌文獻'이란 기존의 다양한 역사문헌과 동일한 성격의 자료를 지칭한다. 출토자료를 이용한 연구는 고고학·역사학 등 관련 방면의 연구와 출토문헌 그 자체에 대한 기초적인 문자학 등의 연구분야로 구분할 수 있다. 그리고 그 연구 대상은 출토자료의 특성과 연구방법, 기능과 용도, 기재양식, 출토 유적과 유물에 대한 조사 등이다.

출토자료의 가장 중요한 특색은 무엇보다도 다른 출토유물과는 달리 문자가 기록되어 있어 당시 사회의 단면을 정확하게 전해준다는 점이다. 이런

---

* 성균관대학교 동아시아학술원 인문한국사업단(HK) 교수.
1 본고에서 다루고자 하는 출토문헌자료란 중국의 戰國~秦漢시기에 출토된 木簡·竹簡·帛書와 한국과 일본에서 출토된 목간자료로서 제한된 개념으로 사용하고자 한다. 이하 "出土文字資料"라고 약칭한다.

까닭에 과거 역사상을 연구하는 역사학을 포함한 고대 사회의 성격을 규명하는 경우, 종이로 제작된 문헌이 아닌 그 이전 시기에 사용한 출토문헌자료의 발견이란 문헌 자료가 지닌 한계를 극복하고 새로운 역사상을 서술할 수 있는 계기를 제공한다. 특히 중국고대사 연구의 경우, 문헌자료의 한계는 더욱 분명하다. 춘추시대 연구의 주요 문헌자료인 『춘추좌씨전春秋左氏傳』은 노국魯國 중심의 역사서술의 한계를 벗어나지 못하였으며,[2] 『국어國語』 역시 「진어晉語」의 분량이 다른 제후국에 비해 상대적으로 많을 뿐만 아니라 전체적인 서술도 『춘추좌씨전』과 중복되는 내용이 상당 부분 보이기 때문에 올바른 춘추시기의 사회상을 이해하기에는 다소 무리가 있다.[3] 전국시대를 이해하기 위한 문헌자료 역시 마찬가지이다. 대표적인 역사서인 『사기史記』의 경우, 연대年代를 중심으로 한 기사내용은 상당한 혼란이 있으며, 서술 내용 역시 진秦 중심으로 구성되어 있어 지역적 편차가 심함을 알 수 있다.[4] 『전국책戰國策』 역시 국별國別로 편성되어 있지만, 서술 내용이 『사기』와 커다란 차이가 있는 부분도 있으며 기사의 연대 확정이 불분명함이나 가공의 역사서라고까지 비판을 받고 있다. 아마도 문헌사료의 한계에 의한 고대사 연구는 한국이나 일본의 고대사학계도 비슷한 문제일 것이다.

출토자료에 대한 정리와 석독釋讀은 이러한 역사 연구의 한계인 사료의 공백을 메우고 있을 뿐만 아니라 뒤섞여져 있는 사료를 정돈된 사료로서 재탄생시키고 있다. 바로 여기에서 역사연구 — 특히 고대사연구 — 에서의 출토자료 문헌을 새롭게 인식할 필요가 있다. 더욱이 문헌자료가 편찬된

---

2 노국의 연대기를 기초로 구성한 문헌이기 때문에 齊·晉·楚 등의 大國과 관련한 기술을 하였더라도 그 서술의 한계는 벗어날 수 없다.
3 『국어』의 구성을 살펴보면, 鄭語1, 楚語2, 吳語1, 越語1, 齊語1, 魯語2, 周語3, 그리고 晉語 9편으로 모두 20으로 구성되어 있다. 그 가운데 晉語는 45%의 비중을 차지하고 있다. 더욱이 그 내용도 『춘추좌씨전』과 상당부분 중복되며 내용의 지역적, 시간적 편차도 크다.
4 藤田勝久, 『史記戰國史料の研究』(東京大學出版會, 1997)

2차자료임에 반하여 출토자료는 동시대에 만들어진 1차자료이다. 따라서 1차자료인 출토자료에 대한 적극적인 정리와 석독작업은 종래 문헌자료에서 발견할 수 없었던 새로운 역사적 사실을 제공할 것이다. 반대로 출토문자자료를 기초로 하여 문헌자료의 내용을 검토한다면 문헌자료의 새로운 해석도 가능할 것이다.

새로운 자료의 발굴이 학문연구에서 중요한 의의를 갖는다고 강조한 왕궈웨이王國維의 "새로운 학문은 새로운 자료의 발굴에서 나온다古來新學問起 大都由于新發見"[5]라는 언급은 21세기에 들어서도 여전히 경전의 한 구절처럼 중요한 의미를 가지고 있다. 더욱이 20세기 이후 중국사 연구영역에서의 새로운 자료의 발굴은 비단 출토자료에 국한된 것이 아니라 갑골문甲骨文, 돈황문서敦煌文書를 비롯하여 명청시대의 당안문서, 휘주문서, 천일각의 『천성령天聖令』 등 관련분야의 연구 영역을 발전시켰을 뿐만 아니라 갑골학, 돈황학, 휘주학 등과 같은 하나의 독립된 학문영역의 성립을 가능케 하였다. 그런데 출토자료의 경우, 갑골이나 돈황문서와는 달리 한국, 중국, 일본의 동아시아 3국에서 모두 출토, 연구되고 있음을 고려한다면 고대 동아시아 사회와 문화의 교류 내지는 보편성을 밝힐 수 있는 좋은 자료이다. 뿐만 아니라 독자적인 학문 영역으로의 성립·발전할 수 있는 개연성은 농후하다. 그러나 아직 이를 근거로 동아시아 사회의 성격을 규명하고자 한 연구는 그다지 많지 않다.

여기에서 필자는 이미 출토된 지 1백 년이 경과한 출토문자자료에 대한 연구 역시 하나의 독립된 학문 영역으로 성립 가능함을 '새삼' 상기시키고자 한다. 물론 종래에 간백학, 간독학, 목간학 등의 용어가 제시되었지만, 대부분 그 의미는 출토지역의 서사재료에 따라 붙여진 제한된 의미로서 체계적인

---

5 王國維, 「最近二三十年中國新發見之學問」(胡平生·馬月華 校注, 『簡牘檢署考校注』, 上海古籍出版社, 2004, 9쪽에서 재인용).

학문분야로는 아직 정립되지 못하였다. 또한 그 연구 범위 역시 출토 시기와 관련된 '공시적共時的' 연구의 인상을 지울 수 없다. 그러나 최근 중·일 양국 뿐만 아니라 한국 학계에서도 출토문헌에 대한 관심과 연구가 활발히 진행된 결과 동아시아 지역에서의 출토문자자료의 시기적 전래과정을 밝힐 수 있는 단초를 확인하는 등, 이에 대한 연구가 자국사 연구 범위를 뛰어 넘어 그 영역을 점차 확대해 나가고 있다. 여기에 필자가 출토문자자료를 '자료학'의 한 분야로서 이해하고자 하는 까닭이 있다. 그리고 그 배경은 다음과 같은 필요성 때문이다. 우선 동아시아 사회의 공통적 사회 현상을 이해하기 위한 자료의 '시원始原'으로서 출토문자자료에 대한 이해의 필요성이다. 그리고 출토문자자료와 후대 문헌자료의 유기적인 '통시성通時性' 규명을 통한 동아시아 사회에 대한 이해이다. 또한 동아시아 3국에서 출토자료의 시기적 차이가 있을지언정, 출토문자자료에 대한 각국의 연구 성과를 바탕으로 고대 동아시아 사회의 공통된 문화적 성격에 대한 규명이다.

2. 동아시아 출토문자자료의 연구 현황[6]

1) 한국의 연구 현황

한국은 출토문자자료에 대한 축적된 연구와 조직을 가지고 있는 중국과 일본에 비해 이 분야에서 연구자의 수와 성과나 출토된 자료의 수량이 아직

---

6 본고에서는 각 국가의 개별 연구 성과에 대해서는 논지의 전개상 일일이 언급하지 않음을 밝혀둔다. 다만, 논지 전개상 필요한 연구성과에 대해서만 개별 연구 성과를 인용하고자 한다. 특히 중국출토자료와 관련해서는 朱紅林, 「附錄:有關睡虎地秦簡、張家山漢簡의研究成果」, 『張家山漢簡≪二年律令≫集釋』(北京, 社會科學文獻出版社, 2005); 單育辰, 「1900年以來出土簡帛一覽」(『簡帛』第1輯, 上海古籍出版社, 2006); 騈宇騫·段書安 編著, 「論著目錄編」(『二十世紀出土簡帛綜述』, 文物出版社, 2006)을 참고해도 충분하다.

은 미미하다. 한국의 출토문자 연구의 현황은 중국과 일본과는 조금 다른 양상을 띠고 있다. 한국의 출토자료연구 현황은 한국에서 출토된 자료에 대한 연구와 한국에서의 중국출토자료에 대한 연구로 대별하여 볼 수 있다. 또한 일본의 학계와는 달리 일본 출토자료에 대한 연구는 현재까지는 김영욱 金永旭 등 몇몇의 연구자에 의해서 진행되고 있는 상태이다.[7]

먼저 한국의 출토문자 연구 현황에 대해서 살펴보도록 하자.[8] 한국 출토문헌 연구의 '획기적' 계기는 함안咸安 성산산성城山城에서의 목간 출토 및 이에 대한 연구와 『한국韓國의 고대목간古代木簡』[9]의 출간, 그리고 2007년 1월 9일 한국목간학회韓國木簡學會의 성립이다. 사실 한반도에서 최초의 목간 출토는 1931년 평안남도 대동군 채협총彩篋塚에서 발견된 낙랑樂浪시기 목간 1점이다. 그 후 1975년 신라의 왕도인 경주慶州 안압지雁鴨池에서 목간 수십 점이 발견되면서[10] 이에 대한 관심이 서서히 고조되었다. 이러한 분위기 가운데 수량이나 내용면에서 가장 주목을 받은 곳이 1991년부터 2007년까지 12차에 걸쳐 발굴이 진행된 성산산성이었다.[11] 성산산성 출토 목간의 주요 내용

---

7 김영욱, 「西河原森ノ內遺跡地의 '椋直'木簡에 對한 語學的 考察」, 『木簡과 文字』 창간호, 2008; 김창석, 「大阪桑津 유적출토 百濟系 木簡의 내용과 용도」, 『木簡과 文字』 창간호, 2008 참조.

8 한국고대목간에 대한 연구 현황에 대해서는 尹善泰, 「한국고대목간의 출토현황과 전망」, 국립창원문화재연구소 編『韓國의 古代木簡』, 국립창원문화재연구소, 2004; 「韓國古代木簡の出土現況と展望」, 『韓國出土文獻の世界』(雄山閣, 2007); 李鎔賢, 「韓國における木簡研究の現狀」, 『韓國出土文獻の世界』(雄山閣, 2007); 朱甫敦, 「한국 목간 연구의 현황과 전망」, 『木簡과 文字』 창간호, 2008 등을 참고.

9 국립창원문화재연구소(國立昌原文化財研究所) 編, 『韓國의 古代木簡』, 국립창원문화재연구소, 2004. 본서는 함안 성산산성을 비롯한 12곳에서 출토된 목간의 도판과 7편의 논고, 그리고 부록으로 「판독문일람표」, 「목간 출토지 분포지도」, 「참고문헌 목록」 등으로 구성되어 있다.

10 李基東, 「雁鴨池에서 出土된 新羅木簡에 대하여」, 『慶北史學』 1, 1979, 115~133쪽.

11 1992년·1994년의 조사를 통해서 27점의 목간이 발견(묵서墨書가 확인된 것은 24점)이 되었고, 2002년 88점의 목간 발견(묵서 확인 69점)과 2003년 1점이 추가로 발견되었다. 또한 2007년 12차 발굴을 통하여 76점의 목간이 출토되었다.(이에 대해서는 국립가야문화재연구소, 「함안 성산산성 제12차 발굴보고서」(현장설명회자료집), 2007을 참조)

은 6세기 중엽 낙동강을 중심으로 신라의 지방경영 및 지방의 인사·물物의 장악, 물류·통신, 징세徵稅와 역역力役, 「율령律令」 운용의 단면, 호적작성, 문자를 사용한 문서행정 등의 구체적 내용들이 포함되어 있다.[12] 이러한 '1차 자료'의 출토는 단지 신라와 백제를 중심으로 한 한국 고대사 연구뿐만 아니라 언어, 문자, 서체 방면에 대한 활발한 연구[13]도 가능케 하여 한국 고대사회에 대한 다각적인 이해를 가능케 하였다.

본격적인 출토문자자료에 대한 연구는 『한국목간기초연구韓國木簡基礎硏究』(李鎔賢, 신서원, 2006)와 『목간이 들려주는 백제이야기』(尹善泰, 주류성, 2007)라는 저서의 출간과 한국목간학회의 창립 그리고 학회 학술지 『목간木簡과 문자文字』(2008.6)의 창간호 발간으로 대변할 수 있다. 물론 이러한 연구활동은 중국이나 일본에 비하면 아직은 미미하다고 할 수 있다. 그러나 1980년대 후반부터 한국내 각지에서 출토문자자료의 발굴은 거의 매년 보고되어 있으며, 특히 출토문자자료의 연대가 일본보다는 이른 6세기 무렵임을 고려한다면 한국의 출토자료는 고대 동아시아 문화 교류를 이해하기 위한 '중간적' 성격과 그 중요성이 점차 강조되고 있다. 또한 한국의 목간은 종이와 병용한 시기에 출토되고 있기 때문에 서사재료의 변화과정을 확인할 수 있다. 따라서 한국의 목간연구는 서사재료의 변화뿐만 아니라 이와 관련한 다양한 문서 양식의 변화와 그에 따른 정치, 행정, 사회제도 등 고대 동아시아 사회 전반을 이해할 수 있는 중요한 기초적 학문영역이라고 할 수 있다.[14] 만약 이러한

---

12 李鎔賢, 「咸安城山山城出土木簡」(앞의 책, 雄山閣, 2007, 234쪽).

13 金永旭, 「古代 韓國木簡에 보이는 釋讀表記-鄕歌표기법의 起源을 찾아서」, 『口訣硏究』 19, 2007; 李鎔賢, 「목간으로 본 신라의 문자, 언어생활」, 『口訣硏究』 18, 2007; 「文字資料로 본 三國時代 言語文字의 展開」, 『口訣硏究』 19, 2007; 정재영, 「月城垓字 149號 木簡에 나타나는 吏讀에 대하여」, 『木簡과 文字』 창간호, 2008; 고광의, 「6~7세기 新羅木簡의 書體와 書藝史的 의의」, 『木簡과 文字』 창간호, 2008; 孫煥一, 「咸安 城山山城 출토 木簡의 書體에 대한 고찰」, 국립창원문화재연구소 編, 『韓國의 古代木簡』, 국립창원문화재연구소, 2004 등을 참조.

14 서사재료의 변천에 따른 국가 정치제도의 변화에 대한 고찰은 富谷至, 『木簡·竹簡の語る

변화에 대한 인식이 한국의 출토목간 연구에 의해서도 가능하다면 곧 고대 동아시아사회에 대한 공통적인 인식도 가능하기 때문에 그 중요성과 '중간적' 위치를 강조할 수 있다.

한국의 출토문자연구의 또 다른 특징은 중국고대사 연구자들에 의한 중국 출토문자자료에 대한 연구가 진행되고 있다는 점이다. 이 경우, 연구자의 수가 적고 자료를 직접 접할 수 있는 기회가 거의 없기 때문에 석독이나 고증考證과 같은 기초적인 작업에 대한 성과보다는 고대 중국의 역사상을 재구성하는 측면에 초점이 집중되었다. 따라서 간독 '자체'에 대한 연구보다도 이를 주요 자료로서 이용하여 역사상을 복원하고자 하는 시도가 주요한 경향이다.[15] 이와같은 중국과 일본에 비해 상대적으로 '열악劣惡한' 연구 상황이지만, 1970년대 암울한 한국의 정치상황과 제한된 정보속에서도 이념과 체제를 달리하던 중국(당시에는 '中共'으로 불렸음)에서 운몽진간雲夢秦簡이 출토됨에 따라 이를 적극적으로 활용하여 진제국의 지배구조 문제를 해명한 이성규李成珪[16]와 김엽金燁[17]의 연구는 운몽진간의 중요성을 소개하는 계기가 되었다. 특히 이성규는 이후 지속적인 연구를 통하여 거연한간居延漢簡, 윤만한간尹灣漢簡, 그리고 상손가채한간上孫家寨漢簡 뿐만 아니라[18] 최근 일부 내용이 정

中國古代』(岩波書店, 2003 → 임병덕 옮김, 『목간과 죽간으로 본 중국고대문화사』, 사계절, 2005)에서 다루어진 바 있다.

15 鄭夏賢, 「韓國에서의 簡牘研究와 中國古代史 理解」(『中國古中世史研究』 16, 2006)에서는 70년대 후반 이후 현재까지의 간독자료 관련 연구 현황을 시대별, 그리고 해당 간독별로 정리하고 있다. 또한 李成珪, 「제2장 先秦·秦漢史 연구」, 『한국의 학술연구』 제2부 동양사 (대한민국학술원, 2006)에서는 이 분야의 모든 연구 성과를 총망라하고 있다. 이 두 편의 논문은 반드시 참고하기 바란다. 따라서 본고에서는 연구자의 개별 연구성과에 대해서는 소개하지 않는다.

16 이성규 교수의 「秦의 土地制度와 齊民支配—雲夢出土秦簡을 통한 商鞅變法의 재검토」(『全海宗博士華甲紀念私學論叢』, 1979)를 비롯한 그의 진 제국의 지배구조에 대한 문제제기는 그의 저서인 『中國古代帝國成立史』(서울, 一潮閣, 1984)에 종합되어 있다.

17 金燁, 「雲夢出土秦簡과 漢初의 徵兵年齡」, 『全海宗博士華甲紀念私學論叢』, 1979.

18 이상, 이성규의 연구성과에 대해서는 정하현, 앞의 논문(2006) 318~322쪽 참조.

리·공포된 리야진간里耶秦簡 관련 연구[19]와 국내외 학자들이 그다지 주의를 기울이지 않았던 『홍콩중문대학문물관장간독香港中文大學文物館藏簡牘』[20]에 소개된 한간 내용[21]에 이르기까지 출토자료에 대한 다양한 문제의식의 제출과 연구 성과를 거두었다. 또한 김엽金燁의 연좌제連坐制에 대한 지속적인 연구는 후학들에게 적극적으로 간독자료를 활용한 고대사 연구의 기반을 형성하였다고 할 수 있다.

80년대 초반의 연구성과를 기반으로 본격적으로 출토문자자료의 연구가 개진된 것은 80년대 중반 이후부터이다. 이 시기의 주요 연구 경향은 운몽진 간을 중심으로 논의가 전개되었으며,[22] 90년대에 들어서는 간독자료를 기초로 한 실로 다양한 논의들이 전개되었다.[23] 그러나 90년대까지는 적은 연구자 수임에도 불구하고 개별분산적인 연구 경향이었다면, 2000년대 이후에는 보다 조직적이고 체계적인 연구 활동이 전개되었다. 이러한 연구 활동의 서막은 2001년 8월 16일~19일까지 호남성湖南省 장사시長沙市에서 개최된 "장사삼국오간기백년래간백발현여연구국제학술연토회長沙三國吳簡暨百年來簡帛發現與研究國際學術研討會"의 한국 학자의 참가였다. 학회 종료 이후, 발간된 논문집에 참가자의 논문이 게재되었고, 아울러 학회에서 발표된 논문을 중심으로 학회 참관기가 보고되어 본격적인 해외학계의 출토자료 관련 연구 경향을 국내에 소개하기 시작하였다.[24] 아울러 김경호金慶浩는 2000년에 발표된 돈황

---

19 李成珪, 「里耶秦簡 南陽戶人 戶籍과 秦의 遷徙政策」, 『中國學報』 57, 2008.
20 陳松長 編著, 『香港中文大學文物館藏簡牘』(香港中文大學文物館, 2001).
21 李成珪, 「前漢의 大土地 經營과 奴婢 勞動―香港中文大學文物館所藏 簡牘 「奴婢廩食粟出入簿」의 分析을 중심으로」, 『中國古中世史研究』 20, 2008.
22 이 시기의 대표적인 연구로는 '예신첩(隷臣妾)'을 둘러싼 신분제 관련 논쟁[林炳德, 「雲夢秦簡에 보이는 隷臣妾의 身分의 性格」(『成大史林』 4, 1987)과 辛聖坤, 「'隷臣妾' 身分에 대한 試論的 考察」)(『서울大東洋私學科論集』, 1985)], 벌금형에 대한 연구[任仲爀, 「雲夢秦簡의 貲罰에 대하여」, 『東洋史學研究』 24, 1986], 士伍신분에 대한 연구[尹在碩, 「秦代 '士伍'에 대하여」, 『慶北史學』 10, 1987] 등이 있다.
23 90년대 이후, 다양한 논의들에 대해서는 정하현, 앞의 논문(2006)을 참조.

현천치한간敦煌懸泉置漢簡 석문 내용[25]의 수정 석문을 소개하는 등 중국 학계의 출토자료 연구 동향을 거의 비슷한 시기에 국내에 소개하기도 하였다.[26]

21세기 들어 이와같이 지속적인 출토자료의 발굴과 공간公刊에 발맞추어 출토자료 관련 연구가 지속적으로 증가하기 시작하였다. 이러한 계기의 하나는 중국고대사학회(후에 중국고중세사학회로 개칭)의 성립과 2005년 9월 경북대에서 첫 모임을 가진 뒤 2008년 8월 현재까지 매월 정기적인 모임을 통해 간독 자료를 윤독하기도 하고 중국 및 일본 학자를 초빙하여 의견을 교환하는데 커다란 역할을 수행한 간독연구회簡牘研究會의 성립이다. 간독연구회에서는 리야진간里耶秦簡, 액제납한간額濟納漢簡, 그리고 장가산한간張家山漢簡 등 출토자료에 대해 중국과 일본학계의 연구 성과를 참고하면서 석독을 진행하고 있지만, 많은 부분에서 의문이 생겨 해결하지 못하고 과제로 남겨두는 경우가 많다. 본 연구회에서 중국 및 일본 학자와의 교류를 더욱 강조하는 이유도 바로 이 때문이다. 여하튼 이전 시기에 비해 조직적으로 출토문자자료에 대한 연구를 진행한 결과 관련 연구성과는 비약적으로 증가하였다. 먼저 2000년 이후 발표된 출토자료 관련 주요 연구 성과를 소개·정리하면 다음과 같다.[27]

---

24 학회에 참가한 이후, 李成珪, 「前漢長安武庫收藏目錄之 發現—關於尹灣簡牘≪武庫永始四年兵車器集簿≫之探討」(長沙市文物考古研究所編, 『長沙三國吳簡暨百年來簡帛發現與研究國際學術研討會論文集』, 中華書局, 2005)의 논문이 뒤늦게 출간되었으며 학회 참관기(<표 3>의 「吳簡」 참조)가 보고되어 출토자료에 대한 본격적인 국외의 연구경향을 소개하기 시작하였다.

25 甘肅省文物考古研究所, 「甘肅敦煌漢代懸泉置遺址發掘簡報」·「甘肅敦煌漢代懸泉置漢簡內容槪述」(『文物』2000-5期)를 참조.

26 金慶浩, 「近100年 主要 漢簡의 出土現況과 敦煌 懸泉置 漢簡의 내용」(『史林』 제15호, 2001. pp.294~298)에서 甘肅省文物考古研究所 何雙全이 "新出簡帛國際學術研討會"(2000.8.19~22. 北京. 北京大學)에서 자신이 발표한 석문에 대한 수정문 내용을 소개하였다.

27 본 표에서는 출토자료명이 명기된 논제와 논제에는 명기되지 않았지만 출토자료를 주요 대상으로 한 중국고대사 관련 논고를 그 주요 대상으로 삼았다. 그 외의 논고에 대해서는 주)14를 참조. 또한 필자의 게으름으로 본 표에서 누락된 관련 분야의 연구성과에 대해서는 추후 보완할 예정이다.

〈표 1〉 2000년 이후 발표된 출토문자자료 관련 논문

出土資料		著者	論文題目(出典)
楚簡	包山	朴奉柱	包山楚簡에 반영된 楚의 統治體制(古3,1997)
	郭店	朴奉柱	郭店楚簡의 君臣論과 그 楚國史的 意味(東78, 2002)
		李承律	郭店楚簡「唐虞之道」의 「尊賢」思想과 先秦儒家의 尚賢論(東78, 2002)
			郭店楚簡儒教の研究—儒系三篇を中心にして(汲古書院, 2007)
			郭店楚簡『老子』의 '自然' 思想과 그 展開(東洋53, 2008)
		金秉駿	神의 웃음, 聖人의 樂—中國 古代 神聖개념의 재검토—(東86, 2003)
	上博	李承律	上海博物館藏戰國楚竹書≪容成氏≫の古帝王帝位繼承説話研究(大巡17, 2004)
			上海博楚簡『容成氏』の堯舜禹禪讓の歷史(集刊36, 2004)
			上海博物館藏戰國楚竹書「容成氏」譯注」上(出土2, 2005)
			上博楚簡『子羔』の感生説と二重の受命論(資料11, 2007)
		李晟遠	古代 中國의 樂의 기원과 그 변화—사회통합성 이해를 중심으로(東94,2006)
		文炳淳	『上博楚竹書(五),鬼神之明』 篇 譯釋(言語24, 2007)[28]
		姜信碩	先秦 楚竹簡에 반영된 人性論 小考－郭店簡 <性自命出>, 上博簡 <性情論>을 중심으로(語文23, 2002)
			上博楚簡 <詩論>에 대한 考釋(3)－第21簡부터 제29簡까지, 整理本을 중심으로(語文33, 2007)
			上博楚簡 <性情編>에 대한 考釋 －第1簡부터 第8簡까지, 楚簡本(濮茅佐, 裘錫圭)의 註釋을 중심으로(語文34, 2007)
秦簡	雲夢	任仲爀	雲夢睡虎地 11號墓 喜의 出身(史學5, 1999)
		崔德卿	秦漢代<日書>에 나타난 民間의 生態認識과 環境保護(史學23, 2003)
	里耶	金慶浩	이천년 전 里耶鎭으로의 旅程과『里耶秦簡』簡介(中19, 2008)
		李成珪	里耶秦簡 南陽戶人 戶籍과 秦의 遷徙政策(中國57, 2008)
漢簡	居延	崔德卿	居延漢簡을 통해 본 西北지역의 生態環境(史學45, 2006)
		金慶浩	居延漢簡「元康五年詔書冊」의 內容과 文書傳達(中16, 2006)
	懸泉置	金慶浩	近100年 主要 漢簡의 出土現況과 敦煌 懸泉置 漢簡의 내용(史15, 2001)
	額濟納	尹在碩	額濟納旗 紀行과 <額濟納漢簡>簡介(中14, 2005)
	尹灣	李成珪	秦末과 前漢末 郡屬吏의 休息과 節日—<秦始皇34年曆譜>와 <元廷2年日記>의 比較·分析을 중심으로(古5, 2001)
			漢帝國 中央武庫 收藏目錄의 發見—尹灣漢簡<武庫永始四年兵庫器集簿>의 正體(歷170, 2001)
			尹灣簡牘에 反映된 地域性—漢帝國의 一元的 統治를 制約하는 地域傳統의 一端—(中13, 2005)
		金秉駿	漢代의 節日과 地方統治—伏日과 臘日을 중심으로(東69, 2000)
	張家山	李成珪	秦·漢의 형벌체계의 再檢討—雲夢秦簡과 '二年律令'의 司寇를 중심으

		尹在碩	로(東85, 2003)
			《二年律令與奏讞書》에 대하여(木창간호, 2008)
			睡虎地秦簡和張家山漢簡反映的秦漢時期后子制和家系繼承(文2003-1)
			秦漢律所反映的后子制和繼承法(秦9, 2004)
			中國古代 女性의 社會的 役割과 家內地位(東96, 2006)
		任仲爀	秦漢律의 罰金刑(中15,2006)
			秦漢律의 贖刑(中國54, 2006)
			秦漢律의 髡刑, 完刑, 耐刑(中18, 2007)
			秦漢律의 耐刑(中19. 2008)
		林炳德	秦・漢의 奴役刑 刑罰體系와 漢文帝의 刑法改革(史學9, 2000)
			漢文帝의 刑制改革과 그 評價(中18, 2007)
			秦・漢交替期의 奴婢(中16, 2006)
			《張家山漢簡》<二年律令>의 刑罰制度—肉刑과 罰金刑・贖刑(史學19, 2002)
			江陵張家山漢墓出土『二年律令・賊律』集注・譯(史學39, 2005)
			譯註: 江陵張家山漢墓出土『二年律令・具律』集注釋(史學48, 2007)
		李明和	漢代 '戶' 계승과 女性의 지위—《張家山漢簡》을 중심으로(東92, 2005)
		崔珍烈	漢初 內史의 기능과 성격—張家山漢簡<二年律令>의 분석을 중심으로(中11, 2004)
			漢初 郡國制와 地方統治策—張家山漢簡<二年律令>을 중심으로(東89, 2004)
		宋 眞	漢代 通行證 制度와 商人의 移動(東92, 2005)
		朴健柱	漢律 具律篇考(中17, 2007)
			張家山漢簡<二年律令>에서 보이는 更繇制와 傅制(全19, 2002)
		金龍溪	張家山漢簡 二年律令 중 秩律 地名 譯註(中17, 2007)
		李守德	秦漢時期의 법률해석—『秦簡』과 『奏讞書』의 或曰을 중심으로(中16, 2006)
			秦漢時期 治獄過程—江陵張家山『奏讞書』를 中心으로(史學21, 2002)
		金珍佑	秦漢律의 '不孝'에 대하여—『睡虎地秦簡』・『張家山漢簡』의 '不孝' 관련 조문을 중심으로(中19, 2008)
			張家山漢簡<二年律令>作律・興律(392簡-406簡)(木창간호, 2008)
吳簡	走馬樓	李周鉉	吳簡의 發掘과 簡帛學—長沙三國吳簡暨百年來簡帛發現與研究國際學術研討會(2001.8.16-19) 參席報告
		尹在碩	長沙三國吳簡暨百年來簡帛發現與研究國際學術研討會(1901~2001) 參席報告(慶, 2002)
		全孝彬	走馬樓吳簡 倉庫의 物資管理體系(東99, 2007)

出典: <표 1>은 아래의 내용에 의해서 작성되었다.

※『古代中國의 理解』(知識産業社, "古"), 『東洋史學研究』(東洋史學會, "東"), 『中國古中世史研究』(中國古中世史學會, "中"), 『中國學報』(中國學會, "中國"), 『史林』(首善史學會, "史"), 『歷史學報』(歷史學會, "歷"). 『木簡과 文字』(韓國木簡學會, "木"), 『慶北史學』(慶北史學會, "慶"), 『中國史研究』(中國史研究會, "史學"), 『全南史學』(全南史學會, "全"), 『中國歷史文物』(中國歷史博物館, "文"), 『秦漢史論叢』(中國秦漢史研究會, "秦"), 『中國語文論叢』(中國語文研究會, "語文"), 『中國言語研究』(韓國中國言語學會, "言語"), 『大巡思想論叢』(大巡思想學術院, "大巡"), 『中國研究集刊』(大阪大學, "集刊"), 『出土文獻と秦楚文化』(上海博楚簡研究會, "出土"), 『中國出土資料研究』(中國出土資料研究會, "資料"), 『東洋哲學研究』53(東洋哲學研究會, "東洋") 등은 각각 " "로 약칭하여 표기한다.

<표 1> 내용에 근거하여 2000년도 이후 한국 학계의 중국출토문자자료 연구현황은 다음과 같이 정리할 수 있다. 먼저 초간楚簡과 관련한 연구이다. 비록 제한된 연구자에 의해서 연구가 진행되고 있을지라도 이러한 연구들은 『노자의 목소리로 듣는 도덕경』(최진석, 소나무, 2001)이나 『노자老子』(최재목, 을유문화사, 2006) 등과 같은 저·역서[29]의 출간과 함께 이전 시기의 미미한 연구 성과와는 달리 활기를 띠고 있다. 또 다른 특징은 특정 전공 분야의 연구자들의 전유물이 아닌 이른바 '학제적' 연구가 이루어지고 있다는 것이다. 물론 현 단계에서 초간에 대한 연구는 중국 사상이나 문학(어학) 분야의 연구자들이 주도적으로 연구를 수행하고 있다. 그렇지만 주목되는 것은 중국 고대사 전공자(박봉주, 김병준, 이성원 등) 역시 '역사상의 재구성'이란 측면에서 통치체제統治體制, 성인상聖人像, 예제禮制나 악제樂制 등과 관련하여 초간자료를 적극적으로 활용하고 있다는 사실이다.

이와는 달리, 진간秦簡연구는 운몽진간과 리야진간으로 구분하여 볼 수 있다. 운몽진간의 경우, 80~90년대의 50여 편에 달하는 전론專論의 연구

---

28 이외에도 楚簡 관련 논문이 20여 편이 있지만, 본고에서는 일일이 소개하지 않았음을 밝혀 둔다.

29 이외에도 이석명 지음, 『백서노자』, 청계, 2003; 梁芳雄 集解, 『초간 노자』, 예경, 2003; 김홍경 지음, 『노자 - 삶의 기술, 늙은이의 노래』, 들녘, 2003; 김충열 지음, 『김충열 교수의 노자 강의』, 예문서원, 2004 등이 있다.

성과에 비하면 절대적으로 적다. 아마도 그 주요 원인은 90년대 후반 이후, 다양한 출토문자자료의 공간으로 인해 출토문자자료에 대한 석독 등과 같은 기초작업보다는 이를 통한 진한시대상의 재구성에 관심이 집중되었던 중국 고대사학자들의 학문적 성향과 밀접한 관련이 있을 것이다. 그러나 이 과정에서 소홀히 해서는 안될 부분은 이전시기 운몽진간에 대한 연구가 진한초 국가체제의 해석에 집중되었기 때문에 후술할 장가산한간 연구의 기초가 되었다는 점이다. 또한 37,000여 매 가운데 현재 100여 매도 되지 않는 소량이 정리·보고된 리야진간에 대해서 중국과 일본의 학계는 이미 '상당한' 연구 성과를 발표하고 있는 상황과는 달리 한국 학계 상황은 양상을 달리하고 있다. <표 1>에서 소개하였듯이, 지난 2007년 10월 중국中國 호남湖南 용산현龍山縣에서 개최한 학회[30] 참가기 및 자료소개의 글과 『리야발굴보고里耶發掘報告』[31]에 소개된 리야간독 내용의 호적간戶籍簡을 중심으로 서술한 전론이 각각 1편 소개된 실정이다. 아마도 운몽진간이나 용강진간을 통한 진제국 성격의 이해와는 달리 출토된 양의 극히 일부만이 소개되었기 때문에 진제국 상을 규명하는 것이 용이하지 않을뿐더러 향후의 발표 정황을 주목하고 있기 때문이라 판단된다.

한국에서의 중국 출토문자자료 관련 연구는 단연 한간연구漢簡硏究가 압도적이라 할 수 있다. 한간에 관한 한, 비록 연구 성과의 수량은 중국과 일본에 비하면 미흡하지만, 관심분야나 수준은 결코 뒤진다고 볼 수는 없을 것이다. 이러한 대표적인 경우가 이성규의 윤만한간에 대한 일련의 연구들이다. 이성

---

30 中共龍山縣委와 龍山縣 人民政府가 주관한 中國里耶古城·秦簡與秦文化國際學術硏討會가 2007년 10월17일부터 19일까지 호남성 용산현에서 개최한 본 회의에 한국에서는 尹在碩, 「里耶秦簡戶籍簡牘反映的秦朝戶籍制度和家庭結構」; 金慶浩, 「里耶秦簡里程簡的內容與秦的地方統治」; 金秉駿, 「秦漢時代的河運—以里耶秦簡爲線索」과 소수의 한국고고학연구자가 참여하였다.
31 湖南省文物考古硏究所 編, 『里耶發掘報告』(岳麓書社, 2007)

규는 <표 1>에서 소개한 논문 외에도 90년대 후반부터 지속적으로 세밀한 해당 자료의 분석을 통하여 지방 통치의 실상과 제국 통치의 한계성 등을 규명하였다. 그 결과 전·후한의 차이에 의한 한제국의 이해 등을 주장하였다. 이와 같은 출토자료를 통한 한제국의 통치 제도와 관련한 이해는 자연스럽게 최근 몇 년 사이에 관심의 대상이 된 장가산한간 이년율령을 주목하였다. 이년율령에 대한 관심은 2005년 9월 첫 모임을 가진 중국고중세사학회의 간독연구회에서 진행한 독해 모임과도 밀접한 관련이 있다. <표 1>에서 제시한 장가산한간 관련 연구성과들은 대부분 간독연구회를 통한 직·간접적인 성과물로서 주요 내용을 살펴보면 몇 개의 분야로 구분할 수 있다. 먼저 장가산한간 이년율령에 대한 역주譯註가 학술지를 통해 발표되고 있다는 점이다. 물론 역주의 내용이 아직은 중국이나 일본의 그것에 미흡할지언정 뒤늦은 출토자료에 대한 연구의 출발이 현 시점에서는 1차 자료에 대한 자신의 '목소리'로서 초보적인 해석이 가능해졌다는 데 의미가 있다.

1차 자료에 대한 독자적인 관점의 정립은 곧 독자적인 연구 성과로 발전하였다. <표 1>에서 언급한 것처럼 90년대 진대 가족제도의 연구 성과[32]를 발전시킨 진한시기의 후자제后子制에 대한 연구, 80년대 진대秦代의 자벌貲罰연구[33]를 시작으로 출토자료에 보이는 다양한 형벌제도에 천착한 연구와 운몽진간에 보인 예신첩隷臣妾을 둘러싼 신분제 논쟁에서부터 시작되어[34] 이를 포함한 형벌제도에 관한 연구, 그리고 진한률의 행서行書에 보이는 문서전달에 관한 연구,[35] 역보曆譜의 내용 분석을 통한 절일節日과 지방통치에 관한 연구[36] 등 2000년 이후 연구의 특징은 연구자들이 자신의 독자적인 관점을

---

32 尹在碩, 「秦簡<日書>에 나타난 '室'의 구조와 성격—戰國期 秦의 家族類型 고찰을 위한 시론」, 『東洋史學研究』 44, 1993; 「春秋戰國期의 家系繼承과 后子制」, 『慶北史學』 21, 1998.
33 任仲爀, 앞의 글.
34 林炳德, 앞의 글.
35 金慶浩, 「居延漢簡 「元康五年詔書冊」의 內容과 文書傳達」, 『中國古中世史研究』 16, 2006.

정립해 가면서 다양하고 새로운 연구를 시도하고 있다는 데 있다. 이외에도 아직은 진한시기 출토문자자료의 연구에 비해 미비하지만 오간吳簡에 대한 지속적인 관심과 연구 역시 주목해야 할 연구 대상이기도 하다. 또한 고대 동아시아 사회의 단면을 밝혀줄 낙랑樂浪지역 출토목간出土木簡에 대한 연구도 최근 출토자료 연구의 주요 화두로 제기되고 있다.[37] 90년대 이전시기와는 비교할 수 없을 정도로 괄목 성장한 출토자료 연구는 마침내 2004년『역사학보歷史學報』(韓國歷史學會)의「회고回顧와 전망展望」에서는 출토자료만을 하나의 연구 성과로 소개할 정도로 그 비중이 늘어났다.[38] 아울러 상기한 2001년 중국 장사長沙에서 개최된 간백학술회의를 시작으로 '중국사회과학원간백학국제논단中國社會科學院簡帛學國際論壇'(2006, 북경) 및 '중국간백학국제논단中國簡帛學國際論壇'(2006, 武漢大學), 그리고 '중국리야고성中國里耶古城・진간여진문화국제학술연토회秦簡與秦文化國際學術硏討會'(2007, 중국 호남・용산) 등과 같은 학술회의의 적극적인 참가는 단순한 학문 교류의 차원이 아닌 발표와 토론을 통한 상호간의 학문적 이해를 증진시킬 수 있는 기회로 작용하고 있다. 이와 같은 2000년도 이후의 출토문자자료 연구 현황은 무엇보다도 80~90년대와는 달리 새로이 발표되는 출토문자자료의 소식을 능동적으로 접하여 그에 따른 연구 성과의 발표와 적극적인 학술교류를 통한 연구 기반의 제고에 있다.

---

36 金秉駿,「漢代의 節日과 地方統治—伏日과 臘日을 중심으로」,『東洋史學硏究』69, 2000.
37 낙랑목간에 대한 연구로는 손영종,「낙랑군 남부지역의 위치 - '락랑군 초원4년 현별 호구 다소□□」,' 통계자료를 중심으로」,『력사과학』198, 2006;「료동지방 전한 군현들의 위치와 그 후의 변천(1)」,『력사과학』199, 2006; 윤용구,「자료소개: 새로 발견된 樂浪木簡」,『韓國古代史硏究』46, 2007; 金秉駿,「중국고대 簡牘자료를 통해 본 낙랑군의 군현지배」,『歷史學報』189, 2006;「樂浪郡 初期의 編戶過程과 '胡漢稍別' - 「樂浪郡初元四年縣別戶口多少□□」木簡을 단서로」,『木簡과 文字』창간호, 2008; 李成珪,「중국 군현으로서의 낙랑」,『낙랑문화연구』, 동북아역사재단, 2006 등을 참조.
38 尹在碩,「中國古代(先秦・秦漢)」,『歷史學報』183, 2004의 항목 중, II. '簡牘資料의 연구'라는 부분에서 8편의 논문을 소개하면서 신출자료에 대한 적극적인 활용은 매우 고무적이고 높은 수준의 글도 있었다고 평하였지만, 자료에 대한 오역(誤譯)과 단장취의(斷章取義)하는 경향을 경계하는 신중한 접근태도를 강조하고 있다(225~226쪽).

2) 중국의 연구현황

1901년 2월 스타인Mark Aurel Stein은 신강新疆 니아고성尼雅古城에서 한진漢晋시대의 목간木簡과 잔지殘紙를 발견하였다.[39] 그 후 스웨덴의 스반 헤딩Sven Hedin, 일본의 오오다니大谷 등을 중심으로 구성된 고찰단이 신강이나 감숙일대의 고찰을 통해 상당 수량의 한진시대 출토문자를 발견하였다.[40] 이러한 발견은 갑골, 돈황문서, 명청시기 당안문서와 더불어 20세기 초 중대한 발견이라 칭해지고 있다. 이처럼 중국에서의 출토문자는 20세기의 시작과 함께 출현하였다. 그러나 갑골이나 돈황문서가 각각 갑골학, 돈황학이라고 불리우는 전문학술 분야를 구축한 것에 비하면 출토자료는 1970년대 이후 급격히 많은 수량의 출토문자가 발견됨에 따라서 그 학술가치의 중요성을 인정받기 시작하였다.

중국의 경우, 1970년대 이후부터 출토문자자료에 대한 전문적이고 체계적인 연구가 진행되었다. 물론 이전시기에는 돈황한간, 거연한간을 비롯한 장사자탄고전국초백서長沙自彈庫戰國楚帛書와 호남湖南・호북湖北 지역에서 출토된 초간에 대한 연구가 진행되었다. 그러나 1975년 12월 호북 운몽현에서 출토된 『수호지진묘죽간睡虎地秦墓竹簡』을 비롯한 상당 수량의 전국・진한시기의 간백과 삼국・위진시기의 간백이 발견되어 해당 시기의 공백으로 남아있던 부분들에 대해 본격적인 연구가 가능하게 되었다.

70년대 중반 이후 끊임없는 출토문자자료의 발견은 80년대에 들어와서부터 이에 대한 종합적인 연구성과로 발표되기 시작하였다. 이링李零은 1942년 호남湖南 장사長沙 자탄고子彈庫에서 발견된 전국시기 초백서楚帛書에 대한 본격

---

39 이에 대해서는 富谷至 編著, 『流沙出土の文字資料』(京都大學出版會, 2001)에 잘 정리되어 있다.
40 小田義久 責任編輯, 『大谷文書集成(壹)〜(參)』(法藏館, 1984, 1990, 2003)이 출판되었다.

적이면서도 상세한 연구를 진행하였으며,[41] 린젠밍林劍鳴은 간독의 출토역사 및 학술적 가치, 그리고 간독의 형식, 명칭 등과 관련한 내용을 정리하였다.[42] 더욱이 정요우궈鄭有國는 전국戰國시기에서 위진魏晉시기에 이르기까지의 출토자료에 대한 연구 및 연구 현황을 소개하였다. 더욱이 서술 내용 가운데에는 간독의 출토, 정리, 보존 등의 분야는 물론이고 간독제도 및 간독학과 고문자학, 문헌사료학과의 관련성까지 상세하게 서술하여 향후 출토문자자료의 연구에 중요한 역할을 수행하였다.[43] 80년대 출토문자자료에 대한 종합적 연구는 90년대에 들어와 리쉐친李學勤에 의해 출토된 다양한 자료의 소개와 이에 대한 학술사적 의의가 정리되었다.[44] 또한 이러한 20세기 후반기의 출토문헌에 대한 종합적인 연구성과는 단순히 역사나 사상 분야에 국한된 것이 아니라 언어 문자 방면의 연구에도 영향을 미치어 그 연구 영역을 확대하였다.[45] 이처럼 출토문자자료 연구는 새로운 자료의 발견과 함께 일정한 발전 단계[46]를 거치면서 종합적인 연구성과를 축적할 수 있었다.[47]

---

41 李零, 『長沙自彈庫戰國楚帛書硏究』(中華書局, 1985).

42 林劍鳴, 『簡牘槪述』(陝西人民出版社, 1984).

43 鄭有國, 『中國簡牘學綜論』(華東師範大學出版社, 1989).

44 李學勤, 『簡帛佚籍與學術史』(臺灣時報文化出版企業有限公司, 1994 → 후에 江西敎育出版社, 2001).

45 張顯成, 『簡帛文獻學通論』(中華書局, 2004); 張顯成 主編, 『簡帛語言文字硏究(第二輯)』(巴蜀書社, 2006); 吉仕梅, 『簡帛語言硏究』(巴蜀書社, 2004) 등을 참조.

46 富谷至, 「21世紀の秦漢史硏究」(『岩波講座世界歷史』3, 岩波書店, 1998, 256~257쪽)에 의하면 ①20세기 초~1930년, ②1931년~1949년, ③1950년~1980년, ④1981년~현재(1992년)의 4단계로 설정하고 각 시기의 특징을 王國維와 勞幹의 연구, 도판 활용에 의한 연구의 다양화와 고묘출토간의 출현에 따른 연구, 문자 및 기사내용 뿐만 아니라 서사방법, 간의 형태 및 재질 등과 같은 형질적 연구의 병행 등 출토자료에 대한 종합적 연구의 개시를 각 시기의 주요 특징으로 서술하고 있다. 이러한 富谷至의 견해에 대해 沈頌金 역시 동일한 견해를 제시하였다.(『二十世紀簡帛學硏究』, 學苑出版社, 2003, 30~44쪽을 참조) 또한 藤田勝久 역시 간독의 발전과정을 4단계로 구분하여 설명하고 있으나 시기적으로 약간의 차이가 있는 견해를 제출하였다.(「出土資料學への探究」について」, 『中國出土資料硏究』第6號, 2002, 2~3쪽을 참고).

47 騈宇騫・段書安 編著, 『二十世紀出土簡帛綜述』(文物出版社, 2006)은 간백과 관련한 전반적인 내용에 대한 서술과, 1900년 泥雅유지에서 발굴된 출토자료부터 2000년 발견된 리야진

21세기 초에 들어오자마자 간백 출토 100주년을 기념하여 2001년 8월16일~19일까지 호남성 장사시에서 개최된 "장사삼국오간기백년래간백발현여연구국제학술연토회長沙三國吳簡曁百年來簡帛發現與硏究國際學術硏討會"는 처음으로 다양한 국가의 180여 명의 연구자들이 출토자료에 대해 논의를 진행하여 이 분야의 새로운 지평을 여는 계기를 마련하였다.[48]

이러한 연구성과를 배경으로 21세기에 들어오면서 중국의 출토문자자료 연구의 커다란 특징으로는 다양한 전문 연구기관 및 학술잡지의 출간과 인터넷 홈페이지를 이용한 새로운 연구 방법을 지적할 수 있다. 우선 1995년 3월 중국사회과학원中國社會科學院 간백연구중심簡帛硏究中心의 성립이 그 대표적인 경우이다. 간백연구중심은 단위 및 지역적 한계의 타파와 개방적인 연구기관을 표방하면서 "학술 추진推進學術, 교류강화加强合作, 학문수준 제고提高水平"를 종지宗旨로 하여 간백 학문분야의 성립과 신출간백의 정리연구, 외국학자와의 교류 그리고 『간백연구총서簡帛硏究叢書』와 『간백연구簡帛硏究』(1993)를 발간하는 등 출토자료가 전문적인 학문분야로 성립할 수 있는 기반을 조성하였다.[49] 이외에도 중국문물연구소中國文物硏究所의 『출토문헌연구出土文獻硏究』(1985), 감숙성문물고고연구소甘肅省文物考古硏究所의 『간독학연구簡牘學硏究』(1996), 그리고 무한대학武漢大學 간백연구중심簡帛硏究中心의 『간백簡帛』(2006) 등의 학술 잡지의 발간은 출토자료가 다양한 분야에서 연구될 수 있는 기반을

간에 이르기까지의 출토자료들을 시기적으로 정리하였으며 아울러 1903년부터 2002년까지의 논저목록을 정리하여 지난 100년 간의 연구성과를 이해하는데 유용하다. 또한 2001년 간백발견 100주년 기념에 맞추어 발간한 初師賓 主編, 『中國簡牘集成』(敦煌文藝出版社, 2001)은 출토자료의 종합적인 정리측면에서 그 상징하는 의미가 다른 연구성과와는 자못 다르며, 구성은 모두 2輯 23冊으로 서북지역의 대부분의 출토자료를 소개하고 있다.

48 長沙市文物考古硏究所編, 『長沙三國吳簡曁百年來簡帛發現與硏究國際學術硏討會論文集』(中華書局, 2005).

49 謝桂華, 「櫛風沐雨 成就斐然」, 中國社會科學院歷史硏究所 編, 『求眞務實五十載』(中國社會科學院歷史硏究所, 2004), 459~462쪽 참조.

조성하였다. 이와 같은 주요 학술지에 게재된 출토자료 관련 연구성과의
현황을 정리하면 다음과 같다.

〈표 2〉 주요 출토자료 관련 학술지의 전국~삼국시기 논문 게재 현황

學術誌名	卷號	揭載論文數(A)	戰國~三國時期論文數(B)	戰國~三國時期論文揭載率(%,B/A)	中國 外國家 論文數	出版年度	備考
簡帛研究	1	29	29	100	1(英)	1993	
	2	40	40	100	0	1996	
	3	48	48	100	1(日)	1998	
	4	80	78	98	17(日13, 美3, 獨1)	2001	한국, 일본목간 연구현황 소개
	5	45	45	100	3(韓)	2005	한국출토목간소개
	6	38	38	100	7(日)	2006	
出土文獻研究	1	25	1	4	0	1985	갑골, 금문, 돈황문서가 주
	2	23	4	17	0	1989	갑골, 금문, 돈황문서가 주
	3	27	4	15	2(日)	1998	
	4	18	6	33	2(日)	1998	
	5	15	2	13	1(日)	1999	갑골문 발견 100주년 기념
	6	36	36	100	1(日)	2004	5년만에 발간, 칼러도판1면
	7	36	24	67	1(法)	2005	도판37면(칼라13, 흑백24면)
	8	34	21	62	0	2007	칼라도판11면
簡牘學研究	1	20	14	70	0	1996	王杖詔書 도판 및 석문 외국의 간독연구 소개(2편)
	2	27	25	93	7(臺5, 日2)	1997	칼라도판 8면
	3	28	28	100	2(臺1, 獨1)	2002	郭店楚簡5편, 上博簡1
	4	28	28	100	0	2004	칼라도판4면, 里耶秦簡2편, 張家山漢簡1, 尹灣漢簡1, 走馬樓吳簡2
簡帛	1	50	50	100	10	2006	외국학자(日5,臺4, 美1)
	2	44	44	100	18	2007	외국학자(臺7,日6,美3,獨1,法1)

秦漢史論叢	6	28	2	7	2(韓1, 日1)	1994	B논문 1편은 한국학자 발표
	7	34	4	18	3(日2, 秦1)	1998	
	8	35	5	14	2(韓1, 日1)	1998	
	9	42	11	26	7(韓2, 日5)	2004	

〈표 3〉 주요 출토자료 관련 학술지 전체의 전국~삼국시기 논문 게재 현황

學術誌名	掲載論文數(A)	戰國~三國時期 論文數(B)	戰國~三國時期 論文 揭載率(%, B/A)	中國 外 國家 論文數
簡帛研究	280	278	99	29/280＝10%
出土文獻研究	214	98	46	7/214＝3%
簡牘學研究	103	95	92	9/103＝9%
簡帛	94	94	100	28/94＝30%
秦漢史論叢	139	22	16	14/139＝10%

상기의 <표 2>와 <표 3>에 반영된 내용은 다음과 같이 정리할 수 있다. 먼저 『간백연구』의 내용부터 살펴보자. 우선 지적할 수 있는 것은 전국~삼국시기까지에 해당하는 출토문헌 관련 논문의 게재율이 99%라는 점이다. 이 99%도 4집에 실린 2편의 외국 논문이기 때문에 실제로는 100%인 셈이다. 이러한 현상은 잡지 발간 기관인 간백연구중심이 중국사회과학원 역사연구소 진한사실秦漢史室의 연구 방향과 밀접한 관련을 맺고 있기 때문이다.

『출토문헌연구』에 게재된 논문의 성격을 조사해 보면, 연구 분야의 변화를 우선적으로 알 수 있다. 1985년부터 발간한 『출토문헌연구』의 주요 내용은 갑골문, 금문金文과 돈황문서였으며, 이러한 사실은 초기 출간된 제3집까지의 게재 논문 총 수 75건 가운데 전국진한시기 간백자료는 9건, 12%에 불과한 사실에서 쉽게 알 수 있다. 즉 제1집에서 제3집까지 전국진한시기 출토문헌 관련 논문은 우쥐롱吳九龍, 「간독백서중"요"자簡牘帛書中"夭"字」(제1집, 1985), 리쥔밍李均明, 「진문서추의秦文書芻議 — 출토간독으로부터의 논의從出土簡

牘談起」(제2집, 1989)・「한간 "회계" 고漢簡"會計"考」(제3집, 1998), 시에꾸이화謝桂華, 「거연한간에 보이는 저와 각居延漢簡所見邸與閣」(제3집, 1998) 등에 불과하다. 갑골문이나 금문을 중심으로 한 연구 경향은 3집과 같은 해에 출간된 4집 (1998)부터 그 양상이 변화하고 있다. 먼저 주목되는 것은 한간 관련한 연구 논문의 증가이다. 제4집의 전면前面에 편집된 6편의 논문은 제3집의 관련 분야 논문 게재율 15%의 두 배를 상회하는 33%에 이르고 있다는 사실이다. 이러한 간백 중심의 편집은 갑골문 발견 100주년을 기념하여 발간된 5집에 서는 보이지 않지만, 제6집부터 현재까지 발행된 제8집까지의 현황을 보면 전체 게재 논문 수 106편 가운데 전국진한시기 논문이 81편, 76%를 차지하 고 있음을 알 수 있다. 이러한 사실은 2000년 이후, 전국진한시기 출토문헌 관련 연구의 활발함을 입증하는 것이다.

감숙성문물고고연구소甘肅省文物考古研究所와 서북사범대학문학원역사계西北 師範大學文學院歷史系에서 편집을 주관하는『간독학연구簡牘學研究』는 편집을 주관 하는 기관 명칭에서 알 수 있듯이 서북 지역 출토자료를 중심으로 편집하고 있다. 특히 제1집(1996)과 제2집(1997)에 게재된 논문들은 모두 서북지역 관 련 출토자료의 내용으로서 연구 성향이 특정 지역에 집중되고 있다. 그러나 제3집(2002)에 게재된 28편의 논문 가운데 곽점초간郭店楚簡 5편, 상박초간上博 楚簡 1편의 논문이 소개되어 서북지역 출토자료 연구라는 지역적 한계를 벗어 나고 있다.[50] 더욱이 제4집(2004)의 내용을 보면 리야진간 2편, 장가산한간 1편, 윤만한간 1편, 주마루오간走馬樓吳簡 2편 등 중국 각지의 출토자료들에 대한 연구 논문이 게재되어 종전의 서북지역에 국한된 편집 방향에서 완전히 벗어나고 있음을 알 수 있다.

2000년 이후 중국에서의 출토문자자료에 대한 활발한 연구 경향은 전국

---

50 이와 같은 출토자료에 대한 연구와 관심은 甘肅簡牘保護研究中心(2007)이나 淸華大學出土 文獻研究中心與保護中心(2008)의 성립과도 무관하지는 않을 것이다.

진한시기뿐만 아니라 삼국시대의 사회상을 규명하는 중요한 자료를 제공한 장사주마루삼국오간長沙走馬樓三國吳簡에 대한 전문적인 연토반硏討班의 운영[51] 이나 전론의 출판[52] 등으로 출토자료를 통한 전국시기에서 삼국시기에 이르는 중국고대사회의 이해가 어느 정도 가능하게 되었다. 이러한 연구 분위기는 비록 발간 연한은 짧지만, 게재 논문의 100%를 전국진한삼국시기의 출토문헌으로 편집한 『간백』의 편집의도를 통해서 다시금 확인할 수 있다. 즉 『간백』의 주요 편집 방침은 1) 전국문자戰國文字를 중심으로 한 고문자연구古文字硏究, 2) 간백을 중심으로 한 선진先秦, 진한출토자료秦漢出土資料의 정리와 연구, 3) 간백자료를 주안점으로 한 선진·진한사 연구 등과 관련한 논문, 연구동향, 서평, 문자자료의 발표라고 규정하고 있다. 더욱이 『간백』의 편집을 담당한 무한대학 간백연구중심은 간백망簡帛網(http:// www.bsm.org.cn)을 운영하여 연구자들 간의 원활한 연구 교류의 소통을 담당하고 있다. 또한 산동대학에서 운영하는 웹싸이트인 간백연구簡帛硏究(http:// www.jianbo.org) 역시 출토문헌의 저변을 확대하는데 상당한 공헌을 하고 있다. 더욱이 2000년 이후 지속적인 출토문헌 관련 국제학술회의의 개최와 많은 국가의 연구자 참여는[53] 출토문헌에 대한 연구가 더 이상 중국의 '전유물'이 아닌 공동의 연구대상임과 동시에 이를 통한 교류와 확대가 넓어지고 있음을 분명히 하

51　北京吳簡硏討班 編,『吳簡研究』第1輯(湖北辭書, 2004); 北京吳簡硏討班·長沙簡牘博物館編,『吳簡研究』第2輯(湖北辭書, 2006).

52　于振波,『走馬樓吳簡初探』(文津出版社, 2004);『走馬樓吳簡續探』(文津出版社, 2007) 참조.

53　武漢大學中國文化研究院 編,『郭店楚簡國際學術討論會論文集』(湖北人民出版社, 2000), 艾蘭·邢文編,『新出簡帛研究 新出簡帛國際學術研討會文集2000.8』(文物出版社, 2004), 謝維揚·朱淵淸 主編,『新出土文獻與古代文明研究』(上海大學出版社, 2004), 長沙市文物考古研究所 編,『長沙三國吳簡暨百年來簡帛發現與研究國際學術研討會論文集』(中華書局, 2005) 등은 국제학술연토회에서 발표된 논문들을 편집한 논문집이다. 이외에도 中國社會科學院國際學術論壇 簡牘學論壇(북경, 2006.11.4~6), 中國簡帛學國際論壇2006(武漢, 2006.11.8~10), 中國簡帛學國際論壇2007(臺灣, 2007.11.10~12), 中國里耶古城·秦簡與秦文化國際學術研討會(中國·湖南·里耶, 2007.10.17~19) 등의 국제학술연토회가 그 대표적인 경우이다.

고 있다.

한편 중국고대사 연구에서 출토자료의 중요성이 점차 강조되고 확산되는 경향 가운데 결코 소홀히해서는 안 될 부분은 문헌자료를 중심으로 진행하는 연구이다. 이와 관련하여 『진한사논총秦漢史論叢』의 경우를 살펴보자. 상기한 <표 2>과 <표 3>에 의하면 1990년대 후반에 출판된 제6집(1994)과 제7집(1998)의 경우, 전체 게재 논문 가운데 출토자료와 관련 있는 것은 단지 2편(7%)과 4편(18%)에 불과하며, 그 가운데 제6집에 게재된 2편 가운데 1편은 한국학자의 논문이다.[54] 제9집(2004)의 경우, 그 상대적인 수는 증가하였지만, 출토자료 관련 논문의 게재율이 26%에 그치고 있어 <표 2>과 <표 3>에서 언급한 동 시기의 다른 잡지들의 게재율 100%와 비교해 볼 때는 상당히 저조한 수치이다. 물론 중국고대사를 연구할 때 출토자료와 문헌자료를 근거로 한 연구의 상관성을 이러한 정량적인 수치로서 판단할 수는 없다. 그러나 『진한사논총』의 출토문헌 관련 논문 게재율이 현격히 떨어진다는 것은 학술지의 성격과도 관련이 있겠지만, 2000년 이후 출토문자자료의 연구를 활발히 진행하고 있더라도 종래 문헌자료에 의한 연구를 진행해 온 연구자들에게는 새로운 '자료'를 이용한 역사연구 방법에는 한계가 있음을 보여준 것이다. 이러한 자료 이용의 한계성은 출토자료의 경우에도 확인할 수 있으니 상기한 대표적 웹싸이트인 "간백망"과 "간백연구"이다. 먼저 "간백망"의 경우 구성 부분인 "간백문고簡帛文庫"는 '초간전란楚簡專欄', '진간전란秦簡專欄', '한간전란漢簡專欄', '백서전란帛書專欄'의 네 부분되어 구성되어 있어 전국진한시기의 개별적 사회상을 이해하기 위한 자료를 제공하고 있다. 또한 "간백연구"는 '상박전란上博專欄', '곽점전란郭店專欄', '기타문헌연구其他文獻研究'로 분류하여 전국시기 사상사를 이해하기 위한 출토자료를 집중적으로 소개하고 있다.

---

54 金燁, 「≪秦簡≫所見之"非公室告"與"家罪"」, 『中國史研究』, 1990年 第1期.

따라서 웹싸이트에서 출토자료를 각 시기별로 분류·정리하여 연구자에게 편의를 제공하고 있기 때문에 그 어떤 학문 분야보다도 활발하고 신속한 정보교류와 다양한 의견들이 교환되고 있다. 그런데 이처럼 웹싸이트에서 다양한 학문적 교류와 정보의 교환이 진행되어 개별 자료에 대한 분석과 연구 성과의 교환은 활발할지라도 전국진한삼국시기의 출토자료를 통합하여 고대 사회를 거시적으로 이해하고자 하는 내용은 다소 부진한 듯하다. 웹싸이트에서 최근 정리 출판되어 삼국시대 연구의 많은 도움을 제공하고 있는 오간吳簡[55] 관련 전란이 없는 것은 바로 출토문자자료의 종합적이면서도 유기적인 활용을 통한 고대 중국사회에 대한 통시적 연구의 한계성을 드러내고 있는 듯하다.

3) 일본의 연구현황

그렇다면 일본 학계의 출토문자자료에 대한 연구 현황은 어떠한가? 일본 학계의 연구 경향은 중국의 출토문자자료와 일본의 그것으로 구분하여 볼 수 있다.[56] 먼저 중국 출토문자자료에 대한 연구 경향을 개괄적으로 살펴보자. 일본에서의 중국 출토문자자료에 대한 연구는 한간漢簡연구로부터 시작되었다. 1951년 모리 시카조森鹿三는 경도대학京都大學 인문과학연구人文科學研究

---

55 長沙簡牘博物館·中國文物研究所·北京大學歷史系 走馬樓簡牘整理組 編著, 『長沙走馬樓三國吳簡·竹簡 第3卷』(文物出版社, 2007)이 최근 출간되었다.
56 일본 목간의 성격과 연구 성과에 대해서는 논지의 전개상 본고에서는 언급하지 않는다. 그러나 연구 경향과 주요 연구성과에 대해서는 鬼頭清明, 「第1章 木簡研究の成果と方法」, 『古代木簡の基礎的研究』(塙書房刊, 1993); 東野治之, 「第1部 日本木簡の性格」, 『正倉院文書と木簡の研究』(塙書房, 1997); 大庭脩 編著, 『木簡―古代からのメッセージ』(大修館書店, 1998); 今泉隆雄, 「第1章 木簡研究の成果と課題」, 『古代木簡の研究』(吉川弘文館, 1998); 寺崎保廣, 『古代日本の都城と木簡』(吉川弘文館, 2006) 등을 참조.

를 중심으로 "거연한간연구반居延漢簡研究班"을 창립하였다. 당시 이 연구반에는 카이즈카 시게키貝塚茂樹, 히비노 타케오日比野丈夫, 오바 오사무大庭脩 등이 참가하였으며, 이후 나가타 히데마사永田英正, 마이클 로이(Michael Loewe) 등이 계속 참가하여 한간 연구의 기반을 마련하였다. 그 결과, 1953년 『동양사연구』 12권 3호에 특집 「거연한간의 연구居延漢簡の研究」라는 주제하에 논설 7편, 학계전망 2편, 잡록雜錄 2편 등 총 11편의 글이 게재되어 본격적인 한간연구漢簡研究의 서막을 알렸다. 이러한 연구 성과는 불과 2년 후, 『동양사연구東洋史研究』 14권 1·2호에 특집 「한대종합연구漢代綜合研究」라는 주제하에 한간漢簡 내용을 중심으로 한 9편의 논설이 게재되어 지속적인 연구 성과를 거둘 수 있었다. 더욱이 1957년 라오간勞榦이 『거연한간居延漢簡·도판지부圖版之部』를 출판한 후, 마침내 모리 시카조는 거연한간 부적책서簿籍册書 복원을 개창하여 『동양학연구東洋學研究·거연한간편居延漢簡編』(同朋舍, 1975)을 출판하였다. 모리 시카조의 저서 출판으로 1950년대 초반부터 진행되어 온 한간연구에 대한 일차적인 정리를 마쳤다면, 나가타 히데마사의 거연한간에 대한 종합적 연구[57]나 1992년 12월 12일~14일까지 관서대학關西大學에서 거행된 「한간연구국제심포지엄'92漢簡研究國際シンポジウム'92」에서 발표·소개된 거연한간외에 돈황한간, 장가산한간 등에 대한 논의,[58] 그리고 당시 미발표되었던 원간原簡 사진의 소개나 「돈황한간출토지점 및 한간저록편호 대조표敦煌漢簡出土地點および漢簡著錄編號 對照表」 등의 내용을 담고 있는 『대영도서관장돈황한간大英圖書館藏敦煌漢簡』[59] 출판은 한간연구에 대한 일본학계의 위상을 가늠케 해주는 연구 성과라 해도 과언이 아니다.

1990년대 이후는 한간연구와는 별개로 수호지진묘죽간睡虎地秦墓竹簡에 대

---

57 永田英田, 『居延漢簡の研究』(同朋舍, 1989).
58 大庭脩 編輯, 『漢簡研究國際シンポジウム'92報告書 漢簡研究の現狀と展望』(關西大學出版部, 1993).
59 大庭脩, 『大英圖書館藏敦煌漢簡』(同朋舍, 1990).

한 집중적인 연구[60]를 비롯한 중국에서 발굴된 다양한 출토문자자료에 대한 적극적인 연구와 학술 교류의 진행을 목적으로 관련 연구 모임이 성립되기 시작하였다. 1995년 "중국출토자료학회中國出土資料學會"가 성립되어 새로운 출토자료의 소개와 관련 연구의 활발한 진행, 그리고 출토문자자료에 대한 역주를 진행하고 있다.[61] 특히 출토문자자료에 대한 역주譯注부분에서 두드러진 성과를 올린 것은 경도대학京都大學 인문과학연구소人文科學研究所「삼국시대 출토문자자료의 연구三國時代出土文字資料の研究」반班이『동방학보東方學報』 76책冊(2004)~78책冊(2006)에 연재한 「강릉장가산한간한묘출토江陵張家山漢簡漢墓出土 이년율령二年律令」 역주고譯注稿 (1)~(3)을 지적할 수 있다.[62] 또한 중국 장사시 주마루에서 출토된 삼국·오시대의 간독을 연구하기 위한 목적으로 "장사오간연구회長沙吳簡研究會"가 성립하여 삼국오간에 대한 연구를 진행하여 성과물을 『장사오간연구보고長沙吳簡研究報告』에 발표하고 있다.

출토문자자료 관련 연구회 가운데 주목을 끄는 것은 전국시대戰國時代 초간楚簡과 관련한 모임들이다. 그 대표적인 모임만을 소개하면 대동문화대학大東文化大學의 곽점초간연구반郭店楚簡研究班과 상해박초간연구반上海博楚簡研究班, 상해박물관장전국초간연구회上海博物館藏戰國楚簡研究會(통칭, 상해박초간연구회(上海博楚簡研究會)) 등이다. 이러한 연구 모임들은 각각 자신들의 연구 성과를 해당 연구서인 『곽점초간의 연구郭店楚簡の研究』(1)~(7),[63]『상해박초간의 연구上海

---

60 工藤元男, 『睡虎地秦簡よりみた秦代の國家と社會』(創文社, 1998).

61 1997년『中國出土資料研究』창간호를 발간한 이래 2007년 현재 제11집까지 발간하고 있다. 본 학술지에 게재된 내용 가운데 "역주(譯注)" 코너가 주목된다. 주요 내용은 早稻田大學簡帛研究會의 銀雀山漢簡「守法守令十三編」研究, 學習院大學漢簡研究會의 江陵張家山漢簡「奏讞書」관련 내용, エチナ漢簡講讀會의 エチナ漢簡選釋 등으로 이러한 역주작업은 일본학계의 중국출토자료에 대한 높은 연구 수준의 단면을 보여주고 있다.

62 富谷至 編,『江陵張家山二四七號墓出土漢律令の研究』論考篇・譯注篇(朋友書店, 2006)으로 출판되었다.

63 池田知久 監修・大東文化大學郭店楚簡研究班, 『郭店楚簡の研究!1)』(1999)~『郭店楚簡の研究!7)』(2006).

博楚簡の研究』 (1),[64] 『출토문헌과 진초문화出土文獻と秦楚文化』[65]를 출간하여 그 성과를 정리하고 있다.

이와 같이 전국시대에서 삼국시대에 걸친 중국 출토문자자료의 발굴과 공간은 곧 일본에서의 소규모 연구회의 조직과 이에 따른 관련 자료의 연구와 성과물의 출간으로 이어지는 특징을 볼 수 있다. 이러한 움직임은, 중국이나 한국의 경우에서도 마찬가지이지만, 중국고대사회를 정확하게 이해하기 위해서는 새로운 출토자료가 그 역사적 '진실'에 가장 근접한 '사실'을 알려주는 가장 귀중한 자료라는 인식에 기초하고 있기 때문이다. 때문에 최근의 연구경향은 전국시대에서 삼국시대에 이르는 개별 연대의 출토자료 그 '자체'에 대한 분석에 집중을 하고 있는 듯하다. 즉 출토자료를 분석대상으로 한 연구[66]나 이를 활용한 사상, 역사 연구 등 어떠한 형태의 연구이든간에 가장 기초적인 작업이면서 중시해야 하는 작업은 무엇보다도 원사료原史料에 대한 정확하고 치밀한 독해이고, 이를 바탕으로 비로소 학문적 성과가 꽃피울 수 있다는 인상을 지울 수 없다.

출토문자자료연구와 관련하여 주목해야 할 분야는 한국의 출토문자자료에 대한 연구이다. 일본에서의 한국출토문자자료에 대한 연구는 한국과 일본의 출토문자자료는 그 형태가 매우 유사할 뿐만 아니라 일본 목간보다도 그 시기가 빠르다는 점에 주의하고 있다. 즉 일본의 출토문자자료의 기원이나 성격 등을 이해하기 위해서는 무엇보다도 한국의 출토문자자료에 대한

---

64 池田知久 監修・大東文化大學上海博楚簡研究班, 『上海博楚簡の研究(1)』(2007).
65 현재까지 제3호가 출간되었다. 구체적인 내용은 다음과 같다. 西山尙志・小寺 敦・谷中信一 著, 『上海博楚簡『民之父母』『子羔』『魯邦大旱』譯注』(創刊號, 2004); 曹峰・李承律 著, 『上海博物館藏戰國楚竹書『昔者君老』『容成氏』(上)譯注』(第2號, 2005); 小寺 敦・井上 亘・大西克也 著, 『上海博楚簡『彭祖』『內豊』『曹沫之陳』譯注』(第3號, 2007).
66 일일이 언급할 수 없을 정도의 많은 연구가 있지만, 石岡 浩, 「出土法律文書と秦漢法制史研究」(『歷史評論』699, 2008)에 소개된 秦의 勞役刑 刑期와 文帝의 刑制改革, 二十等爵制研究 등은 좋은 예이다.

정확한 이해가 선행되어야 한다는 점이다. 이와 같은 배경하에서 히라카와 미나미平川南와 이성시李成市의 연구가 주목을 끈다. 히라카와 미나미平川南는 일본의 고대 목간과 한국 및 중국의 고대 목간을 비교한 「야시로유적군 목간의 전개屋代遺跡群木簡のひろがり」를 발표하였다. 그는 나가노현長野縣 야시로유적군에서 출토된 7세기 후반~8세기 전반의 목간 가운데에서 중국이나 한반도의 문자자료와 공통적인 요소가 있음을 지적한 후, 한국 남부지역의 성산산성에서 출토된 대량의 부찰付札목간이 공개되자 일본 고대목간과의 비교연구를 강조하였다. 또한 이성시는 1997년 일본 목간학회에서 「한국출토의 목간에 대하여韓國出土の木簡について」[67]라는 논문을 발표하여 일본 고대사 연구자들의 한국 출토자료에 대한 본격적인 관심을 유발하였다. 그리고 후술하겠지만, 하시모토 시케루橋本繁의 『논어論語』 목간에 대한 비교 연구,[68] 미카미 요시다가三上喜孝의 한·일 고대목간에 대한 비교연구의 가능성 등과 관련한 연구[69]들이 눈에 띤다. 이러한 연구 가운데 특히 이성시는 그의 일련의 연구 가운데 한국의 경상남도 함안 성산산성에서 출토된 목간에 주목하였다.[70] 그는 성산산성 출토목간은 561년 이전에 사용된 목간이며 그 형태는 하부의 양단이 V자형으로서 그 기원은 4세기 말 니아尼雅에서 출토된 진간晉簡에서도 볼 수 있다. 또한 일본에서는 초기의 형태로서 현재까지 5점 밖에 확인할 수 없으며[71] 서체가 누란樓欄에서 발견된 이백문서李柏文書(4세기 전반)와 거의

---

67 李成市, 「韓國出土の木簡について」(『木簡研究』 19, 1997).

68 橋本繁, 「金海出土『論語』木簡と新羅社會」(『朝鮮學報』 193, 2004); 「古代朝鮮における『論語』 受容再論」, 朝鮮文化研究所 編, 『韓國出土文獻の世界』(雄山閣, 2007).

69 三上喜孝, 「韓國出土木簡と日本古代木簡—比較研究の可能性をめぐつて—」, 「慶州·雁鴨池 出土の藥物名木簡について」(이상, 『朝鮮文化研究所 編, 『韓國出土文獻の世界』, 雄山閣, 2007)

70 이와 관련하여 『한국고대사연구』 19, 「특집 : 咸安 城山山城 出土 木簡」에 게재된 논문들을 참조하기 바란다. 아울러 관련 도판(圖版)이 최초로 國立昌原文化財研究所, 『韓國의 古代木簡』(藝脈出版社, 2004)에 소개되었다.

71 平川南, 「屋代遺跡群木簡のひろがり→古代中國·韓國資料との關連」(『信濃』51-3, 1999.→『古

유사하다[72]는 히라카와 미나미의 견해를 근거로 함안 성산산성의 목간을 중국과 일본의 중간단계로 위치지어 한국·중국·일본의 고대목간의 공통성과 유사성을 "중국대륙(A) → 한반도(A' → B) → 일본열도(B' → C)"라는 도식을 설정하여 동아시아 고대 목간의 전파, 수용, 그리고 변용에 대하여 설명하고 있다.[73] 이에 대해서는 후술하고자 한다.

이상과 같이 일본 학계의 출토자료에 대한 연구는 1950년대부터의 중국 출토문자자료를 통한 축적된 연구 기반과 1960년대부터 일본에서 출토되기 시작한 일본 목간자료에 대한 연구와 목간학회의 성립 등 조직적인 연구회를 통하여 수준 높은 연구 성과의 획득이 가능하였다. 이것은 오바 오사무大庭脩가 자신의 저서인『목간木簡』의 편찬 동기를 「후기後記」에서 목간이라는 서사재료의 공통성에 입각하여 중국과 일본의 목간 내용을 한 권으로 편찬한 이유에서 잘 나타난다. 오바 오사무는『목간』의 편찬 동기를 양 국가의 연구자가 시대와 배경이 다른 전문 분야외의 분야를 연구한다는 것이 때로는 자신의 학문 성장에 커다란 역할로 작용한다고 밝히고 있다.[74] 이러한 그의 언급은 현재의 일본 학계의 출토문자자료 연구의 현주소를 보여주고 있는 듯하다. 게다가 한국의 고대목간에 대한 관심의 증대와 활발한 연구는 동아시아 지역을 연구범위로 설정한 이 지역의 출토문자자료에 대한 본격적인 연구를 의미하기 때문이다.

代地方木簡の硏究』, 吉川弘文館, 2003에 재수록).

72 平川南, 「日本古代木簡 硏究의 現狀과 新視點」(『韓國古代史硏究』 19, 2000), 149쪽.

73 李成市, 「古代朝鮮の文字文化と日本」(『國文學』 47卷~4號, 2002), 15쪽.

74 大庭脩 編著, 『木簡—古代からのメッセージ』(大修館書店, 1998)은 주지하듯이 第1部 「中國の木簡と竹簡」과 第2部 「日本の木簡」으로 구성되어 있다.

3. 동아시아 3국의 출토문자자료 연구 교류와 방향성

동아시아 3국의 출토문자자료 연구에 대한 교류의 필요성은 무엇보다도 각 지역에서 발견되는 출토문자자료의 전래와 계보를 규명함으로서 공통된 문화적 성격을 밝히고자 하는데 주요한 목적이 있다. 바꿔 말하면 출토문자자료의 연대가 기원전 3세기 무렵부터 A.D. 5세기 전후의 위진시기가 주요 연대인 중국의 경우와 6세기에서 8세기 무렵까지의 한국과 7세기 중엽 이후에 보이는 일본의 경우에 대한 어떠한 계통적 인식이 가능한가의 문제이다. 이미 한국과 일본에서 출토된 목간자료는 V자형의 칼자국이 좌우에 있는 부찰付札목간의 형태는 중국의 한대에는 볼 수가 없고 위진시대의 그것과 동일함을 알 수 있다. 또한 중국에서 출토되는 책간冊簡과 죽간竹簡은 양 국가에서는 보이지 않고 있다. 더욱이 한·일 양국의 출토문자자료와 중국의 그것은 시기적으로 200~300년의 상당한 격차를 보이고 있다. 중국과 한국 및 일본 출토문자자료의 이와 같은 시간적 격차는 특히, 일본의 경우 한간을 수용한 것이 아니라 위진 이후의 출토문자자료를 수용한 것이라는 견해도 제출되었다.[75] 또한 수당시기에는 간독이 사무 처리의 보조적인 기록재료로서 사용된 점과 일본의 고선목간考選木簡 방식의 원형을 수당시기에서 찾고자 하는 연구들은[76] 동아시아 출토문자자료의 계기성을 규명하는 중요한 연구일 뿐만 아니라 고대 동아시아 사회에서의 고대국가의 형성이나 문자의 수용 등과 관련한 제 양상을 이해하는 데 중요한 역할을 하고 있다.[77]

---

75 今泉隆雄,「第1章 木簡研究の成果と課題」,『古代木簡の研究』(吉川弘文館, 1998), 41쪽.
76 東野治之,「奈良平安時代の文獻に現われた木簡」·「成選短冊と平城宮出土の考選木簡」(이상 『正倉院文書と木簡の研究』, 塙書房, 1997).
77 李成市,『古代東アジアの民族と國家』(岩波書店, 1998); 橋本 繁,「東アジアのおける文字文化の傳播—朝鮮半島出土『論語』木簡の檢討を中心に—」, 記念論集刊行會 編,『古代東アジアの社會と文化(福井重雅先生古稀·退職記念論集)』(汲古書院, 2007) 아울러 『國文學』47卷4號 (學燈社, 2002)「Ⅰ. 總論—中國·朝鮮·日本を視野に入れて」에서 소개한 3편의 논문「古代

출토문자자료를 기초로 고대 동아시아 사회를 연구하는 여러 연구들은 대부분 6세기 이후 고대 한·일 관계를 규명하고자 하는 측면에서 진행되었다. 이러한 시각에서는 자연히 중국의 출토문자자료를 포함한 공동 연구는 한계를 지닐 수밖에 없다. 1980~90년대 중국 학계에서의 일본 학계의 연구 동향을 소개한 것도 대부분 중국 출토문자자료 관련 연구성과에 대한 번역[78] 이었음을 상기한다면 중국과 한국·일본의 출토문자자료의 공동연구는 어찌 보면 불가능한 일로 여겨졌다. 그러나 2001년 출판된 『간백연구 2001』에 게재된 시에꾸이화謝桂華, 「한국함안성산산성목간초탐韓國咸安成山山城木簡初探」과 일본나라국립문화재연구소日本奈良國立文化財研究所에 의해 출토·정리된 「헤조큐목간종술平城宮木簡宗述」의 내용이 소개되어 본격적인 한·중·일 3국간의 출토문자자료에 대한 공통의 관심을 갖는 계기를 마련되었다. 이러한 계기는 『간백연구簡帛研究2001』 발간 이후, 동일 학술지에 외국학자 발표논문 게재 편수는 <표 1>에 의하면 한국 3, 일본 20, 미국 3, 독일 1로서 총 27편으로 그 이전시기의 2편에 비하면 압도적인 게재 편수로서 출토문헌 연구에 대한 저변이 확대해가고 있음을 확인할 수 있다. 또한 윤재석尹在碩은 「한국출토목간의 형제와 내용韓國出土木簡的形制及其內容」을 『간백연구 2002~2003』(2005)에 게재하여 중국과 일본 학계의 한국 목간에 대한 관심의 제고와 동아시아 사회의 출토자료에 대한 인식의 폭을 심화, 확대시켰다.[79]

비록 2000년 이후부터 출토자료를 통한 고대 동아시아 사회에 대한 인식이 제고되었다 하더라도 주요한 공통의 연구 교류는 여전히 번역을 통한 상대의

文字のメッセージ―中國古代の虚實」(平勢隆郎), 「古代朝鮮の文字文化と日本」(李成市), 「訓讀がひらくもの」(青木周平) 등을 참조.

78 中國社會科學院歷史研究所 戰國秦漢史研究室 編, 『簡牘研究譯叢』(第1輯, 1983); 『簡牘研究譯叢』(第2輯, 1987); 中國社會科學院 簡帛研究中心 編, 『簡帛研究譯叢』(제1輯, 1996).

79 沈頌金, 「韓國的簡牘研究」, 『二十世紀簡帛學研究』(學苑出版社, 2003), 704~709쪽에서는 한국학계의 중국고대사와 관련한 1990년대 중반까지의 대략적인 연구성과를 소개하면서 金燁, 尹在碩의 초기 연구의 중요성을 강조하고 있다(704쪽).

연구성과 소개를 중심으로 진행되었다. 예를 들면 중국의 경우, 간백연구총서 簡帛研究叢書 시리즈로서 『한간연구漢簡研究』(大庭脩 著, 徐世虹 譯, 2001), 『진한형벌제도연구秦漢刑罰制度研究』(富谷至 著, 柴生芳・朱恒曄 譯, 2006), 『거연한간연구居延漢簡研究(上・下)』(英田英正 著, 張學鋒 譯, 2007) 등과 『목간죽간이 말하는 고대중국木簡竹簡述說的古代中國 — 서사재료의 문화사書寫材料的文化史』(富谷至 著, 劉恒武 譯 / 黃留珠 校, 2007) 등을 대표적인 사례로 언급할 수 있다. 또한 한국의 경우도 『잃어버린 고리—신출토문헌과 중국고대사상사』(임형석 역, 학연문화사, 1996)[80]・『목간과 죽간으로 본 중국고대문화사』(임병덕 역, 사계절, 2005)[81]・『목간이 들려주는 일본의 고대』(이용현 譯, 주류성, 2008)[82] 등의 역서譯書와 『수호지운몽진간睡虎地雲夢秦簡』의 역주서譯註書가 출간될 예정이다.[83] 일본에서도 『중국출토문헌의 세계中國出土文獻の世界』(高木智見 譯, 創文社, 2006)[84]・『한국출토목간의 세계韓國出土木簡の世界』(雄山閣, 2007) 등의 역서가 편찬되어 타 지역의 연구성과를 자국에 소개하는 역할을 수행하고 있다.

2000년대 이후, 자국의 언어로서 소개하기 시작한 연구성과의 상호 교류는 출토문헌 연구의 저변을 확대시켰으며, 나아가 자신의 연구 분야가 아닌 타 연구분야와의 연계속에서 자신의 연구를 진행하는 동기를 부여하였다. 특히 시에꾸이화謝桂華, 리쥔밍의 한국 출토자료에 대한 연구는 중국고대사 연구자가 아닌 타 분야 연구자에게 중국과 한국의 출토문자자료에 대한 관련성을 심도있게 인식시켰다고 해도 과언은 아니다.[85] 또한 상기한 일본에서의

---

80 原題는 李學勤, 『簡帛佚籍與學術史』(臺灣時報文化出版企業有限公司, 1994. → 후에 江西教育出版社, 2001).
81 原題는 富谷至, 『木簡・竹簡の語る中國古代—書記の文化史』(岩波書店, 2003).
82 原題는 東野治之, 『木簡が語る日本の古代』(岩波書店, 1997).
83 尹在碩, 『睡虎地秦簡竹簡譯註』(소명출판, 近刊).
84 原題는 朱淵淸, 『再現的文明..中國出土文獻與傳統學術』(華東師大學出版社, 2001).
85 謝桂華(尹在碩 譯), 「중국에서 출토된 魏晉代 이후의 漢文簡紙文書와 城山山城 출토 木簡」, 『한국고대사연구』 19, 2000, 191~203쪽에서는 漢簡전공자인 필자의 성산산성 출토목간에 대한 석문을 소개하고 있다. 아울러 李均明, 「韓中簡牘 비교연구」, 『木簡과 文字』 창간호,

한국 출토문자자료에 대한 연구는 더 이상 '자국自國'이라는 제한된 영역의 출토자료 연구가 아닌, 동아시아 지역으로 인식의 확대를 의미한다.

필자의 단견으로는 이와같은 인식의 확대에 따른 출토문자자료 연구는 이미 축적된 학문적 성과로 상호교류를 진행하고 있던 중국이나 일본의 주도보다는 새롭게 출토문자자료 연구의 저변을 확대해 나가면서 중국과 일본과의 적극적인 교류를 모색하고 있는 한국에서의 연구와 교류활동이 새로운 계기 내지는 그 중요성을 부각시켰다고 생각한다. 사실 한국에서의 출토자료 연구의 저변 확대와 외국과의 교류를 통한 국외의 연구 동향 흡수는 2000년을 전후한 시점으로 새로운 전환기를 맞이하였다. 1999년 김해박물관에서 "함안 성산산성 출토 목간의 내용과 성격"이라는 주제로 개최한 학술회의에는 시에꾸이화, 히라카와 미나미, 이성시가 참석하여 한·중·일 3국의 출토자료의 내용과 성산산성 출토 목간에 대한 논의를 전개하였다.[86] 2004년 11월 11~13일 충북대학교에서 개최된 "간독학 국제학술회의(簡牘學 國際學術會議)"에서는 '일본에서의 중국간독연구', '중국사연구의 최근 동향과 한국고대목간연구(中國史硏究의 最近 動向과 韓國古代木簡硏究)' 등을 주제로 나가타 히데마사 등을 비롯한 일본학자들이 참여하였으며, 이 회의에서도 성산산성 출토목간에 대한 논의가 전개되었다. 이와 같이 한국의 출토문자자료에 대한 점차적인 교류와 연구의 확대는 2007년 1월 9일 한국목간학회의 창립과 "한국고대목간과 고대 동아시아세계의 문화교류"를 주제로 한 국제학술회의 개최를 통하여 확인할 수 있었다. 이 회의에서는 역사, 언어 / 문자, 서체, 한국과 일본 및 한국과 중국의 목간 비교 등 출토자료와 관련한 다양한 연구

___

한국목간학회, 2008에서는 한국목간의 분류와 서체 및 자형에 대하여 논하고 있다.
86 『한국고대사연구』19(한국고대사학회, 1999)는 함안 성산산성 특집호로서 謝桂華(尹在碩 譯), 「중국에서 출토된 魏晋代 이후의 漢文簡紙文書와 城山山城 출토 木簡」, 平川南, 「日本古代木簡 硏究의 現狀과 新視點」, 李成市, 「韓國木簡연구의 현황과 咸安城山山城출토의 木簡」을 각각 발표하였다.

주제가 발표되어 출토자료의 학제적 연구의 가능성을 확인하였다.[87] 더욱이 회의에서 발표된 논문를 포함하여 발간한 창간호인 『목간木簡과 문자文字』 (2008.6)의 구성을 보면 21세기 출토자료 연구의 새로운 방향을 모색할 수 있을 듯하다. 우선 학회 성립 축사로 히라카와 미나미, 사카에하라 도와오榮原 永遠男, 부센친卜憲群, 천웨이陳偉 등의 일본과 중국의 출토자료 관련 주요 연구자들의 축사도 이채롭지만, 특집 주제인 「목간으로 본 동아시아세계의 문화교류」에 실린 논문들의 성격이 고대 동아시아 사회의 성격을 다루고 있다. 또한 "「신출토목간 및 문자자료」에서는 중국 호남대학湖南大學 위전보于振波의 "『장사주마루삼국오간長沙走馬樓三國吳簡·죽간竹簡(貳) 신자료 소개』"를 게재하고 있으며, 「역주」에서는 "「장가산한간張家山漢簡<이년율령二年律令>작률爵律·흥률興律(392간簡~406간簡)」"을 소개하고 있다. 다시 말하자면 『목간과 문자』의 지향은 특정 분야에 제한된 출토자료의 연구를 지양하고 공간을 초월한 공통의 연구와 분야를 타파한 학제적 연구를 지향하고 있음을 알 수 있다. 필자는 이러한 한국목간학회가 지향하는 학제적 출토문자자료의 연구 방향을 21세기 출토문자자료 연구의 첫 번째 항목으로 언급하고자 한다.

필자가 주목한 출토자료의 두 번째 연구 방향은 『이년율령여주얼서二年律令與奏讞書』[88]의 편찬 과정을 통해서 알 수 있다. 이 책의 편찬과정에 대해서는 『목간과 문자』의 「논평」에서 이미 자세하게 서술하고 있지만, 주요 부분만을 다시 인용하면 다음과 같다.

---

87 한편 이와는 달리 출토자료와 중국고대사라는 특정 주제와 관련한 국제학술회의가 중국고 중세사학회의 주관으로 "간독으로 본 중국고대사"(경북대, 2006.6.16~17)와 "고대 중국의 공·사문서의 유통과 제국질서"(충북대, 2008.5.22~23)라는 주제로 개최되었다. 즉 한국목 간학회와는 상이한 성격의 국제학술회의 개최는 한국 학계의 출토자료에 대한 연구가 한국/중국 고대사를 중심으로 이루어지고 있음을 알 수 있다. 또한 한국목간학회 회의의 발표 및 토론자의 구성이나 임원진에 중국고대사 연구자들이 참여하고 있음을 보면 두 연구 분야의 소통을 통한 출토자료에 대한 연구가 진행되고 있음을 알 수 있다.

88 彭浩·陳偉·工藤元男 主編, 『二年律令與奏讞書』(上海古籍出版社, 2007).

후자는 이 책이 무한대학간백연구중심武漢大學簡帛研究中心 · 형주박물관荊州博物館 · 와세다대학장강유역문화연구소早稻田大學長江流域文化硏究所의 합작품이라는 데에서 잘 드러난다. (…중략…) 형주박물관에서는 죽간을 제공하고, 조도전대학 측에서는 적외선카메라를 제공하였으며, 무한대학 측에서는 죽간의 촬영과 도판과 석문이 작성과 편집 등의 작업을 총괄하였다. (…중략…) 보다 정확한 석문의 작성과 풍부한 주석 자업을 위해서는 국내외를 막론하고 우선 자료에 대한 소아병적 독점욕을 버려야 한다는 의식이 작용하였고, 한편으로는 간독연구에 대한 중국학자들의 자신감이 크게 작용한 것으로 보인다.[89]

즉 주요 출토문자자료 연구기관의 협력으로 기존 석문에서 범한 오류나 해석하지 못한 문자나 내용 등을 대대적으로 수정 보완할 수 있었던 것이다. 특히 이 과정에서 적외선카메라[90]의 적극적인 이용은 판독률을 훨씬 높였을 뿐만 아니라 잔간殘簡으로 분류되었던 자료들을 정식 간문으로 복원하는 성과를 올리기도 하였다. 또한 최근 미공개된 간독자료에 대한 학술토론회에 중국학자는 물론이고 외국학자까지 초청하여 석문을 둘러싼 다양한 공개토론의 장을 연 것은 바로 출토문자자료의 공유에 의한 연구의 객관성을 담보하고자 한 작업의 일환으로 긍정적인 평가를 받을 만하다. 여기에서 필자는 무한대학 간백연구중심의 연구방법을 통하여 출토자료 연구의 나아갈 방향을 제안한다. 즉 자료의 공유와 자연과학과의 연계에 의한 연구력의 제고이다.

마지막으로 필자가 주목한 출토문자자료의 연구 방향은 동아시아 지역을 출토문자자료 연구의 범위로 설정해야 한다는 것이다. 주지하듯이 중국의 출토문자자료는 기원전 3세기에서 기원후 8세기에 이르는 시기의 것으로 그 대부분이 완비된 형태를 갖추고 있으며 내용 또한 당시 사회상을 이해하

---

89 尹在碩, 「≪二年律令與奏讞書≫에 대하여」, 『木簡과 文字』 창간호, 2008, 392~393쪽.
90 적외선 촬영에 사용된 카메라는 일본 하마마츠(浜松)포토닉스사에서 제작한 제품번호 IRRS-100이다.

기 위한 자료로서의 성격을 갖추고 있다. 따라서 비록 한국 목간과 출토시기가 다를지라도 서사재료가 동일하게 때문에 일정 수준까지는 두 지역의 출토 문자자료를 비교·분석할 수가 있다. 한국 목간과 일본 목간은 중국의 그것에 비해 시기적으로 인접하고 있기 때문에 형태의 유사성이나 내용 분석을 통한 두 지역의 문화 발전 관계 등을 이해할 수 있다. 예를 들어 기록간의 기재양식을 보면, 6세기 전반으로 추정되는 부여夫餘 릉산리사지陵山里寺址 목간(304호)에는 "사월칠일四月七日 보희사寶憙寺 지진혜智眞慧"라고 명기되어 날짜와 서명, 그리고 작은 글씨로 승려의 이름이 기록되어 있다. 이와 유사한 내용의 일본 목간 가운데 7세기 후반으로 추정되는 복강대재부출토목간福岡 大宰府出土木簡에는 "八月□日記貸稻數[ ]財財マ人× 物 ×"의 기재 내용을 보면 역시 날짜를 적고 그 아래에 2행으로 인명을 명기하고 있다. 따라서 이러한 서식의 공통성에서 문화 교류의 단면을 확인할 수 있다.[91] 또한 한중일 3국에서 공통으로 출토된 『논어』 목간의 경우, 한국에서 출토된 『논어』 목간은 고觚라는 다면체에 서사되어 있다. 그런데 이러한 서사양식은 중국에서 비록 고에 씌어진 『논어』 목간은 볼 수 없을지라도, 한대漢代에는 고를 사용한 서사양식을 확인할 수 있다는 점에서 한국의 고대목간은 한대 돈황, 거연 등지에서 출토된 한간의 영향을 받았다고 볼 수 있다.[92] 또한 일본에서도 고에 쓰여진 것이 『논어』가 아닌 『천자문千字文』인 사례가 확인되는 점 등으로 볼 때 중국 한대 서사방식의 영향을 받은 한반도의 독자적인 문자문화가 다시 일본으로 전파된 사례로서 해석할 수 있다.[93]

91　이에 대해서는 三上喜孝, 「일본 고대 목간의 계보」,『木簡과 文字』 창간호, 2008에 자세히 고증을 하였다.

92　張娜麗, 『西域出土文書の基礎的研究—中國古代における小學書・童蒙書の諸相—』(汲古書院, 2006) 第Ⅰ部 「簡牘紙文書がら見た小學書—敦煌・居延・阜陽出土の遺文」의 第1章 「簡・牘に記された『蒼頡篇』」, 第2章 「簡・牘・紙に記された『急就篇』」을 참조.

93　橋本 繁, 「金海出土『論語』木簡と新羅社會」(2004.); 「古代朝鮮における『論語』受容再論」(2007); 「東アジアのおける文字文化の傳播—朝鮮半島出土『論語』木簡の檢討を中心に」(2007)

만약 출토문자자료인『논어』를 단순히 전적典籍으로 취급하여 문헌학적 분석만을 시도한다면, 현존 문헌자료와의 대조연구[94]에 그칠 개연성이 농후하다. 이 자료를 통하여 고대 동아시아 사회에서 당시 사람들이 공통적으로『논어』를 학습學習(혹은 습서習書)용의 주요 텍스트로 간주하였을지라도 이를 수용하는 각 사회에서는 제도나 문화의 차이에 따라 다른 양상을 보였을 것이다. 이와같은 동아시아 지역에서의『논어』목간의 수용과정을 문화나 제도가 다른 각 국가에서 나름대로의 역사적 위치를 부여할 때, 단순한 논어 목간의 의미가 아닌 동아시아 사회를 이해할 수 있는 생생한 자료로서의 의미를 갖게 되는 것이다. 물론 동아시아 사회를 이해하기 위한 방법론으로서의 출토문자자료 연구를 강조한 것은 필자 외에도 많은 선·동학들이 언급한 내용이다.[95] 그렇지만 다시금 필자가 지난 20세기 100여 년 간 각국에서 진행된 출토자료 연구현황을 언급한 까닭은 해당 자료의 정확한 석독과 이를 통한 시대별 역사 사회상을 구축할 수 있기 때문이다. 그렇지만 21세기의 출토자료 연구는 제한된 공간과 시간을 뛰어넘어 종횡으로 소통하여 동아시아 사회의 밑그림을 만들어 내는 연구가 진행되어야 한다. 그래야만 최근 일부에서 논의하고 있는 실증(체)없는 '담론' 혹은 '이론'으로서의 '동아시아론'을 극복한 실증적 자료연구를 통한 입론이 가능하기 때문이다. 왜냐하면

등을 참조.

94 李慶,「關於定州漢墓竹簡《論語》的幾個問題—《論語》的文獻學探討」(『中國典籍與文化論叢』第8輯, 2005).

95 여러 사례 가운데 필자는 日本 愛媛大學「資料學」研究會의 활동에 주목하였다. 이 연구회는 愛媛大學 法文學部·敎育學部의 歷史學·文學전공 교수 18명을 중심으로 2001년부터 '자료(資料)'에 대한 학제적인 연구활동을 진행한 연구모임이다. 매년 발간하는 연구보고서인『資料學の方法を探る—情報發信と受容の視點から』의 주요 주제를 보면,「竹簡と木簡が語る日中古代の情報傳達」(2004),「古代社會の文字資料と情報傳達」(2005),「古代東アジアの石刻資料と情報傳達」(2006),「古代東アジアの社會と情報傳達」(2007),「古代東アジアの出土資料と社會」(2008) 등이 있다. 매년 공통된 논제인 "고대 동아시아(古代東アジア)"와 "정보전달(情報傳達)"을 출토자료의 분석을 통하여 규명하고 있다.

사회적 배경이나 정보의 유통 속에서 형성된 것이 자료라면, 이러한 자료의 내용은 곧 당시 사회를 이해할 수 있는 정보이기 때문이다.

4. 맺음말을 대신하여 - 자료학으로서의 가능성

최근 중국으로부터 리야진간, 안휘천장한간安徽天長漢簡,[96] 동패루한간東牌樓漢簡,[97] 장사오간 등의 새로운 출토자료에 대한 계속적인 발표[98]와 한국에서도 목간 출토 소식이 급증하고 있다. 이렇게 출토문자자료가 계속적으로 발표되고 정리되는 것을 볼 때, 더 이상 고대 중국 및 한국, 나아가 동아시아 사회를 연구하는 데 '자료의 부족'이란 핑계에 불과하다. 심지어 출토문자자료만으로도 독자적인 학문 영역을 구축하여 관련 연구를 진행할 수 있다고 주장할 수도 있을 것이다. 이러한 이유로 인하여 동아시아 사회를 염두에 둔 출토문자자료 연구는 이제 더 이상 공허한 메아리가 아니다. 연구자에 의한 공동의 연구와 교류는 그 필요성과 가능성을 점점 더 강하게 요구하고 있다. 그러나 출토문자자료 연구를 '자료를 사용한 연구'가 아닌 '자료 자체에 대한 연구'로서 자리매김 하기 위해서는 아직 해결해야 할 문제들이 많다.

우선 명칭의 문제를 지적할 수 있다. 많은 연구자들은 습관적으로 혹은 서사재료에 따라서 "간백학簡帛學", "간독학簡牘學", "목간학木簡學" 등의 다양한 용어를 사용하고 있다. 또한 연구범위 혹은 타 학문과의 관계에 대한

---

96 天長市文物管理所·天長市博物館, 「安徽天長西漢墓發掘簡報」(『文物』 2006-11).
97 長沙市文物考古研究所·中國文物研究所 編, 『長沙東牌樓東漢簡牘』(文物出版社, 2006).
98 최근(2004)에 호북(湖北) 형주시(荊州市) 형주구(荊州區) 기남진(紀南鎭)에서 전한(前漢) 무제 초기(武帝初期)로 추정되는 묘(墓)가 발굴되었는데, 이곳에서 「남군면로부(南郡免老簿)」 등의 목독(木牘) 63괴(塊)와 목간(木簡)10매(枚)가 발견되었다(荊州博物館, 「湖北荊州紀南松柏漢墓發掘簡報」(『文物』 2008.4.).

정립이 아직 불분명한 듯하다. 예를 들면, 허즈췐何玆全은 간독에 대한 정리연구와 이를 통한 중국사연구의 개척이라고 정의한 후, 협의의 간독학이란 간독 자체에 대한 정리와 고정考訂이라고 언급하였다.[99] 반면에 가오민高敏은 모든 출토간독을 총합한 종횡縱橫의 연구를 진행하여 고대간책古代簡册제도의 연원淵源, 내함內涵, 연변演變 등의 관련된 내용을 밝히는 학문이라고 언급하였다.[100] 두 노학자의 출토자료에 대한 상반된 의견에서 알 수 있듯이 어쩌면 현 단계에서도 출토문자자료를 매개로 한 학문의 정립은 결코 쉬운 일은 아닌 듯하다.

둘째, 출토문자자료와 문헌자료의 유기적 관련성이다. 지난 20세기의 출토문자자료에 대한 축적된 연구기반과 21세기 이후 지속적으로 공포되는 출토문자자료의 내용은 적어도 역사를 '통시적'으로 연구할 수 있는 가능성을 충분히 제시하고 있다. 이러한 단초를 필자는 최근 일부의 내용이 발표·정리된 『리야진간』호적간독戶籍簡牘으로부터 확인되는 호적관련 자료를 하나의 예시로 삼아 그 가능성을 찾아보고자 한다.[101] 이 호적간독은 현존 중국 최고最古의 호적실물로서 편호編號 K11은 전국~진대의 유적에 해당한다. 더욱이 후한시대의 호적 잔간 6건에 대한 내용이 공간[102]된 지 불과 1년 만에 진대 호적, 그것도 호 단위의 완정간完整簡이 8건이 공개되었다는 사실은 실로 놀라운 일이 아닐 수 없다.[103] 리야진간 호적간독의 주요 내용은 호적

99 何玆全, 「簡牘學與歷史學」(『簡帛研究』 第1輯, 1993), 2~3쪽.
100 高敏, 「略談簡牘研究與簡牘學的關係和區別」, 『秦漢魏晋南北朝史論考』(中國社會科學出版社, 2004).
101 정리된 간(簡)의 내용에 대해서는 『里耶發掘報告』(岳麓書社, 2007), 「4. 戶籍簡牘」, 203~208쪽에 정리되어 있다. 총 24매로서 정간 10매, 잔간 14매로 구성되어 있다.
102 長沙市文物考古研究所 中國文物研究所, 『長沙東牌樓東漢簡牘』(文物出版社, 2006), 107~108쪽을 참조. 주요 내용은 모두 잔간이기 때문에 전체적인 내용은 확실하지 않지만 호인(戶人)과 가속(家屬)의 성명(姓名), 연령(年齡), 복역(服役) 종류와 면제 여부를 기록한 후 말미에 전체 세역(稅役) 부담자의 총수와 그 종류(算, 甲卒), 재산 총액 眥(1만전?) 수가 기록된 것은 확실하다.

등기와 관련한 기재사항으로서 총 5란으로 구성되어 있으니 K1/25/50의 내용을 근거로 주요 정리하면 다음과 같다.[104]

〈표 4〉 리야진간 호적간의 형제와 기재 방식

| 欄 序號(編號) | 규모(cm) | | 제1란 | 제2란 | 제3란 | 제4란 | 제5란 |
	길이	넓이					
2(K1/25/50)	46	3	戶人	妻	未成年 男兒(3명)	未成年 女兒(3명)	五長

〈표 5〉 리야진간 호적간의 주요 내용

| 序號 | 編戶 | 제1란 | | | | | 제2란 | | | | 제3란 | | 제4란 | | | 제5란 | | |
| | | 戶人 | | | | | 妻 | 弟 | | 弟婦 | 男兒 | | 女兒 | | | 母 | 臣 | 妾 |
		籍貫	出生地	爵位	名	職名	名	爵位	名	名	爵位	名	身分	名				
2	K1/25/ 50	南陽	荊	不更	黃得	五長	嗛				小上造	台	小女子	㾦				
											小上造		小女子	移				
											小上造	定	小女子	平				

본고에서 필자에게 리야진간 호적간독에 대한 분석을 시도할 수 있는 여유는 없다. 그러나 기존에 알려져 있는 중국고대사회의 호적관련 문서와 관련지어 고찰한다면 적어도 호적제도의 변천과정과 이와 관련한 다양한 사회 · 경제상의 변화 과정을 밝혀낼 수 있을 것이라는 점은 확신할 수 있다.

---

103 리야진간 호적간독에 대해서는 李成珪, 「里耶秦簡 南陽戶人 戶籍과 秦의 遷徙政策」, 『中國學報』 57, 2008 에서 호적간독으로서의 사료적 가치 뿐만아니라 "南陽戶人 호적은 통일 후 舊 6國人의 南陽郡 遷徙에 상응하여 '故荊' 남양군의 '荊人'을 楚國의 영토로서 초문화가 주류를 이루었던 천릉현으로 遷徙한 사실을 새롭게 증언한 귀중한 사료이다."라고 해석하고 있다.

104 <표 4·5>는 金慶浩, 「이천년 전 里耶鎭으로의 旅程과 『里耶秦簡』 簡介」, 『중국고중세사연구』 19, 2008, 366~367쪽.

이해를 돕기 위하여 고대 중국사회의 호적관련 문서의 주요 표기 내용만을
정리하면 다음과 같다.

〈표 6〉 간독 및 지문서에 보이는 중국 고대 호적의 주요 내용 표기 변화

분류시기	B.C.3	B.C.2	B.C.1	A.D.2	A.D.3	A.D.4	A.D.5	A.D.6
戶人·戶主	戶人	戶人	×	戶人	戶人	×	×	戶主
子	小上造 小女子	×	子男 子女	子	子男 子女	息男	息男	息男 息女
書寫材料	簡牘	簡牘	簡牘	簡牘	簡牘	紙	紙	紙
出典	①	②	③	④	⑤	⑥	⑦	⑧

出典:

① 『里耶發掘報告』(湖南省文物考古研究所 編著, 岳麓書社, 2007)

② 「江陵鳳凰山十號漢墓簡牘初探」(弘一, 『文物』 1974~6)

③ 『居延漢簡釋文合校』(謝桂華·李均明·朱國炤, 文物出版社, 1987) '橐佗延壽隆長孫時符' 「29·1」; '橐佗吞胡隆長彭祖符' 「29·2」

④ 『長沙東牌樓東漢簡牘』(長沙市文物考古研究所·中國文物研究所 編, 文物出版社, 2006, p.107), 「建寧四年(171年)益成里戶人公乘某戶籍」

⑤ 『長沙走馬樓三國吳簡·竹簡(壹)』(長沙簡牘博物館·中國文物研究所·北京大學歷史系 走馬樓 簡牘整理組 編著, 文物出版社, 2003); 『長沙走馬樓三國吳簡·竹簡(貳)』(2007)

⑥ 『中國古代籍帳研究』(池田 溫, 東京大學出版會, 1979, p.307), 「101 晋(4世紀?)樓蘭戶籍簿稿」

⑦ 『中國古代籍帳研究』(위의 책, 1979, p.146), 「西涼建初12年(416)正月敦煌郡敦煌縣西宕鄉高昌里籍」

⑧ 『中國古代籍帳研究』(위의 책, 1979, p.149), 「西魏大統13年(547)瓜州效穀郡?」 [計帳]

<표 6>을 통해 확인할 수 있는 가장 주요한 특징은 호인戶人·호주戶主와
자子에 대한 명칭의 변화이다. ①의 리야진간에서 삼국시기 주마루오간에
이르기까지는 호인이라는 명칭을 사용하였지만, ⑧ 서위西魏 대통大統 13년
(547)에는 호주의 명칭으로 바뀌었다. 또한 자에 대한 명칭 역시 ① 리야진간
(B.C.222~208)에서 ③ 거연한간 영광永光 4年(B.C.40)에 이르는 시기에 변화는
불분명하지만, ⑤ 삼국오간에서 ⑥ 진晋(4세기?)으로 이행하는 시기에 자子

또는 자남子男 · 자녀子女에서 식남息男 · 식녀息女로 호칭의 변화를 확인할 수 있다. 이와 같은 단순 비교 · 검토만을 통해서도 A.D. 3세기와 A.D. 4세기의 변화, 즉 간독에서 지문서紙文書로 서사재료가 변화하는 시기와 밀접한 관계가 있음을 알 수 있다. 즉 호적관련 출토문자자료를 통한 고대 중국사회의 변화과정을 통시적으로 이해할 수 있는 것이다.

이처럼 연구의 범위와 대상을 '감히' 동아시아 사회로 확대하여 해당 사회의 호적자료와 연관지어 그 공통점과 차이점을 밝혀낼 수 있다면 ─ 한국과 일본의 목간을 비교를 통하여 문자문화의 전파 과정을 밝혀내듯이 ─ 호적 간독戶籍簡牘과 지문서紙文書의 분석을 통한 동아시아 사회상을 구축할 수 있을 것이다. 아마도 21세기 이후 많은 연구자간의 학제적 연구와 교류의 진전은 역사의 진실된 고리를 더욱더 확대시킬 것이며, 마침내 이러한 연구는 결코 실현될 수 없는 대상은 아닐 것이다. 아울러 이러한 연구가 '꿈'이 아닌 현실에서 구현될 때 비로소 출토문자자료와 지문서를 포함한 명실상부한 '자료학'으로서의 독자적인 학문이 성립하는 것은 아닌가 한다.

> 하나의 학문이 다른 연구로 확장할 수 있는 자료가 있으면 더욱 발전하지만, 그렇게 할 수 없으면 퇴보한다.("凡一種學問能擴張他研究的材料便進步, 不能的退步")
>
> ── 부스니엔傅斯年, 「歷史語言研究所工作之旨趣」에서

[附記] 이 글은 『史林』 31(首善史學會, 한국, 2008년 10월)에 게재한 논문을 수정 · 가필한 것임.

출토문자자료와 중국고대사상사

이승률(李承律)*

1. 머리말

서양의 근대 학문이 유입되고 그 충격을 받아 중국의 철학이나 사상을 대상으로 한 체계적인 역사 서술이 시작된 것은 20세기 초반부터이다. 그로부터 100년이 지난 현재에 이르기까지 한중일 동아시아 삼국을 통틀어 '철학사', '사상사', '학술사' 등의 이름을 붙인 연구서는 필자가 파악하고 있는 것만 하더라도 이미 수백 종에 달한다. 그 중에는 통사 형식으로 서술한 것이 있는가 하면 주제별 내지는 논쟁별로 서술한 것도 있다. 그 밖에 서양사나 서양철학사의 시대구분에 입각하면서 특정 시대만을 다룬 시대사도 있다. 또, 정치・경제・사회・교육・윤리・법률・문학・미학・신화・서법・논리・농업・의학・수학・과학・기술・군사・부세・재정・목록학 등과 같은 특정 부문에 관한 부문사, 제자백가・유가・경학・예교禮敎・주역 등

* 성균관대학교 동아시아학술원 인문한국사업단(HK) 교수.

과 같은 특정 학파나 문헌에 관한 학파사, 유교·불교·도교와 같은 특정 종교나 종교 일반에 관한 종교사, 초국楚國과 같은 특정 지역에 관한 지역사도 있다.

그런데 근년 들어 중국 고대 사상사 연구에 종사하는 연구자들의 글을 보면 사상사를 '다시 써야 한다(重寫, 改寫)'거나 '재구축해야 한다(重建)'는, 어떤 의미에서는 매우 선언적으로도 들리는 발언을 심심찮게 접할 수 있다. 이러한 발언은 1980년대 이래 줄곧 지속되었지만,[1] 특히 90년대에 들어서면서 두드러지게 나타나는 것 같다. 그 기폭제 역할을 한 것은 주지하는 바와 같이, 1972년 중국 산동성山東省 임기현臨沂縣에서 출토된 은작산한간銀雀山漢簡, 1973년 호남성湖南省 장사시長沙市에서 출토된 마왕퇴백서馬王堆帛書, 1993년 호북성湖北省 형문시荊門市 곽점촌郭店村에서 출토된 곽점초묘죽간郭店楚墓竹簡(이하 곽점초간이라고 한다), 곽점초간이 출토된 그 이듬해인 1994년에 홍콩 골동품 시장에서 발견된 상해박물관장전국초죽서上海博物館藏戰國楚竹書(이하 상박초간이라고 한다) 등이다. 이러한 자료들은 위와 같은 문제의식이나 일종의 신념을 더욱 공고히 하고 그 실행에 박차를 가하게 하는 역할을 하고 있다. 최근에 출판된 펑다원馮達文·꾸워치용郭齊勇 주편의 『신편중국철학사新編中國哲學史』는 이러한 새로운 자료를 적극적으로 활용하면서 중국 사상사를 다시 쓴 연구서 중의 하나이다.[2]

물론 초창기에는 일부 죽간 자료의 진위와 성격에 의문을 제기하거나 심지어는 남쪽 지방의 주변 자료로 평가절하 하면서 사상사 '다시 쓰기'에 회의적인 목소리를 표출한 학자가 전혀 없었던 것은 아니다. 그러나 곽점초간이 공표된 지 12년이 지나고 상박초간이 공표된 지 9년째에 접어든 지금

---

1 葛兆光, 『中國思想史 七世紀前中國的知識、思想與信仰世界』 1(復旦大學出版社, 1998 제1판, 1999 제2차 인쇄), 22쪽.
2 馮達文·郭齊勇 주편, 『新編中國哲學史』 上冊·下冊(人民出版社, 2004).

그러한 목소리는 거의 들리지 않게 되었다. 다만 최근에는 자료 자체에 대한 의문은 제기하지 않는다 하더라도 '다시 쓰기'에 신중해야 함을 지적하는 견해는 있다.[3]

이러한 출토문자자료出土文字資料는 일찍이 왕궈웨이王國維가 "옛부터 새로운 학문이 발생한 것은 거의 대부분 새로운 발견에 의한다"라고 지적했듯이,[4] 중국 고대 사상사라는 연구 분야에도 종래의 서술 방식과 내용 및 연구 주체의 문제 등을 새롭게 조명하고 반성하도록 유도하는 작용을 하고 있다. 또, 더 나아가 지금까지와는 다른 각도, 다른 관점, 다른 내용으로 서술할 새로운 가능성을 모색해보는 계기를 제공해주고 있는 것도 사실이다. 그렇다면 은작산한간, 마왕퇴백서, 곽점초간, 상박초간과 같은 출토자료에 의하여 과연 철학사나 사상사의 무엇을 어떻게 다시 쓴다는 것인가? 그 경우 그 속에는 어떤 문제점이 있는가? 또 그때 말하는 새로운 가능성이란 무엇을 의미하는가?

본고에서는 종래의 사상사 서술 방식과 연구 방법론의 문제점을 살펴보고, 새로운 출토자료의 출현으로 사상사 다시 쓰기가 어떻게 가능한지, 또 어떤 새로운 시각이 설정 가능한지 모색해보는 것을 목적으로 한다. 다만 여기서 다루는 출토자료는 주로 전국戰國·진한秦漢시대의 유적이나 무덤이나 우물 등지에서 발견된 간백자료簡帛資料를 지칭하는 것이기 때문에, 사상사라 하더라도 그 주된 논의는 자연히 이 시기의 사상사에 한정된다.

---

3 曹峰, 「出土文獻可以改寫思想史嗎?」(『文史哲』 2007.5, 2007)는 그 하나의 예이다.
4 王國維, 「最近二三十年中國新發見之學問」(『學衡』 45, 1925), 1쪽.

2. 새로운 자료의 출현 : 출토자료

출토자료는 20세기에 들어와서 처음 발견된 것은 아니다. 남아 있는 기록에 의하면 한대漢代의 공자벽중서孔子壁中書나 진대晉代의 급총서汲冢書를 비롯한 출토자료 발견의 역사가 말해주듯이 그 자체에 이미 유구한 역사가 있다. 전자에 의하여 유명한 금고문논쟁今古文論爭이 초래되고 후자에 의하여 경학적 세계관과 역사관이 상대화되는 계기가 마련되었던 것처럼, 이들 출토자료가 그 후의 사상사에 끼친 영향은 실로 막대한 것이었다.[5] 그러나 잦은 전란이나 관리 소홀 등으로 실물자료가 남아 있는 것은 하나도 없다.

현재 실물자료가 남아 있는 것은 모두 19세기 중후반부터 오늘날에 이르기까지 약 100년에 걸쳐 서역西域 지방이나 중국 서북 국경의 옛 군사시설 및 역참, 전국 각지의 옛 무덤이나 우물터에서 발견된 것들이다. 그 대략적인 출토 상황을 분야별로 살펴보면 다음과 같다.

먼저 철학사상 분야의 자료를 살펴보자. 한대 이후 유교儒敎의 대표적 경전의 하나로 편입되는 문헌으로는 『주역周易』이 있고, 선진先秦 도가道家의 대표적인 문헌으로는 『노자老子』가 있다. 『주역』은 경經에 해당하는 육십사괘六十四卦와 전傳에 해당하는 십익十翼으로 구성되어 있다. 1960년대까지는 『주역』의 텍스트로 현행본 이외에는 없었기 때문에 이것만 가지고 연구를 진행시키거나, 한대 이후 특히 송대宋代 주자학적朱子學的인 주석에 의존한 해석이 주를 이루고 있었다. 『노자』의 경우도 60년대까지는 거의 동일한 상황이었다. 그러다 보니 사마천司馬遷이 편찬한 『사기史記』「공자세가孔子世家」에 공자가 만년에 『주역』을 애독하였다는 일화를 단적으로 나타내는 '위편삼절韋編三絶'이나 공자를 십익의 저자라고 하는 공자 전설, 「노자열전老子列傳」에 공자가

---

5 李承律, 「간백 발견의 역사」, 『오늘의 동양사상』 16, 예문동양사상연구원, 2007.

노자에게 예禮를 물었다거나 『노자』라는 텍스트의 원저자라고 하는 노자 전설이─오래 전부터 비판적인 연구가 많이 있음에도 불구하고─여전히 많은 학자들에 의하여 마치 역사적 사실인양 무비판적으로 받아들여져 왔다.

그러던 것이 1973년 마왕퇴 3호 한묘漢墓에서 다량의 백서가 출토되고 거기에 『주역』과 『노자』가 포함되어 있는 것을 계기로 사마천이 『사기』에서 서술한 두 텍스트의 저자와 성립연대 및 내용상의 차이점이 극명하게 드러나게 되었다. 즉, 그 전부터 지적되어 온 『사기』 기록의 신뢰성의 문제를 고고학적 발굴 자료에 의하여 실증적으로 검토하고 검증할 수 있는 중요한 단서가 생긴 셈이다.

마왕퇴백서는 한대초기의 무덤에서 발견된 자료인데, 그로부터 약 30년 뒤 연대적으로 마왕퇴보다 200년에서 300년 정도 앞서는 것으로 추정되는 전국시대戰國時代 초楚나라 무덤과 골동품 시장에서 다량의 초간楚簡이 발견되었다. 1993년에 발견된 곽점초간과 1994년에 발견된 상박초간이 바로 그것이다. 곽점초간에는 『노자』가 포함되어 있고 상박초간에는 『주역』이 포함되어 있다. 이러한 초간본의 발견으로 이 두 텍스트의 연구는 완전히 새로운 국면에 접어들었다고 할 수 있다. 새로운 국면이란 텍스트의 진위의 문제 및 형성과 내용 변천의 역사성을 가리킨다. 죽간본 『치의緇衣』(곽점초간, 상박초간)와 현행본 『치의』, 죽간본 『논어論語』(定州漢簡)와 현행본 『논어』, 은작산 한묘에서 출토된 2종의 『손자孫子』 및 『안자춘추晏子春秋』, 『문자文子』, 『울료자尉繚子』, 『육도六韜』 등과 각각의 현행본과의 관계 등도 그러한 관점에서 새롭게 조명해 볼 수 있다.

그러나 더욱 중요한 것은 새롭게 출토된 철학사상 관련 자료들이 거의 대부분 지금까지 그 존재조차 알려지지 않은 내용을 담고 있다는 사실이다. 이것은 곧 지금까지 매우 한정된 자료(전래문헌) 속에서 연구가 진행되어 온 중국 고대 사상사 분야가 이들 출토자료에 의하여 보다 다양하고 풍부한 자료적 여건 속에서 연구가 가능해졌으며, 정보전달이라는 측면에서는 철학이나 사상의 발신지와 수신지에 대한 추정이 어느 정도 가능해졌음을 의미한다. 그러한 자료로는 정주한간『유가자언儒家者言』, 장가산한간張家山漢簡『합려蓋廬』, 마왕퇴백서『오행五行』『구주九主』『명군明君』『덕성德聖』『경법經法』『십육경十六經』『칭稱』『도원道原』, 곽점초간『태일생수太一生水』『노목공문자사魯穆公問子思』『궁달이시窮達以時』『오행』『당우지도唐虞之道』『충신지도忠信之道』『성지문지成之聞之』『존덕의尊德義』『성자명출性自命出』『육덕六德』『어총語叢』(1~4), 상박초간『성정론性情論』『민지부모民之父母』『자고子羔』『노방대한魯邦大旱』『종정從政(甲 · 乙)』『석자군로昔者君老』『용성씨容成氏』『중궁中弓』『항선互先』『팽조彭祖』『소왕훼실昭王毁室』『간대왕박한東大王泊旱』『내례內禮』『상방지도相邦之道』『조말지진曹沫之陳』『경건내지競建內之』『포숙아여습붕지간鮑叔牙與隰朋之諫』『계경자문어공자季庚子問於孔子』『고성가보姑成家父』『군자위례君子爲禮』『제자문弟子問』『삼덕三德』『귀신지명鬼神之明 융사유성씨融師有成氏』『경공학겸公虐』『공자견계환자孔子見季趄子』『장왕기성莊王旣成 신공신영왕申公臣靈王』『평왕문정수平王問鄭壽』『평왕여왕자목平王與王子木』『신자왈공검慎子曰恭儉』『용왈用曰』『천자건주天子建州』『무왕천조武王踐阼』『정자가상鄭子家喪(甲 · 乙)』『군인자하필안재君人者何必安哉(甲 · 乙)』『범물류형凡物流形(甲 · 乙)』『오명吳命』 등이 있다.

다음으로 역사학 분야를 보면, 전국시대에서 위진남북조魏晉南北朝시대에 서사된 출토자료가 다량으로 발견되고 있다. 그 중에서도 특히 1970년대 이후 법제사法制史 관련 자료의 일련의 발견은 이 분야에 대한 연구에 실로 획기적인 것이었다. 왜냐하면 전국칠웅戰國七雄 중 가장 후발국인 진秦나라가 중국을 통일할 수 있었던 가장 큰 원동력은 전국중기에 상앙商鞅에 의하여 시행된 변법에 의해서인데, 상앙을 전후로 한 시대는 물론 그 이후 정비된 진대秦代 법률의 실제 내용이 어떠하였는지에 대해서는 동시대의 자료가 남아 있지 않아 거의 알 수가 없었기 때문이다. 그러나 실제로 진률秦律이 출토됨으로써 지금은 그 내용을 구체적으로 알 수 있게 되었다. 물론 이들 법률

자료들이 단순한 조문 해석이나 제도 연구에만 이용되는 데 그치는 것은 아니다. 법률은 권력의 상징이자 가장 강력한 통치 수단이므로, 그에 대한 연구를 통하여 당시의 통치이념이나 지배구조, 더 나아가서는 통일제국의 형성 과정을 유추해낼 수 있다.

이것을 시대별로 보면, 1979년 사천성四川省 청천현青川縣 학가평郝家坪 청천 50호 진묘에서 목독 1점이 출토되었는데, 매우 단편적이긴 하지만 전국중기 진률의 일단을 엿볼 수 있게 되었다. 또 그보다 앞선 1975년에는 호북성 운몽현雲夢縣 수호지睡虎地 11호 진묘에서 수호지진간 약 1,154점이 출토되었는데 그 중 상당량의 내용이 진률이었다. 수호지진간은 B.C. 278년 진나라 장수인 백기白起가 초나라 수도를 함락시키고 그 일대에 남군南郡을 설치한 이후의 시기, 즉 전국후기에서 말기 사이에 서사된 것으로, 거기에 포함되어 있는 진률도 같은 시기에 서사된 법률의 조문 및 매뉴얼이었을 가능성이 매우 크다. 또 1989~1991년에는 호북성 운몽현 용강龍崗 6호 진묘에서 용강 진간 약 443점이 출토되었는데, 이것은 전부가 통일제국이 성립된 시기의 진률이다.

한편 중국을 재통일한 한나라는 진나라가 단명한 이유가 혹독한 법치주의에 있다고 맹렬히 비난하면서도 실제로 각종 제도를 재정비할 때에는 거의 대부분 진나라의 제도를 계승하였다. 물론 법률도 진률을 상당 부분 계승하였다. 그것을 한률漢律이라고 하는데 이것 또한 자료가 거의 남아 있지 않아 과거에는 정확히 알 수가 없었다. 그러던 것이 1983년 호북성 강릉현江陵縣 장가산 247호묘에서 전한前漢시대의 한률인『이년율령二年律令』과 사법 관련 자료인『주언서奏讞書』가 출토되고, 1987년 호남성 장가계시張家界市 고인제古 人堤라는 가옥 유적에서 이번에는 후한後漢시대의 한률이 출토되었다. 또 2002년에는 감숙성甘肅省 옥문시玉門市 화해향花海鄉 필가탄畢家灘 진묘晉墓에서 관의 개판蓋版 부분에 붙어 있던 천에 진대晉代 법률의 조문이 서사되어 있는 것이 출토되었다. 이로써 당률唐律 이전에 그 구체적인 내용을 거의 알 수 없었던 중국 고대의 율령律令이 출토자료가 발견됨에 따라, 선진시대에서 위진남북조시대에 이르기까지의 흐름을 대략적으로 추정할 수 있는 실물자료가 갖추어졌다고 할 수 있다. 그 밖에 자리초간慈利楚簡『국어國語』『일주서逸周書』, 마왕퇴백서『춘추사어春秋事語』『전국종횡가서戰國縱橫家書』 등도 역사학 분야에서 빼놓을 수 없는 귀중한 자료이다.

문학 분야에서도 중요한 발견이 계속되었다. 1977년 안휘성安徽省 부양시阜陽市 쌍고퇴雙古堆 1호 한묘에서 죽간과 목간 및 목독이 다수 출토되었는데, 그 중에는 현행본『시경詩經』이나『초사楚辭』와 대조 가능한 내용이 포함되어 있다. 현재 보다 더 큰 주목을 받고 있는 것은 상박초간이다. 주지하는 바와 같이 오늘날 전해지고 있는『시』는 노魯나라의 모씨毛氏가 주석을 내린 이른바『모시毛詩』가 유일한 텍스트이다. 거기에 전설적으로 연燕나라 사람인 한영韓嬰이 지은 것으로 되어 있는『한시韓詩』 내외전內外傳 중 외전만이 겨우 전해지고 있다. 그 이전의 선진시대의 보다 원형에 가까운『시』의 형태를 찾고자 해도 그것을 전하는 텍스트는 거의 없었다. 그러나 현재 순차적으로 출간되고 있는 상박초간에는『채풍곡목采風曲目』이나『일시逸詩』 등『시』 관련 책서冊書들이 포함되어 있기 때문에 선진시대의『시』의 존재나 그 실체를 엿볼 수 있게 되었다. 그 뿐만이 아니다. 상박초간에는『시』 그 자체가 아니라『시』의 해설적 성격을 지닌『공자시론孔子詩論』이라는 편이 있다.『공자시론』에 대해서는 이 편의 주체, 죽간의 편련編連 · 석문釋文 · 주석, 국풍國風 · 소아小雅 · 대아大雅 · 송頌의 순서, 현행본『시경』의 대서大序 및 소서小序와의 관계 등 다양한 문제들과 관련하여 수많은 연구들이 쏟아져 나오고 있다.『공자시론』의 등장으로『시』와 관련된 위와 같은 문제들이 적어도 전국시대에 이미 심도 있게 논의되고 있었음을 엿볼 수 있게 되었다. 바로 그러한 점에서『공자시론』은 현재 매우 중요한 자료로 주목받고 있다. 그 밖에도 1993년 강소성江蘇省 연운항시連雲港市 동해현東海縣 윤만尹灣 2호 한묘에서 출토된 윤만한간『신오부神烏賦』나 수호지진간『위리지도爲吏之道』도 문학 관련 분야의 중요한 자료이다.

　술수術數와 방기方技 분야도 중국의 가장 오래된 문헌목록인『한서漢書』「예문지藝文志」에 저록만 되어 있을 뿐 텍스트가 산일散逸되어 현재까지 전해내려온 것은 거의 없다. 그러나 출토자료의 등장으로 이 분야의 연구도 본격적으로 가능하게 되었다. 전자의 경우는 천문, 역법, 수학, 점술 등의 연구로 분류되는데, 각종『복서제도간卜筮祭禱簡』(포산초간包山楚簡, 망산초간望山楚簡 등)이나『일서日書』(수호지진간, 구점초간九店楚簡 등), 마왕퇴백서『식법式法』『음양오행陰陽五行』『오성점五星占』『천문기상잡점天文氣象雜占』『혜성도彗星圖』, 각종『주역』(마왕퇴백서, 부양한간, 상박초간 등), 윤만한간『신귀점神龜占』『육갑점우六甲占雨』『박국점博局占』, 왕가대진간王家臺秦簡『귀장歸藏』,『후마맹서侯馬盟書』,『온현맹서溫縣盟書』, 수호지진간『편년기編年記』, 장가산한간『산수서算數書』등이 있다. 후자의 경우는 의학醫學, 약학藥學, 양생학養生學, 식물학食物學, 식품학食品學 등의 연구로 분류되는데, 무위한탄파한간武威旱灘坡漢簡『의약간醫藥簡』, 마왕퇴백서『오십이병방五十二病方』『음양십일맥구경陰陽十一脈灸經』『도인도導引圖』, 장가산한간『맥서脈書』『인서引書』, 부양한간『잡방雜方』, 주가대진간周家臺秦簡『병방급기타病方及其它』, 호계산한간虎溪山漢簡『미식방美食方』등이 있다.[6]

　위에 열거한 자료들은 이미 언급한 바와 같이 현존하는 전래문헌과 비교가능한 것도 있지만 그렇지 않은 것이 훨씬 더 많다. 그 때문에 현재로는 영역별 분과 학문 분야에서 개별적으로 연구가 진행되고 있다. 출토자료는 2천여 년에 걸쳐 수많은 학자들에 의하여 연구되어 온 전래문헌과는 달리 20세기에 들어 처음으로 세상에 빛을 보게 된 자료이기 때문에, 각각의 전문

6　이상은 池田知久,「新出土資料研究の今後」,『東方』286, 東方書店, 2004; 富谷至,「解說」, 內田智雄 편, 富谷至 補,『譯注 中國歷代刑法志(補)』, 創文社, 2005(원판: 1964); 李承律,「간백연구 서설」,『오늘의 동양사상』15, 2006; 同, 앞의 글(「간백 발견의 역사」); 同,「서사재료의 관점에서 본 간백 Ⅰ」,『오늘의 동양사상』17, 2007; 渡邊義浩 편,『兩漢における詩と三傳』(汲古書院, 2007) 참조.

분야에서 개별적으로 세세하게 천착하여 연구를 진행해야 하는 것은 지극히 당연한 일이다. 이러한 세분화 전문화된 연구는 앞으로도 지속적으로 수행되어야 마땅하다. 그러나 한편으로 연구가 너무나도 세분화되고 전문화되다보니 출토자료에 대한 전체적인 지형도를 그려내거나 전체상을 파악하기가 결코 용이하지 않다. 더 나아가 세분화된 상태에서 개별적으로만 연구를 진행한다면, '중국 고대 문화란 결국 무엇인가'라는 물음에 적절한 해답을 줄 수 없게 될 것이다. 이것은 전 세계 학계의 공통된 현상이기는 하지만, 특히 한국의 경우 이러한 경향이 더욱 현저하다. 이 점은 본고에서 문제 삼고 있는 사상사 다시 쓰기에도 커다란 걸림돌로 작용하고 있다. 그렇기 때문에 이 문제는 앞으로 장기적으로 꾸준히 풀어나가야 할 과제 중의 하나이다.

3. 문제의 소재

지금까지 20세기 이래 새롭게 출토된 자료에는 어떤 것들이 있는지 대략적으로 살펴보았다. 본고의 서두에서는 사상사 다시 쓰기에 대한 발언이 1980년대 이래 줄곧 지속되었다고 하였지만, 사실 실제로는 20세기 초에 일본이나 중국 등지에서 『지나철학사』나 『중국철학사』가 저술된 이래 어느 시기든 사상사 '다시 쓰기'는 늘 시도되어 왔다고 해야 옳을 것이다. 그러한 의미에서 사상사 다시 쓰기는 비단 오늘만의 문제가 아니라 끊임없이 시도되어 온 연속적 과정이라고 생각한다. 다시 쓰기가 이와 같이 끊임없이 지속되어 온 이유는 개인적 성향이나 역량이나 입장의 차이에 의한 일종의 불만족이나 욕구 등의 심리적 요인에서 비롯된 것도 있을 것이다. 그러나 그것만으로 다시 쓰기가 지속되어 온 것은 물론 아니다. 사상사 연구 방법론에 대한 자기 성찰과 개발, 개별 분야의 연구 성과의 축적, 연구 수준의 질적 향상,

학문에 대한 각계각층의 다양한 요구, 현재 우리 자신의 사상의 올바름에 대한 확인[7], 심지어는 연구 주체의 사관의 변화 등 다양한 요인이 복합적으로 작용하였을 것으로 생각된다.

그렇다면 이미 이렇게 많은 사상사 관련 연구들이 나와 있는데, 그럼에도 불구하고 '왜 다시 써야 하고 또 무엇을 다시 쓴다는 말인가'라는 의문을 가질지도 모른다. 그 해답의 하나로는 위에 열거한 사상사 다시 쓰기의 여러 요소나 요인들이 시대나 사회가 바뀜에 따라 이전과는 다르게 변화하였다는 것도 하나의 중요한 이유가 될 수 있다. 그러나 그것과 더불어 또 한 가지 중요한 사항은 사상사 서술의 가장 기본적인 요소인 원자료가 예전에 비하여 비약적으로 증가하였기 때문이라는 것도 중요한 이유 중의 하나이다. 여기서 말하는 원자료란 고고학적 발굴에 의하여 새롭게 발견된 갖가지 실물 자료와 화상 자료 및 고문자 자료를 지칭한다.

사실 사상사를 어떻게 새롭게 서술하는가의 성패는 전적으로 그것을 직접 서술하는 연구 주체의 역량에 달려 있다. 연구 주체가 개인이든 집단이든 그것은 그다지 큰 문제가 되지 않는다. 문제는 연구 주체가 어떤 자료를 수집하고 선택하며, 어떤 방법론에 입각하여 분석하고 이해하며, 사상의 변천과 원인을 어떻게 구명하고, 더 나아가 이 모든 것을 어떻게 종합하고 체계화 하느냐에 달려 있다. 사실 이 문제는 이미 많은 학자들이 심각하게 고민하고 나름대로 해결책을 제시하기도 한 문제이다. 그러나 출토자료와 같은 새로운 자료가 등장하였을 경우 그것을 사상사 서술에 어떻게 이용할 것인가라는 문제에 대해서는 간간히 논의가 진행되어 온 것은 사실이지만, 아직은 만족스러울 만큼 구체화·체계화되지는 못한 것 같다.

---

7 金谷治가 지적하듯이, 과거의 사상은 현재 우리 자신의 사상과 밀접한 관련이 있는데, 자신의 사상의 올바름을 확인하는 것은 한편으로는 현실 생활에서 얻어지는 경험에 의한 것도 있지만, 또 한편으로는 과거의 사상에 의존하는 바도 크다. 赤塚忠·金谷治·福永光司·山井湧 편, 『思想史』(大修館書店, 1967), 2쪽.

그런데 이 문제와 관련하여 비교적 근래에 나온 연구서 중 주목할 만한 것은 거좌오꾸왕葛兆光의 『중국사상사中國思想史』이다.[8] 그는 지금까지의 철학사·사상사 서술이 소수 엘리트나 경전의 사상에만 주목하여 그 배후에 자리하는 거대한 생활 세계와 상식의 세계에 대해서는 주의하지 않았다고 지적한다. 그가 그렇게 지적하는 이유는 소수 엘리트나 경전의 사상은 상식의 범주를 벗어나 비연속성의 고리를 형성하고, 일상 세계에서 반드시 중요한 영향을 미친 것도 아니며, 또 그것들은 사후事後에 역사적 소급을 통하여 추인追認되는 것으로 파악하고 있기 때문이다. 따라서 그것과 더불어 사상사의 영역으로 끌어들여야 하는 것은 사람들이 실제로 생활하는 데 바탕이 되고 초석이 되는 평균치에 가까운 '일반 지식과 사상 및 신앙'의 세계이며, 이러한 세계의 연속도 사상의 역사적 과정을 구성하는 것이기 때문에 사상사의 시야에 두어야 한다고 한다.

그렇다면 그가 말하는 '일반 지식과 사상 및 신앙'이란 무엇인가? 그것은 단순히 '민간 사상'이나 '민중 사상'을 의미하는 것은 아니다. 그의 말을 빌리자면 그것은 날마다 사용하면서도 의식하지 못하는 일종의 보편적인 지식과 사상, 일상생활 속에서 실제로 운용된 지식과 기술을 의미하며, 그것이 사상사의 주된 배경으로 다루어져야 한다는 것이 그의 지론이다.

그가 말하는 '일반 지식과 사상 및 신앙'을 사상사의 주된 배경으로 이용한다면 그 다음으로 문제가 되는 것은 문헌이나 자료의 범위이다. 그가 말한 대로 지금까지의 철학사나 사상사가 소수 엘리트나 경전의 역사였다고 한다면, 그 동안 이용되어 왔던 자료 또한 그러한 사상을 담고 있는 저작이나 경전에 국한되어 왔다는 것을 의미한다. 그것을 극복하기 위해서는 역사서나 일반 저작에 잘 등장하지도 않고 학자들의 눈에도 잘 띄지 않는 자료에 주목

---

8 葛兆光, 앞의 책; 同, 『中國思想史 七世紀至十九世紀中國的知識、思想與信仰世界』 2(復旦大學出版社, 2000).

할 필요가 있다. 거좌오꾸왕은 그러한 자료의 예로 고대 사상과 관련해서는 지하에서 새롭게 출토되고 있는 출토자료(그 중에서 특히 병서兵書, 술수術數, 방기方技 관련 자료)나 청동 거울의 명문銘文, 남북조시대 불교 사상과 관련해서는 석각石刻의 제명題銘이나 돈황과 투루판吐魯蕃에서 출토된 각종 문서 중 제기題記, 그 밖에 가훈家訓, 가법家法, 권선서勸善書, 아동용 교과서, 보권寶卷, 『예문유취藝文類聚』『초학기初學記』『육첩六帖』『태평어람太平御覽』『무상비요無上秘要』『법원주림法苑珠林』 등의 각종 유서類書, 『주자가례朱子家禮』나 각종 지방지地方志 등을 예로 든다. 더 나아가서는 비각碑刻·서화·편지·일기·공문公文·달력·광고 등등, 전통적인 사상사의 틀 속에서는 거의 주목받지 못한 자료들까지 포함해야 할 것을 주장한다.

이러한 사상사 이론에 대한 시야의 전환은 서양의 아날학파나 포스트모던 역사학, 『지식의 고고학』에서 보여준 미셸 푸코Michel Foucault의 연구 방법론 등을 자신의 사상사 연구에 적극적으로 접목시킴으로써 비로소 가능하였던 것 같다. 그러나 그것과 더불어 신중국 성립 이후 다량으로 발견된 출토자료 또한 사상사 다시 쓰기에 자극을 주었던 것으로 보인다. 거좌오꾸왕은 이 두 가지 원인으로 말미암아 사상사 연구의 관심은 이미 '중심에 대한 관심'에서 '주변에 대한 관심'으로, '경전에 대한 관심'에서 '일반적인 것에 대한 관심'으로, '엘리트 사상에 대한 관심'에서 '생활 관념에 대한 관심'으로 변화가 일어나고 있다고 한다. 출토자료에 한하여 예를 들면 거좌오꾸왕도 지적하듯이, 자탄고子彈庫 초백서楚帛書나 백화帛畵(마왕퇴 한묘에서도 출토)와 같은 고대 신앙 관련 자료, 마왕퇴백서 『오성점』『천문기상잡점』『오십이병방』『양생방養生方』『도인도』『형덕刑德』 등과 같은 천문·점성·양생·방중·의약 처방 지식, 『일서』와 같은 점술에 관한 지식, 곽점초간 『어총』과 같은 실용적 경향의 총서, 장가산한간 『맥서』와 『인서』에 보이는 인체에 관한 인식, 더 나아가 문자가 없는 문물자료에 이르기까지 이러한 자료들에 관한 연구는 위에서 말한 변화의 일단을 보여준다.[9]

거좌오꾸왕이 말하는 시야의 전환에 대해서는 필자도 이견은 없다. 아니 오히려 그가 말하는 '일반 지식과 사상 및 신앙' 관련 자료는 사상사 자료로서 앞으로 보다 더 적극적으로 활용해야 한다고 생각하고 있다. 왜냐하면 소수 엘리트의 문헌이나 경전은 선택, 편집, 서술, 평가의 긴 역사 속에서 이데올로기, 엘리트 의식, 도덕 원칙, 역사학 서술 등 몇 겹으로 된 여과 장치에 의하여 걸러진 것이기 때문에 그대로는 안심하고 쓸 수 없으며 사상사의 본래의 맥락을 구성할 수 없기 때문이다. 반면 고고학적 발굴을 통하여 새롭게 발견된 문물이나 문헌은 그러한 여과 장치를 거친 것이 아니기 때문에, 사상의 진실한 역사 배경을 재건하거나 이미 소실된 시대적 분위기와 심정을 새롭게 구축하여 우리가 그 상황을 몸소 체험할 수 있도록 만드는 데 매우 유용하기 때문이다.[10]

그러나 필자는 거좌오꾸왕의 견해에 완전히 동의하지는 않는다. 먼저 전래 문헌을 바라보는 그의 시각에 전적으로 동의할 수 없다. 그가 말한 대로 전래문헌이 여러 가지 의식적인 여과 장치를 거쳐서 성립된 역사적 형성물이라는 것에 대해서는 필자도 동의한다. 그러나 단지 그런 이유 때문에 전래문헌의 자료적 가치를 평가절하 한다면 그것은 매우 잘못된 인식이라고 생각한다. 왜냐하면 특정 문헌의 원형을 문제 삼을 때는 '의식적 여과 장치'를 판별해내는 작업이 중요하지만, 문헌의 형성과정이나 성립과정이라는 '역사적 변천'을 논할 때에는 그러한 '의식적 여과 장치'가 오히려 커다란 의미를 갖기 때문이다.

문헌의 진위를 판별할 경우에도 상황은 마찬가지다. 고대 문헌의 경우 위고문偽古文 『상서尚書』나 『열자列子』와 같이 전체가 위서라는 것이 정설로 되어 있는 경우는 차치하고, 진眞 부분과 위僞 부분이 혼재되어 있는 경우를

---

9 葛兆光, 앞의 책(2000).
10 同上.

가정해보자. 이 경우 '진'을 어떤 사상가나 사상 문헌의 순수한 '참모습' 또는 '원래 모습'이라 하고 '위'를 나중에 인위적 내지는 의도적으로 첨가된 '변형된 모습'이라고 한다면, 그것을 가려내는 것이 변위辨僞의 1차 작업이다. 그러나 2차적으로는 왜 그러한 변형된 모습을 띄게 되었는지 그 원인도 또한 동시에 밝혀내야 한다. 왜냐하면 그것이 밝혀졌을 경우 더욱 입체적이고 역동적인 사상사 서술이 가능해질 것이기 때문이다. 그것이 바로 사상사가思想史家들이 해야 할 역할이다. 바로 그러한 이유 때문에 전래문헌은 전래문헌만으로서의 고유한 가치가 충분히 있다고 생각한다.[11]

이미 상식적으로 알고 있듯이 고대 문헌이 한 시기에 한 사람에 의하여 저술된 것이 아니라고 한다면, 결국 모든 문헌은 진위의 문제에서 결코 자유로울 수 없을 것이다. 엄밀하게 말하면 출토자료라 하더라도 진위의 문제에서 자유로울 수 없다. 왜냐하면 출토자료도 또한 역사적으로 형성된 것이기 때문이다. 예를 들면 곽점초간『노자』의 경우 갑본, 을본, 병본의 3종의 텍스트가 있다. 이 3종은 모두 같은 시기에 저작된 것인가? 아니면 시간적 순서에 따라 점진적으로 형성된 것인가? 만약 곽점본보다 오래된 원본이 따로 있고 곽점본 속에 나중에 첨가된 부분이 있다면 그것은 분명 '위'에 해당되는 부분일 것이다. 또, 곽점본을 백서본 및 현행본과 비교해보면 백서본과 현행본 쪽이 2배 이상 분량이 많다. 만약 곽점본에 없던 부분이 나중에 첨가되었다고 한다면 그것은 분명 '위'에 해당되는 부분이다. 그러나 그렇다고 해서 '위'에 해당하는 부분을 가치가 떨어지는 것으로 평가절하 할 수 있는가? 그렇기 때문에 전래문헌만으로 사상사의 본래의 맥락을 구성할 수는 없다

---

11 馮友蘭은 "철학사에 대하여 말하면 僞書는 그것이 僞稱하는 시대의 사상을 대표할 수는 없지만, 그것이 제작된 시대의 사상이며 바로 그 서적이 작성된 시대의 철학사 사료이다" 라고 지적하면서 그 하나의 예로『列子』「楊朱」편을 든다. 즉 「양주」편은 양주의 학설은 아니지만 위진철학사의 좋은 사료라는 것이다. 이러한 지적은 필자와 견해를 같이 하는 것이다. 馮友蘭,『中國哲學史』上冊(商務印書館, 1934), 24~25쪽.

하더라도, 본래의 맥락을 구성하는 것뿐만 아니라 그것이 변천해가는 과정을 밝히는 것도 또한 사상사의 의무라고 해야 할 것이다.

또 하나의 문제는 1990년대 초에 리쉬에친李學勤에 의하여 제기된 「의고시대에서 벗어나자走出疑古時代」, 즉 탈의고脫疑古의 문제이다. 그는 다음과 같이 말한다.

> 내가 말하고 싶은 것은 오늘날 학계에는 어떤 부분에서는 아직 '의고'의 단계에서 벗어나지 못하고 있고, 몇몇 옛 관점의 굴레에서 벗어나지 못하고 있는 점이다. 현재와 같은 조건하에서라면 나는 '의고' 시대에서 벗어나는 것이 필요할 뿐만 아니라 가능하다고 생각한다.[12]

위의 글에서도 알 수 있듯이 '의고시대에서 벗어나자'라는 구호가 너무나도 강렬했기 때문에, 리쉬에친의 탈의고 주장을 비판하는 쪽에서는 마치 의고를 비판하거나 부정하는 것만이 이 글의 최종 목표인 것처럼 인식되어 온 측면이 있다. 그러나 그는 의고 사조에 대하여 무조건적으로 부정하는 것은 아니다. 경서의 권위를 무너뜨리거나 사상을 해방시킨 측면은 진보적이고 긍정적으로 작용한 것으로 인정한다. 그가 비판하고자 하는 것은 그 속에서 배태된 부작용이다. 그 부작용이 발생한 원인은 청유淸儒들의 당파에 얽매인 편견(門戶之見), 즉 고대 문헌에 대한 '변위'에 있는 것으로 보고 그것을 버려야 한다고 역설한다.

그런데 필자가 생각하기로는 리쉬에친의 논문은 의고 사조에 대한 비판이 하나의 큰 주제이기는 하지만 그것은 어디까지나 수단일 뿐, 그가 이 글을 쓴 궁극적인 목적은 사실은 다른 곳에 있다고 생각한다. 궁극적인 목적이란 고고학적 발굴에 의하여 새롭게 발견된 고고 자료(갑골·금문 등)와 고문자

---

12 李學勤, 『走出疑古時代』(修訂本, 遼寧大學出版社, 1997), 19쪽.

자료(간독·백서)를 이용하여 중국의 학술사를 새롭게 다시 쓰고 중국 고대 문명 전체를 새롭게 재평가하는 것이다.[13] 그것을 실현시키기 위해서는 먼저 문헌의 진위와 성립연대를 명확히 해야 한다. 그것을 명확하게 하기 위해서는 절대연대를 확정지을 수 있는 몇 가지 정점定點(지점·포인트)을 설정해야 한다. 그는 그 정점의 역할을 할 수 있는 자료가 바로 출토자료라고 생각하고 있으며, 반대로 『할관자鶡冠子』를 예로 들면서 전래문헌을 정점으로 설정하여 출토자료의 연대를 추정할 수도 있다고 한다. 따라서 그가 학술사를 재건하는 방법으로 왕궈웨이의 '이중증거법'과 더불어, 그 방법론을 실제로 고대사 연구에 구현시킨 꾸워모루워郭沫若의 연구를 높이 평가하는 것은 바로 이러한 맥락에서 나온 것이다.

'의고시대에서 벗어나자'라는 리쉬에친의 글이 발표되자 그 후 중국은 물론 전 세계의 사상사학계나 역사학계에 엄청난 반향을 불러일으킨 것은 물론, 그것이 하나의 이슈 내지는 구호가 될 정도로 학문적 방법론의 주류를 형성하게 된다.[14] 리쉬에친은 그 후 다른 글에서 의고학파의 사료史料 심사 방법을 부분적으로 긍정하면서도, 다만 그것이 문헌자료에 한정되어 객관적인 기준이 부족하기 때문에 고고 자료에 의하여 그것을 보충하고 고치고 증명해야 한다고 한다.[15]

물론 리쉬에친은 앞에서도 언급했듯이 의고적인 방법론에도 긍정해야 할

---

13 그가 "의고 일파의 변위의 근본적인 결점은 古書로 고서를 논할 뿐, 서적상의 학문의 테두리에서 벗어나지 못하고 있는 데에 있다. 이러한 테두리 내에 구속되어 있으면 고대사(古史)를 재건하는 일을 진행시킬 수 없다"(李學勤, 앞의 책, 345쪽)고 한 것도 이것과 일맥상통한다.

14 예를 들면 葛兆光은 "사상사에서 금세기의 고고 발견이 가장 직접적으로 영향을 끼친 것은 古書의 재발견과 의고 사조로 뒤덮인 곳에서 벗어나게 된 것이라는 점은 의심할 여지가 없다"고 하고(葛兆光, 앞의 책(2000), 35쪽), 裴錫圭는 지하의 고문자 자료에 의하여 "우리는 이미 의고 시대에서 벗어나게 되었다"고 한다(裴錫圭, 『中國出土古文獻十講』(復旦大學出版社, 2004), 4쪽).

15 李學勤, 앞의 책, 347쪽.

부분이 있다는 것을 인정한다. 그러나 그럼에도 불구하고 리쉬에친 자신을 포함한 그 이후의 중국학계의 전반적인 연구 동향을 보면, 의고에 대한 전면 비판이나 부정 일색으로 치닫고 있는 느낌이 든다. 다시 말하면 사상이나 역사 연구의 기본이자 기초라고 할 수 있는 문헌에 대한 비판적 연구 풍토가 거의 사라지고, 오히려 가장 경계해야 할 신고적信古的 학풍이 학계 전체를 뒤덮고 있는 것은 아닌가라는 점이다. 위에서 언급한 거좌오꾸왕의 『중국사상사』도 예외는 아니다. 물론 어떤 이는 그것은 예기치 못하였던 것이라고 할지도 모른다. 그러나 그것은 결코 예기치 못하였던 것이 아니라 처음부터 예견되었던 사항이라고 필자는 생각한다. 왜냐하면 그가 말한 이른바 '정점'을 설정하는 방법 자체에서 이미 문제를 노정하고 있기 때문이다. 그렇기 때문에 전래문헌이든 출토자료든 구체적인 자료의 진위나 성립이나 성격 규정 등의 문제에 대해서는 리쉬에친의 견해에 근본적으로 동의할 수 없는 부분이 너무나도 많다. 이 문제에 대해서는 다음 장에서 다시 논의하기로 한다.

그 뿐만이 아니다. 지금까지 사상사 자료로서 간과해왔던 고고학적 자료들을 적극적으로 활용하는 것도 중요하지만, 더욱 심각한 문제는 그것을 이용한 지금까지의 연구가 과연 진정으로 사상사 연구였는지 의문이 든다. 사상사라는 관점에서 문헌을 본다면, 그것은 특정 문헌 내부에서 사상의 변천을 밝히는 좁은 의미에서의 사상사 연구와 중국 사상사의 전체 흐름 속에서 위치와 영향 관계와 의미를 밝히는 넓은 의미에서의 사상사 연구로 나누어 볼 수 있을 것이다. 나중에 다시 말하겠지만, 출토자료를 이용한 현재의 중국 고대 사상사 연구가 진정으로 이 두 가지 의미의 사상사적 연구를 충족시켜 주고 있는지 의문이다.

그리고 또 한 가지 문제점은 지금까지의 사상사 서술 방식이 고대 중국 전체를 마치 하나의 문화권으로 보고 서술해왔다는 점이다. 주지하는 바와 같이 1980년대에서 90년대 이후 고고학의 발달과 함께 중국 문명이나 문화의 지역적 다원성에 대한 논의가 활발하게 진행되어왔고 또 실제로 상당한 설득력을 가지고 있다. 이것을 사상사 연구 분야에 응용하면 어떻게 될까? 예를 들어 만약 전국시대의 각각의 영역국가가 각기 서로 다른 문화적 연원과 특징을 가지고 있었다면, 거기서 배태되거나 유행하였던 사상 또한 각기 다르지 않았을까? 그런데 유독 사상사 연구 분야에서는 마치 고대 사상사가 지역적 차이 없이 일원적으로 형성되어 온 것처럼 인식되어 온 것이 사실이다. 그보다도 이 문제에 대해서는 거의 고려해오지 않았다고 하는 것이 더 정확할 것 같다. 이 문제는 사실 이 분야에 대한 전 세계의 연구가 안고 있는 공통된 문제이다.

4. 사상사 '다시 쓰기'의 가능성 모색

그렇다면 전국시대에서 한대초기의 무덤에서 발견된 출토자료의 연구를 통하여 중국 고대, 그 중에서도 특히 전국·진한시대를 중심으로 한 사상사 다시 쓰기는 어떻게 가능할까? 이 문제는 사실 필자 개인적으로 여전히 현재 진행 중인 문제이기 때문에 그 전모를 일괄적으로 체계 있게 모두 보여줄 준비는 아직 되어 있지 않다. 따라서 여기서는 필자가 그 동안 연구해 온 몇 가지 사례를 간략하게 소개하고, 또 새롭게 연구 중인 상박초간 『삼덕三德』을 통하여 그 가능성의 일단을 모색해보고자 한다.

필자는 지난 10년간 주로 마왕퇴백서, 곽점초간, 상박초간에 포함되어 있는 도가 및 유가 계통의 몇몇 문헌이나 고대인이 쓴 역사서 및 감생설感生說과 관련된 문헌을 대상으로 연구를 진행해왔다. 구체적으로는 마왕퇴 및 곽점본 『노자』, 마왕퇴백서 『주역』, 곽점초간 『노목공문자사』『당우지도』『성자명출』, 상박초간(2) 『용성씨』『자고』를 주요 연구 대상으로 삼아왔다. 따라서 이들 백서나 죽간군의 전체 양에 비하면 필자가 검토한 것은 극히 일부분에 지나지 않는다. 다만 필자가 이들 문헌을 연구할 때 항상 염두에 둔 것은 각 문헌의 사상적 특징, 사상사적 위치와 의의, 저자나 소속 학파, 성립연대 등의 문제이다. 왜냐하면 이들 문제에 대한 해결이 곧 사상사 다시 쓰기와 직결된다고 생각했기 때문이다.

먼저 출토본 『노자』와 마왕퇴백서 『주역』의 경우는 전래문헌과 내용의 유사성이 인정되는 문헌이다. 『노자』는 곽점본과 마왕퇴본이 출토됨으로써 현행본과 합하여 우리는 세 종류의 텍스트를 확보하게 되었다. 출토본이 출현하기 전까지는 문헌학적인 의미에서 여러 판본 중 원형에 가장 가까운 선본善本을 얻기 위하여 목록학과 교감학을 동원한 매우 복잡한 검증 절차가 필요하였다.[16] 물론 출토본의 등장으로 이전의 문헌학적 고찰이 모두 무용하게 되었다는 것은 아니다. 다만 '원형에 가까운'이라는 의미에서 전국시대와 한대초기에 서사된 『노자』가 발견됨으로써 문헌의 공백이 메워졌다는 점에 대해서는 아무도 이론이 없을 것이다.

그런데 우리는 여기서 한 가지 짚고 넘어가야 할 사항이 있다. 출토본 『노자』, 그 중에서도 특히 곽점본이 공표되고 나서 봇물 터지듯 쏟아져 나오고 있는 연구들을 보면, 정확한 사실이나 실증되고 검증될 수 있는 추론을 가지고 논의를 진행시키는 예가 매우 드물다는 사실이다. 대개의 경우 억측에 억측을 거듭하거나 심지어는 검증 불가능한 것을 마치 명증적인 것처럼 결론짓는 경향이 많다. 예를 들면 우리가 『노자』를 말할 때 늘 도마 위에 오르는 진부하면서도 신선한 주제들, 즉 원저자, 저자와 텍스트와의 관계, 텍스트의 명칭과 성립 시기, 핵심 사상의 특징, 사상사적 위치와 의의 등등의 문제에 대해서이다. 필자는 이러한 연구들을 볼 때마다 느끼는 것이지만, 우리는 지금부터라도 아는 것과 모르는 것의 경계를 분명히 할 필요가 있지

---

16 島邦男, 『老子校正』(汲古書院, 1973)은 이 방면의 대표적인 연구 중의 하나이다.

않을까라는 생각을 해본다. 다시 말하면 알 수 있는 것을 안다고 하고 모르는 것은 솔직히 모른다고 하는 것이 학문하는 태도가 아니냐는 것이다. 물론 추론하는 것이야 얼마든지 가능하지만, 그 경우에도 반드시 객관적인 증거를 가지고 그 정당성을 확보하기 위한 노력을 기울여야 할 것이다.

그렇다면 위의 문제와 관련하여 우리가 알 수 있거나 추론 가능한 것은 무엇인가? 먼저 원저자의 문제에 대해서는 곽점본의 출현을 계기로 『사기』 「노자열전」의 노담老聃이 원저자라는 것이 추론 가능하다라던가,[17] 곽점본은 관윤關尹 일파가 전하는 것이므로 원본 『노자』는 노자가 지었다[18]라는 등등의 설이 있지만, 「노자열전」의 내용을 역사적 사실로 그대로 믿지 않는 이상 현재로서는 알 수가 없다. 원저자를 알 수 없으니 저자와 텍스트와의 관계도 물론 현재로서는 알 수 없다.

텍스트의 명칭은 곽점본과 마왕퇴 갑본에는 문헌명도 편명도 없지만, 마왕퇴 을본에 처음으로 「덕德」과 「도道」가 편명으로 등장한다. 『노자』나 『도덕경』과 같은 문헌명이 붙게 되는 것은 말할 것도 없이 후대의 일이다. 이 문제 또한 여러 가지 추측이 난무하지만, 이러한 사실만 놓고 본다면 처음에는 문헌명과 편명이 없었던 것이 나중에 정리되는 과정에서 편명이 생기고 문헌명은 그보다 더 뒤에 붙게 되었다고 생각한다.

텍스트의 성립에 대해서는 훨씬 다양한 논의들이 진행되어 왔지만, 크게 구분해보면 5천여자의 원본 『노자』의 초록본 내지는 발췌본이라는 설[19]과

---

17 郭沂, 『郭店竹簡與先秦學術思想』(中國, 上海教育出版社, 2001, 518~519쪽)은 곽점본 『노자』는 老聃에서 나온 것이라고 한다.

18 李學勤, 「荊門郭店楚簡所見關尹遺說」(『中國哲學』 20, 遼寧教育出版社, 1999, 164쪽)은 곽점본을 관윤 일파가 전승한 텍스트라고 하고, 王中江, 「郭店竹簡≪老子≫略說」(『中國哲學』 20, 遼寧教育出版社, 1999, 106~107쪽)도 李學勤의 설에 동의하면서 『노자』의 원본은 노자가 지은 것이라고 한다.

19 李學勤, 「論郭店簡≪老子≫非≪老子≫本貌」, 『中國古代文明研究』(華東師範大學出版社, 2005 (원저: 2002)), 234~236쪽; 朱淵淸, 『再現的文明: 中國出土文獻與傳統學術』(華東師範大學出版社, 2001), 142쪽 등.

원형에 가까우며 형성과정에 있는 텍스트라는 설[20]로 구분된다.[21] 전자의 경우는 여러 가지 추론이 있지만, 리쉬에친의 경우는 곽점초간『어총』1~4가 제자백가의 저술에서 잡다하게 발췌한 것처럼 곽점본도 원본을 발췌한 점,『태일생수』와 비교해볼 때 원본『노자』보다 나중에 성립된『태일생수』에는 '도생일道生一'로 시작되는 현행본 제42장을 견강부회한 대목이나 현행본 제1장의 '만물지모萬物之母'를 모방한 표현('萬物母')이 보이는데 곽점본『노자』에는 이들 장이 보이지 않는 점, 곽점 갑본 제1호간의 '절위기사絶僞弃詐'를 중심으로 한 전후의 구절이 유가를 반대하지 않는 반면 병본 2~3호간에는 '大道廢, 安有仁義'(절대적인 도가 행해지지 않게 되었기 때문에 인의가 유행하게 되었다)라 하여 유가를 반대하고 있어 양자 사이에 모순이 있는 점을 든다. 이러한 모순이 생긴 이유는 당시 사람이 글자를 고쳤기 때문인데, 글자를 고친 목적은 유학과의 충돌을 약화시키거나 감추기 위해서였기 때문이라고 한다.

그러나 이 세 가지 추론 모두 상당히 문제가 있다. 즉,『어총』이 발췌본이기 때문에『노자』도 발췌본일 것이라는 첫 번째 추론은 그것을 검증할 수 있는 논거가 전혀 없다. 다음으로『태일생수』와 비교한 두 번째 추론에서 현행본 제42장과『태일생수』는 사상 그 자체가 이미 상당히 다르기 때문에, 현행본 제42장의 유무를 가지고 원본이냐 발췌본이냐를 논할 수는 없다. 또 현행본 제1장의 '만물지모'와『태일생수』의 '만물모'도 이것만 가지고 선후관계를 논하는 것은 무리다. 왜냐하면 그 반대의 상황도 얼마든지 추론 가능하기 때문이다. 마지막으로 곽점본 내부의 모순의 문제를 지적한 세

---

20 池田知久, 「尙處形成階段的《老子》最古文本－郭店楚簡《老子》」,(『道家文化硏究』17, 三聯書店, 1999), 181쪽; 許抗生, 「初讀郭店竹簡《老子》」,(『中國哲學』20, 遼寧敎育出版社, 1999), 93쪽 등.
21 이 문제에 관한 선행연구를 정리한 것으로는 李若暉,『郭店竹書老子論考』(齊魯書社, 2004), 89~93쪽 참조.

번째 추론은 갑본 제1호간의 '절위기려絶僞弃慮'를 완전히 잘못 읽고 해석하였기 때문에 이것 또한 성립하기 어렵다. 리쉬에친은 이 구절을 형문시박물관荊門市博物館 편, 『곽점초묘죽간郭店楚墓竹簡』(文物出版社, 1998)에 의거하여 '절위기사絶僞弃詐'로 읽지만 사실은 '절위기려絶僞弃慮'로 읽어야 한다. 특히 전국시대 초간에서 '심心'을 구성요소로 하는 '려慮'자 계통의 글자는 여러 가지 용례로 비추어볼 때 '려慮'자로 읽어야 한다.[22]

그런데 이 '절위기려'는 단순한 훈고訓詁나 자의字義의 문제를 떠나 사실은 곽점본의 성립시기나 사상사적 배경의 문제와도 깊게 관련되어 있다. '절위기려'의 '려慮'가 '려慮'자인 이상 '위僞'를 '위僞'로 읽는다 하더라도 '거짓'이라는 일반적인 의미로 해석할 수 없고, 여기서는 '인위'나 '작위'라는 긍정적인 의미로 해석해야 한다. 왜냐하면 제1호간의 다른 구절을 보면 '絶(絶)替(智)弃支(辯)'(지식을 가진 자와의 관계를 끊고 언변에 능한 자와의 관계를 버리면), '絶(絶)攷(巧)弃称(利)'(물건을 잘 만드는 정교한 기술이나 사사로운 이익을 추구하는 마음을 버리면)와 같이 모두 세간에서 일반적으로 긍정적인 것으로 인식되는 개념들을 나열해놓고 있기 때문이다. 또 '절絶'이나 '기弃'와 같은 강한 부정을 나타내는 표현을 쓰고 있는 것을 거꾸로 생각해보면, 부정의 대상이 되고 있는 관념이나 사상이 당시 사상계에 강력한 영향력을 행사하고 있었다고 추측할 수 있다.

그렇다면 선진시대에 작위를 의미하는 '위僞'를 자신의 사상의 핵심 개념으로 설정하고, 또 당시 사상계에서 강력한 영향력을 행사하고 있었던 사상

---

22 이 점에 관해서는 池田知久, 「荊門市博物館『郭店楚墓竹簡』筆記」, 1998년 Dartmouth College 郭店老子國際硏討會 논문, 1998; 崔仁義, 『荊門郭店楚簡≪老子≫硏究』(科學出版社, 1998); 池田知久, 『郭店楚簡老子硏究』(東京大學 文學部 中國思想文化學硏究室, 1999 第1쇄, 2000 第2쇄), 59~60쪽; 許抗生, 앞의 글, 99쪽; 裘錫圭, 「糾正我在郭店≪老子≫簡釋讀中的一個錯誤－關于"絶僞弃詐"」, 武漢大學中國文化硏究院 편, 『郭店楚簡國際學術硏討會』, 湖北人民出版社, 2000, 25~30쪽; 陳偉, 「上博五≪三德≫初讀」, 簡帛(http://www.bsm.org.cn/ show_article.php?id=201), 2006 등 참조.

가는 누구였을까? 그것은 말할 것도 없이 순자荀子와 순자학파이다.[23] 순자의 대표적 사상인 '성위지분性僞之分'(「性惡」편)은 그 하나의 예이다. 공맹孔孟의 유가를 비판하였던 도가를 순자가 비판하고 그 비판에 대하여 도가 쪽에서 다시 비판하였던 사상사의 일련의 흐름을 상기한다면, 곽점본에 순자사상을 비판하거나 부정하는 사상이 보인다고 해서 전혀 이상할 것은 없다. 이러한 시각에서 보면 곽점 병본에는 없지만 마왕퇴백서 갑본의 '知(智)快(慧)出, 安(焉)有大僞'(교활한 지혜가 출현하였기 때문에 위대한 작위라는 인간의 노력이 주장되게 되었다)[24]라는 문장의 '대위大僞'도 일반적으로 해석하는 것처럼 '큰 거짓'이라기보다는 순자 사상을 겨냥한 표현으로 해석할 수 있는 가능성도 고려해 볼 수 있다. 왜냐하면 이 부분도 부정의 대상으로 '인의仁義'와 '효자孝慈'와 같이 일반적으로 긍정적인 의미를 지닌 말과 함께 '대위大僞'가 나열되어 있기 때문이다.[25]

그렇다고 한다면 결국 곽점본『노자』는 순자 사상을 기점으로 하여 그것을 전후로 한 시기에 성립되었을 가능성을 추론해 볼 수 있다.『노자』에 유가에 대한 대항의식이 있다는 것은 이미 상식적인 사항이지만,『노자』가 적어도 곽점본의 단계에서 그 비판의 화살이 직접적으로 순자를 겨냥하고 있었다는 것은 지금까지의 사상사에서는 거의 알려져 있지 않은 사실이다. 그것이 마왕퇴본과 현행본의 단계에서 왜 '인의' 비판('絶仁棄義')으로 바뀌었는가라는 문헌 내부에서의 사상사적 변천 또한 앞으로 면밀히 연구해야 할

---

23 裘錫圭는 '인위'를 의미하는 '僞'는 순자가 처음 만들어낸 것이라는 설에 반대한다(裘錫圭, 앞의 글, 28쪽). 그러나 사상 개념으로서 인위·작위를 의미하는 '僞'를 선진시대에 처음 사용한 것이 순자라는 점은 의심할 여지가 없다.
24 이 문장을 해석 시에는 池田知久,『老子』(東方書店, 2006), 245쪽을 참조하였다.
25 池田知久, 앞의 책(1999), 48~50·334쪽; 同, 앞의 글(1999), 179~181쪽 참조. 池田知久는 '知(智)快(慧)出, 安(焉)有大僞'가 없는 곽점 병본 쪽이 마왕퇴 갑본보다 古樸한 自然性을 유지하고 있다고 한다. 또, 곽점 병본의 성립시기는『순자』사상이 널리 알려지기 조금 전일 것으로 추정한다.

과제이다.[26] 곽점본『노자』의 사상적 특징을 이와 같은 사상사적 맥락에서 파악할 경우 그 전체적인 사상의 특징이나 변천 및 사상사적 위치는 다시 쓸 필요가 있다고 생각한다.

예를 들면『노자』에서 처음으로 제창된 군주를 주체로 하는 '겸손' 사상은 유가 측에서는 순자가 처음으로 그 영향을 받고, 그것이 다시 마왕퇴백서 『주역』의 겸괘謙卦에 대한 해석을 매개로 유가사상으로 재정립되게 된다.[27] 마찬가지로 곽점본『노자』에서 최초로 사상 개념으로 출발한 '자연自 然'(ziran) 사상은 만물이나 백성의 자생성이나 자율성에 중점을 두는가 군주 의 역할이나 역량에 중점을 두는가에 따라 미묘한 입장 차이를 보이고 있었 지만, 마왕퇴본과 현행본의 단계에 가서는 군주의 절대성이나 초월성을 강조 하는 새로운 '자연' 사상이 등장한다.[28] 그런데 그것이『장자』와『순자』에서 는『노자』에서는 전혀 논의되지 않았던 인간의 '성性'의 자율성이나 자발성 의 문제로 시각이 변하게 된다. 이러한 변화의 요인으로는 사상가 개인이나 학파적 성향에 기인하는 면도 있겠지만, 사회적 변화에 따른 '성' 담론의 다양화나 앞으로 출현할 통일 국가 건립을 위한 새로운 사상의 필요성이라는 시대적 요청 등 다양한 각도에서 생각해 볼 수 있을 것이다. 이러한 문제는 종래의 중국 고대 사상사 연구에서 거의 논의되지 않았던 문제임은 틀림없

---

26 許抗生은 마왕퇴본과 현행본의 '絕仁棄義'는 장자학파가 나중에 첨가해 넣은 것일 것으로 추정한다. 許抗生, 앞의 글, 99쪽.

27 중국 고대의 겸손 사상에 대해서는 李承律,「郭店楚簡『唐虞之道』의 謙遜思想 硏究(I)－道 家 및 儒家의 謙遜思想과의 比較考察을 중심으로」,『東洋哲學硏究』28, 2002; 同,「馬王堆 漢墓帛書『周易』の謙遜思想とその思想史的意義」(『人文科學』11), 2006 참조. 이 두 논문은 李承律,『郭店楚簡儒教の硏究－儒系三篇を中心にして－』(日本, 汲古書院, 2007)에 수록되어 있다.

28 중국 고대 '자연' 사상 연구의 문제점 및『노자』의 '자연' 사상에 관해서는 李承律,「硏究史 를 통해서 본 中國 古代의 '自然' 思想과 問題點 考察」,『東洋哲學硏究』49, 2007; 同,「郭店 楚簡『老子』의 '自然' 思想과 그 展開」,『東洋哲學硏究』53, 2008; 同,「『莊子』의 '自然'과 『荀子』의 '性僞之分'」,『東方學志』146, 2009 참조.

다. 더구나 출토본『노자』의 등장으로 새롭게 연구해야 할 사상사상思想史上의 문제는 아직도 산적해 있다.

인간의 '성정性情'의 문제와 관련해서는 곽점초간『성자명출』과 상박초간『성정론』이 출토되어 큰 충격을 준 바 있다. 이 두 문헌은 출토본『노자』와는 달리 현재는 전해지지 않는 고일서古佚書이다. 지금까지 선진 유가의 성설性說은『논어』「양화陽貨」편의 "性相近也, 習相遠也"(인간의 선천적인 성은 비슷하지만 후천적인 교육이나 경험 등에 따라 차이가 생기게 된다)에서 전설적으로 자사子思가 지었다고 하는『예기禮記』「중용中庸」편을 거쳐,『맹자』의 성선설性善說과『순자』의 성악설性惡說로 이어지는 사상사를 묘사하는 것이 전부였다. 그런데 거기에『성자명출』과『성정론』이 새롭게 발견됨으로써 선진시대의 성정설을 다시 쓸 수 있는 조건이 마련되었다. 다시 쓸 수 있는 조건이 마련되었다고는 하지만, 그러나 거기에도 전혀 문제가 없는 것은 아니다. 왜냐하면 이 문헌의 저자와 성립시기에 대하여 연구자들마다 각기 다른 주장을 펼치고 있기 때문이다. 예를 들면 자사나 자사 이전의 저작 내지는 자사학파子思學派나 사맹학파思孟學派의 저작이라는 설, 자유子游·공손니자公孫尼子·자사子思를 하나의 계통으로 보고『공손니자』에 속한다고 하는 설, 자유의 저작이라는 설 등이 있다. 첫 번째 설은 리쉬에친이 주장하였는데, 그는 곽점초간『치의』를 비롯『오행』『성지문지』『존덕의』『성자명출』『육덕』은 모두『한서』「예문지」에 저록되어 있는『자사자子思子』에 속한다고 한다. 그 이유에 대하여『성자명출』첫머리의 '성자명출性自命出' 이하의 몇 개의 구절이『예기』「중용」편의 수장首章과 일치하고,『사기』「공자세가」에서 자사를『중용』의 저자라고 하는 점을 근거로 삼고 있다. 그러나『성자명출』이「중용」편과 사상의 기본적인 입장에서 다르다는 것에 대해서는 가나야 오사무金谷治가 이미 지적한 바이다.[29]

한편『성자명출』과『성정론』에는 매우 흥미로운 두 사상이 동거하고 있다.[30] 하나는 '예禮는 정情에서 나온다'는 사상이고, 또 하나는 '시서예악詩書禮

樂은 그것이 처음 나왔을 때에는 모두 사람에 의하여 만들어진 것이다'라는 사상이다. 여기서 사람이란 실제로는 '성인聖人'을 뜻한다. 전자의 사상은 '예'의 근원을 인간의 내적 자연에 의한 것으로 보는 사상으로 '자연적 질서관'으로 연결되는 사상이다. 또 후자의 사상은 시서예악은 성인이 인위적 작위적으로 만든 것이라는 것, 즉 시서예악의 '성인제작설聖人制作說'을 의미한다. 주지하는 바와 같이 자연적 질서관과 성인제작설은 사실은 서로 양립할 수 없는 사상이다. 왜냐하면 전자는 인위를 부정함으로써 성립되는 관념이고 후자는 인위를 긍정함으로써 성립되는 관념이기 때문이다. 그렇다면 『성자명출』에는 왜 이러한 두 관념이 착종된 상태로 존재해 있는가라는 것이 문제가 된다. 이 문제를 해결하기 위해서는 공맹 이래 순자를 거쳐 「중용」편에 이르는 유가 내부의 성정설과 예악설의 전개 및 전국시대 이후 유가의 난적이었던 묵가의 유가 비판과 도가의 성정설 및 인위 부정의 논리를 유가가 어떻게 극복하려고 하였는가 등의 여러 문제들을 종합적으로 검토해야 한다.

이 문제에 대해서도 이미 자세히 논한 적이 있기 때문에,[31] 여기서는 그 대략적인 내용만 제시하면 다음과 같다. 유가의 예악설이라는 커다란 흐름 속에서 예의 기원이나 근원의 문제가 처음으로 자각된 것은 『순자』이다. 그러한 자각의 원인은 유가 내부에서 자생적으로 발생했다기보다는 묵가墨家

---

29 가나야 오사무는 「중용」편의 내용의 주된 의미는 '誠' 철학을 말하는 데에 있지만, 『성자명출』에는 그러한 철학이 없고 오히려 '化性'이나 '求心'과 같은 바깥의 '물(物)'을 빌려 본 '성'(本'性)을 바꾼다는 경험적 구상적(具象的)인 방법을 말하고 있다고 지적한다. 그것은 또 '天·命' 세계의 강조와 '道·敎' 세계의 중시라는 대조적인 차이를 보여주는 것이라고 한다. 金谷治, 「楚簡「性自命出」篇の考察」(『日本學士院紀要』 59-1, 2004), 34쪽.
30 『성자명출』과 『성정론』은 구성에 약간의 차이는 있지만 기본적인 내용은 거의 차이가 없다. 따라서 아래에서는 『성자명출』을 대표로 논의를 진행하기로 한다.
31 李承律, 「郭店楚簡『性自命出』の性情說と「禮樂」－禮樂の根源の思想史的展開」(渡邉義浩 편, 『兩漢の儒教と政治權力』, 汲古書院, 2005) 참조. 이 논문은 李承律, 앞의 책(2007)에 수록되어 있다.

나 도가 등의 예악 비판 내지는 인위 비판이라는 외부로부터의 충격에 큰 타격을 받은 데에서 촉발되었다. 이것이 유가의 첫 번째 위기이다.

이것을 극복하는 것을 하나의 중대한 과제로 삼고 등장한 것이 『순자』이다. 그 방향은 도가의 '천인지분天人之分' 사상을 이용하면서 '천'을 외화外化하고 '인人'을 재확인하는 것이었다. 그것은 인간론에도 영향을 미쳐 '성위지분性僞之分'이라는 『순자』 특유의 사상이 탄생하게 되는데, 바로 거기에서 '성性'을 악惡이라고 하고 선善을 위僞에 귀착시킴으로써 성인의 교화나 성인의 위僞에 의한 예의禮義의 존립기반을 확고히 하게 된다.

그러나 이러한 성악설은 도가의 입장에서 보면, 그 이전부터 도가가 주장해 온 인위 비판을 재확인한 것에 불과하다. 또 성인의 위僞에 의한 '성'의 완성이라는 『순자』의 이론이 뜻밖에도 하늘에서 부여받은 온전한 '성'을 손상시키는 것으로 재인식하게 하는 계기가 마련되어, 이번에는 인위와 인간의 내적 자연을 둘러싼 논쟁이 재연再燃하게 되는데, 도가에 의한 유가 비판은 이로써 절정에 달해 간다. 이것이 유가의 두 번째 위기이다.

이러한 도전에 정면으로 응한 것이 『성자명출』이라고 생각한다. 『성자명출』은 『순자』의 성악설과 도가의 성정설 및 인위 비판의 양극을 극복하는 실마리로서 '정情'에 착안하고, 대개는 부정적인 의미를 부여하고 있던 '정'을 긍정적인 것으로 재구축한다. 그때 '정'을 보증하는 것으로 주장된 것이 '충신忠信'이다. 그럼으로써 '정'과 예악禮樂, 혹은 '성'과 예악을 이율배반적인 관계로 생각하고 있던 『순자』나 『순자』 이후의 도가사상의 한계를 극복하는 기반이 형성되게 된다. 도가의 인위 비판은 이것으로 그 이론적 근거를 거의 완전히 상실해버렸다고 할 수 있다.

한편 이러한 '예'의 근원의 문제와 관련하여 최근에 또 하나의 중요한 자료가 공표되었다. 상박초간 제5권에 수록되어 있는 『삼덕三德』이 그것이다.[32] 『삼덕』은 문장 전체가 운문韻文 형식으로 이루어져 있고, 전한 무제기武帝期 동중서董仲舒의 천인상관론天人相關論에 앞서는 특유의 '하늘天' 사상이나 천인상관사상天人相關思想이 기술되어 있다. 바로 이러한 특징 때문에 중국은 물론, 일본이나 미국 등지에서도 일찍부터 많은 학자들의 주목을 받아왔다.

필자가 '예'의 근원의 문제와 관련하여 『삼덕』에서 주목하고자 하는 것은 '천례天禮'라는 개념이다. '천례'는 『삼덕』에 두 번 출현하는데, 먼저 제3호간 하단의 다음의 문장에 보인다.

> 몸과 마음을 가지런히 하고 절제 있는 생활을 하며, 밖의 일과 안의 일을 구별하고, 남자가 하는 일과 여자가 하는 일에 절도가 있는 것, 이것을 '하늘이 정한 예'라고 한다. 삼가고 삼가라, 하늘이 내리는 명령(天命)은 너무도 분명하기 때문이다.[33]

또 하나는 제12호간 상단에 다음과 같이 보인다.

> 황후가 다음과 같이 말하였다. "다음의 사항들을 준수하라. 남과 다투는 말을 하지 말라(?). 남보다 앞서서 주창하지 말라(?). (백성이 농사짓는 시기를 빼앗아가며) 큰 사업을 벌이지 말라. 나라의 근간이 되는 상규를 폐지하지 말라. 강의 흐름을 막지 말라. 저수지의 물의 흐름을 막지 말라. 종족을 파멸시키지 말라. 비축해둔 물자를 탕진하지 말라(?). 금령을 바꾸지 말라. 사업을 임의로 경솔하게 바꾸지 말라. 母棼古讚(?). 아버지와 형을 욕되게 하지 말라. 가난한 사람을 업신여기지 말라. 형벌을 받은 사람을 조소하지 말라. 물의 깊이를 재지 말라. 산의 높이를 재지 말라. 일신의 안일을 추구하거나 말을 많이 하지 말라. 거처할 때에는 태만하지 말라. 일을 할 때에는 편안함을 추구하지 말라. 선한 것은 없애지 말라. 상서롭지 못한 것은 하지 말라. 폐허가 된 곳에 들어가 음악을 연주하지 말라. 언덕에 올라가 노래를 부르지 말라." 이러한 것들이 바로 하늘

---

32 馬承源 주편, 『上海博物館藏戰國楚竹書(五)』(上海古籍出版社, 2006).
33 『三德』 제3호간, "齊齊節節, 外內又(有)誌(辨), 男女又(有)節, 是胃(謂)天豊(禮)_. 嶽(敬)之嶽(敬)之, 天命(命)孔明_."

이 정한 예를 실천하는 방법이다.[34]

위의 문장을 보면 제3호간에서는 '천례'에 대한 정의를 내리고 제12호간
에서는 '천례'를 실천하는 방법을 설명하고 있다. 그런데 이 '천례'라는 말은
관견에 의한 한 선진시대나 한대에 성립된 그 어떤 문헌에도 보이지 않는다.
그러한 의미에서 '천례'는 아마도 『삼덕』의 저자가 처음으로 만들어낸 조어
가 아닌가 생각된다. 그렇다면 '천례'란 무엇을 의미하는가? 그것은 아래
문장에 '천명天命'이라는 말이 있는 것을 보면, '하늘이 정한 예'를 의미하는
것 같다. 그것은 곧 다시 말하면 저자가 '예'의 근원을 '하늘'에 두고 있다는
것을 의미한다. 이러한 관념은 '예'의 근원을 인간의 외적 자연에 의한 것으
로 보는, 『성자명출』과는 또 다른 의미에서의 '자연적 질서관'으로 연결되는
것이라고 생각된다.

그렇다면 『삼덕』의 '천례'는 '예'의 근원을 둘러싼 사상사적 전개 속에
어떻게 자리매김 할 수 있을까? 이 문제를 다루기 전에 한 가지 확인해두어야
할 사항이 있다. 그것은 곧 '예'의 근원을 성인과 '정' 양쪽 모두에서 찾는
『성자명출』의 시도는 그 뒤에 성립된 여러 문헌들에 심대한 영향을 끼쳤고,
한대 이후 다시 여러 가지 방향으로 전개되어 간다는 사실이다. 그 방향이란
첫째는 '예'의 근원을 성인에서 찾는 것을 배제하고 인간의 내적 자연 즉
'정'에서만 찾는 것이다. 둘째는 '예'의 근원을 인간의 외적 자연 즉 하늘이
나 하늘과 땅(天地) 등에서 찾는 것이다. 셋째는 '예'의 근원을 인간의 내적
외적 자연과 동시에 성인에서도 찾는 것이다.[35] 그런데 두 번째 경우와 같이

---

34 『三德』 제12호간, "皇句(后)曰立. 毋(毋)爲角言_, 毋(毋)爲人昌(倡)_, 毋(毋)弢(作)大事, 毋(毋)
劃(害)棠(常)_, 毋(毋)瀆(瀆)川_, 毋(毋)剬(斷)瀇(洿)_, 毋(毋)威(滅)宗_, 毋(毋)虐狀(藏?)_, 毋(毋)
攺(改)敬_, 毋(毋)吏(變)事_, 毋(毋)焚古譴(?)_, 毋(毋)恥父窒(兄)_, 毋(毋)眞(羞)貧_, 毋(毋)芙(笑)
勸(刑)_, 毋(毋)楅(揣)寏(深)_, 毋(毋)疕(度)山_, 毋(毋)牆(逸)亓(其)身, 而多亓(其)言_. 居毋(毋)惉
(惰)_, 弢(作)毋(毋)康_. 善勿威(滅)_, 不羕(祥)勿爲_. 內(入)虛(墟)毋(毋)樂(樂)_, 踵(登)丘毋(毋)
詞(歌), 所已(以)爲天豐(禮)_."

'예'의 근원을 인간의 외적 자연 즉 하늘이나 하늘과 땅 등에서 찾는 사상은 기존의 자료에서는 그 뚜렷한 흔적을 찾기가 매우 어려웠다. 그러한 의미에서 『삼덕』의 '천례'는 바로 그러한 사상을 명확하게 보여주는 단적인 증거이며, '예'의 근원을 둘러싼 한대적 논의의 선구에 해당한다고 생각한다. 이것은 또한 나중에 '명교자연론名敎自然論'으로 이어지는 유가사상사의 흐름과도 궤를 같이 하는 것이다.

중요한 것은 현존하는 문헌들을 검토해보면, 중국 고대의 정치 사상사에서 '자연'과 '작위'의 문제를 최초로 제기하였던 것은 『노자』와 『장자』로 대표되는 도가 계통의 사상가들이며, 그 충격을 받아 유가 쪽에서 이 문제를 처음으로 심각하게 다룬 것은 순자라는 점이다. 그리하여 그들에 의하여 제기된 '자연'과 '작위'의 문제를 인간의 내적 자연(情)의 재구축이라는 새로운 시각에서 종합적으로 해결하려고 한 것이 『성자명출』과 『성정론』이라고 한다면, 그와는 반대로 천인상관사상과 더불어 인간의 외적 자연(天)의 재구축이라는 새로운 시각에서 해결하려고 한 것이 바로 『삼덕』이라고 생각한다. 『삼덕』의 사상사적 위치와 의의를 필자는 이렇게 생각하고 있다.

그렇다면 아마도 곧바로 다음과 같은 의문이 자연히 생길 것이다. 『노자』 『성자명출』 『성정론』 『삼덕』의 성립시기와 사상사적 위치를 위와 같이 설정한다면, 곽점 1호 초묘의 하장下葬 연대를 B.C. 4세기 중엽에서 B.C. 3세기 초 사이로 보는 고고학적 연대 추정 결과와 모순되지 않느냐라는 의문이다.[36] 그렇다면 이와 같이 사상사적 연구 방법론과 고고학적 연구 방법론이 모순 충돌할 경우 우리는 과연 어느 쪽을 따라야 할 것인가? 대개의 경우 고고학적

---

35 李承律, 앞의 글(「郭店楚簡『性自命出』の性情說と「禮樂」」), 43쪽.
36 상박초간의 성립연대의 하한선은 곽점초간과 동일하게 보는 것이 통설이다. 이 점에 대해서는 馬承源, 「前言: 戰國楚竹書的發現保護和整理」(馬承源 주편, 『上海博物館藏戰國楚竹書(一)』, 上海古籍出版社, 2001); 朱淵淸, 「馬承源先生談上博簡」(朱淵淸·廖名春 주편, 『上博館藏戰國楚竹書研究』, 上海書店出版社, 2002) 참조.

인 방법이 객관적이고 과학적이기 때문에 그러한 방법으로 추정된 연대를 따라야 한다고 생각할 것이다. 필자는 이 문제에 대해서도 일찍이 검토해본 적이 있다. 그 검토 결과에 의하면, 현재와 같이 기물의 유형을 비교하여 연대를 추정하는 고고유형학적 방법이 과연 객관적이고 과학적인 방법이라고 단언할 수 있는지 필자는 많은 의문을 가지고 있다. 예를 들면 비교 대상으로 삼고 있는 기물의 종류와 수량의 문제, 비교 대상으로 삼고 있는 기물 사이의 유사성을 판단하는 기준의 문제, 직접적인 비교 대상으로 삼고 있는 장강長江 중류 일대의 초묘의 하장 연대의 문제, 고고유형학적 방법에 의하여 추정된 연대의 개연성의 문제, 초묘의 하장 연대의 결정적인 근거로 작용하고 있는 '백기발영白起拔郢'의 문제 등등이 그것이다.[37] 다만 이 문제에 대해서는 곽점초간이 공표된 지 10년 이상이 지난 지금도 정식 보고서가 발표되지 않은 상태이기 때문에 더 이상 생산적인 논의를 할 수 없는 상황이다.

그럼 여기서 다시 논의를 리쉬에친의 『노자』와 『성자명출』에 대한 추론 쪽으로 되돌려보자. 먼저 리쉬에친이 곽점본 『노자』를 원본의 발췌본이라고 한 것은 비록 명언은 하지 않았지만, 아마도 『사기』 「노자열전」의 '오천여언五千餘言'본을 『노자』의 원본으로 상정하고 있기 때문이 아닌가 생각된다. 그것은 "백서와 현행본에 죽간본보다 더 빠른 연원이 있다는 것을 배제할 수 없다"[38]고 한 발언을 통해서도 미루어 짐작할 수 있다. 물론 필자 또한 곽점본을 원본이라고 아직 단정할 수는 없다고 생각한다. 또, 곽점본을 통하여 원본을 유추해보는 것도 방법적으로 전혀 불가능하지는 않다고 생각한다. 그러나 현재 곽점본보다 원본에 더 가까운 텍스트는 없다. 더구나 출토본과 현행본의 비교를 통하여 원형을 추론해가는 과정도 근거가 불충분하다. 『성

---

37 이 문제에 관해서는 李承律, 「郭店一號楚墓より見た中國「考古類型學」の方法論上の諸問題と「白起拔郢」の問題」(池田知久 감수, 「古典學の再構築」東京大學郭店楚簡研究會 편, 『郭店楚簡の思想史的研究』 6, 2003) 참조. 이 논문은 李承律, 앞의 책(2007)에 수록되어 있다.
38 李學勤, 앞의 글(2005), 234쪽.

자명출』의 경우도 마찬가지다. 『성자명출』과 「중용」편의 사상적 특징이나 차이점에 대해서는 전혀 고려하지 않고 단지 '성자명출性自命出'과 '천명지위성天命之謂性'의 유사성만을 근거로, 더구나 후대에 집일集佚된 『자사자』에 속한다고 하는 것은 결국 단장취의斷章取義에 불과하다고 하지 않을 수 없다. 리쉬에친은 자신의 저서에서 의고적 방법론의 부작용을 비판하고 '이중증거법'을 높이 평가하면서, 문헌 연구와 고고 연구를 결합하는 방법을 이용하면 "고대의 역사 문화의 새로운 국면을 개척하고 모든 중국 고대 문명을 다시 새롭게 평가할 수 있다"[39]고 한다. 그러나 결과적으로는 신고적 경향으로 치달아 실증성을 결여한 결론을 도출하면서 전래문헌은 물론 출토자료의 정확한 의미를 퇴색시키고 있는 것은 아닌가 우려된다. 이러한 상황하에서는 제대로 된 사상사 다시 쓰기가 어렵다는 것은 말할 것도 없다. 필자는 이 점이 바로 일찍이 가노 나오키狩野直喜가 지적한 본문연구本文研究와 교의연구敎義研究[40]를 소홀히 하는 리쉬에친의 연구 방법론의 가장 큰 문제점이라고 생각한다.

5. 중국고대사상사의 새로운 시각

앞에서 종래의 사상사 연구의 문제점으로 수평적 지역적 전개에 대한 시각의 부재에 대하여 지적하였다. 전부터 필자는 사상사를 수직적 역사적으로만 볼 것이 아니라 수평적 지역적으로 보아야 할 필요성에 대하여 문제제기를 해왔고, 또 그 가능성에 대하여 조심스럽게 타진해왔다.[41] 필자가 이러한

---

39 李學勤, 앞의 책(1997), 19쪽.
40 狩野直喜, 『中國哲學史』(岩波書店, 1953 제1쇄 발행, 1957 제2쇄 발행).
41 李承律, 앞의 글(「간백 발견의 역사」), 210~211 · 240~245쪽.

생각을 갖게 된 계기는 1930년대 이래 꾸준히 진행된 고고학적 발굴과 그것을 바탕으로 80년대부터 본격적으로 제기된 일련의 이론들, 즉 쑤빙치蘇秉琦의 '구계유형설區系類型說',[42] 쟝꾸왕즈으張光直의 '상호작용권相互作用圈',[43] 페이 쨔오퉁費孝通의 '다원일체多元一體'설[44] 등의 학설을 보면서 사상사 연구도 지역적 차이를 고려한 연구를 해야 하지 않겠는가라는 의문을 가지기 시작하면서부터이다. 물론 출토자료를 연구하게 된 것도 이러한 생각을 갖게 된 계기 중의 하나이다.

좀 더 구체적으로 말하면, 그 자립성을 인정할 수 있는 복수의 고고학적 지역권은 수천년 전의 신석기시대를 통하여 거의 동일한 지역에서 계기繼起했을 뿐만 아니라, 하은주夏殷周 삼대의 초기 왕조시대를 거쳐 춘추전국시대에 이르기까지 영향이 남아 있으며, 나중에 진秦에 의하여 하나로 통합되는 춘추전국시대의 각국의 문화도 각각의 지역성이라는 측면에서 보면 신석기시대 이래의 지역권에 일정한 기초를 두고 있다는 점이다.[45] 따라서 중국 사상사에서도 특히 자학시대子學時代 내지는 제자시대諸子時代[46] 사상사는—그 중심은 전국시대가 되겠지만—앞으로 이러한 지역성을 고려하면서 서술해야 하지 않겠는가라는 것이 필자의 문제의식이다. 고대라 하더라도 나라나 지역마다 언어나 문화가 다르다는 것은 맹자가 송宋나라 신하인 대불승戴不勝에게 "초나라 대부가 자기 자식에게 제나라 언어를 구사할 수 있도록 하고자 한다면 제나라 사람을 선생으로 두어야 하는가 초나라 사람을 선생으

42 蘇秉琦, 『中國文明起源新探』(商務印書館, 1997).
43 Chang, Kwang chih, The Archaeology of Ancient China(Fourth edition, New Haven, Conn.: Yale University Press, 1986).
44 費孝通, 「中華民族的多元一體格局」(『費孝通文集』 11, 群言出版社, 1999).
45 西江淸高, 「「中國」的文化領域の原型と「地域」文化」(『文化人類學』 8, 1990), 140쪽.
46 '자학시대'라는 표현은 馮友蘭, 앞의 책에 의한다. 가나야 오사무는 제자시대는 漢武帝 초년까지 계속된다고 한다. 金谷治, 『秦漢思想史硏究』(平樂寺書店, 1960 원판 발행, 1992 複製 제2쇄<加訂增補>), 19~20쪽; 同, 『管子の硏究-中國古代思想史の一面』(岩波書店, 1987 제1쇄 발행, 1999 제2쇄 발행), 324쪽.

로 두어야 하는가"라고 질문한 것이나, 『순자』에 "초나라에서 살면 초나라의 습속을 따르게 되고 월나라에서 살면 월나라의 습속을 따르게 되며 하나라에서 살면 하나라의 습속을 따르게 된다"고 하는 문장을 통해서도 엿볼 수 있다.[47] 다만 필자가 이러한 문제의식을 가지고 연구를 시작한 것은 극히 최근의 일이고 아직까지는 그 방향성을 모색하는 매우 초보적인 단계에 머물러 있기 때문에, 여기서 자세하게 논할 수 있는 준비는 아직 되어 있지 않다. 또, 앞으로 새로운 자료가 발견되면 될수록 새로운 사실이 추가될 것이므로 지역성에 관한 현재의 연구는 가까운 미래에 언제든지 갱신될 가능성이 있다.

한편 지역성을 고려한 연구의 당위성은 일정 정도 인정된다 하더라도 현실적으로는 넘어야 할 허들이 너무나도 많다.

예를 들면 첫째는 사상의 개별성의 문제이다. 사상의 지역적 특성을 논한다 하더라도 『묵자』에 "한 사람이 있으면 한 가지 주장이 있고, 열 사람이 있으면 열 가지 주장이 있으며, 백 사람이 있으면 백 가지 주장이 있다"[48]라는 말이 있듯이, 사상의 최소 단위는 어디까지나 개인이다. 더구나 그 개인의 사상은 조금씩 성장하고 상황에 따라 변하기도 하기 때문에 유동적인 성격을 갖고 있다. 따라서 단지 사상가 개개인의 출신지나 본거지를 추적하여 그들의 사상을 유형별로 나열했다고 해서 그것이 그 지역의 사상적 특성을 대변한다고 할 수는 없다. 그러나 아무리 개인이라 하더라도 그가 살았던 시대는 물론 태어나서 자라고 활동하였던 공간, 즉 그 지역의 정치, 사회, 문화, 종교, 학술, 사승관계, 교우관계 등과 밀접한 관계가 있기 때문에, 그 활동 반경을 추적하고 소속 집단 내부의 사상의 유사성이나 공통성을 발견한다면 그것을

---

47 『孟子』, 「滕文公下」, "有楚大夫於此, 欲其子之齊語也, 則使齊人傅諸. 使楚人傅諸.";『荀子』, 「儒效」, "居楚而楚, 居越而越, 居夏而夏."
48 『墨子』, 「尚同中」, "一人一義, 十人十義, 百人百義."

지역적 특성의 하나로 인정해도 큰 잘못은 아니라고 생각한다.

둘째는 자료의 국한성의 문제이다. 굳이 말할 것도 없지만, 개인이나 집단의 활동이나 사상을 추적하려고 해도 고대 중국에 관한 문헌의 절대량이 부족하고, 또 그것을 어느 정도 가늠할 수 있는 자료는 거의 대부분 『사기』나 『한서』와 같은 후대의 자료에 의존할 수밖에 없기 때문에 지역성을 논할 때에도 한계로서 작용한다. 다만 새로운 출토자료 덕분에 이러한 자료에 대한 갈증이 조금이나마 해소되고 있다.

셋째는 자료의 진위의 문제이다. 중국 고대 문헌의 경우는 예를 들면 『관자管子』와 같이 원저자와 실제 텍스트의 저자가 일치하지 않는 경우가 거의 대부분이다. 그 뿐만 아니라 텍스트에 기술되어 있는 내용이 모두 역사적 사실이라는 보장도 없다. 따라서 우리가 문헌에 입각하여 지역성을 논할 경우 반드시 문헌학적 방법을 동원하여 그 진위 여부를 가려내는 작업을 선행해야 함은 말할 것도 없다.[49] 그러나 『안자춘추』 『문자』 『육도』 등과 같이 종래에 위서로 분류되었던 것이 출토자료의 출현에 의하여 명예를 회복하는 경우도 있다. 그러나 출토본이 출현했다고 해서 전설상의 저자가 실제 저자로 인정되는 것은 아니다.

넷째는 자료의 편재성偏在性의 문제이다. 출토자료는 자료가 출토된 곳이나 문자의 특징 등으로 출토지점을 확정하거나 유추할 수 있는 장점이 있다. 그런데 현재까지 발견된 선진시대의 출토자료는 초나라 지역과 진秦나라 지역에만 집중되어 있고, 중원을 비롯한 그 밖에 다른 지역에서는 아직 출토된 예가 없다. 은작산한간과 같이 제나라 지역에서 출토된 예도 있지만 한대 무덤이기 때문에 성격이 조금 다르다. 이 문제가 해결되기 위해서는 다른 지역에서도 출토자료가 발굴되기를 기다리는 수밖에 없다.

---

49 張心澂은 '僞'의 정도를 '全僞者', '眞雜以僞者', '僞雜以眞者', '眞僞雜者', '眞僞疑者', '僞中僞者'의 6종류로 나눈다. 張心澂 편저, 『僞書通考』(上海書店, 1991, 원판: 1939), 2쪽.

다섯째는 자료의 귀속성의 문제이다. 전래문헌이든 출토자료든 그것이 처음에 누가 어디서 어떻게 왜 쓴 것인지 불명확한 경우가 많다. 사실 엄밀하게 말하면 지역성을 논하기 위해서는 이러한 사항을 알 수 있어야 가능하다. 그것이 불명확하다는 것은 어떤 의미에서는 지역성을 논하는 것조차 불가능하다는 것을 의미한다. 그러한 취약성이 있기는 하지만 그렇다고 해서 전혀 불가능한 것은 아니라고 생각한다. 전래문헌의 경우는 사실 여부의 문제를 떠나 다른 방증 자료를 통하여 추론이 가능한 경우가 있다. 또 출토자료의 경우는 누가 쓴 것인지 불명확한 경우가 대부분이기는 하지만, 그 문헌이 해당 지점에서 출토되었다는 것은 적어도 해당 지역에서 유행하거나 어느 정도 알려져 있었을 가능성은 충분히 상정할 수 있다고 본다.

여섯째는 자료의 유통의 문제이다. 사상의 귀속성이 불명확하다는 것은 다른 말로 표현하면 사상의 발신지가 불명확하다는 것을 의미한다. 사상의 발신지가 불명확하면 수신지와의 관계도 당연히 불명확하게 된다. 공문서의 경우는 발신지와 수신지가 대체로 명확하지만, 사상 관련 문헌의 경우는 그것이 불명확한 경우가 많다. 그것은 곧 우리가 사상의 영향관계를 논할 때 커다란 걸림돌이 된다. 그러나 전래문헌에 보이는 인물들의 사승 관계나 교우 관계, 공자학단·묵가집단·직하학단稷下學團과 같은 학단의 존재, 개인이나 집단 간의 논쟁의 대상이나 중심 주제 등을 실마리로 사상의 발생 원인이나 유통 경로나 변천 과정을 어느 정도 유추해보는 것은 가능하다고 생각한다.

그중에서도 특히 직하학단과 관련하여 일찍이 가나야 오사무가 『관자』와 직하학稷下學과의 관계를 실마리로 제나라 학술의 전체적인 성격을 구명한 것은 우리가 고대 학술의 지역성을 고찰할 때 시사하는 바가 크다고 생각한다. 춘추전국시대에서 한대초기에 이르는 중국 고대 법사상의 사상사적 지역적 전개를 고찰한 것을 예로 들면, 가나야는 중국 고대 법사상을 삼진三晉에서 진秦으로 흘러들어간 서방의 사상과 제나라의 토착적인 사상에 뿌리를 내린

동방의 사상으로 나눈다. 서방의 법사상은 중원의 삼진에서 서방으로 들어가 정착한 이회李悝에서 상앙, 상앙에서 수호지진간으로 이어지는 법사상을 말하며, 객관적이고 기술적技術的인 법률관, 즉 실정법적인 성격이 강하다. 그에 비하여 제나라의 법사상은 자연 필연적인 '세勢'를 중시하는 신도慎到 사상의 영향을 받아 자연법적인 질서 원리로서의 도道나 하늘의 도(天道)에 근거한 법의 실시를 강조하는 도법사상적道法思想的 성격이 강하다.

그 후 전국최말기戰國最末期에는 상앙의 '법'과 신불해申不害의 '술術'을 받아들이고 또 신도의 '세' 사상을 인위적인 세위勢位 사상으로 전환하여 자연법적 성격을 배제시킨 한비자의 실정법적인 법사상이 등장한다. 이러한 한비자의 법사상은 진제국秦帝國의 통치에 기여한 점도 있지만, 진제국이 붕괴되자 그에 대한 반성이 일어난다. 그에 따라 도법사상이 재인식되게 되는데, 그것은 황로사상黃老思想의 부활이라는 형태로 나타나게 된다. 황로사상은 한제국의 통치이론이 되지는 못하였지만, 그 자연법적 성격은 유교 속에 흡수되어 유교 도덕의 내부에서 법률이 활용되게 된다.[50] 이처럼 가나야의 연구는 삼진과는 다른 제나라 법사상의 전통이 전국시대를 거쳐 진한제국시기에 이르기까지 어떻게 변용되어 갔는가를 구체적으로 밝혔다는 점에서 큰 의의가 있다고 생각한다.

이와 같이 가나야는 『관자』라는 텍스트와 직하학의 고찰을 통하여 제지역齊地域 학술의 지역성을 도출해낼 수 있었다. 그렇다면 초지역楚地域의 경우는 무엇을 통하여 그 지역성을 도출해낼 수 있을까? 애석하게도 초지역의 경우는 제지역에 비하여 그 실마리를 찾기가 매우 어렵다. 왜냐하면 초지역에 관한 전래문헌의 기록을 객관적으로 보았을 때, 이 지역을 대표하면서도 신뢰할만한 사상가나 문헌이 극히 드물고, 유학의 근거지인 추로鄒魯지역의

---

50 金谷治, 앞의 책(1987), 342~347쪽.

사학적私學的 성격을 띤 학파(공자학파・자사학파・맹자학파 등)나 도법사상을 특징으로 하는 제지역의 관학적官學的 성격을 띤 학단(직하학단)과 같은 존재가 알려져 있지도 않기 때문이다. 그러나 그것은 역사가에 의하여 서술된 역사의 표면 위로 드러나지 않았다는 것을 의미할 뿐, 초지역의 학술 자체가 존재하지 않았다는 것을 의미하는 것은 아닐 것이다.

초지역의 학술과 관련하여 먼저 검토해야 하는 것은 도가사상이다. 왜냐하면 초지역을 도가사상의 발상지로 간주하는 견해가 오래전부터 있어 왔기 때문이다.[51] 그 뿐만 아니라 북방은 유가, 남방은 도가와 같이 사상의 지역성을 이항대립적으로 파악하려는 견해도 있다.[52] 이러한 견해들은 물론 노자의 출신지를 초나라로 보고 장자의 출신지를 몽蒙[53]으로 보는『사기』「노자한비열전老子韓非列傳」에 공통적으로 근거하고 있다.

또, 심지어는 노자사상의 연원이나 도가의 선구를『육자鬻子』에 두는 경우도 있다.[54] 주지하는 바와 같이 육자는 서주초기의 인물로 초나라의 선조이자 주나라 문왕의 스승으로 전해지는 육웅鬻熊을 가리키며(『史記』「楚世家」),『육자』는 전설적으로 그의 유언을 집록한 책으로 전해지고 있다.『한서』「예문지」도가류에는『육자』22편이 저록되어 있고, 소설가류에는『육자설鬻子說』19편이 저록되어 있다.[55] 바로 이러한 점 때문에 초지역을 도가사상의

---

51 小柳司氣太,「文化史より觀たる古代の楚國」(『東方學報』東京 1, 1931); 涂又光,『楚國哲學史』(湖北敎育出版社, 1995)가 그러한 예 중의 하나이다.
52 武內義雄,『諸子槪說』(弘文堂書房, 1935); 津田左右吉,『道家の思想とその展開』(『津田左右吉全集』13, 岩波書店, 1964, 원판: 1939) 등.
53 蒙에 대해서는 지금의 河南省 商丘縣 부근이라는 설과 山東省 荷澤縣 부근이라는 설이 있다. 또, 장자의 출신지에 대해서는 宋, 楚, 梁 세 가지 설이 있다. 이 세 가지 설에 대해서는 몽은 원래 전국시대에는 송나라에 속해 있었지만, B.C. 286년에 송나라가 망하자 초나라로 편입되고, 또 한대가 되면 양나라에 편입되었기 때문에 세 가지 설이 생기게 되었다고 풀이하는 학자도 있다. 馬敍倫,『莊子義證』(上海書店, 1996) 참조.
54 小柳司氣太, 앞의 글, 225~226쪽; 涂又光, 앞의 책, 50~70쪽.
55 『육자』에 대해서는 注에 "名熊, 爲周師. 自文王以下問焉. 周封爲楚祖."라고 하고,『육자설』에 대해서는 주에 "後世所加"라고만 설명되어 있다.

발상지로 보려는 입장이 더욱 탄력을 받았을지도 모른다. 그런데 현행본 『육자』[56]는 1권 14편으로 8편이 적고 내용도 도가사상과는 거의 무관하다. 오히려 『열자』에 수록되어 있는 육자(粥子·鬻子·鬻熊·粥熊)의 말이야말로 황로사상에 가깝다는 지적도 있다.(胡應麟) 그렇다고 한다면 당대에 편찬된 현행본과 유향劉向·유흠劉歆·반고班固가 보았던 판본은 달랐을 가능성이 높다.

그러나 이러한 견해들이 의거하고 있는 「노자한비열전」의 내용은 역사적 사실이 아니라 전한 무제기에 이르러 비로소 성립된 픽션이라는 것은 이미 많은 학자들에 의하여 지적된 바이다. 단적인 예로 「노자열전」의 경우 『노자』의 저자로 거론되고 있는 3인의 후보(老聃, 老萊子, 太史儋) 중 과연 누구를 저자로 볼 것인지 사마천 스스로도 확신을 가지지 못하고 있다. 또, 그가 「노자열전」을 편찬할 때 이용하였던 자료의 상당 부분은 '십여만언十餘萬言'의 『장자』 등과 같이 전국중기에서 전한초기에 성립된 자료들이다. 그러나 이 자료가 노자에 대한 역사적 사실을 담고 있는 자료가 아니라는 것은 말할 것도 없다. 장자의 경우도 사마천이 장자 전설을 편찬할 때 이용하였던 자료는 주로 『장자』이다. 그런데 『장자』에 기술되어 있는 내용이 역사적 사실이 아닌 '우언寓言'이라는 것은 사마천 자신이 인정하고 있는 바이다.[57]

『육자』의 경우도 사정은 마찬가지다. 육웅과 도가가 결합된 『육자』라는 문헌이 처음 등장하는 것은 아무리 빨라도 전한말기일 것이다. 왜냐하면 사마천이 만약 이 문헌의 존재나 도가사상과의 관련을 알고 있었다면 도가사상의 선구로도 볼 수 있는 중요한 인물에 대하여 어떤 형태로든 기록으로 남겼을 것이 분명하기 때문이다. 그러나 『사기』는 물론 선진시대의 어떤 문헌에도 도가사상의 소유자로서의 육웅에 대한 행적이나 『육자』에 대한

---

56 唐의 逢行珪가 주석한 판본.
57 『史記』「老子韓非列傳」, "故其著書十餘萬言, 大抵率寓言也."

기록이 남아 있는 것은 전혀 없다.

이와 같이 본다면 역사적 사실로 인정할 수 없는 한대 이후의 자료에 입각하여 도가사상의 연원이나 발상지를 논하는 것은 더 이상 무의미하다고 생각한다. 오히려 선진시대에 도가적 성향을 띤 사상가나 소규모 집단이 전국에 걸쳐 분산적으로 활동을 전개하고 있었다고 보는 것이 보다 자연스러울 것 같다.[58] 초지역도 물론 예외는 아니다. 제나라 직하학궁에서 황로사상을 주창하였던 환연環淵은 초나라 사람이다(『사기』「맹자순경열전孟子荀卿列傳」). 또, 곽점초간『노자』·『태일생수』·『어총 4』,[59] 상박초간『항선』, 마왕퇴백서『노자』·『경법』등 4편, 장가산한간『도척盜跖』등 전국시대에서 전한초기에 조영된 무덤에서 출토된 이들 도가 계통의 문헌들은 — 사상의 발신지의 문제는 차치하더라도 — 당시 도가사상가들이 초지역에서 왕성히 활동하고 있었다는 것을 증명해주는 고고 자료이다.

유가적 성향을 띤 사상가나 소규모 집단 또한 초지역을 기반으로 활발히 활동을 전개했을 것으로 추측된다. 이 또한 곽점초간·상박초간·마왕퇴백서 등에 포함되어 있는 수많은 유가 계통의 문헌들이 그것을 방증해준다.

이러한 유가사상은 앞에서도 언급했듯이 분명 추로지역이 근거지이자 발신지이다. 그렇다면 이 지역에서 발단한 유가사상이 언제 누구에 의하여 어떤 경로를 거쳐 초지역에 유입되고 확장되게 되었는가가 문제가 될 것이다. 이 문제와 관련하여 가장 먼저 떠오르는 것은 14년이라는 공자의 천하 주유周遊 기간이다. 공자의 천하 주유에 관한 기록은『논어』『맹자』『순자』등에도 보이지만 그것은 단편적인 것이고, 그 전말이 가장 자세히 기록되어 있는 것은『사기』「공자세가」이다. 「공자세가」에 의하면 공자가 주유한 지점은 중복된 곳을 합하여 모두 21곳이다.[60] 그 중 남쪽으로 주유한 것은

---

58 池田知久, 『老莊思想』(放送大學敎育振興會, 2000 개정판, 원판: 1996), 100쪽.
59 단편적이기는 하지만, 『語叢 4』제9호간의 문장은 『莊子』「胠篋」편과 거의 유사하다.

전 주유 기간 중 후반부에 해당하며, 방문한 곳은 진陳나라, 채蔡나라, 섭葉나라, 진채陳蔡 사이, 초나라의 순으로 되어 있다.

공자가 초나라로 가게 된 것은 진陳나라와 채나라 사이에 있었을 때 초나라 소왕昭王의 초빙에 의한 것으로 되어 있지만, 그때 자서子西의 계략에 의하여 초나라에 봉해지는 것이 실패로 돌아가자 곧바로 위나라로 발길을 돌린 것으로 되어 있다. 또, 그 사이에는 초나라의 은자隱者 광접여狂接輿와의 조우遭遇 설화가 삽입되어 있다. 초 소왕의 초빙 설화는 「공자세가」에만 보일 뿐 다른 문헌에는 보이지 않기 때문에 그 신빙성에 의문을 제기하는 학자도 있다.[61] 초빙 설화는 보이지 않지만 공자가 초나라로 가거나 갔을 때의 설화는 『묵자』 『한비자』 『장자』 『한시외전韓詩外傳』 『예기』 등에 보인다. 그에 대하여 접여와의 조우 설화는 『논어』 「미자微子」편이나 『장자』 「인간세人間世」편에 보이기 때문에 아마도 그것을 자료로 이용했을 것으로 추정된다. 공자가 실제로 초나라에 갔는지, 갔다면 어느 정도 머물러 있었는지, 그 사실 여부를 입증할만한 객관적인 자료는 없지만, 적어도 전국후기 이후에는 사상 사적으로 공유되고 있었던 것만은 분명한 사실인 것 같다.

다음으로 공자학파를 구성하고 있던 제자들의 출신지도 초기 유가의 지역성과 그 세력의 확장 정도를 알아보는 데 도움이 된다. 다만 이것 또한 자료의 제약상 그것을 정확하게 분석하는 데는 처음부터 한계가 있다. 이러한 점을 감안하면서 『사기』 「중니제자열전仲尼弟子列傳」과 『공자가어孔子家語』 「칠십이제자해七十二弟子解」에 의거하여 공자 제자들의 지역별 분포를 살펴보면, 공자 10철 중 안연顏淵 · 민자건閔子騫 · 염백우冉伯牛 · 재이宰我 · 자유子游는 노나라 출신이고, 계로季路 · 자공子貢 · 자하子夏는 위나라 출신이다. 그밖에 제

---

60 『史記』 「孔子世家」에 의하면, 공자의 천하 주유는 屯, 衛①, 匡, 蒲①, 衛②, 曹, 宋, 鄭, 陳①, 蒲②, 衛③, 河, 卲鄕, 衛④, 陳②, 蔡①, 葉, 蔡②, 陳蔡間, 楚, 衛⑤의 순이다.

61 渡邊卓, 『古代中國思想의 硏究-<孔子傳의 形成>と儒墨集團의 思想과 行動』(創文社, 1973 제 1쇄, 1984 제3쇄), 85~86쪽.

자들의 출신지를 보더라도 노나라·제나라·위나라가 거의 대부분을 차지한다. 초나라 출신 제자로는 공자보다 53세나 어린 공손룡公孫龍(字는 子石)이 있었던 것으로 알려져 있지만, 문헌에 따라 출신지가 다르게 기록되어 있고[62] 또 그의 행적에 대해서는 아무런 기록이 없다.

공자의 사후死後 그 제자들이 각기 일파를 형성하여 전국 각지로 흩어져 제후들에게 유세하고 있었던 상황은 『한비자』「현학顯學」편이나 『사기』「유림열전儒林列傳」 등을 통하여 엿볼 수 있다.[63] 「유림열전」에 의하면 공자의 제자인 담대澹臺 자우子羽(澹臺 滅明, 魯의 武城 출신)가 초나라에 있었다고 하고, 초나라 도왕悼王의 재상을 지낸 오기吳起는 자하子夏로부터 학문을 전수받았다고 되어 있다.[64] 특히 자우는 공자나 공문 제자들 사이에서 신임이 두터웠던 것으로 전해지며,[65] 「중니제자열전」에 의하면 남쪽으로 내려가 장강 근처에 이르렀을 때 그를 따르는 제자만 해도 300명이나 되었고 제후들 사이에 이름이 알려져 있었다고 한다. 이 수치에 약간의 과장은 물론 있을 수 있다. 다만 『한비자』「현학」편이나 『대대예기大戴禮記』「위장군문자衛將軍文子」편에 그에 관한 기록이 있는 것을 보면,[66] 이 두 문헌에 그의 제자의 수나 남방에서

---

62 『史記集解』가 인용하는 鄭玄 주에는 '楚人'이라고 되어 있지만, 『孔子世家』「七十二弟子解」에는 '衛人'이라고 되어 있다.

63 『韓非子』, 「顯學」, "世之顯學, 儒墨也. 儒之所至, 孔丘也. 墨之所至, 墨翟也. 自孔子之死也, 有子張之儒, 有子思之儒, 有顔氏之儒, 有孟氏之儒, 有漆雕氏之儒, 有仲良氏之儒, 有孫氏之儒, 有樂正氏之儒. 自墨子之死也, 有相里氏之墨, 有相夫氏之墨, 有鄧陵氏之墨. 故孔墨之後, 儒分爲八, 墨離爲三."; 『史記』, 「儒林列傳」, "自孔子卒後, 七十子之徒散游諸侯, 大者爲師傅卿相, 小者友敎士大夫, 或隱而不見. 故子路居衛, 子張居陳, 澹臺子羽居楚, 子夏居西河, 子貢終於齊. 如田子方·段干木·吳起·禽滑釐之屬, 皆受業於子夏之倫, 爲王者師."

64 『史記』「孫子吳起列傳」에는 曾子에게 배웠다고 되어 있어 내용이 일치하지 않는다.

65 『論語』, 「雍也」, "子游爲武城宰. 子曰, 女得人焉耳乎. 曰, 有澹臺滅明者. 行不由徑. 非公事, 未嘗至於偃之室也."

66 『韓非子』, 「顯學」, "澹臺子羽, 君子之容也, 仲尼幾而取之, 與處久, 而行不稱其貌. …… 故孔子曰, 以容取人乎, 失之子羽, 以言取人乎, 失之宰子."(자우에 대한 평가가 『논어』와는 정반대이다); 『大戴禮記』, 「衛將軍文子」, "貴之不喜, 賤之不怒, 苟於民利矣. 廉於其事上也. 以佐其下. 是澹臺滅明之行也. 孔子曰, 獨貴獨富, 君子恥之. 夫也中之矣."

의 행적에 관한 기술은 없다 하더라도, 그가 큰 규모의 학단을 형성하고 있었다는 『사기』의 기록이 모두 허위라고 할 수는 없을 것 같다.[67] 그렇다고 한다면 노지역을 중심으로 형성된 초기 유가사상은 상당히 이른 시기에 자우와 같은 직전 제자를 매개로 초지역으로 확대되었을 가능성은 충분히 있다고 생각한다.

그런데 공가孔家의 혈통을 잇는 자사나 공자에 사숙私淑한 맹자의 사상이 초지역으로 유입되거나, 그들의 학파가 초지역에서 활동하였던 흔적은 문헌자료를 통해서는 거의 찾아볼 수가 없다. 자사에 대해서는 기록 자체가 거의 남아 있지 않기 때문에 알 수 없지만, 맹자의 경우는 그가 제후들을 유세한 편력을 보면 위魏, 제齊, 송宋, 등縢, 추鄒 등 동북 일대에 한정되어 있다. 다시 말하면 초지역은 그의 발길이 닿지 않은 곳이다. 그에 비하여 순자의 경우는 그들과 매우 대조적이다. 주지하는 바와 같이 조나라에서 출생한 순자는 50세에 제나라로 건너가 학문을 닦고 직하학궁에서 세 차례나 제주祭酒가 된다. 그리고 제나라 사람의 참소讒訴에 의하여 초나라로 떠난 그는 춘신군春申君에게 발탁되어 난릉蘭陵의 영令으로 임명되고, 그곳에서 '수만언數萬言'의 책을 남기고 생을 마감한다. 순자가 난릉에서 보낸 시간은 대략 10년 전후로 추정되는데[68], 이 기간 동안 순자나 순자학파의 사상이 초지역의 학술에 상당한 영향을 주었을 가능성은 충분히 있다고 생각한다.

초지역의 사상을 생각할 때 묵가사상도 빼놓을 수 없다. 당시 묵가는 『맹자』가 이미 '양주楊朱와 묵적墨翟의 학설이 천하에 넘친다'라고 표현하고, 『한비자』「현학」편에서 당시 세상에 가장 널리 알려진 학설로 유가와 함께 묵가를 들고 있듯이, 강고한 집단적 결집력을 무기로 거의 전 지역에서 활동

---

67 「仲尼弟子列傳」에서 사마천이 "弟子籍出孔氏古文. 近是. 余以弟子名姓文字, 悉取論語弟子問, 幷次爲篇. 疑者闕焉."이라고 언급한 것도 참조.
68 예를 들면 錢穆, 『先秦諸子繫年』(商務印書館, 1935)은 '9년간'이라고 하고, 內山俊彦, 『荀子』(講談社, 1999)는 '10수년간'이라고 한다.

했을 것이다. 초지역도 물론 예외는 아니었을 것이다. 이 점은 『묵자』에 묵적이 초나라에서 활동한 설화가 실려 있는 점이나, 앞의 주에서 인용한 『한비자』「현학」편에서는 묵적의 사후 '상리씨지묵相里氏之墨', '상부씨지묵相夫氏之墨', '등릉씨지묵鄧陵氏之墨'의 3학파로 분열되었다고 하고, 『장자莊子』「천하天下」편에서는 '상리근지제자相里勤之弟子', '오후지도五侯之徒', '남방지묵자南方之墨者', '고획苦獲 · 기치리齒 · 등릉자지속鄧陵子之屬'으로 분열되었다고 하는데, 그 중에서 특별히 남방의 묵자를 거론하고 있는 점 등을 통해서도 알 수 있다. 묵자 후학의 작품으로 생각되는 상박초간 『귀신지명』의 출현이나 병서兵書인 상박초간 『조말지진』에 묵가의 대표 사상인 '겸애만민兼愛萬民'이 주창되고 있는 것은 결코 우연이 아닐 것이다.

물론 지금까지 논급한 것은 앞에서도 단서를 붙였듯이 서술된 역사의 표면에 드러난 것에 의거하여 살펴본 극히 피상적인 인식에 불과하다. 그러나 도가, 유가, 묵가 사상이 초지역의 주요한 사상적 자양분이었다는 점만은 부정할 수 없을 것이다. 다만 여기서 구별해야 할 점은 도가사상의 발원지는 아직은 불분명하다 하더라도, 유가사상과 묵가사상은 초지역에서 자생적으로 발생한 사상이 아니라 모두 다른 지역에서 유입된 외래사상이라는 점이다. 물론 그렇다 하더라도 각자 자신이 공자 내지는 묵자의 정통을 계승하였다고 주장하고 있었을런지는 모르지만, 어쨌든 외부에서 유입된 사상인 것만은 틀림없다.

그렇다면 자연스러운 수순으로 다른 지역과는 구별되는 초지역의 사상적 특징은 무엇인가라는 문제에 대하여 검토하지 않으면 안 된다. 왜냐하면 각 지역의 사상적 특징을 밝혀내야만 각 지역에 어떤 사상적 특징이 있고, 또 일정한 사상적 특징을 지닌 각각의 지역이 서로 어떤 영향을 주고받았으며, 더 나아가 진한제국의 출현을 전후로 하여 어떻게 사상이 통일되어 갔는가라는 보다 큰 사상사적 문제를 풀 수 있기 때문이다. 다른 지역도 상황은 크게 다를 바 없겠지만, 전래문헌의 양이 절대적으로 부족한 초지역의 경우는 현재까지 출토된 고고 자료에 의존하여 이 문제를 풀 수밖에 없다. 거기에 자탄고 초백서, 각종 복서제도간(포산초간, 망산초간, 新蔡楚簡), 각종 『일서』(구점초간, 수호지진간), 상박초간 『간대왕박한』・『용성씨』 등에서 초지역의 고유한 신앙이나 사상이나 역사관을 추출해내어, 그것과 외래 사상이나 신앙과의 충돌 및 융합의 역사적 과정을 문화사적으로 밝히는 것도 중요한 작업일 것이다.[69]

초지역의 사상적 특징을 논하기 위해서는 지금보다 더 많은 자료가 필요하고 지금보다 훨씬 더 면밀한 연구가 필요하겠지만, 필자가 현재까지 연구한 결과를 토대로 유가사상의 특징의 한 단면만을 지극히 간략하게 말하면 다음과 같다.

앞서 가나야는 제나라 직하학의 사상적 특징의 하나로 도법사상을 들었다. 필자는 초지역의 사상적 특징, 그중에서도 특히 유가사상의 특징에 대하여 하나의 가설로서, '공자 이래 유가의 핵심 사상을 계승하면서도 도가나 묵가와의 논쟁 및 상호 영향 관계 속에서 과감히 변용을 시도한 사상'이라고 조심스럽게 제기해보고 싶다. 이때 주의해야 할 점은 '공자 이래 유가의 핵심 사상'이라 하더라도 맹자와의 사상적 유사성은 거의 보이지 않고 오히려 순자와의 사상적 유사성이 매우 농후하다는 점이다. 곽점초간 『당우지도』를 하나의 예로 설명하면 다음과 같다.

『당우지도』의 핵심 사상은 독특한 요순선양설堯舜禪讓說에 있다. 그것이 독특한 이유는 왕조교체론 또는 제위계승론적 입장에서 선양설을 주창하고

---

69 이 문제에 관해서는 다른 기회에 논해보고자 한다. 단, 『용성씨』에 관해서는 李承律, 「先秦古佚書の寶庫(信陽楚簡・郭店楚簡・上海楚簡)」(『東方』 276, 2004); 同, 「上海博物館藏戰國楚竹書≪容成氏≫の古帝王帝位繼承說話研究」(『大巡思想論叢』 17, 大巡思想學術院, 2004); 同, 「上海博楚簡『容成氏』の堯舜禹禪讓の歷史」(『中國研究集刊』 36, 2004); 同, 「古代人が書いた中國古代王朝史－楚簡研究のすすめ」(『歷史と地理』 584, 2005); 同, 위의 글(「간백 발견의 역사」) 참조.

있기 때문이다. 이러한 사상은『맹자』「만장상萬章上」편에는 보이지 않는다. 왜냐하면『맹자』의 제위계승론은 왕이 걸주桀紂와 같지 않는 한 기본적으로 세습을 본질로 하고 있기 때문이다. 이것이 첫 번째 차이점이다. 두 번째 차이점은『당우지도』는 천자의 주체적 인위적 행위로서의 선양을 묘사하고 있는 반면,『맹자』는 천명에 입각한 제위계승론을 전개하고 있는 점이다. 『맹자』가 그러한 입장에 서있는 이유는 요순의 선양과 하은주의 세습을 동시에 인정해야 한다는 이론상의 요청 때문이다. 세 번째 차이점은『당우지도』는 요의 재위 중의 선양을 묘사하고 있는 반면,『맹자』는 그것을 '제나라 동쪽의 촌사람의 말'(齊東野人之語)이라고 하여 부정하고 순의 28년간의 섭정과 요의 사후의 선양을 말하고 있는 점이다.

하지만『순자』의 경우는 다르다.『순자』에서 선양설은「정론正論」편과「성상成相」편에 보이는데, 순자 후학의 작품으로 일컬어지는「성상」편에서는『당우지도』와 마찬가지로 왕조교체론적 입장에서 선양설을 기술하고 있다. 문제는「정론」편이다.「정론」편의 입장은 종래에는 선양부정론으로 이해되어 왔지만 자세히 분석해보면 사실은 두 가지 입장으로 나누어진다. 하나는 천자의 선양을 인정하지 않는 입장이고 또 하나는 제후의 선양을 인정하는 입장이다. 이때 주의해야 할 점은 후자의 입장은 선양설 긍정의 입장으로 전환될 잠재적 가능성이 있다는 점이다. 그리고 그것이 구체적으로 나타난 것이 바로「성상」편이다. 그 밖에도 능력 본위의 상현론尙賢論을 주장하는 점이나 사회적 리利 사상('利天下而弗利也, 仁之至也')은『순자』의 상현론이나 욕망론과 일맥상통하는 면이 있다. 물론『맹자』도 상현의 중요성을 주장하지 않는 것은 아니다. 그러나 전국중기의 귀족제라는 역사적 제약(출신 본위의 상현론)을 받고 있는 점에서『당우지도』와는 본질적으로 다르다. 사회적 리 사상의 경우도『맹자』「양혜왕상梁惠王上」편의 '하필왈리何必曰利' 사상과 비교해보면 양자의 사상이 본질적으로 다르다는 것은 말할 것도 없다.

사실『당우지도』가 이채를 띠는 점은 묵가와 도가 사상의 영향이 농후한 점에 있다. 묵가로부터는 보편애普遍愛·평등애平等愛를 주장하는 중기 묵가 이후의 겸애설이나 혈연·비혈연의 차별을 부정하는 능력 본위의 상현론, '리천하利天下'로 대표되는 묵가의 사회적 리 사상 등으로부터 직접적인 영향을 받았다. 따라서 혈연 중심의 차별애差別愛를 본질로 하는 공맹의 유가와 비교했을 때 『당우지도』의 유가사상이 이채를 띠는 것은 오히려 당연하다고 할 수 있다.

그 뿐만이 아니다. 도가로부터도 그 핵심 사상의 영양분을 섭취한 부분이 있다. 도가의 양생 사상과 겸손 사상이 바로 그 대표적인 예이다. 중국 고대의 양생 사상은 사상사적으로 보면, 정치에 무관심한 개인의 양생을 중시하면서 정치에 부정적인 초기 양생 사상에서 정치에 긍정적이면서 또 동시에 통치자의 양생을 중시하는 사상으로 변용되는 과정을 거친다. 『당우지도』에 영향을 준 것은 바로 후자 쪽이다. 『당우지도』에서는 제왕이 정치 일선에서 은퇴해야 할 최종 단계에서 취해야 할 태도로서 선양과 함께 양생을 설명하고 있는데, 그것은 결국 정치권력보다 자신의 생명을 중시해야 한다는 양생 사상의 본질과도 부합된다.

다음으로 도가의 겸손 사상은 대인관계에서 일반적인 처세술로서의 겸손의 덕을 말하는 것이 아니다. 그것은 치자治者가 피치자被治者에게 겸손해야 한다는 군주를 주체로 하는 사상이다. 그 궁극적인 목적은 천하의 왕이 되는 것에 있으며, 더 나아가 군주의 절대권력을 보장하는 사상이기도 하다. 이러한 사상은 『노자』에서 처음 주창된 것으로, 유가에서는 『논어』나 『맹자』에는 보이지 않고 『순자』에 이르러서야 비로소 나타나게 된다. 『순자』 또한 도가로부터 영향을 받은 것임은 말할 것도 없다.[70]

『당우지도』의 유가사상이 공맹과는 다르고 순자와 유사한 점이 많으며

---

70 『당우지도』의 사상적 특징에 관한 보다 더 자세한 내용은 李承律, 앞의 책(2007), 제1부 참조

더구나 도가와 묵가의 핵심 사상까지 받아들여 변형된 형태를 띠고 있다보니, 그 소속학파에 대해서도 지금까지 다양한 의견이 제기되어 왔다. 심지어는 현재 우리가 알고 있는 어느 학파에도 속하지 않는다고 주장하는 학자도 있다. 선진유가의 정통의 계보를 공자, 증자曾子, 자사, 맹자의 계보로 간주하였던 사마천 이래의 전통적인 일원론적 학술사관에만 사로잡혀 있으면『당우지도』와 같은 출토자료가 출현하였을 때 그 성격을 규정하기란 좀처럼 쉽지 않을 것이다. 그러나 앞에서도 언급했듯이 초지역에서 유가사상은 외래 사상이었다는 점을 감안한다면, 추로지역에서 유입된 유가사상을 시대적 사회적 변화나 도가·묵가 등의 제자와의 논쟁 속에서 자신의 이념을 실현시키기 위하여 보다 더 유연하게 변용시킬 수 있지 않았을까라는 상상을 해본다. 순자사상도 변용의 대상에서 결코 예외는 아니다.

물론 곽점초간이나 상박초간에 포함된 모든 유가 계통의 문헌이 위와 동질의 특징을 가지고 있다는 것은 아니다. 문헌마다 주제가 다르고 내용이 다르기 때문에 각 문헌의 특징은 개별적으로 접근해야 한다. 그러나 일반적인 경향이라는 측면에서 말하면 이러한 특징이 매우 현저하다는 사실은 부정할 수 없을 것이다. 앞 장에서 언급한『성자명출』『성정론』『삼덕』[71] 등이 도가와 묵가로부터 직접적인 영향을 받음과 동시에, 그것을 유가적으로 새롭게 변용시키고 있는 예를 통해서도 증명 가능하다.[72] 그리고 이러한 시각에서 본다면 예를 들어『논어』「위령공衛靈公」편에 도가사상이 포함되어 있는 것[73]은 추로지역에서 초지역으로 수출했던 유가사상이 초지역을 거쳐 다시

---

71 『三德』제1호간 상단에 "天共(供)眚(時)_, 坠(地)共(供)材_, 民共(供)力_, 眀(明)王糵(無)思(思)_, 是胃(謂)嚠(參)悳(德)."이라고 하는 것을 참조. 이 문장에서 '명왕무사眀(明)王糵(無)思(思)'의 '무사糵(無)思(思)'는 '無爲'와 통하는 개념이다.

72 지면의 제약상 논증은 생략하겠지만, 초지역의 경우 법가사상에 대해서는 매우 부정적이었던 것 같다. 그 점은 죽간본『緇衣』나 상박초간『容成氏』등을 통하여 엿볼 수 있다. 이 때 주의해야 할 점은 법에 대한 인식과 법가에 대한 인식은 구별해야 한다는 점이다. 다시 말하면 법가에 대한 부정이 법에 대한 부정은 아니라는 점이다.

추로지역으로 역수입된 결과가 반영된 것은 아닌지, 이런 추론도 해본다.

6. 맺음말

중국사상사를 다시 쓴다는 것은 결코 용이한 일이 아니다. 더욱이 학문이 분화되고 전문화된 오늘날에는 더욱 더 그러하다. 거좌오꾸왕이 지적했듯이, 중국 사상사 연구는 20세기 이래 이미 100년 이상의 역사가 있음에도 불구하고 이론이나 문헌의 준비 부족 등의 원인으로 진정으로 성공한 예는 아직은 없는 것 같다.[74] 새로운 방법론에 대한 논의는 계속 진행될 것이고 새로운 자료는 계속 발견될 것이기 때문에, 펑여우란馮友蘭이 일찍이 지적했듯이 '서술된 역사'와 '서술된 철학사'의 다시 쓰기는 인류가 존재하는 한 영원히 지속될지도 모른다.[75]

한편 새로운 방법론을 창출하는 것도 우리에게 주어진 중요한 과제이지만, 새로운 창출을 위해서는 과거의 방법론을 올바르게 인식하고 평가하는 것 또한 중요하다고 생각한다. 예를 들면 이미 몇 차례나 언급했듯이, 현재 왕궈웨이의 이중증거법은 마치 고대 사상사 연구의 묘약인 양 신성시하고, 반대로 꾸지에깡顧頡剛의 의고적 방법론은 독약인 양 가볍게 치부하는 경향이 많다. 그러나 건축을 예로 들면 이중증거법은 낡은 건물을 재건축할 수 있는 새로운 자재를 공급해주는 방법은 될 수 있을지언정, 그 자체가 탄탄한 건물을 짓기 위한 시공법은 아니다. 의고학파가 제기한 방법론도 물론 그 기준과 실제 논증 방식에 전혀 문제가 없는 것은 아니다. 왜냐하면 이전에 위서로

---

73 『論語』, 「衛靈公」, "子曰, 無爲而治者, 其舜也與. 夫何爲哉. 恭己正南面而已矣." 참조.
74 葛兆光, 앞의 책(1998), 22쪽.
75 馮友蘭, 앞의 책, 21쪽.

낙인 찍혔던 문헌이 출토자료의 출현에 의하여 진서眞書로 인정되는 경우가 발생하고 있기 때문이다.

그런데 꾸지에깡이 『고사변古史辨』 제1책에 실은 장문의 「자서自序」를 꼼꼼히 읽어보면, 자신의 의고적 방법론을 그렇게 단순하게 생각하고 있지는 않았다는 사실을 알 수 있다.

> 이렇게 뒤적거리는 동안 가장 큰 도움이 된 것은 루워슈원(羅叔蘊: 羅振玉) 선생과 왕징안(王靜安: 王國維) 선생의 저술이었다. ……이로부터 내 안목은 또 한 번 크게 넓어졌고, 나아가 내가 갖고 있는 지식이 일천함을 분명히 알게 되었다. 진실된 고대사를 구축하기 위해서는 유물을 통해 착수하는 길만이 대로大路이며, 지금 내가 하고 있는 연구는 단지 위고사僞古史의 체계를 파괴하는 데 힘을 쓰고 있는 것에 불과하다는 것을 알았다. 나는 이 방면으로 공부를 해서 파괴 이후 새로운 것을 건설하고, 동시에 이 건설 재료를 이용하여 파괴의 도구로도 사용할 수 있었으면 하고 무척 바랬다. ……다만 나의 학문의 기초가 크게 부실하고, 고고학에 대한 소양 또한 크게 부족해서 내가 그들의 연구 결과를 절실하게 받아들일 수 없었다는 것을 한탄할 뿐이다.[76]

여기서 그는 루워전위羅振玉나 왕궈웨이처럼 유물 즉 출토자료에 관한 연구는 '진실된' 고대사를 구축하기 위한 건설적 방법이고, 자신이 현재 진행시키고 있는 의고적 방법은 '위고사'의 체계를 파괴하기 위한 방법임을 분명히 밝히고 있다. 그것만이 아니다. 출토자료 또한 그는 파괴의 도구로도 활용할 수 있다고 보고 있다. 필자는 이와 같은 그의 발언이야말로 지금까지 의고를 비판하는 쪽에서 피상적으로 오해해왔던 꾸지에깡顧頡剛像을 불식시키고, 앞으로 우리가 어떤 방법으로 출토자료와 전래문헌을 연구해야 하는가라는 문제에 대하여 시사하는 바가 매우 크다고 생각한다.

---

76 顧頡剛 지음, 김병준 옮김, 『고사변 자서』(소명출판, 2006), 93~94쪽.

또 한 가지 중요한 점은 그에게서 의고는 결코 파괴를 위한 파괴가 아니라는 점이다. '『고사변』의 시대는 이미 지나가 버렸다'는 비판에 대하여 꾸지에깡은 그것을 다시 비판하면서 "어떤 문제가 위고문『상서』문제처럼 사실에 합치하여 사람들을 설득시킬 수 있는 결론에 도달할 수 있어야, 정신을 낭비하며 글을 쓰는 사람이 없어질 것이다"[77]라고 발언한 적이 있다. 이러한 발언은 우리가 출토자료와 전래문헌을 연구할 때 그 궁극적인 도달점을 제시해주고 있다는 점에서 시사하는 바가 매우 크다고 생각한다. 다시 말하면, 그것이 출토자료든 전래문헌이든 혹은 의고든 석고釋古든 이중증거법이든 자료나 문헌에 대한 비판적 연구는 필수적이며, 그 비판적 연구가 지향해야 할 최고의 목표가 바로 '사실에 합치하여 타인을 설득시킬 수 있는 결론에 도달해야 한다는 점'은 아무리 강조해도 지나치지 않을 것이다.

[附記] 이 글은『史林』31(首善史學會, 한국, 2008년 10월)에 게재한 논문을 수정·가필한 것임.

---

77 顧頡剛, 앞의 책, 214쪽.

목간 연구에 대한 하나의 관점

후지타 가쓰히사 (藤田勝久)*

서언

고대 동아시아 문헌과 출토자료를 아우르는 자료학을 생각할 때, 중국과 일본, 한국의 출토자료에는 그 연대나 지역, 내용과 형태에 커다란 차이가 있다. 또한 잘 알려져 있듯이, 고대 중국에서는 종이가 서사재료로서 보급되지 않았기 때문에 문자는 간독簡牘(죽간, 목간, 목독)이나 백서帛書(白絹)에 서사되었지만, 한국이나 일본에서는 이미 종이 문서나 서적이 존재하였고 종이와 목간을 병용한 시대로 볼 수 있다.[1]

우리들은 이러한 자료학의 종합화를 고찰하기 위하여, 2001년부터 에히메愛媛 대학 자료학연구회를 발족하여 지금까지 『자료학의 방법을 살핀다資料學

---

* 일본 에히메(愛媛)대학 법문학부 교수.

1 駢宇騫·段書安 編著 『本世紀以來出土簡帛槪述』(萬卷樓圖書, 1999), 同『二十世紀出土簡帛總述』(文物出版社, 2006), 王國維 原著, 胡平生·馬月華 校注 『簡牘檢署考校注』(上海古籍出版社, 2004). 日本の木簡學會 編『日本古代木簡選』(岩波書店, 1990)은 유적마다 개요를 적고 있으며, 木簡學會 編『日本古代木簡集成』(東京大學出版會, 2003)은 문서목간, 부찰, 기타의 세 가지로 나누고 내용을 총괄하고 있다.

の方法を探る』(1~7호)를 발행하였다. 2005년~2007년에는 연구 프로젝트「고대 동아시아의 출토자료와 정보전달」(대표 : 후지타 가쓰히사藤田勝久)에 의해 특히 동아시아 출토자료의 검토를 진행하였다. 그 키워드는「정보의 전달－발신과 수용」이었고, 성과의 일부를 후지타 가쓰히사・마쓰바라 히로노부松原弘宣편, 『고대 동아시아의 정보전달古代東アジアの情報傳達』(汲古書院, 2008년)이라는 제목의 책으로 간행하였다.[2]

'정보의 전달'이라는 의미는 지금까지 역사학에서 진척시켜 왔던 공문서의 전달(문서행정)이나 법제사의 측면만이 아니라, 폭넓게 사회 속에서 사람들에게 정보를 전달하는 소프트웨어적인 측면에도 주목한다는 뜻이다. 여기에는 지방사회에서 문자자료의 보존과 폐기, 말단 사회로 전달되는 정보, 사람들간의 교통에 의한 전달이 포함된다. 중국의 간독, 일본 고대의 목간에 대하여 말하면, 이 문자자료의 양식이나 내용에 더하여, 출토자료만이 가지는 형태나 기능에 주목하고 그 보존이나 폐기의 문제를 공유하고자 하였다.

이때 중국 진한시대의 국가와 사회를 동아시아의 기점으로 간주하고 구체적인 자료학의 모델을 구축하려고 시도하였다. 그 이유는 문자자료에 의한 국가와 지방관부의 운영이 진한시대에 최초로 확인되고, 특히 최근에는 리야진간里耶秦簡의 발견에 의해 그 원형이 진대에 성립하였다는 것이 밝혀졌기 때문이다. 또한 그 후 한대의 사회구조가 전통중국사회의 기초가 되어 동아시아 사회 시스템에도 영향을 미쳤다. 그 때문에 연구 프로젝트에서는 직접적인 동아시아(중국과 고대 조선, 일본)의 교류사로서 다루는 작업을 보류하고, 먼저 중국 고대의 사회 시스템을 명확히 밝힌 다음 일본 고대의 목간이 지니는 기능과 정보전달의 원리를 비교하려고 생각하였다.

이 연구 프로젝트에서 필자는 중국 고대의 자료학을 담당하였는데, 그

---

2 『古代東アジアの出土資料と情報傳達』, 愛媛大學硏究開發支援經費・特別推進硏究の槪要(2006, 2007, 2008), 藤田勝久・松原弘宣 編『古代東アジアの情報傳達』(汲古書院, 2008).

과정에서 일본 고대목간과의 접점을 이제까지 주류였던 문서행정이나 법제사가 아닌, 오히려 기록이나 부찰 쪽에서 발견할 수 있다고 생각하게 되었다. 본고에서는, 중국 고대의 간독과 기록을 예로 들어 일본이나 한국과의 접점이 되는 고대 목간연구에 대한 일시점을 서술하고자 한다.[3]

1. 지방관부의 문서와 기록

〈표 1〉 간독(簡牘)·백서(帛書)의 연대와 구분

연대	古墓의 자료	우물의 자료	변경 등의 유적
春秋時代			侯馬盟書, 溫縣盟書
戰國時代 前453, 403 ～ 前221	曾侯乙墓, 信陽楚墓 戰國楚簡(望山 등) 包山楚墓, 新蔡楚墓 郭店楚墓 上海博物館藏楚簡 四川靑川秦墓木牘 天水放馬灘秦墓 雲夢睡虎地秦墓竹簡 [岳麓書院所藏秦簡]		
秦代 前207	雲夢龍崗秦簡 王家臺, 周家臺秦簡	里耶秦簡	
前漢時代 前210～ 武帝 [王莽] 後23	江陵張家山漢墓 江陵鳳凰山漢墓 沅陵虎溪山漢墓 馬王堆漢墓帛書,簡牘 阜陽雙古堆漢簡 山東銀雀山漢墓 定縣八角廊漢墓 尹灣漢墓簡牘 大通漢簡, 武威漢簡	南越國木簡 長沙走馬樓 漢代簡牘	居延漢簡, 居延新簡 敦煌漢簡 敦煌懸泉漢簡 額濟納漢簡

---

3 본고는 拙稿, 「中國古代の社會と情報傳達」(前揭『古代東アジアの情報傳達』); 同, 「里耶秦簡の情報システム」『愛媛大學法文學部論集』人文學科編 23, 2007); 同, 「里耶秦簡與秦帝國的情報傳達」(中國里耶古城·秦簡與秦文化國際學術硏討會提出論文, 2007); 同, 「里耶秦簡の記錄簡と實務─文字資料による地方官府の運營」(『愛媛大學法文學部論集』人文學科編 25, 2008.9) 등에 의한다.

後漢時代 25~220	武威漢簡	長沙東牌樓 後漢簡牘	居延漢簡, 居延新簡 敦煌漢簡, 懸泉置漢簡
삼국시대		長沙三國吳簡 郴州三國吳簡	

<표 1>은 중국간독을 고묘古墓와 우물, 유적의 출토상황으로 나누어 일람
一覽한 것이다.[4] <표 1>의 분류로 보면, 호북・호남성의 장강 유역을 중심으
로 한 고묘 자료가 가장 이른 시기인 전국시대부터 시작하여 후한시대에
이르고 있다. 그 내용은 부장품의 리스트에 해당하는 견책遣策, 복서제도卜筮祭
禱・일서日書 등의 점서, 전적이나 법률관계의 서적 등이다. 이 자료들은 일부
진율秦律이나 한율漢律이 역사학의 연구대상이 되고 있으며, 중국 사상이나
서지학의 분야에서는 곽점초간郭店楚簡이나 상해박물관장초간上海博物館藏楚簡,
마왕퇴한묘백서馬王堆漢墓帛書가 주요한 대상이다.[5] 20세기 초에 발견된 서북
유적의 출토자료는 전한시대 무제기武帝期 이후인 왕망王莽, 후한시대의 한간漢
簡을 중심으로 하고 있다. 그 내용은 한대 변경의 군사계통에서 실제로 사용
되던 관문서가 중심이며 간독 문서학의 기초가 되고 있다.[6] 이에 비해 우물에
서 출토된 자료의 연대는 전국시대에서 시작하는 고묘 자료와 전한이후 서북
유적의 한간과의 중간지점에 위치하고 있고, 삼국 오간吳簡에 미치고 있다.
그 내용은 지방관부의 행정문서나, 호적, 부적簿籍에 관한 자료 등으로 고묘의

---

4 簡牘의 내용은 李均明・劉軍, 『簡牘文書學』(廣西敎育出版社, 1999); 李均明, 『古代簡牘』
  (2003); 汪桂海, 『漢代官文書制度』(廣西敎育出版社, 1999)나, 胡平生・李天虹, 『長江流域出
  土簡牘與硏究』(湖北敎育出版社, 2004)으로 분류하고 있다.
5 淺野裕一・湯淺邦弘, 編 『諸子百家〈再發見〉』(岩波書店, 2004); 朱淵淸 著, 高木智見 譯, 『中
  國出土文獻の世界』(創文社, 2006), 廣瀨薰雄, 「荊州地區出土戰國楚簡」(『木簡硏究』 27, 2005),
  李承律, 『郭店楚簡儒敎の硏究』(汲古書院, 2007) 등.
6 大庭脩, 『秦漢法制史の硏究』(創文社, 1982); 永田英正, 『居延漢簡の硏究』序章 (同朋舍出版,
  1989); 永田英正 著, 張學鋒 譯, 『居延漢簡硏究』(廣西師範大學出版社, 2007); 前揭, 『簡牘文書
  學』 등.

서적보다 실무와 관련된 서북유적 출토 한간에 가깝다.[7]

이러한 상황 속에서, 역사학에서는 서북의 한간과 고묘의 진률·한률을 주요 대상으로 삼고 관문서제도, 문서행정(양식과 분류, 내용), 법제사(법률, 사법 등)를 주요 테마로 하여 큰 성과를 올려왔다. 또 사상사나 서지학에서는 고묘의 서적을 대상으로 하여 많은 성과가 발표되고 있다. 그러나 이와 같은 역사학이 다루는 문서행정과 법제사의 방면이나, 사상사의 전적 측면만을 강조하면 단독 자료가 많은 일본 고대목간과의 접점이 적어진다. 또한 오늘날의 간독연구에서는 서북 실크로드 방면의 한간과, 장강유역의 간독·백서를 합친 새로운 자료학을 필요로 하고 있다. 그렇다면, 이러한 중국출토자료를 고묘나 우물·유적이라는 출토상황의 차이만을 다루는 것을 넘어서서 보다 포괄적인 시점에서 자리 매김하는 것은 불가능한 것일까?

그 한 가지 방법은 일본고대목간의 경우처럼 중앙과 지방에서 출토된 간독으로 구분하는 것이다.[8] 그런데 중국에서는 전한시대의 장안성長安城 목간을 제외하고 도성 주변에서 출토된 자료가 매우 적다.[9] 따라서 대다수는 지방에서 출토된 간독·백서자료가 된다. 그러나 이 경우, 단지 각지에서 출토되었다는 것을 의미하지 않는다. 즉 지방의 출토자료라고 해도 당시 행정구분으로 살펴보면 군현제의 '현縣' 레벨의 성곽과 그 주변유적·고묘로 집약할 수 있다. 현 하부에는 우郵, 정亭 등의 시설과 통치를 하는 향鄕과 리里가 있다. 이를 일본 고대로 바꾼다면 한대의 군치소郡治所는 국부國府에

7 長沙市文物考古硏究所 等編『長沙走馬樓三國吳簡　嘉禾吏民田家莂』(文物出版社, 1999); 同編, 『長沙走馬樓三國吳簡竹簡[壹]』(文物出版社, 2003); 同編『長沙走馬樓三國吳簡竹簡[貳]』(文物出版社, 2007); 關尾史郎「史料群としての長沙吳簡·試論」(『木簡硏究』27, 2005).
8 狩野久,「古代木簡槪說」(前揭『日本古代木簡選』); 前揭,『日本古代木簡集成』解說, 第一章「總說」, 平川南『古代地方木簡の硏究』(吉川弘文館, 2003).
9 周曉陸·路東之 編著,『秦封泥集』(三秦出版社, 2000); 中國社會科學院考古硏究所,『漢長安城未央宮』(中國大百科全書出版社, 1996); 胡平生,「未央宮前殿遺址出土王莽簡牘校釋」(『出土文獻硏究』第6輯, 上海古籍出版社, 2004).

해당하고 현의 치소治所가 되는 성곽은 군부郡府가 된다.

호남성湖南省 용산현龍山縣 리야고성里耶古城은 진대의 동정군洞庭郡에 소속된 천릉현遷陵縣의 성곽이며, 리야진간은 현 레벨의 문서행정과 운영을 반영하는 자료군이 된다.[10] 호남성 장사시長沙市에서는 전한시대의 주마루한간走馬樓漢簡이 장사국長沙國 임상현臨湘縣에 있는 성곽내의 우물에서 출토되고 있다.[11] 후한시대 동패루간독東牌樓簡牘이나 주마루走馬樓 삼국오간三國吳簡은 역시 장사군長沙郡에 속하는 임상후국臨湘侯國(縣)의 우물에서 출토된 자료군이다. 호북성의 경우 전국진戰國秦과 진한시대에 남군에 속하던 현縣의 성내城內에서는 문자자료가 발견되지 않고 있다. 그러나 운몽현雲夢縣 수호지진묘睡虎地秦墓 죽간과 용강진간龍崗秦簡은 남군南郡에 있는 안릉현安陵縣의 성곽에 근무하였던 관리의 무덤에서 출토된 것이다.[12] 또한 형주시荊州市에 있는 주가대진묘周家臺秦墓 자료와 한대 강릉江陵 장가산張家山 한간漢簡은 남군南郡의 치소治所인 강릉현 성곽에 근무하였다고 생각되는 인물들의 부장품이다.[13] 따라서 고묘 자료는 유적이나 우물의 자료와 달리 의식적으로 부장된 문물이지만 이를 유적이나 우물의 자료와 마찬가지로 현성縣城의 주변유적으로 자리매김하는 것도 가능하다. 이것들은 현 레벨의 행정과 운영을 반영하는 자료군이다.

서북 변경의 유적에서 출토된 한간은 장강 유역의 우물이나 고묘에서 출토된 간독과는 조금 상황이 다르다. 한대 변경의 군에서는 군의 태수 외에 도위부都尉府가 설치되었고 그 군사계통의 관할 아래에 현 레벨의 후관候官이 존재하였다. 따라서 후관과 주변의 회퇴灰堆(토갱土坑)을 포함한 유적은 내군內

---

10 湖南省文物考古研究所,『里耶發掘報告』(岳麓書社, 2007).
11 長沙簡牘博物館 等,「2003年長沙走馬樓西漢簡牘重大考古發現」(『出土文獻研究』第7輯, 上海古籍出版社, 2005).
12 雲夢睡虎地秦墓編寫組,『雲夢睡虎地秦墓』(文物出版社, 1981); 中國文物研究所, 湖北省文物考古研究所 編『龍崗秦簡』(中華書局, 2001).
13 荊州地區博物館,「江陵張家山三座漢墓出土大批竹簡」(『文物』1985年 1期).

郡으로 말하면 현 레벨의 성곽유적에 해당한다.[14] 그리고 후관의 하부에는 부部, 수燧와 같은 기구가 설치되며, 그 외에 견수금관肩水金關 같은 관소關所나 현천치懸泉置 같은 숙박 시설이 있다. 이러한 하부기구나 관소, 숙소 유적에서 출토된 자료도 넓은 의미로 현 레벨에 속하는 자료군이라 할 수 있을 것이다.

이렇게 중국의 간독은 행정기구와 지역으로 말하자면, 지방관부와 그 하부 기구의 자료군으로 이해할 수 있다. 이것들은 기본적으로 지방에서 출토된 간독이며, 일본 고대처럼 궁도宮都와 주변유적 목간이 약 90%를 점하는 상황 과는 다르다. 그러나 간독 형태나 기능에 주목하여 실무적인 원리를 생각할 때, 여기에서 일본 목간과 비교 가능한 접점을 발견할 수 있다고 생각한다. 다음으로 현 레벨의 관부를 기준으로 문서와 기록의 기능을 생각해 보자.

한대의 간독은 지금까지 관문서제도와 문서행정이나 법제사 속에서 고찰 되어 왔는데, 이는 황제를 중심으로 하는 국가 제도를 고려할 때 중요한 과제가 된다. 마찬가지로 한간연구에서는 뤼진위羅振玉・왕궈웨이王國維, 라오 간勞榦을 비롯하여 지금까지 문서의 분류나 양식, 내용을 문제로 삼아 왔다.[15] 문서행정에서는 오바 오사무大庭脩가 '원강오년조서책元康五年詔書冊'을 복원하 였듯이 황제 조서가 지방의 군현으로 전달되는 과정이 밝혀진 예가 잘 알려 져 있다.[16] 이것은 한대에 중앙에서 지방관부로 법령이나 명령이 전달되고, 지방관부는 이를 다시 그 하부에 전달했음을 보여준다. 또한 지방 관부에서 도 상급관부나 중앙에 보고서나 주언서奏讞書 등을 보냈는데 이것들은 '이우 행以郵行', '이차행以次行'처럼 릴레이 형식으로 체전遞傳하였고, 행정률行政律 등

---

14 中國社會科學院考古研究所 編 『居延漢簡甲乙編』(中華書局, 1980); 甘肅省文物考古研究所 等編, 『居延新簡』(中華書局, 1994).
15 羅振玉・王國維, 『流沙墜簡』(1914, 中華書局, 1993); 勞榦, 『居延漢簡 考釋之部』(中央研究院 歷史語言研究所, 1986)를 비롯하여, 永田前揭, 『居延漢簡の研究』序章 등에 연구사 총괄이 있다.
16 大庭 前揭, 『秦漢法制史の研究』第三編 第一章「漢代制詔の形態」, 第二章「居延出土の詔書 冊」.

의 규정이 있다.[17]

그러나 진한시대의 하행문서는 지방관부의 자료로 간주할 때, 이것은 체전된 관문서의 원본 형태만 있는 것은 아니다. 지방에서는 관문서를 보관하는 것 이외에 서기가 문서를 전송할 때의 기록(抄本)이나 문서의 부본副本(복사본)을 만들어 두었는데 이 점이 주목된다. 그 예는 전한 무제 시기보다 100년 이상이나 빠르며, 그 예는 리야진간에 보인다.(<표 2>)[18]

〈표 2〉리야진간의 문서처리

번호	수신	문서(본문)의 내용	발신
⑯5	三月癸丑, 水下盡□, 陽陵士□勹以來. / 邪手 [二]月癸卯, 水十一刻刻下九, 求盜簪裹陽成辰以來. / 羽手	廿七年二月丙子朔庚寅, 洞庭守禮謂縣嗇夫・卒史嘉・假卒史穀・屬尉. 令曰, 傳送委輸, 必先悉行城旦舂・隸臣妾・居貲贖債. 急事不可留, 乃興縣. 今洞庭兵輸內史及巴・南郡・蒼梧. 輸甲兵當傳者多. 卽傳之, 必先悉行乘城卒・隸臣妾・城旦舂・鬼薪白粲・居貲贖債・司寇・隱官・踐更縣者. 田時也, 不欲興黔首. 嘉・穀・尉各謹案所部縣卒・徒隸・居貲贖債・司寇・隱官・踐更縣者簿. 有可令傳甲兵, 縣弗令傳之而興黔首, 興黔首可省已, 弗省少而多興者, 輒劾移縣. 縣𨗴以律令具論. 當坐者言名史泰守府. 嘉・穀・尉在所縣上書. 嘉・穀・尉令人日夜端行. 它如律令.	[三]月丙辰, 遷陵丞歐敢告尉. 告鄉司空倉主, 前書已下, 重聽書從事. 尉別都鄉司空, 司空傳倉, 都鄉別啓陵・貳春, 皆勿留脫. 它如律令. / 釦手. 丙辰, 水下四刻, 隸臣尙行.
⑯6	□[月]戊申夕, 士伍巫下里聞令以來. / 慶手	[同文]	三月庚戌, 遷陵守丞敦狐敢告尉. 告鄉司空倉主, 聽書從事. 尉別書都鄉司空, 司空傳倉, 都鄉別啓陵・貳春, 皆勿留脫. 它如律令. / 釦手. 庚戌, 水下□刻, 走祒行尉. 三月戊午, 遷陵丞歐敢言之. 寫上, 敢言之. / 釦手. 己未旦, 令史犯行.

---

17 永田英正「文書行政」(『殷周秦漢時代史の基本問題』, 汲古書院, 2001); 籾山明, 「中國の文書行政」(『文字と古代日本』二, 吉川弘文館, 2005); 陳偉, 「秦と漢初の文書傳達システム」(前揭『古代東アジアの情報傳達』) 등.

18 拙稿 前揭「里耶秦簡の情報システム」, 同前揭, 「里耶秦簡與秦帝國的情報傳達」.

⑨ 984	八月壬辰, 水下八刻, 隷妾以來. / □手	廿八年八月戊辰朔丁丑, 酉陽守丞□敢告遷陵丞主. 停里士伍順小妾□餘有律. 事□□□□遷□令史可聽書從事, □□□	/ 八月甲午, 遷陵拔謂都 」鄕嗇夫, 以律令從事. / 朝手. 卽走印行都鄕.
⑨ 981	九月庚午旦, 佐壬以來. / 扁發.	卅年九月丙辰朔己巳, 田官守敬敢言之. 廷曰, 令居貲目取船, 弗豫, 謁曰, 亡不定吉. 論及譴問不亡定. 謁者貴遣詣廷. 問之, 船亡審. 滬枲, 酉甲寅夜水多, 滬流包船. 船繫絶, 亡求未得, 此以未定. 史逐將作者汜中. 具志已前上, 遣佐壬操副詣廷, 敢言之.	없음
⑧ 134	[八]月戊寅, 走已巳以來. / 慶手	廿六年八月庚戌朔丙子, 司空守樛敢言. 前日言, [竟]陵灃陰狼假遷陵公船一, 袤三丈三尺, 名曰柂, 以求故荊積瓦, 未歸船. 狼屬司馬昌官, 謁告昌官令狼歸船. 報曰, 狼有逮, 在覆獄已卒史袁·義所. 今寫校劵一牒, 上謁言之卒史袁·義所, 問狼船所在, 其亡之, 爲責劵移遷陵. 弗□□屬, 謁報, 敢言之.	/ 九月庚辰, 遷陵守丞敦狐鄕之. 司空自以二月假狼船, 何故□□辭□, 今而誧曰. 謁問覆獄卒史袁·義. 袁·義事已, 不知所居. 其聽書從事. / 慶手. 卽令□□行司空.
⑧ 157	正月丁酉, 旦食時, 隷妾冉以來. / 欣發	卅二年正月戊寅朔甲午, 啓陵鄕夫敢言之. 成里典啓陵郵人欯. 除士伍成里勻·成. 成爲典, 勻爲郵人. 謁令·尉以從事, 敢言之.	正月戊寅朔丁酉, 遷陵丞昌郤之. 啓陵廿七戶已有一典. 今有除成爲典, 何律令. 應尉已除成·勻爲啓陵郵人. 其以律令. / 氣手 / 正月戊戌日中, 守府快行.
⑧ 156	없음	A四月丙午朔癸丑, 遷陵守丞色下少内. 謹案致之, 書到言, 署金布發, 它如律令. / 欣手	四月癸丑, 水十一刻刻下五, 守府快行少内.
⑧ 152	四月甲寅日中, 佐處以來. / 欣發.	B卅二年四月丙午朔甲寅, 少内守是敢言之. 廷下御史書, 擧事可爲恒程者, 洞庭上裙直, 書到言, 今書已到, 敢言之.	없음
⑧ 158	없음	C卅二年四月丙午朔甲寅, 遷陵守丞色敢告酉陽丞主, 令史. 下絡裙直書已到, 敢告主.	四月丙辰旦, 守府快行旁.

상급기관인 군에서 내려 보낸 공문서를 현의 관부에서 처리하는 전형은 목독 16∶5, 6이다. 이 2매의 목독은 앞면이 완전히 동일한 문장으로 시황제 27년(前220)에 동정군으로부터의 수송노동輸送勞動에 관한 주의사항을 기록한 명령문이다. 그런데 목독의 뒷면에는 좌우로 나뉘어 문장이 적혀 있고 중간은 공백이다. 시간의 순서대로 살펴보면, 2월 15일에 발신된 앞면의 명령문

이 가장 빠르며 뒷면의 오른쪽으로 이어 읽을 수 있다. 그러나 그 후 뒷면의 왼쪽을 읽으면 시간 순서가 반대로 된다. 이것은 전달되는 공문서의 변형으로도 간주될 수 있으나, 다른 해석도 가능하다. 그것은 오늘날 이메일처럼, 목독의 앞뒤를 이용하여 문서의 수신－본문－발신을 기록하고 있는 것은 아닐까?

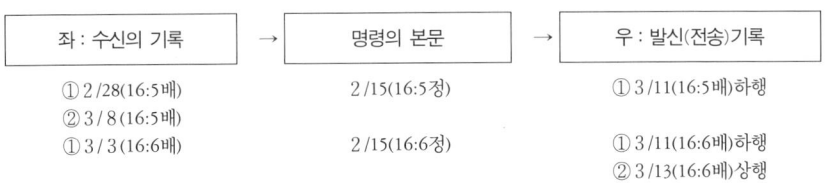

즉, 목독 16 : 5, 6은 2매가 세트가 되어 현에서 문서를 처리한 과정을 보여준다. 최초로 동정군에서 발신한 명령문은 인근의 현을 통해 천릉현遷陵縣(리야고성里耶古城)에 전달되었다. 그 수신기록이 16 : 5배背의 좌①②와 16 : 6배의 좌①이고 총 3회 정도 수신하고 있다. 이 명령을 하부로 전한 전송기록이 16 : 5배의 우①과 16 : 6背의 우①이다. 그런데 16 : 6배의 우②는 인근 현을 거쳐 상급관부(군)로 회신한 기록이다. 따라서 수신한 명령문을 놓고 본다면 원본의 가능성도 있지만, 발신한 문서는 하부로 보내기 때문에 이 목독은 분명히 원본이 아니다. 그렇다면 이렇게 수신, 본문, 발신을 동시에 기록하는 목독 전체는 문서 처리를 복사한 기록이 된다.

공표된 리야진간은 아직 100점에도 미치지 못하지만, 이 외에도 목독의 앞뒤로 수신－본문－발신을 기록한 형태가 있다. 또한 목독 ⑨1~12는 동정군에서 전달된 양릉현陽陵縣의 졸卒에 관한 문서를 일괄하여 보존한 것이다. 따라서 진제국에서는 통일 직후부터 지방관부의 기구를 정비하였고 문서전달과 처리 시스템이 성립되어 있었음을 알 수 있다. 그리고 16 : 5, 6의 예로 보면, 전달을 하는 문서 이외에 현의 관부에서는 문서처리의 기록을 작성하고 있었다. 여기에는 형태는 다르지만 일본 고대목간 중에 나타나는 관부官府

가 작성한 초안과 유사한 점이 있다.

그래서 다시 한 번 거연한간居延漢簡의 '원강오년조서책'을 보면, 거기에서도 공통된 기록 형태를 발견할 수 있다. 이 조서책은 중앙에서 작성되는 절차 및 승상부丞相府에서 발신된 후, 장액군張掖郡, 견수도위肩水都尉를 거쳐 현 레벨의 견수후관肩水候官까지 전달되는 과정을 완벽하게 보여주고 있다. 그러나 주의할 것은 이미 오바 오사무大庭脩나 나가타 히데마사永田英正가 지적하듯이, 이것들은 같은 필적으로 게다가 견수후관에서 하부로 전달하는 문서로 끝나고 있다는 점이다.[19] 이것은 리야진간의 목독과 마찬가지로 릴레이식으로 체전된 공문서 양식을 보이면서도, 그 성격은 견수후관까지의 문장이 수신한 공문서이고, 이 책서는 후관候官에서 발신한 문서의 기록이 된다. 그 때문에 책서는 마지막에 도달한 견수후肩水候가 아니라 발신한 견수후관의 유적(A33)에서 출토되고 있다.

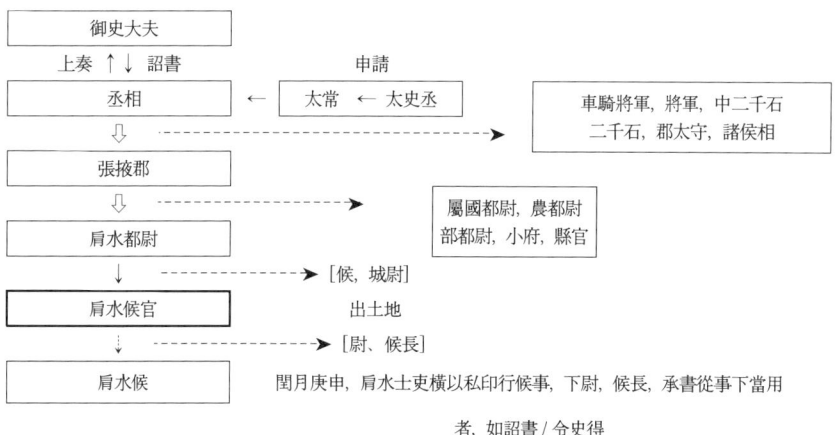

19 大庭 前揭, 「漢代制詔の形態」, 永田 前揭『居延漢簡の硏究』第四章 「簡牘よりみたる漢代邊郡の統治組織」, 同, 「簡牘の古文書學」(『近江歷史・考古論集』滋賀大學敎育學部歷史學硏究室, 1996).

이상은 리야진간과 거연한간의 일례를 표시한 것이지만, 하행문서에서는 체전된 원본 외에 지방관부에서 전송 처리를 한 기록의 존재가 이해될 수 있다고 생각된다. 그리고 리야진간과 한간을 보면 실제로는 원본 보존과는 별도로 문서 처리를 한 기록의 형태야말로 후세에 계승된 목독과 목간의 기능을 보여주는 것은 아닐까 추측된다.

2. 지방관부의 부적簿籍과 기록

한간 연구에서는 관문서 제도와 문서행정이나 법제사가 주요 과제였다. 그러나 이러한 내용을 해명하기 위한 간독은 한정되어 있고, 또한 단간斷簡을 책서로 복원하는 일에는 어려움이 따른다. 그래서 잔존하는 대량의 간독을 취급하는 수단으로 마이클 로이, 나가타 히데마사永田英正 등은 부적의 복원을 시도하였고, 특히 나가타 히데마사는 부적의 복원에서 나아가 문서행정으로 이해하는 '간독의 고문서학'을 제창하였다.[20] 이것은 상행문서의 연구이다.

나가타 히데마사에 의하면 상행문서에서 다수를 차지하는 것은 부적이나 원서爰書를 상급관청으로 보내는 형태라고 한다. 그래서 부적의 기재양식과 표제간標題簡의 집성에 의해 부적의 복원을 시도하였다. 이 연구에 의해 부적 간독은 단지 부적의 단편이 아니라 책서의 일부라는 것을 알 수 있다. 이러한 부적 연구는 그 후에도 계승되고 있다.[21] 그런데 나가타 히데마사는 또한 부적을 송부할 때에 보이는 송장送狀(簿籍送達文書簡)에 의해 상급관부로의 상행문서로 이해할 수 있음을 보여주었다. 그 일례는 거연신간居延新簡의 책서로

---

20 邁克爾·魯惟一, 『漢代行政記錄』(廣西師範大學出版社, 2007); 永田前揭, 『居延漢簡の研究』 第Ⅰ部 第三章「簿籍簡牘の諸樣式の分析」, 同前揭「簡牘の古文書學」.
21 李天虹, 『居延漢簡簿籍分類研究』(科學出版社, 2003) 등.

복원된 EJT37·1537~1558간簡(『문물文物』1978년 1기)이다.

1 始建國二年五月丙寅朔丙寅, 橐他守候義敢言之. 謹移莫當燧守御器簿一編, 敢
　　言之.

　　　　　　　　　　　　　　　　　　　　令史恭(背面)

2 ●橐他莫當燧始建國二年五月守御器簿
3 鷩□□石　　　深目六　　大積薪三
4 □□三糒九斗　轉射十一　小積薪三
5~21 　(省略)
22 ●橐他莫當燧始建國二年五月守御器簿

　이에 의하면, 하부에 있는 막당수莫當燧의 비품 리스트(간독 3~21)는 탁타후
관橐他候官의 타이틀간簡(표제간 2, 22) 사이에 끼워 넣어 하나의 부적이 된다.
그러나 또 다시 후관이 작성한 '감언지敢言之'라는 송장(간독 1)을 붙이는 것에
의해 견수도위에게 보내는 상행문서가 된다고 한다. 이에 의해 부적은 물품
리스트라는 형태를 넘어 상급관청으로 보내는 고문서(보고서)로 이해할 수
있게 되었다. 이렇게 생각한다면 하행문서와 마찬가지로 부적 등을 보내는
상행문서도 문서행정 속에서 자리매김할 수 있다.

　나가타 히데마사는 후관의 하부로부터 부적이 전부 보내지면 현 레벨에서
는 부본의 부적을 보관해 두고, 이것들을 집약한 부적을 도위부로 보냈다고
한다. 그리고 도위부나 후관에서는 과거의 부적이나 복수의 기록을 점검하여
그 내용을 체크했다고 간주하고 있다.

　그러나 이 경우도 뒷면에 탁타후관橐他候官의 '영사공令史恭'이라는 이름이
적혀 있고, 이 책서는 견수도위부와는 다른 EJT(견수금관肩水金關)의 유적에서
출토되었다. 또한 거연신간의 예이지만, 다음과 같은 갑거후관甲渠候官의 장후
鄣候가 부적을 상신上申한 문서에는 부적송달간簿籍送達簡의 뒷면에 영사令史의
이름을 적고 있다.[22] 이는 리야진간을 참고한다면 후관에서 발신한 문서의

원본이 아니라, 처리와 발신의 기록에 해당하는 것이다.

1 居攝二年二月甲寅朔辛酉, 甲渠鄣候放敢言之. 謹移正月盡三月吏奉
賦名籍一編, 敢言之.　　　　　　　　　　(背面) 令史某　　EPT8.1A,B
2 甘露二年四月庚申朔辛巳, 甲渠鄣候漢彊敢言之. 謹移四月行塞臨賦吏三月奉
秩別用錢簿一編, 敢言之.　　　　　　　書卻日餔時起候官 EPT56.6A
　　　　　　　　　　　　　　　　　　令史齊　　　EPT56.6B

　확실히 거연한간에서는 A27(査科爾帖)에서 출토된 '영원병물부永元兵物簿'처
럼 광지후관廣池候官 소속의 남부후장南部候長이 보낸 부簿를 보존한 책서가 있
다.[23] 그러나 위의 거연신간과 마찬가지로 부적 등의 상행문서에서도 출토된
관부에서 기록을 작성했음을 알 수 있다. 또한 나가타 히데마사도 후관에서
는 집약한 문서를 보내는 것이며, 모든 것을 상급관부로 보내는 것은 아니라
고 이해하였다. 그렇다고 한다면 후관에 보관해 두는 기록도 많았을 것이다.
따라서 대량의 부적 단편에는 송부된 원본이 포함될 지도 모르지만, 그것을
작성하는 과정의 기록이나 송부한 부적의 부본 기능을 가진 기록도 많다고
추측된다.

　이렇게 상행문서의 기초가 되는 기록이 많은 것은 리야진간이나 거연한간
중의 다른 자료로도 설명할 수 있다. 그 하나는 모이야마 아키라籾山明이 '각
치간독刻齒簡牘'이라고 지적한 형태를 한 목간이다.[24] 모이야마 아키라는 문서
나 부적과는 달리, 목간의 측면에 칼집을 가진 형태에 주목하여 (1) 부符,
각권刻券, (2) 출입전곡의물간出入錢穀衣物簡, (3) 계약문서간契約文書簡으로 분류하

---

22 大庭脩,「文書簡の署名と副署試論」(『漢簡研究』, 同朋舍出版, 1992); 拙稿前揭,「里耶秦簡の
記錄簡と實務」.
23 『居延漢簡甲乙編』의 128.1.
24 籾山明,「刻齒簡牘初探」(『木簡研究』17, 1995); 角谷常子,「碑の誕生以前」(前揭, 『古代東ア
ジアの情報傳達』).

고 있다. 이 각치간독은 기본적으로는 두 곳에서 증명으로 사용하는 부절이다. 모잉마 아키라枡山明는 나뭇가지를 세로로 반으로 쪼개어 한간의 각치간독을 만드는데, 그 측면의 각치刻齒는 문장의 숫자에 대응하며 이로써 부정을 방지할 수 있다고 생각하고 있다.

각치가 있는 목독은 리야진간에서도 보고되고 있다.[25] 『리야발굴보고里耶發掘報告』에는 시황제 32년(前215) 3월 병신丙申(20일) 날짜가 있는 사선농간祠先農簡의 석문이 소개되고 있다. 그 형식은 두 가지로 나뉘는데, 하나는 A 제사의 물품을 내어 준비하는 것이고 다른 하나는 B 제사의 물품을 불하하여 판다는 것을 기재하고 있다. 그리고 제사에 쓰거나 불하하는 물품은 서미黍米 · 염鹽 · 장牂 · 양羊 · 돈豚 · 육肉 · 육즙肉汁 · 주酒 · 식食 등으로 소뢰少牢에 해당한다고 한다.

> A 卅二年三月丁丑朔丙申, 倉是佐狗出黍米四斗以祠先農.   (14:656, 15:434)
> B 卅二年三月丁丑朔丙申, 倉是佐狗出祠[先]農餘徹豚肉一斗半斗, 賣于城旦赫, 所取錢四. 令史尙視平. 狗手   (14:649, 14:679)

장춘롱張春龍은 이 형식의 자료군이 전체의 10% 이상을 점하고 있고, 다른 내용의 간독과 합쳐 금전과 곡물 · 물품의 세 종류로 나뉜다고 한다.[26] 또 권券의 형태는 양면의 중간을 높게 한 형상으로, 길이 37cm(진대의 1.6척尺), 폭 1.3~1.7cm이다. 작성할 때는 서사와 맞추어 각치를 한 후 재차 양면을 분할하고 있다고 한다.

따라서 이 목간은 창고 물품을 지출할 때 2매에 같은 문장을 쓰고, 그것을 분할한 권이 된다. 이것은 물품 수량을 확인함과 동시에 부정을 방지하는

---

25 前揭, 『里耶發掘報告』, 194~196쪽.
26 張春龍, 「里耶秦簡祠先農 · 祠窅和祠隄校券」(『簡帛』 第2輯, 上海古籍出版社, 2007).

기능을 가지고 있다. 창고의 시稟(책임자)와 좌佐(부채임자)가 복수로 담당하고 불하시에 영사令史가 입회하는 것은 수량 확인 및 부정 방지를 위한 체크 기능일 것이다. 이러한 목독은 분명히 부적의 형태가 아니라, 개별 출입에 대한 전표와 같은 기록(출입권)이다. 이러한 형태와 기능은 모이야마 아키라杁山明가 지적한 금전이나 곡물, 의복, 기물 등의 '출입전곡의물간出入錢穀衣物簡' 과 동일한 것이다.

이렇게 리야진간에서는 분명히 부적의 형태와는 달리, 2매 1조로 문장을 기입하고 창고의 곡물이나 물품의 출입을 관리하는 출입권이 작성되었다. 이는 부적 그 자체가 아니라, 오히려 문자자료에 의해 관부의 실무를 운영하는 기능이라고 할 수 있을 것이다.

장춘룡은 이것 이외에 곡물의 지급에 관한 5매의 목독을 소개하고 있다.[27] 목독의 길이는 46.5cm(진대의 2척)이고 두께 0.4cm이다. 그 내용은 1개월(대소大小) 단위로 질이疾已라는 인물과 승주丞主에 관한 곡물지급을 기록하고 있다. 이 목독은 출입권과 같은 개별의 출입과 달리 1개월에 달하는 기록으로 되어 있다. 승주와 질이의 칸에는 'ㅡ', 'ㅇ'의 기호가 있는데 이는 체크 기호일 것이다. 이 기호의 의미는 ① 개별 출입을 1개월마다 집계한 것, 혹은 ② 1개월의 지급에 기초하여 날마다의 수취를 확인한 케이스로 상정할 수 있다. 어느 쪽이든 이 목독들은 부적의 형식이 아니라, 1개월 단위의 곡물지급기록이라고 할 수 있다.

이상과 같은 형태로 본다면, 리야진간의 출입권과 지급기록은 분명히 부적이 아니다. 이 기록들은 곧 부적으로 집약된다 하더라도 그 성질은 곡물의 출입을 확인·계산하는 실무를 행하기 위한 기록이다. 이 같은 곡물지급에 관한 간독은 거연한간 등에도 많이 보인다.[28] 여기에는 봉록의 곡물·금전의

---

27 張春龍, 「里耶秦簡中記錄疾已和丞某用餐情況的簡牘」(中國里耶古城·秦簡與秦文化國際學術硏討會 提出論文, 2007).

출입과 관련되는 기록이나 집계를 한 기록, 수취의 체크를 한 기록 등이 있다. 여기에 부적의 기초가 되는 기록의 일단을 엿볼 수 있다.

그 이외에 부적의 기초가 되는 기록에는 몇 가지 형태가 있다. 예를 들면 리야진간의 목독 16 : 5, 6에는 수송노동에 대하여, 현에 소속된 도형徒刑 등이나 일반 서민을 징발할 것이 예정되어 있다. 여기에서 노동 징발의 기초가 되는 진대 명적의 존재를 엿볼 수 있다.[29] 또 한간에서는 재고在庫와 기물 관리, 일상의 작업 등에도 기록을 작성하였다고 생각된다. 그리고 리야진간이나 거연한간, 삼국오간에는 민의 노동과 징세의 기본이 되는 호적이나 명적이 있는데 그것에 대해서는 많은 연구가 있다.[30]

따라서 부적과 관련되는 간독은 첫째로 상행문서나 부적의 형태, 둘째로 관리와 운영을 하기 위한 기록이라는 두 가지 요소를 지니고 있다. 운영에 관한 간독에는 보존한 문서기록 외에 부적을 작성하는 기초자료, 창고의 출입 등에 대한 기록 등이 있다. 이것은 목간으로 계승되는 기능이고, 일본고대목간으로 말하자면 문서의 초안이나 장부, 지급기록 등에 대응될 것이다.

3. 간독의 형태와 기능

지금까지 리야진간과 한간에서는 ① 상행문서와 하행문서 모두 전달된 관문서의 원본과 ② 보존하는 문서, 문서·부적을 작성하기 위해 기초가

---

28 居延漢簡에 대한 연구로는 宮宅潔, 「漢代の敦煌戰線と食料管理」, 佐藤達郎, 「馬圈灣出土の食料支給關係簡」(이상 富谷至 編, 『邊境出土木簡の研究』, 朋友書店, 2003) 등에 吏卒의 곡물지급에 관한 부적이나 기록의 고찰이 있다.
29 拙稿前揭, 「里耶秦簡の記錄簡と實務」.
30 2007년, 中國里耶古城·秦簡與秦文化國際學術研討會에서는 戶籍簡의 연구가 많이 발표되었고, 三國吳簡도 『竹簡[壹]』, 『竹簡[貳]』의 호적간 연구가 활발하다.

되는 기록, 실무를 운영하는 기록이라는 두 가지 요소가 상정된다. 그러나 이것만으로는 모든 리야진간과 한간의 기능을 설명할 수 없다. 중국의 간독에는 이밖에도 단독 기록이 있다. 그것은 첫째로 갈楬(부찰)이나 봉검封檢이며, 둘째는 사람들의 교통과 관련되는 부符, 전傳 등이다.

먼저 한간의 갈은 기능 면에서 문서갈文書楬과 실물갈實物楬로 분류된다.[31] 문서갈은 리야진간에 보이고 있다. 죽사竹笥에 달려 있던 사패笥牌의 형상은 한쪽 끝이 둥글게 되어 있고, 또 다른 한쪽은 평평하다. 반원형의 부분은 상부를 먹으로 검게 칠하고, 두 개 혹은 네 개의 구멍을 뚫어 묶기 쉽게 하였다. 크기는 일반적으로 폭이 6~7cm이고 길이는 10cm이다. 그 내용은 연월일과 담당 관원, 물품의 명칭, 이송 지점 등을 기록한 것이라고 한다.[32]

공표된 사패 중에서 9:982(폭 5.8, 길이 11.8cm)가 시황제 34년(B.C. 213) 10월부터 4월까지 약 반년 간 현縣의 이조吏曹가 처리한 문서를 보존하는 죽사에 달았던 갈로 생각된다. 9 : 2318은 천릉현의 위조尉曹가 시황제 31년(B.C. 216)에 처리한 문서를 보존한 것에 해당한다. 8 : 775에는 치서致書를 죽사竹笥에 넣었다는 기재가 있다. 9 : 2319는 도항都鄕에 관련되는 월별 문서를 죽사에 보존한 것이다. 8 : 774는 시황제 34년 4월부터 9월까지 반년 간 창조倉曹가 담당한 '화가출입권禾稼出入券'을 계산하여 현에 제출한 문서나 부적簿籍의 부찰이라고 생각된다. 이처럼 진대의 지방관부에서는 복수의 문서나 부적을 함께 죽사竹笥에 넣어 보존하고 그 내용을 표시하는 갈楬을 달아 놓았음을 알 수 있다. 그 내용은 이조吏曹와 위조尉曹의 문서나 치서致書, 도항都鄕의 문서, 창조倉曹의 집계와 관련되는 자료이다.

마찬가지로, 죽사竹笥 속에 복수의 문서나 부적을 넣는다는 것은 장가산한간『주언서』에도 예가 있다.[33] 예를 들면 '남군졸사 개려, 지삭, 가졸사 조가

---

31 前揭, 『簡牘文書學』, 437~441쪽.
32 前揭, 『里耶發掘報告』, 180쪽, 211쪽.

유현 현령 준雇 등의 옥사를 재심한 문건(南郡卒史蓋廬鞏朔假卒史鳴復攸庫等獄簿)'
(124~161簡)의 안건에 남군의 졸사卒史들이 있는 곳에서는 '어사하서御史下書'
를 죽사竹笥에 넣어 보관하고, 문제가 되는 유현攸縣에서 3회 정도 징발했을
때에도 그 명적名籍의 부본副本을 같이 죽사에 넣었다고 보인다. 또한 죽사에
서적을 넣는다는 것은 장가산한묘의 견책에 '서일사書一笥'라고 적혀 있어
이것이 묘에 수장된 죽간과 대응하는 것으로 확인된다.[34] 이상은 진대부터
한대초기에 걸쳐 복수의 문서나 부적, 서적 등을 죽사에 넣고 있는 예이다.

거연한간에서는 갑거후관甲渠候官의 문서갈에 현 레벨의 부서에서 처리를
한 문서를 일괄하여 보존한다는 형태를 볼 수 있다.[35] 예를 들어 거연한간의
문서갈에서는 어떤 날짜의 단독 문서가 아니라, 일정한 기간에 문서나 부적
을 일괄한 기재가 많다.

五鳳元年及二年□三□(A面)　都尉賦書及淸塞下詔書(B面)　42.9 A, B、乙38

또한 거연신간에서도 일정 기간에 복수의 문서를 수장한 문서갈이 있다.

建始元年盡四年詔書	EPT50.209A,B
陽朔三年正月盡十二月府移大司農部掾條	EPT52.470A,B
陽朔五年正月盡十二月府移丞相御史刺史條	EPT56.77A,B
建昭二年十月盡三年九月吏受府記	EPT51.151A,B
神爵三年正月盡五年三月吏四時名籍	EPT56.193
始建國天鳳二年五月盡六月廩卒名籍	EPT59.358

---

33 『張家山漢墓竹簡[二四七號墓]』(文物出版社, 2001);『張家山漢墓竹簡[二四七號墓]』釋文修訂
　　本(文物出版社, 2006).
34 同上. 그리고 陳偉,「包山『廷志』簽牌與九號簡」,(『中國出土資料硏究』11, 2007)에 의하면, 竹
　　笥에 다는 簽牌는 戰國楚로 거슬러 올라가게 된다.
35 拙稿前揭,「里耶秦簡の記錄簡と實務」.

新始建國地皇上戊二年閏月盡十二月四時簿	EPT6.35A,B
呑遠倉　建昭五年十月盡六年九月□出入簿	EPT51.157A
永光四年十月盡五年九月戌卒折傷牛車出入簿	EPT52.394

이 문서갈들은 반드시 단독 혹은 복수 문서의 부찰이 아니라, 일정 기간에 걸쳐 있고, 또한 종합적인 명칭이 많은 경향이 있다. 특히 '신작삼년정월진오년삼월神爵三年正月盡五年三月'의 리사시명적吏四時名籍에서는 본래는 3개월의 사시명적四時名籍을 약 2년간에 걸쳐 보존하고 있다. 이러한 문서갈의 기능에서, 후관候官이라는 현 레벨의 관부에서는 상행문서와 하행문서, 그리고 부적의 기록을 보존하고 있었다고 생각된다. 이는 문서행정을 떠받치는 기능이지만 문서갈이라는 형태는 보관을 위한 단독 부찰이다.

또한 문서갈에는 단독 문서나 부적에 매단 갈이나 복수문서인 책서에 매단 갈이 있다. 잘 알려진 예는 거연신간의 책서 '건무삼년십이월후속군소책구은사建武三年十二月候粟君所責寇恩事'의 갈(EPF22.36, 폭 2.4, 길이 9.0cm)이다.[36] 이 책서는 전부 35매로 다섯 부분으로 구성되어 있고, 거기에 갈이 달려 있다. 이것은 복수의 문서를 하나의 책서로 삼아 거기에 제목갈을 매단 것인데, 그 폭은 사패의 문서갈보다 조금 작다.

다음 진한시대에서는 물품에 매단 실물갈을 사용하였다. 『리야발굴보고』에 의하면 물품의 명칭을 적은 사패나 이송지점 등을 적은 것이 있다고 하는데 상세한 사항에 대해서는 명확하게 밝혀지지 않았다. 죽사와 갈과의 관계를 알 수 있는 유명한 예는 마왕퇴 1호 한묘의 부장품에 보이는 실물갈이다.[37] 여기에는 의복이나 식료품 등 다양한 물품이 수납되는데 죽사에는 끈을 둘러 봉니封泥를 하였고, 그 내용물을 기록한 갈을 매달았다. 이 죽사의

---

36 大庭前揭, 『秦漢法制史の研究』 補論 「居延新出『候粟君所責寇恩事』冊書」, 籾山明, 『中國古代訴訟制度の研究』 第三章 「居延出土の冊書と漢代の聽訟」(京都大學 學術出版會, 2006) 등.
37 『馬王堆漢墓一號漢墓』 上集(文物出版社, 1973), 112~117쪽.

갈은 보존을 위한 것임과 동시에 지하 세계에 발송하는 용도를 지니고 있었을 지도 모른다. 이러한 실물갈은 거연신간에서도 단독 물품이나 주머니에 매다는 기능이 있었다고 생각된다.

리야진간과 한간에도 마찬가지로 문서와 물품에 붙이는 갈이 있다. 이를 도표화하면 다음과 같다.

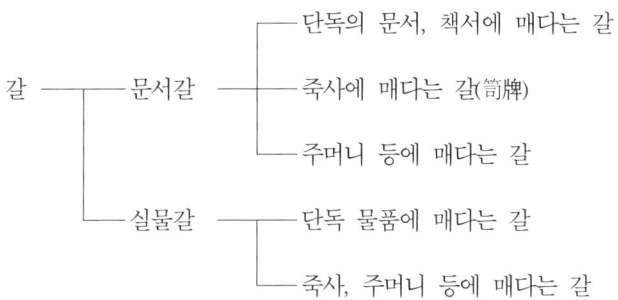

이상은 문서나 부적, 물품의 갈이지만, 그 기능은 보존의 요소가 강하다. 이에 비하여 이동이나 송부에 관한 기능을 가진 갈은 그다지 명확하게 밝혀져 있지 않다. 그러나 진한시대에는 문서와 물품을 송부할 때에 목찰의 검檢이나 봉니를 붙이는 봉검封檢(봉니갑封泥匣)이 있었다.

리야진간에는 200여 매의 봉니갑이 있는데, 일반적으로는 길이 4~5cm, 폭 2~3cm이다.[38] 소수의 갑匣에 문자가 있는데, ① 시발점과 종점을 적은 것, ② 물품의 명칭과 수량을 적은 것으로 나눠진다고 한다. 다만 사진을

38 『里耶發掘報告』 180쪽. 籾山明 「山は隔て、川は結ぶ−『里耶發掘報告』を讀む」(『東方』 315, 2007)는 "封泥匣은 봉인만 하는 器物로 정면에 문자는 없고 수신처나 차출자 등은 별도로 붙이는 검에 적었다. 개봉할 때에 그 별첨한 검의 문장 내용을 봉니갑의 뒷면에 전사하여 각각의 봉니갑 내력을 기록해 두었다"고 상정한다.

보면 문자는 봉니갑이 있는 앞면이 아니라 뒷면에 적혀 있다. 그 문장 내용은
⑦ 4봉니갑과 ⑥ 2정正(하부가 예각銳角으로 되어 있는 검檢)에서 보이듯이 동일
하다. 따라서 리야진간의 봉니갑은 대다수가 문자를 적지 않는 목간이고,
동시에 수신인을 적은 검을 붙이고 있으며 그 수신처를 일부 봉니갑의 이면
에 기록했을 가능성이 있다.

遷陵以郵行」洞庭(⑦ 4 封泥匣)　　　　遷陵以郵行」洞庭」(⑥ 2 正, 檢)

한대의 문서행정에서는 릴레이식으로 체전되는 관문서의 양식이 고찰되
고 있다. 그때 전달된 관문서에는 우편의 수신인에 해당하는 검이나 봉니공封
泥孔이 있는 봉검이 사용되었다. 이 봉검들 혹은 검의 형태는 관문서에 부수되
는 것이지만, 그 기능에서 본다면 단독 목간으로 간주할 수 있다.[39] 그 일부에
는 '~이래以來', '모인某印'처럼 수신이나 발신 경과를 기록한 것이 있다. 이것
들은 문서를 전달한 뒤 그 부본으로서 기능하였다.

印曰張掖肩水司馬印　　　　　　王充印
肩水候　　　　　　　　　　　　甲渠候官
三月丁丑騂北卒樂成以來 (14.3)　　閏月甲寅第七卒會以來 (30.17)

그런데 주목하고 싶은 것은 물품을 송부하는 봉검이다. 그 유명한 예로
리쥔밍李均明, 오바 오사무가 고찰하고 있듯이 하남군河南郡 형양현滎陽縣에서
부전賦錢을 수송한 봉검을 들 수 있다.[40]

---

39 大庭脩,「『檢』の再檢討」(前揭『漢簡研究』, 1992); 藤田高夫,「漢代西北邊境の文書傳達」(前揭
　　『古代東アジアの情報傳達』).
40 李均明,「封檢題署考略」(1990,『初學錄』, 蘭台出版社, 1999); 前揭『簡牘文書學』, 429~437쪽
　　에서는 物品에 붙여진 봉검에 주목하고 있고, 大庭前揭,「『檢』の再檢討」는 선행연구를 정

榮	東利里父老夏聖等教數
回秋賦錢五千	西鄉守有秩志臣佐順臨
陽	□□親具　　　　　　　　(45.1A)
	出少見錢少　　　　　　　(45.1B)

　여기에는 연월을 쓰지 않고 부전賦錢을 발송한 형양현榮陽縣과, 관계한 동이리東利里의 부노父老들이나 서향西鄕의 이吏를 기록하고 있다. 이것은 갈의 형태는 아니지만, 물품을 보내는 하찰과 같은 기능을 지니고 있다. 다만 오바 오사무는 별도로 목적지를 적은 검이 있다고 추측하고 있다. 이러한 검과 봉검의 형태는 이미 리야진간에 보이고 있고 거연신간에도 많은 예가 보인다.

　따라서 한대에는 물품을 송부할 때에 봉검을 사용하였다고 생각되며, 갈은 오히려 물품 보관을 위한 경우로 많이 쓰였던 듯하다. 앞으로 사례가 늘어남에 따라서 갈과 봉검의 관계가 더욱더 분명해질 것이다.

　다음으로 단독의 간독에서는 사람들의 교통에 이용되는 '부符'와 '전傳'이 있다.[41] 부는 앞에서 보았듯이 기본적으로 부절의 기능을 가지고 있는데, 이 중 좌우로 나뉜 두 개의 부를 관소의 통행증으로 사용한 예가 있다. 견수후관에서 출토된 부 중에는 새김이 있고 번호를 기록한 부권符券이 있다고 한다. 그 문장 내용은 지방관부가 발급하는 명령문과 같은 양식인데, 이것은 분명히 사람들의 이동에 수반되는 간독이다. 따라서 새김이 있는 부의 일부는 릴레이 식으로 체전되는 문서 혹은 기록이 아니라, 통행을 관리하는 단독 자료이다.

　또한 널리 교통의 왕래에 사용되는 '전傳'은 돈황현 천한간의 발견에 의해

리하여 그 형태를 고찰하고 있다.
41　大庭前揭,『秦漢法制史の硏究』第五篇　第一章「漢代の關所とパスポート」(1954 初出), 同前揭,『漢簡硏究』第二篇　第二章「漢代の符と致」.

몇 개의 형식과 내용이 추가되게 되었다.[42] 1은 중앙 발급의 공용公用 전신傳信, 2는 지방 관부가 발급하는 공용公用 '전', 3은 지방 관부가 사적인 여행을 위해 발급하는 '전'이다.

1. 중앙발급의 공용전신은 모두 어사대부御史大夫의 부府가 발급하고 상하 이단으로 나누어 기재하고 있다. 상단에는 연월일, 인명, 용건, 교통수단, 전신傳信 번호를 적고, 하단에는 발급자, 여행의 조건, '당사전사當舍傳舍 …… 여율령如律令'과 같은 명령을 기재하고 있다. 공용 여행을 하는 인물은 이것에 의해 신분이 증명되고, 규정에 따른 교통수단, 숙박, 식사가 지급된다.

2. 지방관부가 발급하는 공용의 '전'은 특별히 상하로 나누지 않고 연월일과 여행하는 인물, 용건 '당사전사 …… 여율령'이라는 명령을 적고 있다. 이 경우도 통행이 허가될 뿐만 아니라, 규정에 따른 교통수단, 숙박, 식사가 지급된다.

3. 지방관부가 사적인 여행을 위해 발급하는 '전'은 지방관부가 공용 '전'을 발급하는 형식과 기본적으로는 같다. 다만 전반부의 문장 속에 현 레벨 이하의 향鄕에서, 여행자가 전傳을 취득할 자격이 있다는 신청을 적은 점과, 교통수단이나 숙박 조건이 없다는 것이 다른 점이다. 따라서 교통에 필요한 부符와 전傳은 양식은 관문서이지만, 그 기능은 여행을 하는 사람들이 휴대하여 사용한다는 점에서 체전되는 문서나 부적과는 전혀 다르다. 이 경우도 견수후관肩水候官과 견수금관肩水金關이나 현천치懸泉置처럼 출입의 일시나 특징, 응대, 시설의 관리에 관한 자료는 보고나 부적의 기초가 되는 기록이라고 할 수 있다.

이상과 같이 간독의 형태와 기능에 주목하여 보면, 이제까지 주요한 대상

---

42 甘肅省文物考古研究所,「敦煌懸泉漢簡內容槪述」,「敦煌懸泉漢簡釋文選」(『文物』 2000 第5 期); 胡平生・張德芳編撰,『敦煌懸泉漢簡釋粹』(上海古籍出版社, 2001); 張德芳,「懸泉漢簡中 的"傳信簡"考述」(『出土文獻研究』 第七輯, 上海古籍出版社, 2005).

이었던 문서행정 중 하행문서, 상행문서에 보이는 문서와 부적 외에도 많은 기록이나 별도의 기능을 가진 간독의 존재를 상정할 수 있다.[43] 즉 중국의 간독·백서에는 목간이나 목독, 죽간, 백서 등 다양한 서사매체가 있다고 하더라도, 첫째 장래에 종이로 대체되는 문서나 부적, 서적 등과, 둘째 종이로 대체해 가는 것이 더뎌 후대에도 간독의 기능이 남는 기록 등의 자료라는 두 가지 요소가 병존한다. 그 기록에는 다음과 같은 형태가 있다.

* 하행문서와 상행문서를 처리하여 발신한 기록(문서와 부적의 부본을 포함)
* 문서와 부적을 작성할 때 기초가 되는 기록(단독의 부적 등을 포함)
* 명적이나 부적을 이용하여 운영을 하는 기록(이원吏員, 노동편성)
  곡물이나 금전 등의 출입권과 지급기록(재무 관리)
* 문서와 실물 갈(부찰), 검, 봉검
* 교통에서 사람들이 휴대하는 부符, 전傳(중앙과 지방의 공용公用, 사용私用)

따라서 진한시대의 기록 등의 요소를 생각할 때에는 오히려 종이와 목간이 병용되었던 일본 고대의 목간과 비교하는 것에 의해 보다 많은 접점을 찾을 수 있다고 생각한다. 이 점에 관해서는 한국이나 일본고대의 목간연구로부터 배울 필요가 있지만, 문서와 물품의 송부에 관한 봉검과 갈을 대상으로 한다면 다음과 같은 대비가 가능하리라고 생각한다.[44]

진한시대의 문서에 붙인 봉검은 일본 고대의 봉함封緘에 대응한다. 다만 중국에서는 간독에 붙이기 위하여 봉니를 수반하기 때문에 봉검과 검의 형태가 되고 있지만, 일본에는 종이 문서에 붙이기 위하여 봉함의 형태로 바뀌고 있다. 그러나 문서를 송부하기 위한 목간이라는 기능은 같다. 다음으로 일본

---

43 拙稿前揭,「中國古代の社會と情報傳達」, 同前揭,「里耶秦簡の記錄簡と實務」.
44 『日本古代木簡集成』解說, 第二章「荷札木簡」, 第三章「文書木簡」, 第四章「その他の木簡」.
   平川南,「古代日本における地方社會と文字」(立敎大學東アジア地域環境問題研究所編,『古代
   文字史料の中心性と周緣性』, 春風社, 2006).

에서 물품의 송부에 사용되는 하찰목간의 기능이 중국의 갈에서는 그다지 명확하게 보이지 않는다. 그러나 물품을 송부하는 기능면에서는 오히려 금전이나 의물衣物에 붙이는 봉검이 매우 흡사하다.

문서를 보관하는 갈은 일본 고대의 목간에서 문서함과 제전축題籤軸에 대응된다고 생각된다. 이것도 중국에서는 죽사나 주머니에 수납하는 것에 반해, 일본에서는 문서함에 수납하고 죽간·목간이 종이로 대체되었기 때문에 제전축이 되고 있지만, 이들의 기능은 같다고 할 수 있다. 또한 물품을 보관하는 갈은 정창원正倉院에 남아있는 궤櫃와 그 부찰이 중국의 물품갈에 대응할 것이다.[45] 이것도 갈로서의 형태와 기능은 같지만, 역시 수납하는 물건이 궤로 변화하였기 때문에 부찰의 기재가 다르다. 이는 진한시대에 종이가 보급되지 않았기 때문에 목간과 목독을 사용했다는 것만으로는 설명이 부족하며, 따라서 용도에 의한 사용 구분을 상정할 수 있다. 그 외에 중국 간독과 일본 고대 목간 사이에는 다음과 같은 유사점을 발견할 수 있다.

분류		간독의 내용(진간, 한간)	일본 고대 목간
기록	문서처리 吏員·노동 재정·물품 게시	수신발신기록, 副本, 簿籍 등 명적, 호적, 作簿 등 부적, 출입권, 지급기록 扁書, 壁書	案文 호적 장부, 지급기록 告知札, 牓示札
	문서송부 물품송부 보관·정리	봉검, 검 물품갈, 봉검 竹筒의 筒牌, 갈 (문서) 죽사의 木牌, 갈 (물품)	封緘 荷札, 付札 文書函, 題籤軸 櫃, 부찰
교통	사람의 이동 수행증명 이동문서	중앙발급의 傳 : 공용 지방발급의 傳 : 공용 지방발급의 傳 : 私用 私馬, 車馬, 수행인, 物 서신, 名謁, 명함	傳符 過所 (過所) 서신, 명함

---

45 舘野和己,「日本木簡の特殊性」(大庭脩編,『木簡－古代からのメッセージ』, 大修館書店, 1998)에 正倉院에 남아있는 櫃의 부찰 소개가 있다.

이상과 같이, 동아시아 출토자료를 비교하는 시점으로서 지금까지 중국 간독학에서 주류였던 관문서나 문서행정이 아니라, 오히려 기록 등의 실무를 운영하는 간독에서 그 접점을 찾아낼 수 있다는 것을 서술해 왔다. 그리고 기록이나 실무 자료의 기능을 분명히 밝혀낸 다음 더 나아가 문헌사료나 출토서적, 간독에 의한 문서행정의 성과를 더한다면 장강유역과 서북 방면의 간독·백서를 아우르는 중국 자료학의 실체가 드러날 것이라고 생각한다.

결어

중국의 간독연구에서는 지금까지 역사학의 분야에서 문서행정이나 법제사를 주제로 하여 큰 성과를 올려 왔다. 이는 중국 고대국가의 제도를 이해하고 동아시아 자료학을 생각할 때에도 필요한 연구이다. 그러나 간독의 양식이나 내용에 의해 이러한 문서행정의 방면을 강조하면 단독 자료가 많은 일본 고대 목간과의 접점이 적어진다.

본고에서는 중국의 간독을 검토하여 지방의 유적, 우물과 그 주변에서 출토된 자료를 기본적으로 지방관부의 자료로 삼고 그 원리를 생각하려고 하였다. 그리고 간독의 기능에서는 오히려 문서의 정보처리나 부적을 작성하는 기초자료, 재정·노동의 관리와 운영을 하는 기록, 부찰 등의 용도에 주목해 보았다. 크게 본다면 이는 지방관부와 그 하부기구에서 실무 운영을 할 때의 문자자료군(데이터베이스)이다.

그렇다면 중국의 간독에는 ① 중앙에서의 명령(하행문서)이나 지방에서의 보고(상행문서)와 ② 지방관부 등에서 처리를 하고 운영의 부본으로 삼은 자료군이라는 두 가지 요소가 존재하게 된다. 환언하면 중국의 진한시대에는 나중에 종이로 대체되는 공문서와 부적, 서적의 형태가 있었다. 그러나 이외에 그 후에도 목간이나 목독의 형태를 가진 용도로서, 문서나 재무·노동의 관리·운영을 하는 기록이 있었으며, 이미 진한시대에 양쪽 모두 출현하였다고 볼 수 있다. 그 전형적인 예는 리야진간의 목독이다. 여기에는 리야고성에서 출토된 목독 1매의 앞뒤에 수신─본문의 부본副本─ 발신의 기록을 적고 있고, 발신하는 측에서 보면 분명히 상부나 하부에 체송遞送한 문서의 기록이다. 이것은 체전된 공문서의 실물은 아니다. 또한 창고에서 곡물 등을 출입할 때 사용되는 권券은 장부 그 자체 혹은 상부에 대한 보고서가 아니다. 수취한 표시가 있는 곡물지급기록도 단독의 기록이다. 이것들은 물자의 출입을 확인하고 부적의 기초가 되는 전표와 같은 역할을 수행하고 있었다.

이러한 간독의 출토지는 장강유역이나 서북 실크로드 방면이라는 차이는 있지만, 그 정보처리나 전달의 원리는 널리 진한시대의 각 지역에서 통용되었다고 여겨진다. 예를 들어 거연한간에는 낙랑·요동 등의 동방지역의 사건을 기록하고 있는데, 이는 동서의 정보가 전달되었다는 것과 함께 한왕조의 정보시스템의 원리가 미치는 범위를 시사하고 있다.[46]

…… 書七月己酉下┗ 一事丞相所奏臨淮海賊┗ 樂浪遼東 ……
…… 得渠率一人購錢卌萬詔書八月己亥下┗ 一事大 …… (A8, 33.8)

이렇게 중국간독의 대다수를 지방관부의 운영과 관련된 기록으로서 이해한다면, 일본 고대 목간과의 접점을 보다 많이 찾아낼 수 있다. 예를 들어 ① 문서처리와 이원吏員·노동의 운영에 관련된 기록은 일본 고대의 문서목간에 해당한다. 이 부분은 중국의 간독 쪽이 훨씬 풍부한 내용을 가지고 있으며, 일부는 종이로 전환될 문서이다. ② 문서와 물품을 송부·보관하는 갈·검은 일본 고대의 부찰·하찰과 관련된다. ③ 공사에 걸쳐 여행증명서로서 한대의 부, 전(중앙발급의 공용, 지방발급의 공용·사용의 증명)은 실물과

---

46 『居延漢簡甲乙編』의 33.8, 乙貳柒版.

기록 양 측면을 갖추고 있다. ④ 습서, 구구九九, 전적, 서신의 간독 등의 일부는 동일한 형태가 일본 고대에도 존재한다.

따라서 중국의 간독연구에서는 기록과 부찰이나 교통에 쓰이는 부·전 등의 기능에 주목함으로써 일본 고대목간과의 접점을 찾아낼 수 있다고 생각된다. 그리고 여기에 문서와 서적의 간독·백서를 아울러 고려할 때 중국 고대사회의 자료학이 구체적으로 드러나지 않을까라고 생각한다. 앞으로 이러한 기록의 구체적인 용도를 고찰해가는 것이 동아시아 간독과 목간을 비교하는 하나의 시점이 될 것이라고 생각한다.

리야진간 : 문서갈(笥牌)

⑨ 982

(길이 11.8, 폭 5.8cm. 『湖南十大考古新發現陳列』)

卅四年十月以」盡四月. 吏曹」以事笥

⑧ 774 (彩板二十四, 1)

卅四年四月盡九月.」倉曹當計禾」稼出入券」

以計及縣相付受(授)」廷 第甲

⑧ 775 (彩板二十四, 2)

從人論報」擇免歸致」書具此」中.

⑨ 2318 (彩板二十四, 3)

遷陵廷尉」曹卅一年」期會以」事笥

⑨ 2319 (彩板二十四, 4)

都鄉」月隣」笥

8   7   6   5

리야진간 : 봉니갑(封泥匣)과 검(檢)

⑦ 4 봉니갑 (彩板二十四, 5)
遷陵以郵行」洞庭

J 1-169封泥匣(彩板二十四, 6)
䡇以郵行」河內

⑦ 1封泥匣 (彩板二十四, 7)
遷陵以郵行」洞庭

⑦ 5封泥匣 (彩板二十四, 8)
洞庭泰(太)守府. 尉曹發. 以郵行

⑥ 2正 : 검 (그림二三左二. 彩板三十三左2)
遷陵以郵行」洞庭」

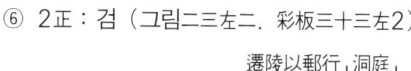

고대 일본출토 문자자료연구의 새로운 관점

히라카와 미나미(平川 南)*

시작하며

최근 일본열도 각지에서 출토된 방대한 수의 문자자료는 고대 일본 및 동아시아 세계에 관하여 헤아릴 수 없을 정도로 많은 정보를 제공해 준다. 그러나 출토문자자료는 어디까지나 고고학 자료이기 때문에 유적 및 그 유적을 둘러싼 역사적 환경·유구 그리고 공반유물 등의 검토를 충분히 실시해야만 한다. 더욱이 출토문자자료 자체에 대한 면밀한 관찰이 기록된 문자 이상의 역사정보를 끌어내는 것을 가능하게 만든다.

여기에서는 고대 일본의 출토문자 자료에 대하여, 그 역사자료로서의 가치를 한층 더 높이기 위해 구체적인 예에 근거하여 각 출토문자자료가 가진 특성과 새로운 연구에의 착안점 등을 밝히고자 한다. 또한 고대 일본·한국·중국이 모두 사용하였고 수량적으로도 풍부한 목간을 주요 대상으로

* 일본 국립역사민속박물관장.

삼아 검토하기로 한다.

1. 7세기 목간의 특질

최근 일본열도 각지에서 출토된 목간의 내용을 살펴보면 7세기 후반까지는 기록간·부찰付札이 선행함과 동시에 태반을 점하고 있으며, 문서목간은 그 수량이 적다. 그 이유는 아마도 문서의 경우 구두전달이라는 방법이 존재했기 때문일 것이다. 즉 출거出擧 등의 수취나 노동력 징발 등에 관련되는 장부나 물품의 공진貢進에 수반되는 부찰은 일찍부터 목찰이 활용되었으나, 문서는 기존의 구두전달에 크게 의존하고 있었고, 7세기말 이후에 율령문서 행정이 본격적으로 전개됨에 따라 문서목간이 본격적으로 활용되었다고 판단된다.

1) 공진물 부찰

8세기 이후 공진물 부찰은 일반적으로 다음과 같이 기재되어 있다.

　　◇ 헤조큐平城宮 유적 木簡 (平城宮 1~326)
　　周防國大嶋郡美敢鄉田部小足調塩二斗天平十七年[　　　]
　　[國郡鄉名＋人名＋物品名＋數量＋年月日]

7세기대의 공진물 부찰은 공진자에게 용미舂米 등을 추가하여 공진할 때 종종 관련 작업에 종사했던 사람들 — 종인從人·용인舂人·두가지斗加支·행사行司 — 의 이름을 병기하고 있는 점에 주목하고 싶다.

일본목간

(ㄱ)   이시가미유적石神遺跡 제15차조사 출토목간

・＜乙丑年十二月三野國ム下評
・＜大山五十戸造ム下ア知ツ
　　　從人田ア兒安　　　　　　　　　　　　152×29×4　　　032

'종인從人'은 공식령公式令 과소식過所式에

　　過所式
　　其事云云. 度某關往其國.
　　某官位姓. 三位以上. 稱卿. 資人. 位姓名. 年若干. 若庶人稱本屬. 從人. 某國某郡某
　　里人姓名年. 奴名年. 婢名年. 其物若干. 其毛牝牡馬牛若干疋頭.
　　　　年　　月　　日　　　　　　　主典位姓名
　　次　官　位　姓　名

라고 보인다. 이 과소식의 '종인'은 과소 신청자를 뒤따르는 사람을 의미한다
는 점에서도 본 목간의 경우, 공진자의 종자라 이해할 수 있다.

(ㄴ) 아스카 후지와라飛鳥藤原 제84차 조사(아스카이케유적飛鳥池遺跡) 출토목간

・丁丑年十二月三野國刀支評次米
・惠奈五十戸造　阿利麻
　春人服ア枚布五斗俵　　　　　　　　151×28×4　　　032
　　　　　※丁丑年＝덴무天武6年(677) 미노노쿠니美濃國 도키土岐군郡

(ㄷ) 아스카교飛鳥京 유적 엔치苑池유구遺構 출토목간

· 戊寅年十二月尾張評津嶋五十戶
· 韓人ア田根春赤米斗加支各田ア金　　　　　　234×35×6　　011

　　　　　　(春)

　　　　※戊寅年＝天武 7年(678)　尾張國 海部郡(津積鄕?)

(ㄹ) 아스카쿄飛鳥京 유적 엔치苑池유구遺構 출토목간

· 播磨國明伊川里五戶海直惠萬呂
· 俵一斛　　　行司春米玉丑　　　　　　156×31×6　　051

　(ㄴ)의 목간에 보이는 '용인春人'은 용미春米 노동을 담당했던 인물이다. 또한 (ㄷ) 목간의 '두가지斗加支'는 『화명류취초和名類聚抄』에 의하면 '槪、俗云度加岐(도카키, とかき)'라 되어 있는데, '도카키, とかき'(평미레, 평목)는 곡류를 되에 담아 양을 잴 때, 그것을 고르게 하는 데 사용하는 짧은 봉이다. 이 점에서 본 목간에 보이는 '두가지'란 도카키(평미레, 평목)를 사용하는 사람, 즉 계량 담당자를 의미하는 단어일 것이다. 또한 (ㄹ) 목간의 '행사行司'는 아마도 이하에 제시할 가나자와시金澤市 우네다지츄유적畝田寺中遺跡 출토목간에 보이는 '전행田行'과 비슷한 의미가 아닐까 생각된다.

(ㅁ) 가나자와시金澤市 우네다지츄유적畝田寺中遺跡 출토목간

　　　　　　　橫江臣床嶋□
· 符　　田行笠□等
　　　　　　西岡□物□
　　　　　　[部?]
　　　　　　　　[狀?]
· 口相定田行率召持來今□以付
　　　　　　田領橫江臣「□」　　　　　　(278)×42×3　　019

본 목간의 내용에서 미루어, '전행'이 '전령田領'의 지배하에 놓여있는 것이 분명하다. 또한 '행行'은 중국의 『주례周禮』「지관地官·주장州長」에 "사전행역입사[소]행師田行役立事〔疏〕行, 위순수謂巡狩"라고 한 것처럼 순시한다는 뜻이 있다.

아마도 농업에 관련한 령領이 '전령'이고, 이 전령의 밑에서 농경이 적절히 행해지고 있는가를 살펴보기 위해 현지를 시찰하는 역할로서 「전행」(행사行司)'이라는 군郡의 하급관리가 존재했다고 추측된다.

이상과 같이 현 단계에서는 7세기 목간에 '종인從人' 등의 종사자를 부기하고 있는 사례는 매우 한정적이지만, 여기에서는 하나의 가설을 제시하고 싶다.

현존하는 고대 호적을 보면, 그 기재양식은 다이호大寶 2년(702년)의 미노노쿠니御野國호적처럼 동일 성씨인 경우에 이하를 생략하는 양식에서, 같은 해 서해도西海道 호적처럼 씨명氏名이 같아도 생략하지 않고 모두 한 개인으로서 '씨명+이름'을 등록하는 양식으로 바뀌고 있다. 이 변화는 다음과 같이 이해될 것이다.

6~8세기 초까지의 미노노쿠니 호적을 포함하는 다수의 자료에 씨명만을 표기한 것과, 동일 씨명을 생략하는 방식이 눈에 띈다. 성씨는 가장 근본적으로는 왕권과의 정치적 관계를 매개로 형성된 야마토大和 정권의 지배체제와 관련되는 정치상의 조직이다. 그런데, 성씨는 한편으로는 부계출자에 근거한 동족조직이기도 하였다.[1] 성씨표기의 변화는 성씨를 가진 정치조직과 동족조직의 양면성을 중시한 기재양식이라고 해석할 수 있을 것이다. 즉, 조세의 부담체계는 7세기 단계에서는 동족조직을 이용하였다고 생각된다. 그러나 율령국가에 의한 개별인신個別人身 부과를 목적으로 새로운 다이호령제大寶令制 하에서의 호적제는 인명을 '씨명+이름'이라는 형태로 각각의 호적에 등재

---

1 熊谷公男,「古代國家と氏族」,『古代史硏究の最前線』 제1권, 雄山閣, 1989.

하고 한사람 한사람을 과세대상자로 삼은 것이다.

7세기 후반기의 공진물 부찰의 복수의 이름 기재는 현 단계에서는 사례가 아직 적지만, 동족조직에 의한 부담형태를 명기한 것이라는 해석을 제시해 두고 싶다.

한국목간

한국 고대에서 공진물 부찰의 복수의 이름 기재의 사례는 다음과 같다.

(ㄱ)　城山山城 35호 목간

　　　　內里知奴人居助支　負」　　　　　　　　　　　296×38×7

(ㄴ)　城山山城 36호 목간
　　　　　　　只卽邦奴
　　　「仇利伐
　　　　　　　於非支　負」　　　　　　　　　　　276×33×6

공진물 부찰의 일반적인 기재양식은 '성명城名＋촌명村名＋인명人名＋(관위官位)＋물품명物品名＋수량數量'이다.

36호 목간을 예로 들면, '구리벌仇利伐(성명城名)＋지즉방只卽邦(인명人名)'에서 노인奴人 '어비지於非支'는 아마 '부負'라는 임무 하에 물품의 운반에 종사했다고 상정된다. 신라 북부에 있는 구리벌성仇利伐城 밑에 고구려의 복속민이 배치되어, 신라 남부 함안咸安 성산산성城山山城에 패稗(피) 등의 곡물을 송부送付할 때에 '노인奴人'에게 운반의 임무를 부여했다고 상정할 수 있지 않을까?

2) 문서는 한줄 쓰기

일본목간(<그림 1>)

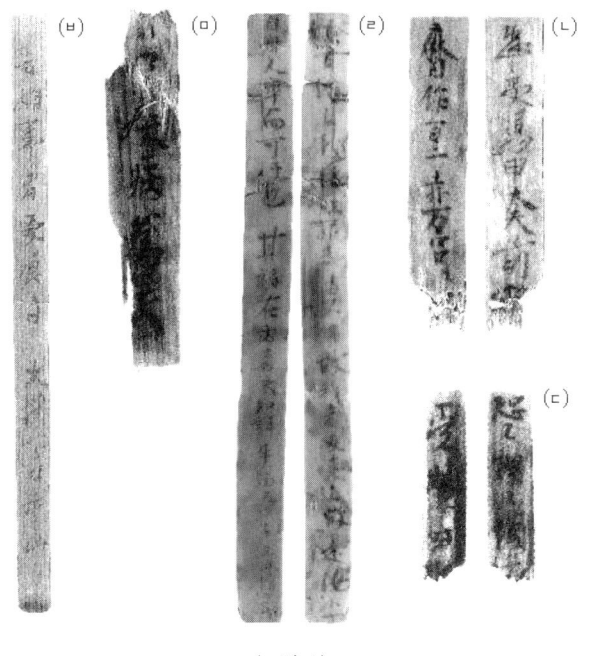

〈그림 1〉

(ㄱ)　후지와라쿄유적藤原宮跡 출토목간

　　・御門方大夫前白上毛野殿被賜

　　・□□□□[　]□□□□　　　　　　　　　　219×24×3　　　011

(ㄴ)　후지와라쿄유적藤原宮跡 출토목간

　　・恐々受賜申大夫前筆

・曆作一日二赤萬呂□   (121)×(24)×3   019

(ㄷ)   후지와라쿄유적藤原宮跡 출토목간

・恐々謹々頓首
・受賜味物   (80)×19×2   019

(ㄹ)   니시가와라모리니우치유적西河原森ノ內遺跡 출토목간

[直?]
・椋□傳之我持往稻者馬不得故我者反來之故是汝卜ア
・自舟人率而可行也   其稻在處者衣知評平留五十戶旦波博士家

                             410×35×2   011

(ㅁ)   다자이부유적大宰府跡 출토목간

・]□疾病爲依
   [＝?]
・]日下部牛□
   里長日下部君牛＝   (147)×31×6   019

(ㅂ)   후지와라쿄유적藤原宮跡 출토목간

[寵?]
・卿等前恐々謹解□□[
・卿爾受給請欲止申   (206)×21×1   019

(ㅅ)   다이자이부유적大宰府跡 출토목간

・告稻事者受食白   大伴マ尺手此
・□□在□□□□□□出□   343×21×6   011

이상 7세기 후반의 문서목간은 폭 1.8~3.6cm 정도로 매우 좁은 것이 눈에 띈다. 이처럼 폭이 좁은 한줄 쓰기 문서목간의 원류를 고대 한국, 나아가 고대 중국(3~4세기의 위진간魏晉簡)의 목간의 재료와 제작 방식에서 구할 수 있지는 않을까?

한국목간(<그림 2>)

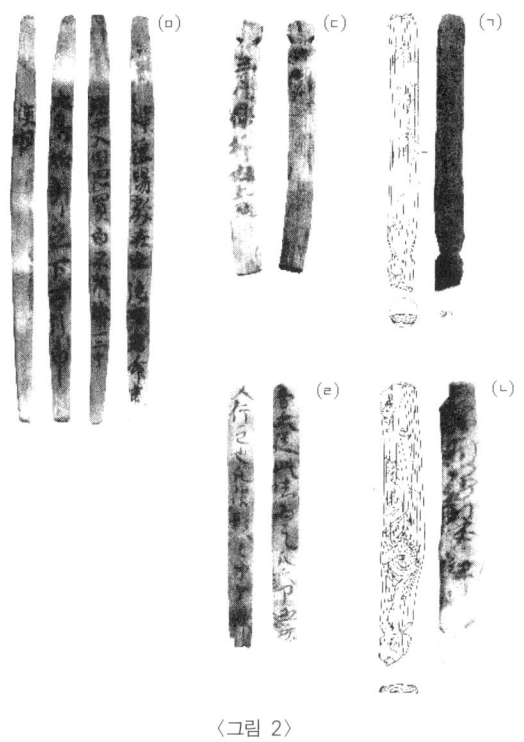

〈그림 2〉

고대 한국의 문서목간·부찰付札의 대다수는 소나무의 가는 가지를 이용하고 있다. 부찰의 경우는 가는 가지를 먼저 반으로 잘라 대부분 쪼갠 면을 조정하지 않고, 반대면은 기재를 전제로 하여 나무껍질을 벗겨내어 문자면으로서 형태를 가지런히 조정한다. 또한 양 측면에 약간의 나무껍질을 남긴

상태의 목간이 많다. 따라서 하나의 가는 가지를 반으로 자름으로써 재료와
수고를 낭비하는 일없이 한번에 2개의 목간을 작성하는 것이 가능하게 된다.
이 목간들의 연대는 6세기 중반에서 7세기 초반이다.

[부찰付札]
(ㄱ) 성산산성城山山城 목간 50호 (6세기 중반)

　　□□□□支稗一石　　　　　　　　　　　　　　　　　(155)×17×7

(ㄴ) 성산산성城山山城 목간 44호 (6세기 중반)

　　上莫村居利支稗一　　　　　　　　　　　　　　　　158×24×7

(ㄷ) 능산리사적陵山里寺跡 목간 (6세기 중반)

　　三月□椋□上丑　　　　　　　　　　　　　　　　　165×16×5

[문서목간文書木簡]
또한 문서목간도 부찰과 마찬가지로 가는 가지를 이용하여 폭이 약 1.6
~2.6cm정도이며, 양면 또는 4면에 적고 있다.

(ㄹ) 능산리사적陵山里寺跡 목간 (6세기 중반)

　　·書亦從此法爲之凡六ア五方
　　·又行之也凡作形之中了異　　　　　　　　　　　164×17×5

(ㅁ) 월성해자月城垓字 목간 (7세기 초기)

　　·牒垂賜敎在之後事者命盡
　　·經中入用思買白不雖紙一二斤

・大烏知郎足下萬引白了

・使官　　　　　　　　　　　　　　　　　　190×12×12

　이 고대 한국의 소나무 가는 가지 이용방법은 실은 고대 중국의 루란樓蘭이나 니야尼耶유적 출토의 3·4세기 위진시대의 목간양식과 아주 많이 닮았다. 가노히사시狩野久는 1976년 스톡홀름 민족학박물관과 대영박물관 소장의 루란樓蘭·니야尼耶의 위진간의 실견결과를 다음과 같이 보고하고 있다.

　　　돈황간敦煌簡은 검은 빛깔을 띤 갈색 재목(정류檉柳·어류御柳, 위성류渭城柳
　　과의 낙엽고목)이 많다. 길이는 23cm정도의 것이 많고(1척 5촌), 폭은 1.1~
　　1.2cm가 대부분이다. 지름이 1cm를 조금 넘는 가는 나무를 중심에서 두 쪽으로
　　나누고 적당한 길이로 하여 목간의 소재를 만든다. 그때 문자를 적는 면은 수피
　　樹皮쪽으로 나무의 둥근 면을 정성스럽게 깎아내어 문자면을 가지런히 조정한
　　다. 목심木芯 쪽은 검은 목심이 한가운데를 지나가기 때문에 문자면으로 사용하
　　기에는 부적당하다. 문자를 쓰지 않는 목심이 지나가는 면은 거칠게 깎은 채로
　　그냥 두며 또 목간의 양면에는 수피를 그대로 남겨 놓은 것이 많았다.[2]

　고대 한국에서 소나무를 이용한 경우에도 주로 반으로 자른 면에 있는 목심(소위 수髓)으로 인해 문자를 기재하지 않지만, 수를 무시하고 문자를 기재하고 있는 예도 있다.

　고대 일본에서 7세기 후반대의 문서목간은 한줄 쓰기를 특색으로 한다. 또한 그 문서목간의 폭은 2~3cm로 매우 좁다.

　일본의 목간은 노송나무, 삼나무 등의 재목을 사용하기 때문에 폭은 어떤 식으로도 넓게 사용할 수 있었을 것이다. 그럼에도 불구하고 한줄 쓰기를 하고 있고 한국목간과 변함없는 폭 2~3cm에 머무르고 있는 이유는 아마

---

2 狩野久 編,『日本の美術第一一〇六號 木簡』, 至文堂, 1979년.

고대 일본의 초기 단계(7세기) 목간이 고대 한국의 영향을 받았고, 고대 한국의 목간은 고대 중국의 위진간의 영향을 각각 강하게 받았기 때문이 아닐까 생각된다.

2. 목간을 관찰한다

고대 일본의 목간 형상·기재양식·서체 등에 대해서 앞에서 서술한 제작 기법과 마찬가지로, 중국의 간독簡牘 및 중국의 영향을 받은 고대 한국과 밀접한 관련성이 있음을 살펴볼 필요가 있다.

한편, 고대 일본의 목간은 중국의 한간漢簡 등과 달리 처음부터 지목병용紙木併用이었고 그 관계에서 종이와 통용의 편의를 도모하기 위해 형상이나 법량法量에 일정한 규격성을 지녔다고 생각된다. 지목병용기였기 때문에 나무의 특성을 보다 잘 살린 사용범위가 상정되었던 점에도 유의해야 한다. 그리고 8세기 이후 문서행정이 전개됨에 따라 종이의 우위성은 점차 현저해졌고, 중세 이후는 더더욱 나무의 사용범위가 한정되어갔다. 그런 까닭에 시대를 초월한 목간의 계통적 연구가 급선무가 되고 있다. 또한 목간의 제작, 사용, 보관 그리고 폐기에 관하여 그 기법의 관찰, 분석을 면밀히 실시하는 것에 의해 서사된 문자 밖에서도 귀중한 정보를 끌어낼 수 있을 것이다.

또 이러한 목간의 형상적 특징을 관찰한 결과를 어떻게 표현하여 제삼자에게 전달하는가에 대한 수단도 궁리해야 할 것이다. 목간을 출토자료 "물物"로 평가한다면, 실측도나 단면도(경우에 따라서는 측면도까지도)의 작성이 필요하며 앞으로는 입체적인 화상도 없어서는 안 되게 될 것이다.

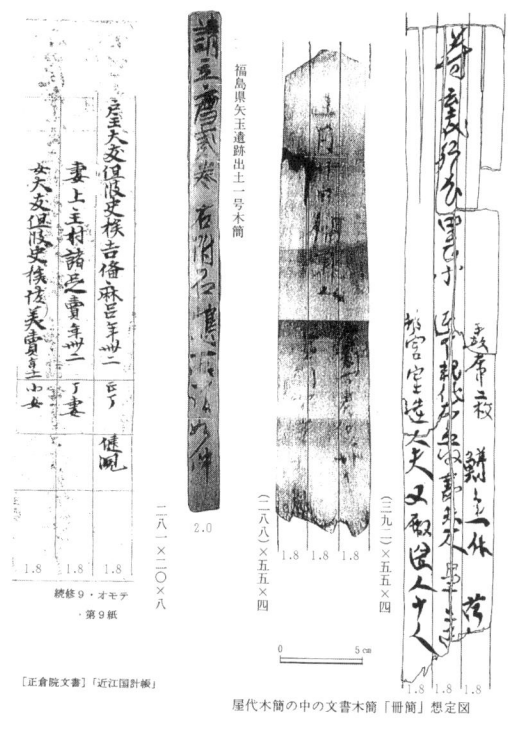

〈그림 3〉

1) 폭이 넓은 목간과 계폭界幅(〈그림 3〉)

　7세기 단계에서도 전술한 한줄 쓰기의 폭 좁은 문서목간에 대하여, 기록간
은 일정한 폭을 가지고 있다. 8세기에 들어오면 문서목간도 어느 정도 폭이
넓은 것이 눈에 띈다. 그러나 그 폭이 넓은 복수행複數行의 목간도 실은 다음
과 같이 이해할 수 있다.

　예를 들어, 6분分=18mm의 폭을 기준으로 한다면, 폭 36mm의 목간은
18mm의 간이 두 개, 폭 54mm의 목간은 18mm의 간이 세 개 이어진 것이
된다. 다시 말해, 폭이 넓은 간에 18mm폭의 종계선縱界線을 그은 것과 같다고

이해된다. 이것은 종이 문서, 예를 들면 정창원正倉院 문서 중의 호적, 계장計帳 등의 공문에 그어진 계선폭界線幅이 18mm, 21mm를 기준으로 한다는 사실과의 관련성이 주목된다. 또 연희도서요식장황조延喜圖書寮式裝潢條에 의하면 "계장칠촌이분界長七寸二分, 광칠분廣七分"이라고 하여, 계선폭 7분=21mm로 되어 있다. 이렇듯 일정한 폭의 간簡을 늘어놓았다고 상정한다면 책서와 같은 성격으로 간주할 수 있을 것이다.

2) 출거목간의 카드적 이용 — 규격성

지방 관아의 목간이나 칠지漆紙문서에서 특히 눈에 띄는 것이 출거관계의 자료이다. 이 자료들은 율령국가의 지방재정 운용의 근간을 이루고, 지방 호족의 경제적 활동을 떠받쳤던 출거제가 우리들의 예상 이상으로 광범위하게 실시된 점과, 이제까지의 사료로는 알 수 없었던 구체적인 출거실시 상황을 상세히 말해주고 있다. 이 출거관계자료 중에서도 특히 눈에 띄는 것이 7세기 후반부터 8세기에 걸친 목간이다. 이 시기 출거 실시에 목간을 다용했다는 사실은 이전부터 연구과제가 되고 있는 고대의 "종이와 나무"의 관계를 해명하는데 알맞은 자료라 할 수 있다. 여기에서는 정창원 문서 단계에서 확립되었다고 보이는 종이 장부와의 관련성을 포함하여 출거관계 목간의 특질을 밝히고자 한다.

정창원 문서에서는 덴뵤天平 6년(734)의 「이즈오노쿠니계회장出雲國計會帳」 중에 이즈오노쿠니에서 중앙으로 진상된 공문의 하나로 「대세출거장일권 大稅出擧帳一卷」이라는 명칭이 보인다. 중앙에 제출된 출거장出擧帳의 구체적인 모습은 덴뵤 8년(736)의 이요노쿠니정세출거장단간伊予國正稅出擧帳斷簡에서 조금이나마 찾아볼 수 있다.

(오치군越智郡)

　　　出擧貳萬參伯束　春九千九百束
　　　　　　　　　　　夏一萬四百束

(노마군野間郡)

　　　出擧壹萬貳仟束　春五千六百束
　　　　　　　　　　　夏六千四百束　　　　　　　(拔萃)

　총계적인 숫자뿐이지만 군郡의 규모는 『화명유취초和名類聚抄』에 의하면, 오치군越智郡 − 10향鄕 − 20,300속束, 노마군野間郡 − 5향鄕 − 12,000속束으로 거의 규모에 비례하는 출거액이고, 봄과 여름 거의 균일한 출거액이 주목된다.

(1) 7세기 후반～8세기 전반의 출거 목간

　◇ 사이다마현埼玉縣 행전시行田市 고시키다유적小敷田遺跡 출토목간
　　　・九月七日五百卄六次四百
　　　・卅六次四百八束幷千三百七十
　　　　小稻二千五十五束　　　　　　　　　158×32×2　　　　011

목간의 연대는 8세기 초 전후로 여겨지며 그 내용은

$526 + 436 + 408 = 1,370$속束

$1,370$속 $\times 1.5 = 2,055$속

으로 3회의 출거액을 누적하고, 그 소계액小計額에 5할의 이자가 더해지고 있다.

◇ 나가노현長野縣 지쿠마시千曲市 야시로유적군屋代遺跡群 출토목간(87호)

[束]

金刺マ若侶卅□

· 五月卅日　稻取人

金刺マ兄□

· (뒷면은 습서이므로 생략)　　　　　　　(288)×55×4　　019

목간의 연대는 7세기 후반~8세기 초두이다. 하단은 결손. 앞면은 5월 20일에 벼를 금자부약려金刺部若侶들에게 지급한 것을 기록했다고 생각되는 기록간이다. 5월이라는 계절에서 하오월夏五月의 출거일 것이다.

◇ 후쿠오카현福岡縣 오고리시小郡市 이노우에약사당유적井上藥師堂遺跡
출토목간(2호)

	黒人赤加倍十		竹野萬皮引本五
	山ア田母之本卅		
[寅]		[ツ吳]	
□年白日椋稻遺人	日方□□之倍十		
	木田支萬羽之本十		

446×45×7　　011

'배십倍十'이나 '본오本五' 등의 문언文言에서 추측하면, 사출거私出擧에 관한 집계 기록간이라고 생각된다.

(2) 8세기 후반의 출거목간과 출거장(漆紙文書)

◇ 미야기현宮城縣 이시노마키시石卷市 다미치죠유적田道町遺跡 C지점 출토목간

[年?]

延曆十一□[　　]

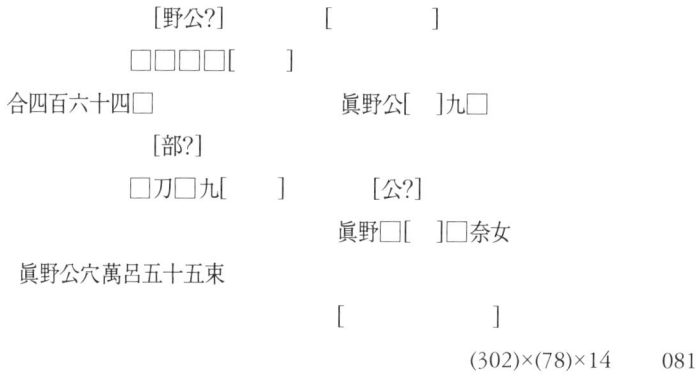

```
      [野公?]                [          ]
        □□□□[     ]
合四百六十四□              眞野公[   ]九□
      [部?]
      □刀□九[     ]            [公?]
                        眞野□[   ]□奈女
眞野公穴萬呂五十五束
                    [              ]
```

                                    (302)×(78)×14   081

　목간의 연대인 '연력십일년延曆十一年'은 792년, 전체 구성은 '나이(年紀)+
총계+내역(인명+수량<단위는 束>)'으로 되어 있다. 인명 부분은 현 상태에
서 '진야공혈만여오십오속眞野公穴萬呂五十五束', 여성 이름 '[　]□내녀奈女' 등
7명까지 확인된다. 본 목간은 8세기말에 율령국가에 복속된 모록牡鹿 지방의
유력한 하이蝦夷라고 생각된다. '진야공眞野公' 집단에 대하여 출거를 "내국內
國"과 동등하게 실시한 것을 보여주는 중요한 자료이다.

　　◇ 이바라키현茨城縣 이시오카시石岡市 가노코鹿の子 C 유적 출토 漆紙文書
　(174호)(<그림 4 >)

　본 장부는 a · b가 한 장에 앞뒤로 기록되어 있고, 일련의 장부를 앞뒤에
걸쳐 기재하고 있다. 9월 단계에서의 수납량도 편의대로 적당히 기입하고
있고, 주권점朱圈點에 의한 감검勘檢을 포함하여 정리가 너무나 안 되어 있는
관계로, 앞뒤 기재라는 비공식인 장부로 간주할 수밖에 없다. 본 장帳은 군가
郡家의 출거 사무용으로서 사용되고 군가郡家에 보관되었음에 틀림없다.
　칠지문서의 연대는 8세기 후반경으로 여겨진다. 그 내용은 출거에 관한
3월과 5월의 대부액과 9월의 수납액이다. 이 대부액은 예를 들면 b면 후반의
6인( ]マ廣足~刑マ廣主)의 총계는 270속束, 1인당 평균 출거액은 45속이 된다.

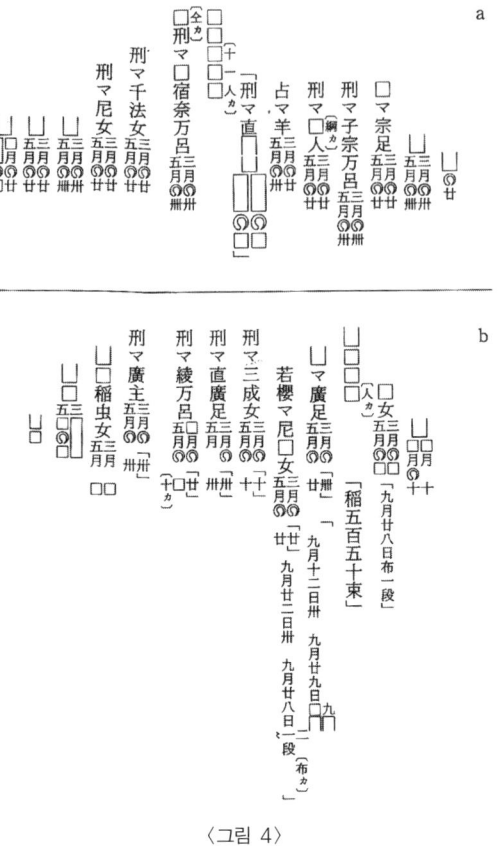

〈그림 4〉

(3) 장부로서의 출거목간

a. 규격성(단위mm)

출거목간에는 길이와 폭, 그리고 두께도 포함하여 일정한 규격성을 찾아낼 수 있다. 이 목간의 규격성은 목간을 대부, 수납, 집계 등 복잡한 사무정리용으로 조합하기 위해 없어서는 안 될 요소가 된다.

◇ 고시키다유적小敷田遺跡 출토목간
　　158×32×2
　　폭　　32×5본本＝160
　　길이 158
◇ 야시로유적군屋代遺跡群 출토목간
　　13호　　555×37×4
　　46호 (132)×36×4
　　49호 (130)×36×5
　　87호 (288)×55×4
◇ 이노우에약사당유적井上藥師堂遺跡 출토목간
　　1호　　448×36×8
　　2호　　446×45×7
　　3호 (111)×(43)×4

　여기에 든 수치는 각 조사보고서에 기재된 것으로 치수를 재는 위치에 따라 약간의 오차가 생긴다. 따라서 1~2 mm 정도는 허용범위로 생각해도 문제는 없으며 큰 경향을 파악할 수 있다.

　고시키다小敷田 목간은 같은 크기의 목간을 가로로 5개 늘어놓으면 거의 정사각형이 된다.(<그림 5>) 야시로屋代 목간·이노우에약사당井上藥師堂 목간은 폭에 일정한 규칙성을 가지고 있다. 즉 18mm를 기본단위로 하여 그 2배(36mm), 2.5배(45mm), 3배(54mm)로 이루어져 있다. 이것은 고대의 문서·전적의 통상적인 계폭 18mm와 공통되며, 마치 목간에 18mm의 종계선을 그은 느낌이 든다.

　이처럼 목간이 일정한 규격성을 가진다는 것을 전제하기 위해서는 출거의 대부, 수납과 관련하여

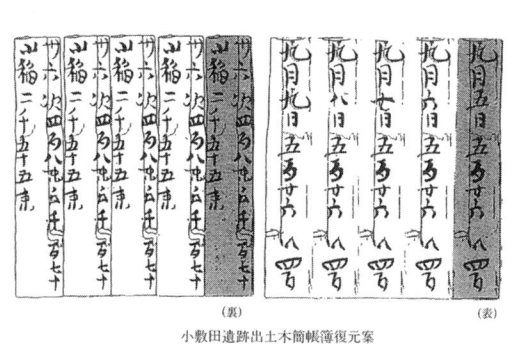

小敷田遺跡出土木簡帳簿復元案

〈그림 5〉

목간의 사용은 방대한 수에 이른다는 것을 상정하지 않으면 안 된다. 예를 들어 야시로屋代 목간 87호는 '도취인稻取人'(대부) 여러 명, 이노우에약사당井上藥師堂 목간 1호는 '도유인稻遺人'(수납) 여러 명을 죽간 1매에 적고 있고, 출거 전체수에서 상정되는 목간은 방대한 수량에 이른다고 생각된다. 그 방대한 수량을 처리하기 위해서는 숫자의 열 맞춤과 함께 시각적인 정리가 필요하다. 일정한 카드로서 규격화된 목간은 대부·수납할 때 카드의 조합이나 교체를 반복할 때 정형화된 찰札을 5매, 혹은 10매로 짜 맞출 경우에 정사각형 등이 되는 것에 의해, 찰의 분실이나 숫자 열 맞춤의 시각적 체크를 가능하게 한 것은 아닐까? 나아가 고시키다小敷田 목간의 경우 법량의 규격성에 추가하여 카드 점검에 필요한 날짜와 집계가 행의 첫머리에 위치하도록 배려하고 있다.

b. 대부·수납

출거에 관한 목간이나 칠지문서는 대부 및 수납할 때에 사용된다. 수납찰 중에는 미수납 및 수납 집계찰도 포함될 것이다. 이 출거관계 자료들에 대한 기능분류와 그 판단기준은 <표 1>에서 보는 바와 같다.

목간은 다양한 장면에서 폭 넓게 사용되지만, 특히 출거제 실시의 경우 대부·수납 등의 시스템 속에서 목간이 그 특성을 발휘하였고, 일종의 카드 그리고 장부로서 활용되었다. 특히 규격성을 갖춘 목간은 현 단계에서는 시기적으로 7세기 후반~8세기의 것이 눈에 띈다. 이것은 종이 장부가 확립된 이후에도 목간의 특성을 살린 형태로 장부

遺　　　跡	判　斷　基　準	貸付·收納別
小敷田	九月七日	收納
屋代87号 13号 46号 49号	五月廿日／稻取人 八月廿日(人名＋廿束) 十二月十日 五十五束	貸付 貸付？ ？ ？
井上藥師堂 2 号	稻遺人	收納
金石本町	稻廿三	貸付
北高木	本利七十五束	收納
田道町	合四百六十四束	貸付또는收納
鹿の子 C (漆紙)	三月◎廿／五月◎廿 九月十二日卅	貸付 收納

〈표 1〉

로서 충분히 기능하고 있었던 것을 입증하는 것은 아닐까?

이처럼 고대 문서 행정에 대해서는 주로 중앙에 상신ᄔ申된 정창원 문서에만 머무를 것이 아니라 각각의 작성 단계의 자료에도 주목할 필요가 있다. 더욱이 정창원 문서를 시작으로 하는 종이 문서에 목간의 기능을 더한 형태로 고대 문서체계가 구축되어 있었던 점에 새롭게 입각하여 그 전체상을 묘사하지 않으면 안 된다.

3) 목간의 폐기 상태로부터 내용을 읽는다.

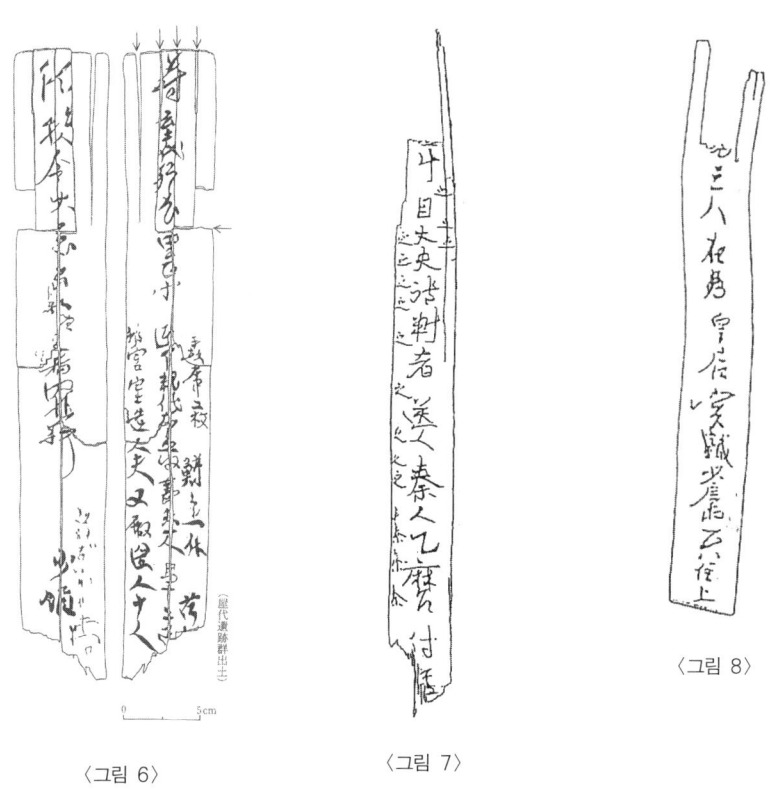

〈그림 6〉

〈그림 7〉

〈그림 8〉

목간은 거기에 서사된 문자뿐만 아니라, 형상관찰을 통해 그 폐기 상황을 이해함으로써 중요한 사실을 밝힐 수 있다.

나가노현長野縣 지쿠마시千曲市 야시로유적屋代遺跡에서 출토된 군부郡符목간은 문서의 발송인과 수신인의 중요한 부분 '부符 아시로屋代 향장鄕長'만을 상단에서 세로로 다섯 부분으로 쪼개져 폐기된 것이다. <그림 6>은 "고대판 문서분쇄기 방식"이라고 말할 수 있다. 이 절단 부분에 주목하면 수신인은 '야시로향장리정등屋代鄕長里正等'인데, '야시로향장'의 부분에서 가로로부터 칼이 들어가 있다. 이것은 당시의 지방행정구획 제도인 향리제(717~740)에서 향鄕과 리里의 책임자인 향장鄕長과 리정里正의 결정적 차이를 여실히 말해주고 있고, 군부는 실질적으로는 향장에게 보낸 것으로 이해된다. 목간 폐기의 방법에서 향리제의 실태를 읽어내는 것도 가능하다.

이 폐기 방법이 특이하지 않다는 것이 그 후 히가시히로시마시東廣島市 아카코쿠분사安藝國分寺 유적 출토목간(아키노쿠니사安藝國司에게 군郡이 보낸 송장送狀 <그림 7>)이나 후쿠오카시福岡市 츠키쿠마月隈 C유적군 출토목간('황후궁직皇后宮職'의 관리가 보이는 목간 <그림 8>) 상부의 형상에서도 판명되었다.

니가타현新潟縣 나가오카시長岡市 야와타모리八幡林 유적 출토의 군부목간은 그 폐기의 방법이 독특하다.(<그림 9>)

· 郡司符　青海鄉事少丁高志君大虫　右人其正身率

　　　　　[身]　　　　　符到奉行　　　火急使高志君五百嶋
· 虫大郡向參朔告司□率申賜

　　　　　　　　　　　　　九月廿八日主帳丈部[　]
　　　　　　　　　　　　　585×34×5　　　011

이 목간은 길이 약 60cm의 장대한 목간으로, 날카로운 칼로 칼자국을 낸 후 3조각으로 크게 절단하였다. 석문의 내용으로는 고시공대충高志公大虫이

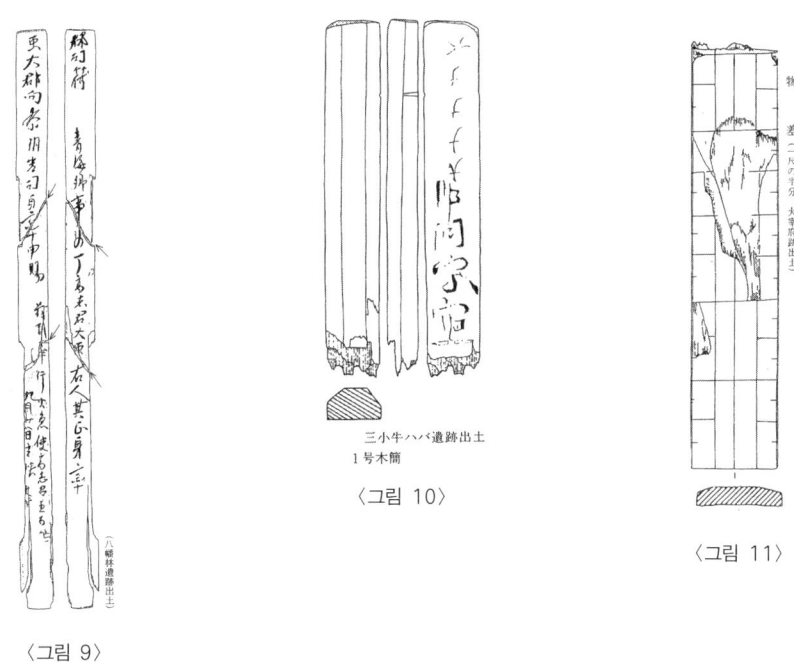

三小牛ハバ遺跡出土
1号木簡

〈그림 10〉

〈그림 11〉

〈그림 9〉

먼저 군郡에 참향參向하고, 그 후 국부國府의 고삭사告朔司로 나아간 것을 알 수 있는데, 아마도 그 임무를 끝낸 후에도 이 목간을 휴대하고 고시군古志郡에 이르렀고 거기에서 목간의 역할도 끝나 이 관아(야와타모리八幡林 유적)에서 폐기되었다고 생각된다.

더 상세하게 목간의 형상에 주목하면 길이 약 2척(60cm)의 장대한 목간의 문자와 문자사이에 비스듬하게 칼을 넣고, 세 조각으로 절단하여 폐기되었다. 이 세 조각은 3등분이 아니라 「…事 / 少…虫 / 右…」처럼 문장의 단락에서 절단되고 있는 점에서 의도적이라고 간주할 수 있다. 이 폐기 방법은 공적기관의 상규적인 처분방법을 보여준다고 생각된다.

또, 다음에 다룰 목간은 형상 그 자체가 특이하다.

◇ 이시카와현石川縣 가나자와시金澤市 미츠코시三小牛하바(ハバ) 유적 출토
10호목간(<그림 10>)

[大?]
「□大大大大□間家□　　　　(158)×26×14　　　061

　형상을 살펴보면 하단은 결손상태이지만, 좌우 양 측면을 직선적으로 깎았
으며 단면이 대臺의 형상이 되도록 손질하는 가공이 행해졌다. 폭도 거의
2.6cm로 일정하다.

　이 같은 형상은 다자이부大宰府 제4차(구라시藏司 서지구西地區)조사에서 출토
된 목간과 유사하다.(<그림 11>) 또한 이 목간은 하반부가 결손상태이고 현
존 길이는 약 14.8cm이다. 자의 면은 거의 1촌마다
구분되어 있고, 이 14.8cm라는 길이는 5촌에 해당
한다. 주목할 만한 것은 자의 5촌 눈금 위치에 칼을
넣어 절단하고 있는 점이다. 단순히 무작위로 절단
한 것이 아니라 폐기할 때에 자의 눈금을 의식하고
절단한 사실을 엿볼 수 있다.

　한편 미츠코시三小牛하바 유적 목간은 우측면, 상
단에서 약 3.3cm 아래 부분에 결입부가 들어가 있
다. 이 같은 형상은 센다이시仙台市 고리야마郡山유
적 제15차(추정부속사원적推定付屬寺院跡 동단지구東端地
區)조사에서 발견된 사경용정목寫經用定木(3호목간)과
공통된다.(<그림 12>)

　이 3.3cm는 정확히 1촌1분이다. 당시 공문서의
상하 여백은 연희도서료식사서조延喜圖書寮式寫書條에
"(略)其裝裁者, 橫界之外上一寸一分, 下一寸二分, 惣得
九寸五分"라 하듯이 위 일촌일분一寸一分, 아래 일촌

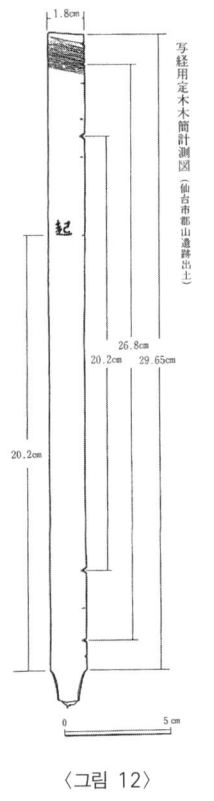

写経用定木木簡計測図 (仙台市郡山遺跡出土)

1.8cm
起
26.8cm
20.2cm　29.65cm
20.2cm
0　　　5 cm

〈그림 12〉

이분一寸二分으로 규정되어 있었다. 경전이나 전적 등은 상하의 여백을 같게 했지만, 그 중에 일촌일분一寸一分의 예를 다수 발견해 낼 수 있다. 실례를 하나 든다면 쇼무천황聖武天皇의 책으로 여겨지는 『잡집雜集』(天平 3년 9월 8일)의 크기는 가로 27.5cm, 계고界高 21.0cm, 계폭 1.8cm이고, 상하의 여백은 모두 3.3cm이다.

또 이 목간의 폭은 거의 2.6cm이지만, 이 폭도 역시 당시의 문서나 경전 등에서 그 예를 많이 찾아 볼 수 있다. 예를 들면 「석산사일체경石山寺一切經」부속의 「주묘법련화경註妙法蓮華經」 권차미상권卷次未詳卷 (나라奈良시대에 작성)의 크기는 세로 28.0cm, 계고 23.0cm, 계폭은 2.6cm이다. 이

〈그림 13〉 삼소우하바 유적 출토 정목 복원도(右)와 계고 23.0cm, 계폭 2.6cm의 주묘법연화경(석산사 일절경)

광폭의 계폭은 주석서 종류에서 2행을 이루고 있는 것에 많다.

이상 삼소우하바 유적 목간은 전체적인 형상, 결입부의 위치 및 일정한 폭에서 미루어 정목定木의 일종임에는 틀림없을 것이다. 미츠코지하바 유적은 사원 유적으로 보인다는 점에서도 센다이시仙台市 고리야마郡山유적 출토목간과 마찬가지로 사경용寫經用 정목定木으로 보아도 될 것이다. 이 정목은 상단부를 종이 끝부분(紙端)에 대고, 결입부 부분에서 횡계橫界전용의 눈금을 표시하고 또 2.6cm의 폭을 이용하여 종계선을 그은 것이라고 추측된다.

위에 든 「주묘법련화경」을 참고로 하여 시험 삼아 이 정목을 복원하면 다음과 같이 될 것이다.(<그림 13>)

이 사경용 정목定木은 폐기 후에 정목 밑면에 '□間家□'라 묵서하고, 그 후 여백 부분에 다시 '大大大大□'라고 습서하였다고 생각된다. 다자이부大宰

府 유적에서 출토된 자와 마찬가지로 본래 1척의 정목·자를 정확하게 반으로 절단한 것은 정목기능의 정지임과 동시에 혹은 정목이라는 인식이 아직 남아 있는 동안에 반으로 절단하였다고 이해될 수 있을 듯하다.

4) "쥐의 이빨 자국이 남아있는 목간"의 발견

(ㄱ) 이시카와현石川縣 가나자와시金澤市 우네다畝田 나베타(ナベタ) 유적 출토목간(9세기)(<그림 14>)

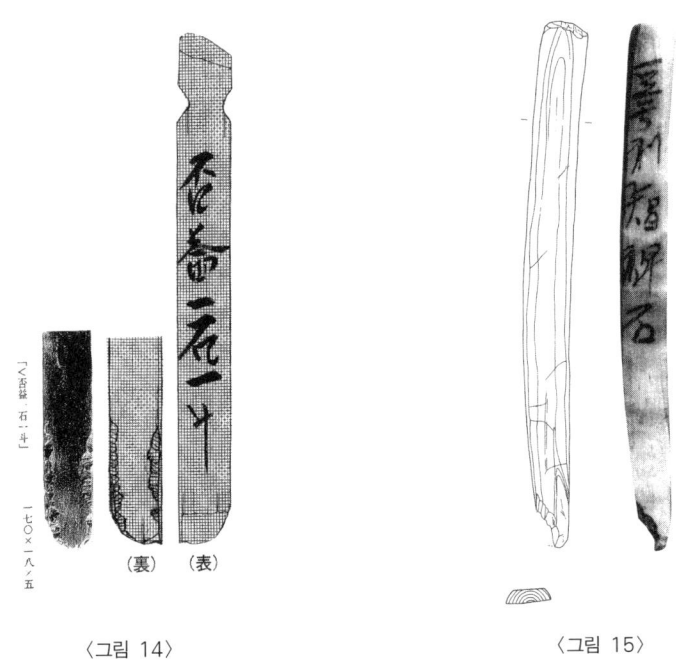

〈그림 14〉　　　　　〈그림 15〉

완전한 형태로 머리 부분에 v자형 결입부를 넣은 부찰이다. 뒷면의 하단 양 측면에 쥐의 이빨 자국으로 판단되는 흔적이 남아있다. 이 목간은 벼의 품종명 '否益(=稻益)'을 기록한 종자벼(種籾) 1석石1두斗 들이의 섬에 붙인 찰이다. 그 보관시설과 쥐의 존재는 밀접한 관련성을 상정할 수 있다.

(ㄴ) 시가현滋賀縣 야스시野洲市 니시카와라미야노우치河原宮 / 內 유적 출토목편(7세기 후반)

쥐의 이빨 자국이 있는 목편은 쌀 창고로 생각되는 창고 유적의 기둥 구멍에 신묘년(691년)의 연대가 있는 목간과 함께 던져 넣어진 것이다.

(ㄷ) 한국 함안성산산성 목간(6세기 중엽)(<그림 15>)

'豆兮利智稗一石'

신라 북부에서 남부의 산성 조영을 위해 보내온 식량인 피稗를 넣은 하물의 부찰이 다량으로 출토되고 있다. 쥐의 이빨 자국이 있는 목간 몇 점을 2007년 조사에서 확인했다.

위의 세 유적의 쥐 이빨 자국이 있는 목간·목편에는 공통점이 있다.

① 벼의 종자를 넣은 섬에 붙인 품종찰
② 쌀 창고 관련의 부재部材
③ 피稗의 부찰

쥐가 쌀이나 피 등을 보관하고 있는 창고에 들어가 곡물을 먹음과 동시에 이빨의 절치(앞니) 부분의 성장을 억누르고, 갈기 위해서 단단한 나무를 갉았다고 추측된다.

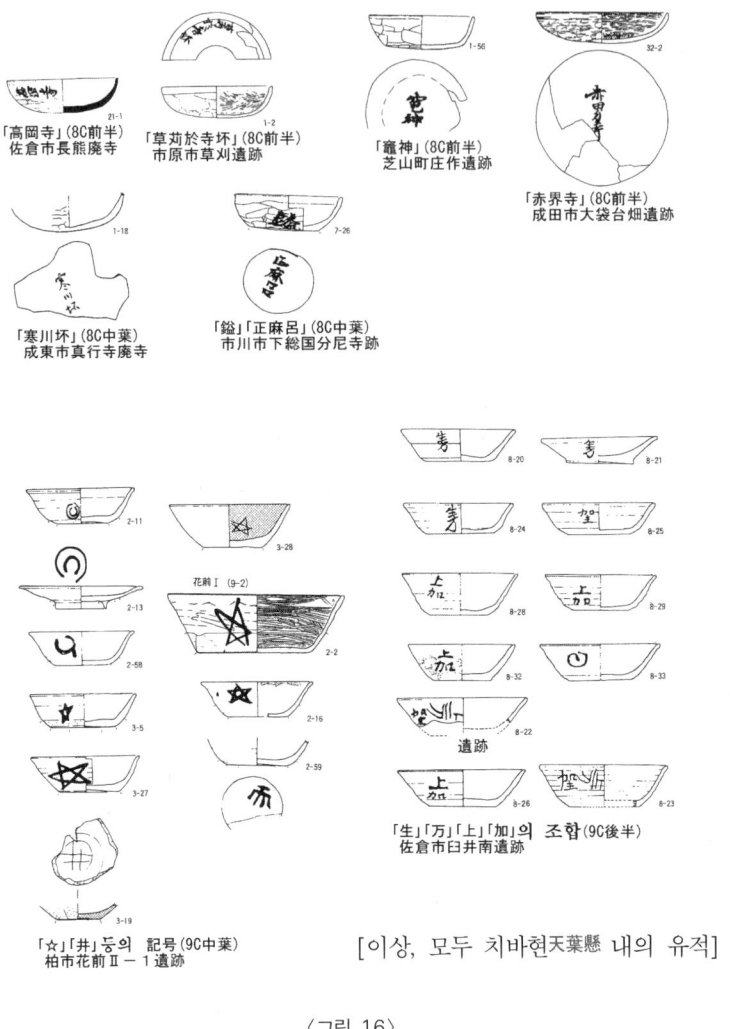

「高岡寺」(8C前半)
佐倉市長熊廃寺

「草苅於寺坏」(8C前半)
市原市草刈遺跡

「竈神」(8C前半)
芝山町庄作遺跡

「赤界寺」(8C前半)
成田市大袋台畑遺跡

「寒川坏」(8C中葉)
成東市真行寺廃寺

「鎰」「正麻呂」(8C中葉)
市川市下総国分尼寺跡

花前Ⅰ (9-2)

「生」「万」「上」「加」의 조합(9C後半)
佐倉市臼井南遺跡

「☆」「井」등의 記号(9C中葉)
柏市花前Ⅱ－1遺跡

[이상, 모두 치바현天葉懸 내의 유적]

〈그림 16〉

이 이빨 자국들은 출토 후 오늘날의 목간을 보관하는 수장고 등에서 쥐가
갉은 것이 아니라는 것은 적어도 일본의 두 사례에서 확실하다. 즉 일본
목간의 경우 출토 직후 물에 담근 상태에서 관찰, 확인하여 오늘날의 쥐

이빨 자국이 아니라는 것을 판정할 수 있었다. 한편 이빨 자국이 모두 목재의 모서리 부분에서 발견되는 것은 우연이 아닌데, 쥐는 모서리 부분밖에 앞니로 갉지 못하기 때문이다.

3. 명계冥界 — 묵서토기의 세계

일본 열도 각지에서 유적수·출토점수 모두 월등하게 많이 출토되는 문자자료는 묵서토기이다. 이 묵서토기의 연대는 주로 8세기~10세기이다.

관아에서 '주廚' 등의 시설명이나 인명 등을 기록한 묵서토기는 8세기에 들어와 촌락사회에 도입되었다.

8세기 — 고유명사·구상표현
9~10세기 — 길상적吉祥的 표기·추상표현

촌락 묵서토기의 초기(8세기) 단계에는 당연히 시설명이나 인명을 기록하였다고 할 수 있다. 그것이 9~10세기가 되면 촌락사회의 묵서토기는 넓은 범위에 걸치게 되고, 그 기재내용도 길상적 표기가 되며, 신불神佛을 향한 기원을 주로 하게 된다.(<그림 16>)

이 9~10세기 촌락사회의 묵서토기 중, 일찍이 치바현千葉縣 내의 "향취香取의 해海"로 일컬어지는 내해연안지역의 특유의 다문자 묵서토기는 고대인의 연명기원에의 필사적인 모습을 읽어낼 수 있다. 그러므로 사후 세계, 소위 중국에서의 명계사상冥界思想 형성과정과 일본의 수용상황을 개관하고자한다.

1) 중국의 명도신앙冥道信仰 형성

중국의 명도신앙 형성과정에 대하여 하세베카즈오長谷部和雄의 연구를 간단하게 소개한다.[3]

불교는 인도교를 포섭하여 생긴 민속적인 종교의 하나이다. 그리고 도교를 포섭한 당의 밀교는 민속적인 종교의 일종을 만들어 내었다. 그 전형적인 예가 염라閻羅와 태산부군太(泰)山府君의 관계이다.

원래 태산부군은 중국 산동성의 동악東嶽 태산의 귀신이지만, 후한 무렵 태산은 사령死靈이 임하는 산으로 거기에는 생적生籍과 사적死籍이 갖추어져 있어 사명司命의 신이 있다는 신앙이 있었던 듯하다.

한편, 염라는 고대 인도의 죽음의 신 yama가 불교의 천부天部로 이적하여 염라·염마閻魔가 되었다. 그러나 밀교의 염라는 본래 남방의 수호신이다.

육조六朝시대 일반 불교에서는 염라는 일찍부터 명계의 귀신이 되었지만, 당대唐代 밀교의 명사冥司로서 태산부군과 함께 처음으로 염라가 업도명계業道 冥界의 판관이 되었다. 명부冥府와 그 신앙은 불교와 관계없이 지옥을 상정하고 있었지만, 불교의 경문이 한 장 추가되어 태산지옥설과 결부되었고, 염라왕과 태산부군이 함께 등장하는 것이 중국 지옥사상의 주류가 되었다. 도교의 태산부군은 유계지옥幽界地獄의 심판관이었고, 천국정토의 구세주는 아니다. 한편 육조·수·당 시대에 도교와 결부된 불교는 사후의 천국을 말하지 않고 지옥만을 언급하고 있다. 이것은 극락정토사상에서 지옥사상만큼은 도교나 불교에 침투하고 있지 않았다는 것을 의미한다고 한다.

---

3 長谷部和雄, 「唐代密敎における閻羅王と太山府君」, 『唐宋密敎史論考』, 神戶女子大學東西文化硏究所, 1982.

2) 일본의 명도신앙 수용

일본의 명도신앙은 역시 불교설화집 『일본령이기日本靈異記』에서 그 구체적인 내용을 알 수 있다. 염라왕이 지옥의 판관으로서 사람의 생사를 담당한다는 신앙은 다음의 설화가 가장 단적으로 말해 주고 있다.

◇ 관의 세력을 빌려 비리정치를 하여 악보惡報를 얻은 연緣 하권下卷 — 35

고닝光仁천황대에 츠쿠시筑紫의 히젠노쿠니肥前國 마츠우라군松浦郡 사람인 화군火君이 갑자기 죽어 엠마코쿠琰魔國에 이르렀다. 그때 (염마)왕이 생각하기에 죽을 시기가 아니었기 때문에 다시 돌려보냈다. 돌아가는 길에 보니 넓은 바다 가운데 가마와 같은 지옥이 있었다. (하략)

도교의 태산부군은 불교의 염라왕과 습합習合되어 인간의 수명과 복록을 지배하는 신이 되었다. 측근으로 사명司命 · 사록司祿의 두 신이 따른다. 사명신司命神은 명부의 호적을 관리하고 호적에 기재된 연령에 이른 자를 명부로 소환한다. 사록신司祿神은 사바娑婆에 있는 사람들의 선업 · 악업을 남김없이 기록하는 신이다. 따라서 이 설화처럼 일단 염마왕청琰魔王廳에 소환되어도 그 인물이 사명신이 관리하는 호적에 기록된 연령에 이르지 않은 자는 "죽을 시기가 아니다"는 이유로 염라왕이 판정하고 현세로 돌려보내는 일마저 있었다.

염라왕과 관련되는 『일본령이기』의 설화로서 그 밖에 다음의 설화를 제시한다.

◇ 염라왕의 사자 귀신이 소환되는 사람에게 향연을 받고 은혜를 갚은 연緣
중권中卷 — 25

찬기국讚岐國 산전군山田郡에 포부신의녀布敷臣衣女라는 사람이 있었다. 성무천황대聖武天皇代에 의녀衣女가 갑자기 병이 났다. 그때 훌륭한 산해진미를 갖춰문의 좌우에 제사를 지내고 역신疫神에게 뇌물로 음식을 대접하였다. 염라왕의 사자 귀신은 와서 의녀를 불렀다. 이 귀신은 돌아다니느라 지쳐있었으므로 제사음식을 보고 알랑거리며 받아먹었다. 귀신은 의녀에게 말하기를 "나는 너의 대접을 받았기 때문에 너의 은혜를 갚고자 한다. 혹시 같은 성 같은 이름을 가진 사람이 있느냐?"라고 물었다. 의녀가 답하여 말하기를 "같은 나라 제수군鵜垂郡에 같은 성을 가진 의녀라는 사람이 있습니다."라고 하였다. 귀신은 의녀를 데리고 제수군의 의녀 집에 가서 대면하고 바로 붉은 주머니에서 1척의 정을 꺼내 이마를 박아 넣고 데리고 사라졌다. 산전군의 의녀는 숨어 지내며 집으로 돌아오지 않았다. (하략)

이 설화에서는 병을 얻은 의녀를 위해 역신疫神에게 회뇌賄賂하는 제사를 행하였더니 염라왕청의 사자 귀신이 제사의 음식을 받았기 때문에 귀신은 은의를 느끼고 동성동명의 여자를 소환하여 염라왕에게 바쳤다. 그러나 염라왕은 즉석에서 이를 간파하고 결국 산전군山田郡의 의녀를 재소환하라는 명을 내렸다고 한다.

3) 명계에의 향응 - 묵서토기의 '죄사罪司' '죄관罪官' '향사饗司'

일본에서 명도신앙의 수용 모습을 가장 단적으로 말하는 단어는 '죄罪'이다. 즉, 명부에서는 사바에 있는 사람들의 선업·악업을 모두 기록하고 그 호적에 기재된 연령에 이른 자를 명부로 소환한다. 그 사람들의 죄를 재판하는 곳이 죄사罪司이다. 소위 '죄사에 의한 죽음의 재판'이다.(<그림 17>)

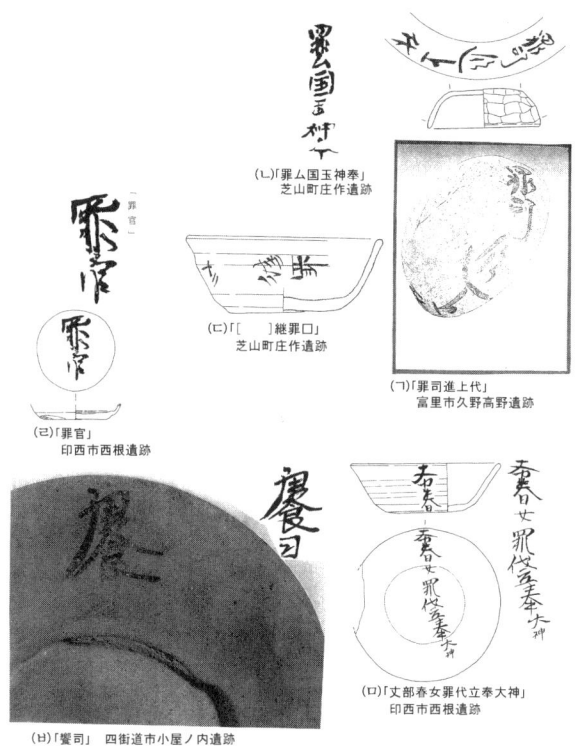

(ㄴ)「罪厶国玉神奉」
芝山町庄作遺跡

(ㄷ)「]繼罪□」
芝山町庄作遺跡

(ㄱ)「罪司進上代」
富里市久野高野遺跡

(ㄹ)「罪官」
印西市西根遺跡

(ㅁ)「丈部春女罪代立奉大神」
印西市西根遺跡

(ㅂ)「饗司」 四街道市小屋ノ内遺跡

[이상, 모두 치바현天葉縣 내의 유적]

〈그림 17〉

(ㄱ) 千葉縣 富里市　久能高野遺跡・土師器坏・體部外面「罪司進上代」

(ㄴ) 千葉縣 芝山町　庄作遺跡・土師器甕・外面胴部「罪厶國玉神奉」

(ㄷ) 同　　　　　　庄作遺跡・土師器坏・體部外面「　　] 繼罪□」

(ㄹ) 千葉縣 印西市　西根遺跡・土師器坏・底部內面「罪官」

(ㅁ) 同　　　　　　西根遺跡・土師器坏・體部外面「丈部春女罪代立奉大神」

(ㅂ) 千葉縣 四街道市 小屋ノ内遺跡・土師器坏・體部外面「饗司」

　　죽음의 재판을 행하는 '죄사' '죄관' 등의 묵서토기는 "향취香取의 바다" 연안 일대에서 집중적으로 출토되고 있는 점에서 죽음에 대한 동일한 관념하에 행하여진 제사라고 생각된다. '죄사' '죄관'에 대하여 죄를 면하고 수명 연장을 빌기 위해서 필사적으로 향응한다. 바로 '향사'는 명계에 대한 향응을 의미하며, 앞의 『일본령이기日本靈異記』에 묘사된 세계 그 자체이다.

4. 문서전달과 구두전달

1) 방시찰榜示札과 공진문서 목간
　　　ー 이시카와현石川縣 츠바타마치津幡町 가모유적加茂遺跡 목간

(1) 방시찰[4]

방시찰은 하북석河北潟로 흘러가는 대구大溝와 북륙도北陸道가 직교하는 부근에서 출토되었다. 그 크기는 현재 상태에서는 세로 23.3cm, 가로 61.3cm 이지만, 상하의 결손부분을 복원하면 세로 28~29cm, 가로 61.3cm가 되고 대략 1척×2척의 정형화된 찰이었다고 상정된다. 이 크기는 고대의 종이 한 장의 크기인 세로 1척×가로 2척에 해당한다.

　　　　　符深見村□鄉驛長幷諸刀弥等
　　　　　應奉行壹拾條之事
　　　　　　　一　田夫朝以寅時下田夕以戌時還私狀
　　　　　　　一　禁制田夫任意喫魚酒狀
　　　　　　　一　禁斷不勞作溝堰百姓狀
　　　　　　　一　以五月卅日前可申田殖竟狀
　　　　　　　一　可搜捉村邑內竄宕爲諸人被疑人狀

4　平川南 監修・(財)石川縣埋藏文化財センター 編,『發見! 古代のお解れ書きー石川縣加茂遺跡出土加賀郡牓示札』, 大修館書店, 2001.

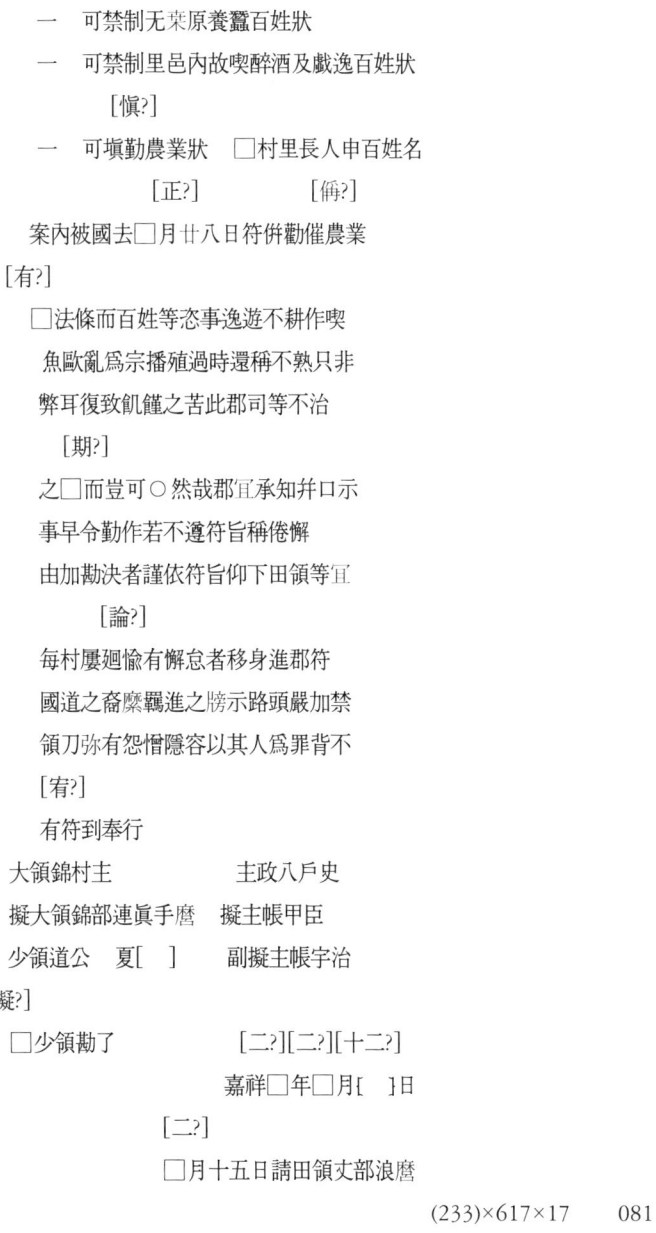

　　一　可禁制无菜原養蠶百姓狀
　　一　可禁制里邑內故喫醉酒及戲逸百姓狀
　　　　　[愼?]
　　一　可塡勤農業狀　□村里長人申百姓名
　　　　　[正?]　　　　　　　　[倆?]
案內被國去□月廿八日符倂勸催農業
[有?]
　　□法條而百姓等恣事逸遊不耕作喫
　　魚歐亂爲宗播殖過時還稱不熟只非
　　弊耳復致飢饉之苦此郡司等不治
　　　　[期?]
　　之□而豈可○然哉郡宜承知幷口示
　　事早令勤作若不遵符旨稱倦懈
　　由加勘決者謹依符旨仰下田領等宜
　　　　[論?]
　　每村屢廻愉有懈怠者移身進郡符
　　國道之裔糜覊進之牓示路頭嚴加禁
　　領刀弥有怨憎隱容以其人爲罪背不
[宥?]
　　有符到奉行
大領錦村主　　　　　　主政八戶史
擬大領錦部連眞手麿　擬主帳甲臣
少領道公　夏[　]　　副擬主帳宇治
[擬?]
　　□少領勘了　　　　[二?][二?][十二?]
　　　　　　　　嘉祥□年□月[　]日
　　　　　[二?]
　　　　　□月十五日請田領丈部浪麿

(233)×617×17　　　081

또, 목간의 전면에 걸쳐 끝이 뾰족한 도구로 종계선이 모두 28개 그어져

있다.「연희도서요식延喜圖書寮式」장황조裝潢條에 보이는「구다리케鹿闌界」라는
형식은 종이 한 장에 27행으로, 이것과 거의 일치한다. 계폭은 일정하지는
않지만, 2cm전후이고 장황조裝潢條에 보이는「광칠분廣七分」(2.1cm)을 의식하
고 있었다고 할 수 있다.

그러나 본 목간의 경우 각 행은 행두行頭 부분에서는 계선에 따른 것도
있지만, 전체적으로는 그다지 계선에 구애받지 않고 기재하고 있다. 이것은
처음부터 직접 목간에 문자를 기재한 것이 아니라 종이의 문서가 미리 존재
하고 그것을 그대로 목간에 옮겨 기재할 때 생길 수 있는 경향으로 이해된다.

목간 중에 보이는 '부符(의 뜻)를 국國의 길옆에 세워 놓고, 이것을 내어
보여 노두路頭에 방시膀示한다' 라는 기술은 방시찰을 관도官道에 게시한 사실
을 말하고 있다. 즉 이 방시찰은 출토지점과 가까운 북륙도北陸道에 인접하여
게시되어 있었다고 생각된다.

더욱이 이 목간에 보이는 '구시口示'는 문자 그대로 구두로 전달하는 것을
의미할 것이다. 율령국가에서 철저한 문서 행정의 일단으로서 방시찰이 게시
되었지만, 방시찰에 적힌 금지사항이나 법령은 전령田領이 '구시' 즉 구두전

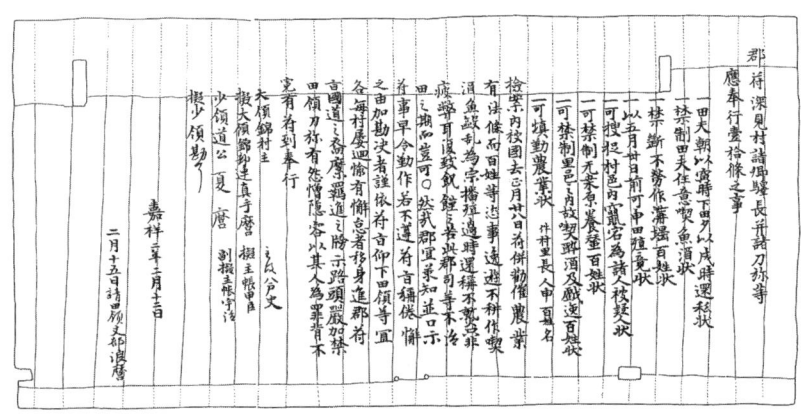

방시찰 복원안(엷은 부분은 추정·복원, 문자는 사노 코우이치佐野光一 필사)

〈그림 18〉

달에 의해 백성에게 전달한 사실이 방시찰 속에 명기되어 있다.

고대 일본에서 문자세계는 철저한 문서 행정과 그것에 대치하는 무문자적 세계가 존재하는 점에 가장 큰 특징이 있다. 방시찰의 게시와 구두전달은 그러한 고대의 문자세계를 가장 상징적으로 보여주는 귀중한 자료이다.

(2) 공진貢進문서 목간

방시찰이 출토되었던 가모加茂유적에서는 호쿠리쿠도北陸道 서측 도랑에서 또 한 점의 단책형短冊形의 목간이 출토되었다.

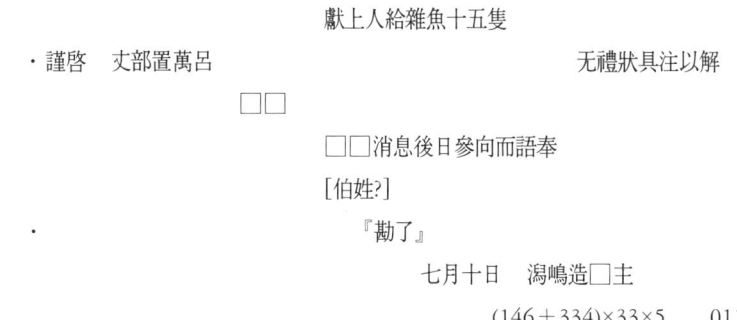

獻上人給雜魚十五隻
· 謹啓　丈部置萬呂　　　　　　　　　　　　无禮狀具注以解
　　　　　　　□□
　　　　　□□消息後日參向而語奉
　　　　　[伯姓?]
　·　　　　　『勘了』
　　　　　　　　七月十日　潟嶋造□主
　　　　　　　　　　　　(146＋334)×33×5　　　011

양호한 공반유물이 없기 때문에 상세한 연대는 불명확하지만, 도랑의 존속 기간으로 보아 9세기 전반~9세기말에 폐기되었다고 생각된다.

표면은 '근계謹啓'라는 서두로 시작하고 수신인명 '장부치만려丈部置萬呂', 2행으로 나누어 쓴 본문에 이어 '이해以解'로 끝맺고 있다. 뒷면에는 우측에 별필別筆로 '감료勘了'라고 적혀 있다. 좌측에는 발신한 날짜 '칠월십일七月十日'과 발신인명 '석도조□주潟嶋造□主'가 적혀 있어서 석도조□주가 장부치만려에게 보낸 문서라는 것을 알 수 있다. 나누어 쓰인 본문에는 행사 때 참가자에게 나누어 줄 갯벌에서 잡은 잡어雜魚 15마리의 헌상과 백성伯姓(百姓) 소식을 후일에 찾아뵙고 구두로 보고할(語奉) 것이 적혀 있다.

2) 구구산

당시의 구구산은 구구라는 이름대로 九×九부터 시작하였다. 이는 현재의 암기방법과 반대이다. 『손자산경孫子算經』은 '9×9=81九九八十一'부터 시작하여 '2×2=4二二而四'로 끝나고 있고, 고대의 사람들이 암송하고 있었던 구구단도 마찬가지였음에 틀림없다.[현재 중국의 암기법은 여전히 '9×9'부터 시작하는 것이 일반적이다.]

헤이안平安시대 저명한 학자이자 시인인 미나모토 다메노리源爲憲라는 인물이 천록天祿 원년(970), 후지와라 다메미쓰藤原爲光의 장남 마쓰오松雄를 위해 공가公家의 상식을 가르치는 초보적 교과서 『구유口遊』를 만들었다. 그 속에 다음과 같은 구구산이 실려 있다.

> 九九八十一　八九七十二　七九六十三　六九五十四 [중략] 二九十八　一九
> 八八六十四　七八五十六 [중략] 二二四　一二二　一一一. 謂之九九.

그런데, 헤이안 시대의 『구유』에는 1단이 있는데 『손자산경孫子算經』이 '2×2=4二二而四'로 끝나는 것처럼 고대 중국의 구구단에는 1단이 없었던 듯하다. 돈황에서 구구단이 쓰인 목간이 발견되었고 루전위羅振玉가 고증을 행하고 있는데(羅振玉·王國維 共著『流沙墜簡』), 이에 의하면 한대의 구구단은 「9×9=81九九八十一」부터 「2×2=4二二而四」까지로 「1×2=2二二而二」부터 「1×9=9一九而九」의 9구절이 결여되어 있다고 한다.

여기에서 고대 일본의 구구산을 기록한 목간을 살펴보자.

◇ 나가노현長野縣 지쿠마시千曲市 야시로유적군屋代遺跡群 목간(<그림 19>)

```
        [八十]      [八九]    [二]    [七九]
  ·九々□□一    □□七十□    □□六十三    六九五
                                [九九]
                                □□

  [五]
  □九卅       四九卅    三九卄七    二九十八
                [六]         [八]
  ·□九如□    八々□十四    七□
  五八卅       □□    三八卄四    二八十六

                          (335)×55×5      019
```

앞면에는 구구단이 '九九八十一'부터 시작하여 '二九十八'까지 기록되어 있다. 뒷면에는 마찬가지로 팔단이 기록되어 있다. 내용으로 판단하건대 하단의 결손은 거의 없다고 생각되며, 고대 중국의 사례처럼 1단은 없었을 가능성도 있다.

이 야시로屋代 유적군의 '구구산' 목간은 그 형상으로 미루어 아마도 관청 내에 게시된 정식 '구구산표'와 같은 성격이라고 말할 수 있다.

야시로 유적군과 같은 구구산표는 드문 예이고, 지금까지 출토례는 거의가 구구산의 일부분만을 기록한 것이다.

◇ 니가타현新潟縣 다이나이시胎內市 구사노유적草野遺跡 목간

```
  ·六八卅八    五八卅    四八卅三    三八
  ·[        ]八[          ]        (258)×26×4      019
```

'4×8＝32四八卅二'가 아니라, '4×8＝33四八卅三'이라 되어 있다.

〈그림 19〉　　　　　　　　　〈그림 20〉

◇ 시마네현島根縣 이즈모시出雲市 아오키유적靑木遺跡(<그림 20>)

・一一卅四八卅三三八卄四三八十六一八□□□九十
　[　　　　　　　　　　　]
・(뒷면생략)　　　　　　　　　　　　(291)×32×7　　041

이 경우도 '四八卅三'라 되어 있다.

◇ 효고현兵庫縣 도요오카시豊岡市 뇨가모리ヶ 삼유적祢布ヶ森遺跡 목간

　　[請?]　　　　　　[及?]
・□□當之不定春初□
　　　　　　　　　　　　　　　〔八?〕

상하 양단이 잘렸고 좌우 양변이 쪼개져 있다. 표면은 출전이 있을 듯한 어구이지만 알 수 없다. 뒷면은 상하 반대로 구구단을 기록하고 있는데 '6×9 六九'부터 '4×9四九'까지의 3구가 생략되었고, 또한 '3×9＝27三九卅七' 아니라 '3×9＝24三九卅四'라고 되어 있다.

이상의 세 가지 예는 모두 구구단의 일부에 오류가 보인다. 이것은 아마도 구구단을 마치가요처럼 암송하고 있었고, 산술로서의 정확한 사용과는 관계가 없다는 점에 기인할 것이다. 이런 의미에서는 구구단은 구두의 세계라고도 할 수 있지 않을까?

3) 공물供物과 기원기명祈願記銘 그리고 구상口上

미야기현宮城縣 다가죠시多賀城市의 고대 다가죠多賀城의 도시 공간을 구성하는 산노山王 유적 다가마에 지구에서는 수혜기배須惠器坏의 몸통 외면에 '구상口上', 바닥부 외면에 '평平', 내면에 '此鬼名中六鬼知　申日病人(符籙)　急急如律令　寅年人印土里[黑?]色鬼神知也　卽顯腹取□[老]' 라고 적힌 것이 발견되었고, 이것은 질병의 쾌유를 기원한 것으로 보인다.(<그림 21>) 토기에 맛있는 음식을 담고 질병쾌유를 위한 기원의 주구呪句를 적고, 나아가 '구상', 즉 그 주구를 낭독하였다고 추측된다. 이것 역시 문서전달과 구두전달이 연동된 작업이었다고 생각된다.

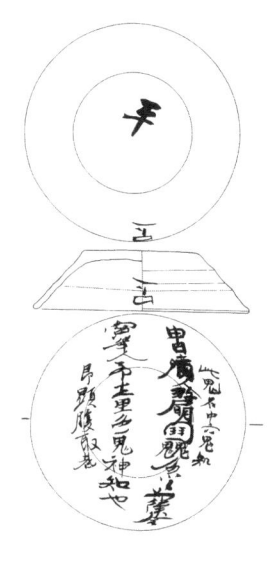

〈그림 21〉

맺음말

　마지막으로 출토문자자료 연구를 진행하는 데 중요한 네 가지 사항에 대하여 강조해 두고자 한다.

　첫 번째로, 목간을 위시한 출토문자 자료는 이제는 일본 고대사를 연구하는데 있어서 빼놓을 수 없다는 것이다. 그러나 이 출토문자 자료들은, 자료로서 활용하기 위해서는, 먼저 출토자료인 점에 유의하고 출토된 유적·유구 및 같이 출토된 유물 등과의 관계를 분명히 하지 않으면 안 된다. 또 목간이나 칠지문서 등의 출토문자 자료 그 자체에 대한 상세한 관찰을 빼 놓을 수 없다. 이런 점들에 입각해야 비로소 출토문자 자료는 고대사의 새로운 자료로서 그 가치가 높아지게 되는 것이다.

　두 번째로, 지목병용기 지방 사회에서 목간은 군부목간처럼 그 형상과 문자의 크기에 의해 지역민들에게 권위를 과시하였다. 그러나 종이는 부符·해解 등의 서식에 의한 명령·상신의 구별이 존재했지만, 종이의 크기에는 차이가 없었다.

　한편, 중세 이후 행정문서의 세계에서는 나무의 역할이 매우 한정되어 전적으로 종이를 사용하게 된다. 이 단계에 이르면 종이가 지질이나 형상으로써 문서의 권위를 표현하게 된다. 이 점에 대하여 이미 코지마 미치히로小島道裕가 전국시대 문서의 형상에 주목하여 다음과 같이 지적하고 있다.(<그림 22>)

　　먼저 문서의 크기입니다. 가메이케龜井家 문서 중, 히데요시(秀吉) 발급문서로는 가장 오래된, 즉 젊은 시절에 발급한 덴쇼天正 7년(1579) 무렵으로 비정되는 문서는 세로가 28.7cm, 가로가 44.4cm입니다. 이것이 덴쇼天正 10년(1582) 노부나가(信長)가 죽은 무렵부터 세로가 30~32cm, 가로가 49~50cm정도로 조금 커지고, 그리고 덴쇼天正 17년(1589) 이후는 세로가 약 46cm로 가로가 약 66cm

로 일거에 거대화하고 사용되는 종이도 통상의 봉서지封書紙에서 두껍고 우글우글한 대고단지大高檀紙로 변합니다.[5]

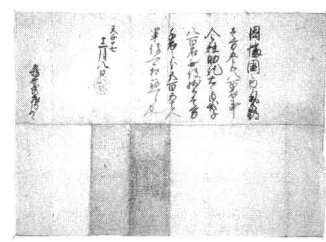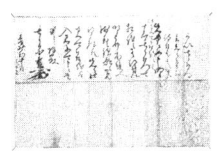

秀吉 문서의 크기 비교
信長의 일개 부장 시대의 天正 9년(1581, 秀吉 45세, 우)와
關白太政大臣이 되어 전국제패를 시야에 둔 天正 17년(1589,
秀吉 53세, 좌)의 문서를 동일 축척으로 비교해 보았다.

〈그림 22〉

세 번째로, 일본과 한국의 고대유적에서 발견되는 출토자료는 일본(왜)과 고대 한국 간에 공통되는 문자문화의 실태를 매우 명확하게 보여주고 있다. 즉 고대 일본에서의 문자의 생태를 복원함과 동시에 같은 한자를 사용하는 동아시아 여러 나라와의 비교연구가 점점 중요성을 더해가고 있다.

네 번째로, 출토문자 자료 연구에서 가장 유의해야 할 시점은 "자료의 속성"이라는 것을 지적해 두고 싶다. "자료의 속성"이란 개개의 기사 해석을 하기 전에 우선 그 기록된 자료가 어떠한 목적에 따라 기재되었고, 어떠한 성격을 가지는가를 철저하게 규명할 필요가 있다는 것이다. 필자는 이 "자료의 속성"의 이해야말로 역사학을 연구하는데 있어 가장 중요한 사항으로 위치부여하고 있다.

---

5 小島道裕 「古文書の表情 – 秀吉文書の變化」(企劃展示圖錄 『近世の武家社會』 國立歷史民俗博物館 1994年 所收).

:: 2 부

문자와
문화

경학(經學)과 문자학(文字學)을 통해서 본 상박초간(上博楚簡)의 학술사적 가치

지쉬성(李旭昇)*

1. 전언

20세기 초, 정치·군사 등 방면의 역량 쇠퇴는 학술적 신념의 동요를 야기하였고, 중국 학술계는 맹렬한 '의고운동疑古運動'에 휩싸이게 된다. 그리고 그 운동의 영향은 아직까지 남아있다. 1949년 이후 과학고고사업의 왕성한 발전으로 인하여 지하에서 출토된 각종 문물과 문헌들은 점차 '의고운동'의 과도한 의고 오류를 설명해 주었다. 특히 최근 30년간 지하에서 출토된 전국戰國·진秦·한漢의 자료는 '의고운동' 중 회의적으로 다루어졌던 전적典籍들에 대한 의심이 사실은 필요 없는 것이었음을 점차적으로 실증해주었다. 1993년 겨울, 호북성湖北省 형문시荊門市 곽점초묘죽간郭店楚墓竹簡이 출토되고, 1998년에 『곽점초묘죽간』이 출판되었는데, 그 중 『노자老子(甲, 乙, 丙)』·『태일생수太一生水』·『치의緇衣』·『노목공문자사魯穆公問子思』·『궁달이시窮達以時』·

* 대만 현장(玄奘)대학 중문과 교수.

『오행五行』・『당우지도唐虞之道』・『충신지도忠信之道』・『성지문지成之聞之』・『존덕의尊德義』・『성자명출性自命出』・『육덕六德』・『어총語叢(一, 二, 三, 四)』등 18종의 유가儒家 및 도가道家와 밀접한 관련이 있는 전적典籍은 선진先秦시대 학술學術에 매우 큰 충격을 주었다. 1994년 봄 상해박물관上海博物館이 홍콩 골동품시장에 출현한 전국戰國 초간楚簡을 구입하여 소장하고 2001년부터『상해박물관장전국초죽서上海博物館藏戰國楚竹書』(1~6책)를 해마다 출판하였는데, 이 책에는 39종의 문헌(1『공자시론孔子詩論』・2『치의緇衣』・3『성정론性情論』・4『민지부모民之父母』・5『자고子羔』・6『노방대한魯邦大旱』・7『종정從政』・8『석자군로昔者君老』・9『용성씨容成氏』・10『주역周易』・11『중궁仲弓』・12『항선恆先』・13『팽조彭祖』・14『채풍곡목采風曲目』・15『일시逸詩』・16『소왕훼실昭王毀室』・17『소왕여공지추昭王與龔之脽』・18『간대왕박한東大王泊旱』・19『내례內豊』・20『상방지도相邦之道』・21『조말지진曹沫之陳』・22『경건내지競建內之』・23『포숙아여습붕지간鮑叔牙與隰朋之諫』・24『계강자문어공자季康子問於孔子』・25『고성가보姑成家父』・26『군자위례君子爲禮』・27『제자문弟子問』・28『삼덕三德』・29『귀신지명鬼神之明』・30『융사유성씨融師有成氏』・31『경공학계公瘧』・32『공자견계환자孔子見季桓子』・33『장왕기성莊王旣成』・34『신공신령왕申公臣靈王』・35『평왕문정수平王問鄭壽』・36『평왕여왕자목平王與王子木』・37『신자왈공겸愼子曰恭儉』・38『용왈用曰』・39『천자건주天子建州(甲, 乙)』)을 포함, 총 20,158자로 이루어져 있다. 이러한 목록을 통하여『상박초간上博楚簡』과 선진고적先秦古籍과의 관계가 매우 밀접하다는 것을 알 수 있으며, 더욱이 선진 학술사에 대한 영향력은 굳이 말할 필요가 없을 것이다. 이러한 자료들이 출토됨으로써 학술계는 이미 '의고시대를 뛰어넘어', '학술사를 다시 쓰자'[1]와 같은 공감대를 형성하였다.

---

1 「走出疑古時代」는 1992년에 李學勤이 학술좌담회에서 처음으로 발언한 것으로『走出疑古時代. 導論』에 수록되었으며(瀋陽 : 遼寧大學出版社, 1994), 李零과 魏赤가 이 글을 정리하였다. 이 글에서 그는 "오늘날 우리가 말할 수 있는 한 가지는 바로 학술사를 다시 써야

그렇지만 학술사에서 출토자료의 운용 정도가 '학술사를 다시 쓰는' 단계에 도달하였는지에 대하여 학자들은 서로 다른 의견을 가지고 있다. 가장 기본적인 의견은 어떤 학자들의 경우 비과학적인 출토자료에 대하여 여전히 회의적인 태도를 지니고 있다. 예를 들면 상박초간은 홍콩의 골동품시장에 출현한 것으로 과학적인 발굴을 통하여 획득한 것이 아니기 때문에 고문자와 역사고고를 연구하지 않은 학자들 중 일부는 여전히 그 진위 여부를 보류하고 있다.[2]

상박초간은 과학적인 발굴을 통하여 발견된 것은 아니지만 사실 그 진위 여부는 쉽게 판별할 수 있다. 왜냐하면 그 내용이 너무나도 훌륭하여 오직 최고의 고문자 학자만이 위조가 가능한데, 만약 그렇지 않다면 그것은 일류 고문자 학자들의 찬탄을 받을 수 없었을 것이며, 또 학계의 명망 높은 일류 학자들이 시간을 들여 위조할 수도 없는 것이기 때문이다. 이하 본문에서는 경학과 문자학적인 시각에서 상박초간의 가치를 고찰할 것이다. 이러한 가치를 통하여 상박초간이 어떤 한 사람에 의하여 위조된 것이 아니라는 것을 알게 될 것이다.

다음으로 학자들은 출토자료와 전래문헌傳來文獻의 우열에 대해서도 서로 다른 의견을 주장하고 있다. 문자의 해석과 예정隷定[3]의 옳고 그름은 잠시 접어두고, 만약 우리가 고문자의 고석考釋과 문장의 구두 등과 같은 문제를

한다는 점이다. 이것은 단지 선진과 진한 학술사의 문제만이 아니라 전체 학술사의 문제일 것이다"라는 관점을 제시하였다.

2 예를 들면 『山東社會科學』 2006年 第12期에 게재되어 있는 劉蔚華의 논문 「重重迷霧上博簡」에서는 현재의 각종 학설들이 모두 "盜墓簡이 가짜일 가능성을 배제할 수 없다"는 관점을 제시하였다.(이 논문은 인터넷에서 매우 많은 사람들이 轉載하였다) 필자는 대만에서도 일부 학자들이 상박간을 가짜라고 생각하고 있다고 들었다. 하지만 그들은 자신의 주장을 지지할 수 있는 어떤 유력한 증거도 제시하지 못하고 있다.

3 漢末에 사람들이 隷書의 筆法으로 고문자의 字形을 서사하였는데 이러한 서사방법을 '隷古定'이라고 하였다. 후세 사람들이 楷書의 필법으로 고문자의 자형을 서사하는 것을 '예정'이라고 한다.

이미 완전히 해결했다고 가정한다면, 지하에서 출토된 자료 또한 반드시 가장 좋은 판본이라고 할 수는 없을 것이다. 방법론적 측면에서 볼 때 우리는 출토자료가 반드시 전래문헌보다 더 좋다고 가정할 수는 없다. 왜냐하면 전래문헌은 양한兩漢시기의 경사經師들이 300~400년간 그들이 찾아볼 수 있는 판본들을 수집하고 몇 세대의 토론을 거쳐 그 중에서 불순한 것을 제거하고 정수만을 남겨 놓은 것이기 때문이다. 특히 후한後漢시대의 정현鄭玄은 금문今文과 고문古文을 절충하여 여러 판본들의 장점을 종합하였다. 따라서 정현이 정리한 전적은 당연히 가장 좋은 판본이다. 그 반대로 출토문헌은 아마도 양한시기의 경사들이 도태시킨 열본劣本일 가능성이 있고 그 때문에 후세에 전해지지 않은 것이다.

그 중 가장 유명한 예는 바로 복천수卜天壽의 『논어정씨주論語鄭氏注』 초본抄本이다. 이것은 1969년에 투르판吐魯蕃에서 발견되었다. 이 책을 베낀 복천수는 당시에 불과 12살에 불과했기 때문에 글자체가 삐뚤어지고 잘못된 내용도 매우 많았다. 만약 복천수의 『논어정씨주』 초본으로 『논어정씨주』를 섣불리 비교한다면 그것은 분명 아주 위험한 일이 될 것이다. 다시 말하면 문자를 고석하는 문제를 해결한 후 출토문헌의 우열을 가리는 것은 판본의 내용을 판단하여 신중히 선택을 해야 할 것이다.

아래에서는 문자의 고석을 통하여 상박초간의 문자는 현대인이 위조할 수 있는 것이 아니라는 것을 설명하고, 그 후에 상박초간 『민지부모民之父母』와 현행본 『예기禮記』 「공자한거孔子閒居」편 및 『공자가어孔子家語』 「논례論禮」편을 대조하여 이 세 판본의 차이점에 대하여 어떻게 우열을 판단할 것인지 판정해 보고자 한다.

2. 상박초간 『주역』의 '영盈'

상박초간 『주역周易』 제9호간에는 '又(有)孚洛缶'라는 문구가 있는데, 정리자는 '洛'자(이하 '△'로 이 글자를 표시함)를 판독할 수 없다고 하였다. 현행본 『주역』과 대조하면 △자는 '영盈'자와 대응된다. 지금까지 전국문자에 대한 경험을 통해 보면 대부분의 글자들은 죽간과 전래문헌의 대조를 통하여 거의 모두 해독할 수 있었다. 그렇다고 한다면 상박초간 『주역』의 △자는 의심할 것도 없이 '영盈'자이다. 그런데 이상한 것은 그 어떤 학자도 이 글자가 '영盈'자라는 사실을 말하지 않고 있는 점이다.

정리자인 푸마오쭈워濮茅左는 '해海'로 예정하고 있는데, 랴오밍춘廖名春의 「초간楚簡 『주역周易』교석기校釋記(一)」,[4]도 이러한 의견에 동의한다. 허린이何琳儀와 청옌程燕은 수水와 성부聲符인 기企로 구성되어 있으며 '영盈'의 음으로 변화했다는 견해를 제기한다.[5] 양쩌성楊澤生은 이 글자를 '갈竭'로 읽고 우방右旁은 '알歹'로 구성되어 있다고 한다.[6] 후왕씨취엔黃錫全은 '濦'자로 예정하고 '영盈' 혹은 '앵罌'자로 읽고, 또 '濦'은 '영濴' 및 '영盈'과 통하고 '앵부罌缶'는 배부분이 크고 입구가 작은 병瓶을 가리킨다고 한다.[7]

현행본 『주역』과 대조하면 이 글자는 분명 '영盈'자인데, 학자들은 왜 이 △를 '영盈'자라고 하지 않는 것인가? △자의 구조는 우리가 잘 알고 있는 전문篆文의 '영盈'과 너무나도 다르기 때문에, 고문자에 대하여 잘 아는 학자일수록 △자를 '영盈'자로 판정하지 못하는 것이다. 필자와 같은 사람은 전국문자를 공부한 경력이 매우 일천하기 때문에 본인도 △자가 바로 '영盈'자라고 말할 수 없었다. 『상해박물관장전국초죽서독본(3)上海博物館藏戰國楚竹書讀

---

4 廖名春, 「楚簡 『周易』校釋記(一)」, 簡帛硏究網站, 2004.4.23.
5 何琳儀, 「滬簡 『周易』選釋」, 簡帛硏究網站, 2004.5.16.
6 楊澤生, 「周易中的二個異文」, 簡帛硏究網站, 2004.5.29.
7 黃錫全, 「讀上博 『戰國楚竹書(三)』札記數則」, 簡帛硏究網站, 2004.6.22.

本(三)』이 거의 다 완성되어가도록 필자에게는 여전히 △자에 대한 좋은 의견이 없었다. 출판하기 직전에 필자는 기왕 이 글자가 현행본『주역』의 '영盈'자와 대응되는 이상 전국 진한문자편戰國秦漢文字編에 수록되어 있는 '영盈'자도 자세히 조사해 보아야겠는 생각이 들었다. 그 조사결과는 매우 놀랄 만하였다. 왜냐하면 석고문石鼓文·수호지睡虎地·은작산銀雀山에서 '영盈'자는 상반부가 모두 '고冎'부에 속하고 △자의 우방과 상당히 비슷했기 때문이다. 그 내용은 아래 표와 같다.

출토문자자료 중의 「冎」자

1.商.合21871	2.商.合13670	3.周晚.師詢簋	4.春戰.石鼓『湯』(盈)
5.戰.楚.上三.易6(盈)	6.戰.睡.效21『張』(盈)	7.西漢.馬.老甲6『馬』(盈)	8.西漢.銀702『銀』(盈)

이에 근거하여 상박초간『주역』의 '△'자는 수水와 고冎로 구성된 회의자會意字로, 수水가 오면 (영盈)이 되고 '고冎'자는 인人으로 구성되어 있으며 아래 부분은 '지止'의 형태가 와변訛變된 것임을 알 수 있었다.[8] 허린이와 청옌도 △자의 우방을 인人과 지止로 구성된 글자, 즉 '기企'자로 해석하였다. △자는 수水와 기성企聲으로 구성되어 있기 때문에 '영盈'으로 읽는다는 것이다. 2005년 12월 2일~3일에 천지엔陳劍이 대만정치대학臺灣政治大學 중문과에서 주최한 '출토간백문헌여고대학술국제연토회出土簡帛文獻與古代學術國際研討會'에 참석

8 季旭承, 「上博三周易比卦『有孚盈缶』「盈」字考」, 簡帛研究網站, 2005.8.11. 首發.

하여 「상박죽서上博竹書『주역周易』이문선석(6칙)異文選釋(六則)」이라는 논문을 발표하였는데, 그는 이 글에서 △자는 필자의 설에 따라 '영盈'으로 해석해야 하고 자형字形은 허린이와 청옌의 설에 따라 수水와 기성㳠聲으로 구성되어 있다고 해야 한다고 주장하였다. 2006년에 허우나이펑侯乃峰이 발표한 「초간에 보이는 '고劷'자에 관한 해설」[9]에서는 초간의 '㦱'자가 곧 초간의 '㐉'자라고 지적하였는데, 이는 '고劷'자가 '고㕏'와 음音이 같기 때문에 '기㐉'자로 보면 안 된다는 것을 증명한 것이다. 한 달 후 좌오핑안趙平安이 발표한 「'고劷'자의 형태와 의미의 기원에 관하여」[10]에서는 이 글자가 갑골甲骨『합合』21871에서는 「👤」로 쓰고 13970에서는 「👤」로 쓰며 사순궤師詢簋에서는 「👤」로 쓴다고 지적하였는데, 이 글자는 '인人'을 구성요소로 하고 대퇴부에 지사부호指事符號를 첨부한 것이므로 '고股'로 보아야 한다고 지적하였다. 또 후세의 자형은 갑골문의 첫 번째 형태를 계승했기 때문에 '⊏'형은 '지止'로 변했다고 한다. 필자는 좌오핑안의 설이 합리적이기 때문에 그 설에 동의한다. 따라서 '고劷'자의 본래 의미는 '고股'이고, 거기에서 파생되어 '지匜'의 뜻도 있다. 자형도 점차 와변되고 분화되어 『설문說文』에서 "秦以市買多得"(진나라에서는 물건을 매매하여 많은 이득을 얻는 것)을 의미한다고 하는 것에 의하면 '고賈'의 가차자假借字일지도 모른다. 상박초간『주역』의 '△'자는 '㳠'으로 예정할 수 있고, '영盈'자는 아마도 명皿과 성부인 㳠이 생략된 형태를 구성요소로 한다고 할 수 있다. '고劷'자의 자형 변화가 매우 복잡하기는 하지만, 『설문』에서는 정확한 독음을 보존하고 있기 때문에 이 글자의 원형과 본래의 의미를 탐색하는 데에 중요한 실마리를 제공한다. 만약 상박초간『주역』에 △자가 출현하지 않았다면 우리들은 '고劷'자의 형태와 의미의 기원을 완전히 이해하지 못했을 것이다. 상박초간『주역』의 △자가 해결되고 나서 그와 관련된

---

9 侯乃峰, 「說楚簡劷字」, 簡帛網站, 2006.12.29. 首發.
10 趙平安, 「關於劷的形義來源」, 簡帛網, 2007.1.23. 首發.

일련의 글자들도 모두 합리적으로 해석할 수 있게 되었다. 상박초간 중에 이와 유사한 예는 매우 많은데, 고문자학적인 시각에서 보면 이들 고난이도의 글자들은 누구도 위조할 수 없는 것이다. 따라서 이미 공표된 상박초간 자료로 볼 때 이들 여섯 권의 진위 여부는 전혀 문제가 없으며, 학계에서도 안심하고 인용할 수 있을 것이다.

3. 상박초간 『민지부모』의 고석

상박초간(2)에는 『민지부모民之父母』라는 문헌이 있는데 그 내용의 대부분은 『예기』 「공자한거」편과 『공자가어』 「논례」편과 같으며, 단지 일부의 글자가 다를 뿐이다. 이러한 글자의 차이점은 『민지부모』가 전국후기 이전의 유가자료임을 명백하게 증명해 준다. 아래의 표는 이 세 자료의 글자의 차이를 정리한 것이다.(상박초간 『민지부모』는 모두 현행문자로 표기한다)

上博楚簡 『民之父母』	『禮記』 「孔子閒居」	『孔子家語』 「論禮」
		孔子閒居, 子張・子貢・言遊侍, 論及於禮……. 三子者旣得聞此論於夫子也, 煥若發蒙焉.
子夏問於孔子:	孔子閒居, 子夏侍. 子夏曰:「敢問『詩』云『凱弟君子, 民之父母』, 何如斯可謂民之父母矣?」	子夏侍坐於孔子曰:
「『詩』曰:『凱悌君子,　民之父母。』敢問何如而可謂民之父母?」		「敢問『詩』云:『愷悌君子, 民之父母。』何如斯可謂民之父母?」
孔子答曰:「民之父母乎, 必達於豊(禮)樂之源,　以致五至・以行三無, 皇於天下, 四方有敗, 必先知之, 其可謂民之父母矣。」	孔子曰:「夫『民之父母』乎,　必達於禮樂之原, 以致五至而行三無, 以橫於天下, 四方有敗, 必先知之, 此之謂民之父母矣!」 子夏曰:「『民之父母』旣得而聞之矣! 敢問何謂『五至』?」	孔子曰:「夫『民之父母』,　必達於禮樂之源, 以致五至而行三無, 以橫於天下,　四方有敗, 必先知之, 此之謂民之父母。」
子夏曰:「敢問何謂『五至』?」 孔子曰:「『五至』乎,　勿之所至者, 志亦至焉; 志之所至者, 禮亦至焉; 禮之所至者,　樂亦至	孔子曰:「志之所至, 詩亦至焉; 詩之所至, 禮亦至焉; 禮之所至, 樂亦至焉; 樂之所至, 哀亦至焉,	子夏曰:「敢問何謂『五至』?」 孔子曰:「志之所至,　詩亦至焉; 詩之所至,　禮亦至焉; 禮之所至, 樂亦至焉; 樂之所至, 哀

焉;樂之所至者，哀亦至焉。哀樂相生，君子以正，此之謂『五至』。」

子夏曰:「『五至』旣聞之矣，敢問何謂『三無』?」

孔子曰:「『三無』乎，無聲之樂·無體之禮·無服之喪。君子以此皇于天下，傾耳而聽之，不可得而聞也;明目而視之，不可得而視也，而得旣塞於四海矣，此之謂『三無』。」

子夏曰:「無聲之樂·無體之禮·無服之喪，何志是邇?」

孔子曰:「善哉!商也，將可教詩矣，成王不敢康，夙夜基命宥密，無聲之樂;『威儀遲遲，不可選也』，無體之禮;『凡民有喪，匍匐救之』，無服之喪也。」

子夏曰:「其才辨也，美矣!宏矣!大矣!盡於此而已乎?」

孔子曰:「猶有五起焉。」

子夏曰:「所謂五起，可得而聞歟?」

孔子曰:「無聲之樂，氣志不違，無體之禮，威儀遲遲;無服之喪，內恕巽悲。無聲之樂，塞于四方;無體之禮，日逑月相;無服之喪，純德同明。無聲之樂，施及孫子;無體之禮，塞于四海;無服之喪，爲民父母。無聲之樂，氣志旣得;無體之禮，威儀翼翼;無服之喪，施及四國。無聲之樂，氣志旣從;無體之禮，上下和同;無服之喪，以畜萬邦。」

哀樂相生。是故正明目而視之，不可得而見也;傾耳而聽之，不可得而聞也。志氣塞乎天地。此之謂五至。」

子夏曰:「『五至』旣得而聞之矣!敢問何謂『三無』?」

孔子曰:「無聲之樂，無體之禮，無服之喪，此之謂『三無』。」

子夏曰:「『三無』旣得略而聞之矣!敢問何詩近之?」

孔子曰:「『夙夜其命宥密』，無聲之樂也;『威儀逮逮，不可選也』，無體之禮也;『凡民有喪，匍匐救之』，無服之喪也!」

子夏曰:「言則大矣!美矣!盛矣!言盡於此而已乎?」

孔子曰:「何爲其然也?君子之服之也，猶有『五起』焉。」

子夏曰:「何如?」

孔子曰:「無聲之樂，氣志不違;無體之禮，威儀遲遲;無服之喪，內恕孔悲。無聲之樂，氣志旣得;無體之禮，威儀翼翼;無服之喪，施及四國。無聲之樂，氣志旣從;無體之禮，上下和同;無服之喪，以畜萬邦;無聲之樂，日聞四方;無體之禮，日就月將;無服之喪，純德孔明;無聲之樂，氣志旣起;無體之禮，施及四海;無服之喪，施於孫子。」

子夏曰:「三王之德，參於天地，敢問何如斯可謂參於天地矣?」

孔子曰:「奉『三無私』以勞天下。」

子夏曰:「敢問何謂『三無私』?」

孔子曰:「天無私覆，地無私載，日月無私照。奉斯三者以勞天下，此之謂『三無私』。其在『詩』曰:『帝命不違，至於湯齊，湯降不遲，聖敬日齊，昭假遲遲，上帝

亦至焉。詩禮相成，哀樂相生。是以正明目而視之，不可得而見;傾耳而聽之，不可得而聞。志氣塞於天地，行之克於四海，此之謂『五至』矣。」

子夏曰:「敢問何謂『三無』?」

孔子曰:「無聲之樂，無體之禮，無服之喪，此之謂『三無』。」

子夏曰:「敢問三無何詩近之?」

孔子曰:「『夙夜基命宥密』，無聲之樂也;『威儀逮逮，不可選也』，無體之禮也;『凡民有喪，扶伏救之』，無服之喪也。」

子夏曰:「言則美矣，大矣，言盡於此而已?」

孔子曰:「何謂其然?吾語汝，其義猶有『五起』焉。」

子夏曰:「何如?」

孔子曰:「無聲之樂，氣志不違;無體之禮，威儀遲遲;無服之喪，內恕孔悲。無聲之樂，所願必從;無體之禮，上下和同;無服之喪，施及萬邦。旣然，而又奉之以三無私，而勞天下，此之謂『五起』。」

子夏曰:「何謂『三無私』?」

孔子曰:「天無私覆，地無私載，日月無私照。其在『詩』曰:『帝命不違，至於湯齊，湯降不遲，聖敬日躋，昭假遲遲，上帝是只。』帝命式於九圍，是湯之德也。」

是只, 帝命式於九圍。』是湯之德也！」 「天有四時, 春秋冬夏, 風雨霜露, 無非教也；地載神氣, 神氣風霆, 風霆流形, 庶物露生無非教也。」 「清明在躬, 氣志如神, 嗜欲將至, 有開必先, 天降時雨, 山川出雲, 其在『詩』曰『嵩高惟岳, 峻極於天, 惟岳降神, 生甫及申, 惟申及甫, 惟周之翰, 四國于蕃, 四方于宣。』此文武之德也。」 「三代之王也, 必先令聞, 詩云：『明明天子, 令聞不已。』三代之德也, 弛其文德, 協此四國, 大王之德也。」 子夏蹶然而起, 負牆而立, 曰：「弟子敢不承乎？」	子夏蹶然而起, 負墙而立曰：「弟子敢不誌之。」

　　위의 표를 보면 이 세 자료의 가장 큰 차이점에는 다음의 네 가지가 있다.

　　첫째, 『공자가어』「논례」편의 첫머리 부분에는 "공자한거자장자공언유시논급어례孔子閒居子張子貢言遊侍論及於禮" 등 804자가 있지만, 다른 두 자료에는 없다.

　　『공자가어』「논례」편에서 증가된 이 부분은 「공자한거」(또는 『민지부모』)와의 관계가 그다지 밀접하지 않다. 왜냐하면 우리가 볼 수 있는 『공자가어』「논례」편의 804자는 그 내용은 확실히 예禮를 논하고 있을 뿐, '오지五至'나 '삼무三無'와는 그다지 관계가 없기 때문이다. 따라서 『공자가어』「논례」편은 첫머리 부분의 804자를 위주로 하고 있다고 할 수 있다. 이어지는 '오지'와 '삼무' 부분은 사실 그 주요 목적이 '위정爲政'을 논하는 것에 있지, '예를 논하는 것'에 있는 것이 아니다. 『공자가어』의 전해진 텍스트의 내용에 이미 많은 착오가 있었기 때문에 '시례상성詩禮相成' 등의 잘못된 글자가 첨가되었으며, '예禮'와의 관계가 비교적 밀접한 것처럼 보였기 때문에 「논례」편의 후반부에 덧붙여진 것이다.

　　둘째, '오지'의 순서 문제. 『민지부모』의 순서는 '물勿(物)—지志—예禮—악

樂 — 애哀'이고『예기』「공자한거」편과『공자가어』「논례」편의 순서는 '지志
— 시詩 — 예禮 — 악樂 — 애哀'이다.『공자가어』「논례」편에서는 '오지'를 서술
한 후 '애락상생哀樂相生' 앞에 '시례상성詩禮相成'이라는 문구를 보충하고 있다.

이 점에 대하여 정리자인 푸마오쭈워는 아마도 현행본『예기』「공자한거」
편의 영향을 받았기 때문에, 현행본의 문자가 옳고 죽간본의 문자는 잘못되
었다고 주장한다.

'물勿'은 '지志'를 잘못 쓴 것이지만 '물勿'은 '물物'로 읽기 때문에 역시 통
한다. '지志'는 '은혜를 베풀고자 하는 의지'를 의미한다.『설문』「심부心部」에
서는 "志, 意也. 從心, 之聲."(지志는 의意이다. 심心과 성부인 지之로 구성되어
있다)고 하고,『석명釋名』「석전예釋典藝」에서는 "詩之也志之所之也."(시詩는 가
는 것이다. 의지가 가는 것이다)라고 한다. '지역지志亦至'의 '지志'는 '시詩'로
읽는다. '지志'로 선도하여 '오지'의 정신을 일관하는 것이다.『예기』「공자한
거」정현주鄭玄注에서는 "凡言至者, 至於民也. 志, 謂恩意也. 言君恩意至於民, 則
其詩亦至也. 詩, 謂好惡之情也."(대개 지至라고 하는 것은 백성에게 이르는 것이
다. 지至는 은혜를 베풀고자 하는 의지를 말한다. 군주가 은혜를 베풀고자 하는
의지가 백성에게 이를 때에는 그 시 또한 이른다는 것을 말한 것이다. 시는
좋아하거나 미워하는 감정을 말한다)라고 하고, 공영달소孔穎達疏에서는 "此經
子夏問『五至』之事, 孔子爲說『五至』之理.『志之所至, 詩亦至焉』者,『志』謂君之恩
意之至,『所至』謂恩意至極於民, 詩者, 歌詠歡樂也. 君之恩意旣至於民, 故詩之歡
樂, 亦至極於民."(이 경經에서 자하子夏는 '오지'에 대해서 묻고, 공자는 '오지'
의 이치에 대해서 말하고 있다. '의지가 이르는 곳에서 시 또한 이른다'라는
것은 지志는 군주가 은혜를 베풀고자 하는 의지가 이른다는 것이고, 소지所至는
은혜를 베풀고자 하는 의지가 백성에서 완전히 이르는 것을 말하며, 시詩라는
것은 기쁨과 즐거움을 노래로 부르거나 읊는 것이다. 군주가 은혜를 베풀고자
하는 의지가 이미 백성에게 이르렀기 때문에 시의 기쁨과 즐거움도 백성에게
완전히 이른 것이다."라고 한다. 백성에게 은혜를 베풀고자 하는 의지가 있기
때문에 백성이 즐거워하고 찬미한다는 것 또한 이 구절의 기본적인 의미이다.
"의지가 이르면 시 또한 이른다"라는 구절의 핵심사상은 상박초간(1)『공자시

론』 제1호간의 '詩亡(無)隱(離)志'(시는 의지와 떨어져 있지 않다)와 서로 일치
한다.

죽간본과 현행본의 '오지'는 다른데, 그렇다면 어느 판본을 옳다고 해야
하는가? 우리는 물론 출토문헌만을 편들어서는 안 된다. 그러나 고대 학자들
은 확실히 현행본 「공자한거」의 '오지'에 대하여 일찍부터 불만을 가지고
있었다. 『예기』 「공자한거」 정현 주에서는 다음과 같이 말한다.

> 대개 지포라는 것은 백성에게 이른다는 것이다. 지志는 은혜를 베풀고자 하는
> 의지를 말한다. 군주가 은혜를 베풀고자 하는 의지가 백성에게 이를 때에는
> 그 시 또한 이른다는 것을 말한 것이다. 시는 좋아하거나 미워하는 감정을 말한
> 다. 여기서부터 그 아래는 모두 백성의 부모된 자는 자신이 가지고 있는 것을
> 잘 미루어 백성과 함께 한다는 것을 말한 것일 뿐이다.[11]

「공자한거」의 전문全文은 어떻게 하면 '백성의 부모', 즉 백성을 자식같이
사랑하는 '지방장관'이 될 수 있는지에 대하여 논한 것이다. 따라서 정현
주에서 "지志는 은혜를 베풀고자 하는 의지를 말한다"라고 한 것은 따를
수 있는 것이다. 하지만 그 다음에 "군주가 은혜를 베풀고자 하는 의지가
백성에게 이르면 그 시 또한 이른다는 것을 말한 것이다. 시는 좋아하거나
미워하는 감정을 말한다. 여기서부터 그 아래는 모두 백성의 부모된 자는
자신이 가지고 있는 것을 잘 미루어 백성과 함께 한다는 것을 말한 것일
뿐이다"라고 한 것은 이해하기 힘들다. '시詩'는 백성과 그다지 관련이 없다.
또, "시는 좋아하거나 미워하는 감정을 말한다"라고 한 것도 매우 억지스럽
다. 이러한 전래문헌의 착오는 정현도 해결하지 못하였다. 그래서 후세의

---

11 "凡言至者, 至於民也. 志, 謂恩意也, 言君恩意至於民, 則其詩亦至也. 詩謂好惡之情也, 自此
以下皆謂民之父母者善推其所有以與民共之耳."

유가들이 「공자한거」를 비판하였는데, 예를 들면 야오지헝姚際恒은 다음과 같이 말하였다.[12]

장의 첫머리에서 '백성의 부모'라고 한 것은 '오지'가 모두 백성에게 이른다는 것을 말한 것이다. 지志를 시詩에 이르게 하는데 무엇을 백성에게 준다는 말인가? 지志가 첫 번째 지至가 될 수 없다는 것을 알아야 할 것이다. 정씨鄭氏는 그것이 통하지 않기 때문에 "대개 지至라는 것은 백성에게 이른다는 것이다. 지志는 은혜를 베풀고자 하는 의지를 말한다. 군주가 은혜를 베풀고자 하는 의지가 백성에게 이르면 그 시 또한 이른다는 것을 말한 것이다"라고 한 것이다. 지志를 은혜를 베풀고자 하는 의지라고 한 것은 지나치게 곡해한 것으로, 저자의 뜻 또한 어찌 이와 같았겠는가? 어떤 사람은 '악역지언樂亦至焉'의 '악樂'은 음音이 악岳이고, '락지소지樂之所至'의 락樂은 음音이 락洛이라 하여 슬픔이 이른다는 뜻을 취하고자 하였는데, 이는 갑자기 악樂(岳)자를 빼고 락樂(洛)자로 바꾼 것이니 매우 이상하다. 『시詩』·『예禮』·『악樂』은 경에 속하고, 애哀는 사람의 감정에 속하는데, 또 어떻게 『시詩』·『예禮』·『악樂』과 함께 하나의 지至가 되겠는가? '애락상생哀樂相生'(슬픔과 즐거움이 번갈아 생긴다)이라는 것은 또 다른 의미이기 때문에, 결국 「민지부모」의 장과는 전혀 대응되지 않는다.[13]

죽간본 『민지부모』가 발표되고 나서 우리는 원래의 판본이 '지志'를 첫 번째 지至로 삼지 않았다는 것을 알 수 있게 되었다. 야오지헝은 정말로 총명하고 날카로운 학자이다.

---

12 杭世駿, 『續禮記集說』(明文出版社出版, 1992, pp.4868~4869).
13 "章首言民之父母, 則五至皆謂至於民也. 至「志」於「詩」, 何與於民? 其不得以「志」爲第一至, 審矣! 鄭氏以其不可通, 故曰:「凡言至者, 至于民也. 志謂恩意也. 言君恩意至於民, 則其詩亦至也.」以「志」爲恩意, 曲解顯然, 即作者之意, 亦豈嘗如是?或「樂亦至焉」之「樂」音岳, 「樂之所至」之「樂」音洛, 欲取哀至之義, 忽以樂(岳)字脫換作樂(洛)字, 甚奇!(필자 주 : 注와 疏에서는 3개의 樂자를 모두 洛으로 읽는데, 그렇다면 禮와 樂이 연결되지 않게 된다. 陳氏『集說』에서는 앞의 2개의 樂자를 岳으로 읽는데, 그렇게 해도 樂과 哀는 연결되지 않는다)「詩」·「禮」·「樂」屬經, 哀屬人情, 又何得並「詩」·「禮」·「樂」爲一至乎? 至於哀樂相生, 又別一義, 竟與「民之父母」章全不照顧矣!"

2003년 3월 15일에 필자는 꾸워리화郭梨華가 주재한 독서회에서 「상박초간(2)에 관한 간단한 논의(2)上博二 小議(二): 『민지부모』'오지'해석民之父母」'五至」解」라는 논문을 발표하였고, 회의가 끝난 후 2003년 3월 19일에 '간백연구簡帛研究' 웹사이트에 논문을 투고하였다. 그 논문에서는 현행본『예기』「공자한거」편과『공자가어』「논례」편의 '지ㅡ시ㅡ예ㅡ악ㅡ애'의 '오지'는 납득할 수 없는 것이고, 죽간본의 '물ㅡ지ㅡ예ㅡ악ㅡ애'가 가장 합리적이라고 지적하였다. 그 논문의 원문은 아래와 같다.

상박초간『민지부모』에서 '오지'의 첫 번째 지至인 '물勿'은 '물物'로 읽어야 하는데, 이것은 곽점초간과 상박초간의 간문簡文에 흔히 보이는 것이다. '물物'이란 가장 넓은 의미로는 '나' 이외의 만사만물萬事萬物을 가리킨다.(곽점초간 『성자명출』 제12호간에서는 "凡見者之謂物"(보이는 모든 것을 물物이라고 한다). '물物이 이른다'는 것은 천지만물天地萬物의 이치를 가리키며, 사람들이 욕망하는 것도 당연히 포함된다. '지志'(마음이 향하는 것이 지志인데, 여기서는 위정자의 마음이 향하는 것을 가리킨다)도 이로써 알 수 있는데, 천지만물의 이치와 사람들이 좋아하거나 싫어하는 감정을 완전히 이해하는 것이 바로 '지志가 이른다'는 것이다. 『맹자孟子』「이루하離婁下」편에서 "舜明於庶物, 察於人倫."(순은 여러 사물들에 대하여 밝고 인륜을 잘 알고 있다)이라고 한 것이 이 죽간에서 말한 것과 유사하다. 즉, 천지만물의 이치와 사람들이 좋아하거나 싫어하는 감정을 완전히 이해할 수 있으면 각종 정책과 규정을 제정하여 사람들을 바르게 인도하고, 길吉로 향하고 흉凶을 피하게 하며, 각각 원하는 바를 이루게 하는 것이니, 이것이 바로 '예禮가 이른다'는 것이다. 예禮는 외적 규범이고 악樂으로 조화해야 공경하고 화합하여 즐거워질 수 있다. 『예기』「문왕세자文王世子」편에서는 "樂所以脩內也, 禮所以脩外也. 禮樂交錯於中, 發形於外, 是故其成也懌, 恭敬而溫文."(악은 안을 수행하는 것이고, 예는 밖을 수양하는 것이다. 예악은 마음 속에서 교차되어 밖으로 드러난다. 그 때문에 그것이 완성되면 기쁨이 넘쳐 공경하고 온화하며 문채가 나게 된다)라고 하였는데, 이것이 바로 '악樂이 이른다'('악樂'의 음은 악岳)는 것이다. 음악은 사람들의 가장 직접적인 감정을 전달할 수 있다. 사람들은 고통이 많고 즐거움이 적기 때문에 그들 마음

속의 애통함을 이해하게 되는데, 이것이 바로 '슬픔에 이른다'는 것이다. 고대에는 시를 수집하여 민간의 풍조를 살폈는데, 그 감정을 알게 되면 가엾게 여겨 기뻐할 수 없게 된다. 이것이 바로 정주鄭注에서 "대개 지至라는 것은 백성에게 이른다는 것이다"라고 한 것이다. 백성에게 이를 수 있다면 당연히 '백성의 부모'가 될 수 있다. 음악은 단지 마음 속의 애통함을 표현할 수 있을 뿐만 아니라 마음 속의 즐거움도 표현할 수 있기 때문에 '애락상생哀樂相生'이라는 구절을 보충한 것이다.

더 자세히 말하면 '오지'는 비교적 구체적인 범위에서 말한 것으로 그 경계가 좁은데, 그것을 확장한 것이 곧 '삼무三亡(無)'이다. '무성지악無聲之樂'(소리가 없는 음악), '무체지례無體之禮'(형상이 없는 예), '무복지상無服之喪'(복을 입지 않는 상)은 비교적 좁은 범위를 무한한 범위로 확장한 것이고, 악樂·예禮·상喪의 정신을 잘 파악하기만 한다면 이것이 바로 "皇(橫)於天下"(천하에 고루 미치게 한다)라는 것이다. 그 결과는 "四方有敗, 必先知之"(만약 사방에 재앙이 발생하는 일이 생기게 되면, 반드시 미리 그것을 알 수 있다)라고 하듯이 모든 문제를 순조롭게 해결할 수 있는데, 이것이 바로 이상적인 '백성의 부모'가 아니겠는가!

내용을 비교해 보면 죽간본이 현행본보다 더 훌륭하다. 그렇기 때문에 우리가 상박초간 『민지부모』는 선진시기의 비교적 좋은 판본이고, 『예기』 「공자한거」편과 『공자가어』 「논례」편은 오류가 있는 한대의 전래문헌이라는 것을 믿는 데에는 이유가 있다.

셋째, 상박초간 『민지부모』에서는 공자가 '소리가 없는 음악', '형상이 없는 예', '복을 입지 않는 상' 등 '삼무'를 모두 말한 후 다시 "군자는 이것을 천하에 고루 미치게 하는데, 귀를 기울여 들어도 들을 수 없고, 눈을 크게 뜨고 보아도 볼 수 없지만 온 세상에 가득 차게 할 수 있다"[14]라고 하고,

---

14 "君子以此皇于天下, 傾耳而聽之, 不可得而聞也 ; 明目而視之, 不可得而視也, 而得旣塞於四海矣."

그리고 나서 비로소 "此之謂三無"(이것을 삼무라고 한다)라고 하고 있다. 그러나 『예기』「공자한거」편에서는 이 구절을 '오지'의 '애락상생' 뒤, '차지위오지此之謂五至' 앞에 위치시키고 있다. 또, "군자는 이것을 천하에 고루 미치게 한다"[15]라는 구절도 없고, 그 위치에 "그렇기 때문에 눈을 크게 뜨고 보아도 볼 수 없고, 귀를 기울여 들어도 들을 수 없다. 그러나 (군주의) 의지와 기는 하늘과 땅에 가득차 있다"[16]라고 하고 있다. 『공자가어』「논례」편에서도 서로 같은 위치에 배치하였지만 "그렇기 때문에 눈을 크게 뜨고 보아도 볼 수 없고, 귀를 기울여 들어도 들을 수 없다. 그러나 (군주의) 의지와 기는 하늘과 땅에 가득차 있으니, 그것을 행하면 온 세상을 다스릴 수 있다"[17]라고 하고 있듯이 문장에 약간의 차이가 있다.

이러한 현상은 두 가지로 해석할 수 있다. 첫째는 『예기』「공자한거」편과 『공자가어』「논례」편은 옳고 상박초간 『민지부모』가 잘못되었다는 해석이다. 둘째는 그와는 반대로 상박초간 『민지부모』가 옳고 『예기』「공자한거」편과 『공자가어』「논례」편이 잘못되었다는 해석이다.

판단의 근거로 가장 합리적인 것은 문맥에 근거하는 것이다. 2003년 1월 18일에 천지엔陳劍이 간백연구 웹사이트에 발표한 「상박초간上博簡 『민지부모民之父母』 '이득기색어사해의而得旣塞於四海矣' 구句 해석解釋」이라는 논문에서 이미 다음과 같이 명백하게 지적하였다.

간문의 "傾耳而聽之, 不可得而聞也 ; 明目而視之, 不可得而見也, 而得(德)旣塞於四海矣"는 '삼무'를 이어 말한 것이며 '오지'를 말한 것이 아니므로, 앞뒤의 문장을 결합해 보면 그 대의는 다음과 같다. "군자는 '삼무'를 행함으로써 천하에 고루 미치게 하는데, 소리 없는 음악을 행하여 들을 수 없고, 형상이 없는

---

15 "君子以此皇于天下."
16 "是故正明目而視之, 不可得而見也; 傾耳而聽之, 不可得而聞也. 志氣塞乎天地."
17 "是以正明目而視之, 不可得而見; 傾耳而聽之, 不可得而聞. 志氣塞於天地, 行之克於四海."

예와 복을 입지 않는 상을 행하여 볼 수가 없다. 다른 사람들이 듣지 못하고 보지 못하는 사이에 이 '삼무'를 행하는 군자는 그 덕이 이미 사해에 충만해 있다."

또, 『예기』「공자한거」편과 『공자가어』「논례」편의 '정명목이시지正明目而視之'의 '정正'자의 뜻은 매우 난해하고, 더구나 '정명목正明目'과 '경이이청지傾耳而聽之'의 '경이傾耳'도 대응되지 않는다. 간문에 '오지'에 대해서 말하는 단락에 '군자이정君子以正'이라는 구절이 있는데 현행본에는 보이지 않는다. 간문과 대조해 보면 현행본의 '정명목이시지正明目而視之'에서 무슨 뜻인지 알 수 없는 '정正'자는 분명 간문의 '군자이정君子以正'의 '정正'에서 유래하는 것이다. 간문의 '군자이정君子以正'과 "傾耳而聽之, 不可得而聞也；明目而視之, 不可得而見也, 而得(德)旣塞於四海矣"는 원래 앞뒤 두 곳에 위치해 있는데 현행본에서 '정명목正明目'과 이어진 것은 현행본이 "明目而視之, 不可得而見也；傾耳而聽之, 不可得而聞也；志氣(本作'得[德]旣')塞乎天地"를 위의 문장에 잘못 배열한 결과이다.

사실 착간의 원인은 아주 간단하다. 『한서』「예문지藝文志」에는 유향劉向이 비서秘書를 교정한 일이 기록되어 있는데, 탈간脫簡과 관련된 상황은 다음과 같다.

유향이 궁중의 중고문中古文으로 구양·대하후·소하후 3가의 경문을 교정하였는데, 「주고酒誥」는 하나의 간簡이 없어졌고, 「소고召誥」는 두 개의 간이 없어졌다. 간에 기재된 글자가 모두 25자이면 없어진 글자 또한 25자이고, 간의 글자가 22자이면 없어진 글자 또한 22자이다.[18]

현행본 『예기』「공자한거」편의 착간 상황에 대하여 우리는 이것을 복원하는 작업을 시도할 수 있다. 우리는 『예기』「공자한거」편의 간문은 각 간마다 대략 37~38자가 있었을 것으로 추측할 수 있는데, 그렇다면 정확한 원문은

---

18 "劉向以中古文校歐陽, 大小夏侯三家經文,「酒誥」脫簡一,「召誥」脫簡二. 率簡二十五字者, 脫亦二十五字, 簡二十二字者, 脫亦二十二字."

다음과 같을 것이다.

曰志之所至詩亦至焉詩之所至禮亦至焉禮之所至樂亦至焉樂之所至哀亦至焉哀樂相生
是故正明目而視之不可得而見也傾耳而聽之不可得而聞也志氣塞乎天地
此之謂五至子夏曰五至旣得而聞之矣敢問何謂三無孔子曰無聲之樂無體之禮無服之喪
此之謂三無子夏曰三無旣得略而聞之矣敢問何詩近之孔子曰夙夜其命宥密無聲之樂也

착간이 생긴 후 제3호간과 제2호간이 서로 잘못 배열되었고, 그리고 나서 제2호간 상단에 잔결이 생겨 문장에 새로운 오류가 생기게 되었다. 현행본으로 변경된 문장은 다음과 같다.

曰志之所至詩亦至焉詩之所至禮亦至焉禮之所至樂亦至焉樂之所至哀亦至焉哀樂相生
此之謂五至子夏曰五至旣得而聞之矣敢問何謂三無孔子曰無聲之樂無體之禮無服之喪
君子以此皇于天下傾耳而聽之不可得而聞也明目而視之不可得而視也而得旣塞於四海矣
此之謂三無子夏曰三無旣得略而聞之矣敢問何詩近之孔子曰夙夜其命宥密無聲之樂也

판본의 오류로 인하여 현행본 『예기』 「공자한거」편은 이해할 수 없게 되었다. 그 때문에 야오지헝은 다음과 같이 「공자한거」편은 『노자』와 『맹자』를 답습한 것이라고 비평하였다.[19]

"보아도 보이지 않고, 들어도 들리지 않는다"라고 한 것은 본래 『노자』의

19 杭世駿, 『續禮記集說』(明文出版社, 1992), pp.4868~4869.

'희이希夷' 설이고, '의지와 기가 하늘과 땅에 가득 차 있다'는 것은 『맹자』의 '그 기라는 것은 하늘과 땅 사이에 가득 차 있다'를 답습한 것이다. 그렇다면 기氣는 가득 차 있다고 할 수 있지만 지志는 가득 차 있다고 할 수 없다.[20]

현재 죽간본 『민지부모』의 출현으로 야오지헝의 문제제기도 문제가 되지 않게 되었다.

넷째, 현행본 『예기』 「공자한거」편 및 『공자가어』 「논례」편에는 '오기' 다음에 "하늘을 사사롭게 (만물을) 덮지 않고, 땅은 사사롭게 (만물을) 싣지 않으며, 해와 달은 사사롭게 (만물을) 비추지 않는다"[21]라고 하여 '삼무사三無私'가 있다. 죽간본 『민지부모』에는 이 부분이 없다.

내용적으로 보면 '삼무사'와 위정자에게 '백성의 부모'가 될 것을 요구하는 행위는 충돌하지 않는다. 그렇기 때문에 간본에 없어도 문맥에 지장이 없으며, 현행본에 있다 하더라도 결점이 되지는 않는다. 다시 말하면 이것은 진한秦漢시대 이후의 학자들이 원의를 확대하여 부연한 것이다. 이러한 비교적 과장된 확대 방식은 끊임없이 계속 생길 수 있으며 의의도 그다지 크지 않다. 「공자한거」편에 이르러 세 개의 단락이 추가된 것도 이러한 기준으로 이해할 수 있다.

4. 맺음말

이번 회의의 주제는 "문헌학(자료학)의 대상과 함의 및 연구 방법론을 통하여 고대 동아시아 사회의 문제의식을 정확하게 이해하고, 고대 문자와 언어,

---

20 「視之不見」・「聽之不聞」, 本『老子』「希夷」之說 ; 「志氣塞乎天地」襲『孟子』「其爲氣也, 則塞乎天地之間」, 然氣可言塞, 志不可塞也!
21 "天無私覆, 地無私載, 日月無私照. 奉斯三者以勞天下, 此之謂『三無私』."

역사, 사상 등 영역에서 분과 학문을 뛰어넘어 문헌학(자료학)의 가능성을 총체적으로 찾는 데에 있다. 더 나아가 이번 국제학술회의의 최종 목표는 문헌학(자료학)이라는 광범위한 학술적인 틀 속에서 출토자료가 지닌 본질적인 의의를 찾는 것이다." 이러한 목표 아래 필자는 비교적 잘 알고 있는 상박초간을 통하여 출토자료를 고증하는 방법을 설명하였는데, 진위를 판별하고 우열을 가리는 문제에서 "문헌학(자료학)이라는 광범위한 학술적인 틀 속에서 출토자료가 지닌 본질적인 의의를 찾는" 데에 조금이나마 도움이 되길 바란다.

『이년율령(二年律令)』 중의 '偏(頗)捕(告)'에 대한 새로운 해석[*]

천웨이(陳偉)[**]

장가산한간張家山漢簡『이년율령二年律令』에 보이는 '편고偏告'와 '편포偏捕' 혹은 '파고頗告'와 '파포頗捕'의 의미는 이해하기 어렵다. 이미 많은 학자들이 여러 가지로 추측하였고 문제에 대한 논의를 추진하였다. 본 논문에서는 율문과 용어의 뜻에 대한 분석으로부터 출발하여 하나의 새로운 해설을 제기하고자 한다.

정리자整理者가 『이년율령』을 처리한 것에 의하면, '편포'는 「적률賊律」과 「도률盜律」에 나타나고, '파포頗捕'는 「도률」에 나타나며, '편고偏告'는 「도률」에 나타나고, '파고頗告'는 「전률錢律」에 나타난다. 그밖에도 「고률告律」과 「전률」에는 '편선자득偏先自得'과 '파상포頗相捕'라는 말이 있는데 대체적으로 설명이 비슷하다. 구체적인 율문은 다음과 같다.

* 論文寫作得到敎育部哲學社會科學硏究重大課題攻關項目 "秦簡牘的綜合整理與硏究"(項目批准號 08JZD0036)的資助.(이 논문은 교육부 철학사회과학연구 중대과제 항목인 '진간독의 종합적 정리와 연구'(항목 비준 번호: 08JZD0036)의 재원으로 수행된 연구임)
** 중국 무한(武漢)대학 역사학원장 겸 간백연구중심 주임.

성읍과 정장으로 모반하여 제후에게 항복하거나, 성이나 정장에 올라 지키는데 제후국 사람들이 와서 공격을 하는데, 굳게 지키지 못하고 그것을 버리거나 제후에게 항복하는 자 및 모반자는 모두 요참형에 처한다. 그 부모·처자·동모형제는 나이가 많거나 적거나 모두 기시에 처한다. 모반에 연좌된 자가 능히 두루 체포하거나 혹은 먼저 관리에게 고하는 자는 연좌된 자의 죄에서 면제한다.[1]

다른 사람을 협박하거나, 다른 사람을 협박하여 전재錢財를 얻고자 모의했을 경우, 비록 아직 얻지 못했거나 아직 협박하지 않았어도 모두 책형에 처한다. 그 처자를 죄주어 성단용으로 삼는다.[2] 그 처자가 마땅히 연좌되어야 하는데 이들을 두루 체포하거나 혹은 관리에게 고하여 관리가 그들을 체포하면, 모두 그 연좌된 죄를 면한다.[3]

서로 함께 겁인을 모의하거나 겁인한 죄가 있는데, 능히 그 공범의 일부를 잡거나, 혹은 관리에게 고하여, 관리가 그 일부를 잡으면, 고자의 죄를 제하고, 사람당 5만전의 상을 내린다. 체포하거나 고하여 잡은 자의 수가 많으면, 사람 수대로 상을 내리며, 그 겁인하여 얻은 장물에 책임을 지우지 않는다. 고하여도 잡지 못하거나, 혹은 그 공범을 모두 고하지 않은 경우에는, 모두 죄를 제함을 얻지 못한다. 협박을 당하여 전재를 준 자 및 다른 사람으로부터 협박을 당하자, 그 동거가 이를 알고도 관리에게 고하지 않으면, 모두 겁인자와 동죄로 한다. 겁인자가 도망간 후, 하루가 채 되지 않아, 그 일부를 잡거나, 관리에게 고하면 모두 제한다.[4]

---

1 以城邑亭障反, 降諸侯, 及守乘城亭障, 諸侯人來攻盜, 不堅守而棄去之若降之, 及謀反者, 皆1 要(腰)斬. 其父母·妻子·同産, 無少長皆棄市. 其坐謀反者, 能偏捕, 若先告吏, 皆除坐者罪. 2 (「賊律」).

2 劫人·謀劫人求錢財, 雖未得若未劫, 皆磔之 ; 完其妻子. 完은 정리자는 '罪'로 썼지만, 『二年律令與奏讞書』(上海古籍出版社, 2007, 118쪽)에서 석문을 고쳤다.

3 以爲城旦舂. 其妻子當坐者偏捕, 若告吏, 吏68捕得之, 皆除坐者罪. 69(「盜律」).

4 相與謀劫人·劫人, 而能頗捕其與, 若告吏, 吏捕頗得之, 除告者罪, 有(又)購錢人五萬. 所捕·告得者多, 以人數購之, 71而勿責其劫人所得臧(贓). 所告毋得者, 若不盡告其與, 皆不得除罪. 諸予劫人者錢財, 及爲人劫者, 同居72智(知)弗告吏, 皆與劫人者同罪. 劫人者去, 未盈一日, 能

내죄☒(여기에 많은 잔결이 있는 듯하다), 벌금 4량죄는 벌금 2량이고, 벌금 2량죄는 벌금 1량이다. 령, 승, 령사가 혹은 두루 먼저 스스로 체포했으며, 서로 제한다.(혹은 상을 제수한다)(이것이 이 조에 맞는 간簡인지는 다른 간을 보고 결정).[5]

전錢을 도주盜鑄하는 자 및 이를 도운 자는 기시에 처한다. 동거가 고하지 않으면, 속내에 처한다. 정전, 전전, 오인이 고하지 않으면 벌금 4량이다. 누군가가 모두 고하면, 모두 상제相除(연좌를 면함)한다. 위, 위사, 향부, 관색부, 사리, 부주자가 잡지 못했으면, 벌금 4량이다.[6]

전을 도주한 자 및 이를 도운 자, 그 사람이 전을 도주하는 줄 알면서 동銅, 탄炭을 판 자 및, 그 새로운 전을 유통시킨 자 혹은 그것으로 뇌물을 행한 자가 능히 서로 체포하거나 먼저 자고하여 그 일당을 고하고, 관리가 체포하여 모두 잡았다면, 체포한 자(와 고한 자)의 죄를 제한다.[7]

징리자는 1~2호간, 68~69호간 중의 '편포'와 71~73호간 중의 '편고'의 '편偏'을 통가자로 보고 그 뒤 괄호 안에 '편徧'이라고 주를 달았다. 그런데, 징리자는 71~73호간의 '而能頗捕其與' 아래에 주석하기를 "파頗는 적은 부분(少部分)이다. 『광아廣雅』 「석고釋詁」에서는 '파頗는 소少이다'"라고 하였다. 징리자가 '편偏'을 '편遍'으로 읽는 견해에 대하여 제일 먼저 의문을 제기한 사람은 왕쯔진王子今이다. 그는 『좌전左傳』 「양공襄公 30년」 두예杜預의 주注와 『일체경음의一切經音義』 권98에서 인용하는 『방언方言』에 근거하여 "'편偏은 좌佐이다'라는 뜻을 취하여 장가산한간 「적률」에 보이는 '편포偏捕'를 이해하

自頗捕, 若偏告吏, 皆除. 73(「盜律」).

5 ☒金四兩罪罰金二兩, 罰金二兩罪罰金一兩. 令·丞·令史或偏先自130得之, 相除. 131(「告律」).

6 盜鑄錢及佐者, 棄市. 同居不告, 贖耐. 正典·田典·伍人不告, 罰金四兩. 或頗告, 皆相除. 尉·尉史·鄕部·官201嗇夫·士吏·部主者弗得, 罰金四兩. 202(「錢律」).

7 盜鑄錢及佐者, 智(知)人盜鑄錢, 爲買銅·炭, 及爲行其新錢, 若爲通之, 而能頗相捕, 若先自告·告其與, 吏捕206頗得之, 除捕[告]者罪. 207(「錢律」).

는 것이 적합할 것 같다"라고 지적하였다.[8]

그후 이 문제를 논의한 논문은 필자가 조사한 바에 의하면 허여우쭈何有祖와 져우뽀周波의 석사학위논문이 있다.

허여우쭈는 '조포助捕'(즉 '좌포佐捕') 설에 동의하지 않고 『적률』 1∼2호간에 대하여 다음과 같이 지적하였다. '모반의 죄에 연루된 자(其坐謀反者)'는 죄상을 안 후, 두 가지 상황에서 죄에 대한 책임을 피할 수 있는데, 즉 '편포'나 '관리에서 고하는 것'이다. 만약 '편포'를 선택하면 '리吏'로 대표되는 관청은 내막을 알지 못한다. 이럴 경우 '편포'는 전적으로 관리에게 고하기 전의 개인적인 행위가 된다. 그는 '편偏'을 소수를 가리키는 본자本字로 읽어야 한다고 생각하였다. 『서書』「진서秦誓」편의 "惟截截善偏言"에 대하여 육덕명陸德明의 석문에서는 마운馬雲의 말을 인용하여 "편偏은 소少이다"라고 했으므로 "能偏捕, 若先告吏"는 소수의 사람들을 체포할 수 있거나 혹은 먼저 '관리에게 고하는 것'을 말한다. 또 허여우쭈는 처음으로 '파포'와 '편포'를 서로 연계시키면서 자신의 논문에서 다음과 같이 말한다. "『이년율령』에서 이러한 의미를 나타낼 수 있는 것으로는 또 '파포'라는 용어가 있다. 71호간의 '공범자를 몇 명 체포할 수 있었거나 혹은 관리에게 알려서 관리가 몇 명을 구속하게 되었을 때에는 고했던 자의 죄를 면제하고(能頗捕其與, 若告吏, 吏捕頗得之, 除告者罪)'와 73호간의 '스스로 그 일부를 체포하거나 곧 관리에게 통고하였을 때에는 모두 면제한다.(能自頗捕, 若偏告吏, 皆除)'는 본 간의 '그 일부를 체포하거나 먼저 관리에게 알렸을 때에는 연루된 자의 죄를 면제한다.(能偏捕, 若先告吏, 皆除坐者罪)'라는 문장과 유사하다. 정리자는 73호간 아래에 주를 달기를 '파頗는 적은 부분(少部分)이다'라고 하였다. 『광아』「석고」에서는 '파頗는 소少이다'라고 했으므로 '파포'는 소수의 사람들을 붙잡는 것을 가리킨다. 이것은

---

8 「張家山漢簡《賊律》"偏捕"試解」, 『中原文物』 2003年 第1期. 『좌전』「양공 30년」 杜預注에서는 "偏, 佐也."라고 하고, 『일체경음의』에서는 『방언』을 인용하여 "偏, 亦禆也."라고 한다.

우리가 '편포'의 '편偏'을 글자 그대로 읽는데 하나의 방증이 될 수 있다."[9]

져우뽀는 「전률」 중의 '파고'에 대하여 다음과 같이 지적하였다. "파頗는 '다하다'는 뜻이다. 『조자변략助字辨略』권3 「조충국전趙充國傳」의 '將軍獨不計虜兵頗罷', 「이광전李廣傳」의 '頗賣得四十餘萬'에서 '파頗'자는 모두 '다하다'는 뜻이다'라고 하였다. 그러므로 '파고'는 '모두 고발한다'는 뜻이다."[10]

펑하오彭浩와 구도 모토오工藤元男와 필자가 공동으로 편집한『이년율령여주언서二年律令與奏讞書』에서도 '편고'와 '편포'의 '편'을 '편偏'으로 읽고, 또『적률』2호간의 주석에서 다음과 같이 말한다. "'편포'와 '파포'는 율문에 많이 보인다. '파포'는 소수나 일부를 체포하는 것으로 전부가 아니다. 편偏은 편遍이나 진盡으로 읽어야 한다.『사기史記』「오제본기五帝本紀」'말을 널리 알리다(徧告以言)'의『정의正義』에서는 '편偏의 음은 편遍이고, 천자가 정사를 베푸는 말을 널리 알리는 것을 말한다(徧音遍, 言遍告天子治理之言也)'라고 하고,『회남자淮南子』「주술훈主術訓」'천하가 모두 유가나 묵가가 된다(則天下徧爲儒墨矣)'의 주注에서는 '편偏은 여기서는 '모두'라는 뜻이다(徧, 猶盡也)'라고 한다."[11] 이것은 기본적으로 정리자의 관점을 따른 것이다.

딴위천單育辰은 수호지睡虎地 진률간秦律簡의 '피被'자를 논의할 때 장가산 한률간의 '파頗'자에 대해서도 언급하였다. 그는 진간에 나오는 세 번의 '피被'자와 장가산 한률 71・73・201호간의 '파포頗捕'・'파고頗告'의 '파頗'는 문법적으로 같고 모두 동사 앞에서 정도 부사로 쓰여 일정한 정도나 수량을 나타낸다고 한다. 전적과 출토문헌에 보이는 '파頗'의 용법은 비교적 유연하기 때문에 '대략・조금・약간'의 뜻을 나타내기도 하고, '많다, 심하다'라는 뜻을 나타내기도 한다.『수호지진묘죽간睡虎地秦墓竹簡』에서 세 번 사용된 '피

9 何有祖,『張家山漢簡《二年律令》之《賊律》、《盜律》、《告律》、《捕律》、《復律》、《興律》、《徭律》諸篇集釋』, 武漢大學 석사학위논문, 2005.5, 7쪽.
10『《二年律令》錢、田、□市、賜、金布、秩律諸篇集釋』, 武漢大學 석사학위논문, 5쪽.
11 上海古籍出版社, 2007, 90쪽.

披’는 ‘다소・대체로’라는 뜻으로 이해해야 한다고 보았다.[12]

리우좌오劉釗도 최근에 전문적으로『이년율령』의 ‘파頗’자에 대하여 연구하였다. 그는 정리자와『이년율령여주언서』의 주석에 대하여 다음과 같이 지적한다. “간문의 뜻과 율령 자체의 법리로부터 보면 이 해석은 매우 의심스럽다. 여기서 ‘파頗’가 나타내는 것은 수량이 ‘많다’는 것이지 ‘적다’는 것이 아니다. 따라서 ‘비교적 많이’, ‘되도록 많이’, ‘대량으로’라고 번역하는 편이 좋다.” 또, 그는 ‘편포偏捕’를 ‘편포徧捕’로 읽고 ‘모두 잡다’라는 뜻으로 보는 견해에 대하여 “다 같이 ‘타인을 협박’(劫人)한 사건인데 무엇 때문에 68~69호간에서는 반드시 ‘편포偏(徧)捕’해야만 죄를 면할 수 있다고 하고, 71호간에서는 오히려 ‘소수를 붙잡아도’ 죄를 면할 수 있다는 것만 요구하는가?”라고 문제를 제기한다.[13]

일본학자들의 연구를 보면, 도미야 이타루冨谷至가 주관하는 삼국시대출토문자자료연구반三國時代出土文字資料研究班은 ‘편포偏捕’를 상당히 많은 사람을 붙잡는 것으로 해석하고 ‘파포頗捕’를 소수의 사람을 붙잡는 것으로 해석하고 있는데,[14] 이것도 정리자의 견해를 따른 것이다.[15]

위에서 제시한『이년율령』의 편偏・파頗의 의미에 대하여 학자들의 의견에는 많은 차이가 있다. 문제는 다음의 두 가지로 귀결할 수 있다. 하나는

---

12 單育辰,『秦簡‘披’字釋義』, 簡帛網, 2006년 2월 5일.『江漢考古』2007년 제4기에 수록. 單育辰이 지적한 秦簡의 3가지 예는 다음과 같다. (2)『秦律十八種』48호간, “妾未使而衣食公, 百姓有欲假者, 假之, 令就衣食焉, 吏輒披事之.” (3)『秦律十八種』138호간, “凡不能自衣者, 公衣之, 令居衣如律然. 其日未備而披入錢者, 許之.” (5)『法律答問』26호간, “祠固用心賢及它贓物, 皆各爲一具, 一【具】之贓不盈一錢, 盜之當耐. 或値卄錢, 而披盜之, 不盡一具, 及盜不置者, 以律論.”

13 『說張家山漢簡《二年律令》中的“頗”』,『簡帛』제3집, 上海古籍出版社, 2008.

14 『江陵張家山漢墓出土二年律令譯注稿(一)』(『東方學報』京都 제76책, 2003), 115・164쪽;『江陵張家山二四七號墓出土漢律令研究(譯注篇)』(朋友書店, 2006), 2・51쪽도 대체로 같다.

15 專修大學『二年律令』研究會의『張家山漢簡『二年律令』譯註』도 또한 그러하다. 專修大學歷史學會,『專修史學』제35호, 2003, 110쪽 및 제36호, 2004, 60쪽 참조.

편偏과 파頗 각각의 의미이고, 다른 하나는 편偏과 파頗 두 글자의 의미가 같은 지(혹은 비슷한지) 아니면 상반되는지(혹은 많이 다른지)이다. 논의의 편의를 위하여 먼저 두 번째 문제부터 보기로 하자.

상술한 바와 같이, 허여우쭈와 리우짜오는 모두 편偏과 파頗의 의미가 같거나 비슷하다고 보았다. 허여우쭈는 71·73호간의 '파포'와 1~2호간의 '편포'는 문장이 유사하다고 여겼다. 리우짜오는 68~69호간과 71호간은 모두 '겁인' 사건에서 죄를 면하는 조건을 규정하고 있지만, 하나는 '편포'이고 하나는 '파포'라고 민감하게 지적하였다. 그 밖에 73호간에서는 "그 일부를 잡거나 관리에게 고하면 모두 제한다(若偏告吏, 皆除)"라고 하고, 201호간에서는 "누군가가 모두 고하면 모두 상제한다(或頗告, 皆相除)"라고 하는데, 문장이 역시 대체적으로 같다. 타인을 협박하고(劫人), 몰래 화폐를 주조하는(盜鑄錢) 것은 모두 중죄이기 때문에 죄를 면하는 전제조건으로 제시한 '편고'와 '파고'도 대체로 비슷할 것이다.

그렇다면 편偏과 파頗의 의미는 결국 무엇인가?

「적률」 1~2호간에서 '모반에 연좌된 자'(其坐謀反者)는 윗 문장에서 말하는 "그 부모·처자·동모형제는 나이가 많거나 적거나 모두 기시에 처한다"(其父母, 妻子, 同産, 無少長皆棄市)를 가리킨다. 모반한 사람은 아마도 한 사람에 그치지 않았을 것이다. 그러나 "모반에 연좌된 자가 능히 두루 체포하거나 혹은 먼저 관리에게 고하는 자는 연좌된 자의 죄에서 면제한다(其坐謀反者, 能偏捕, 若先告吏, 皆除坐者罪)"라는 율문은 분명 어떤 구체적인 모반자의 친척(부모·처자·친형제)을 두고 한 말이다. 또, 친척에 대해서 말하자면, 만약 연좌를 초래한 모반자를 '편포'하면 기시형棄市刑을 면제받을 수 있다. 「도률」 68~69호간 역시 같은 의미이다. 만약 타인을 협박하거나 협박하려고 계획한 자의 처나 자식이 연좌를 초래한 사람(처의 남편, 자식의 아버지)을 '편포'하면 완위성단용完爲城旦舂의 형벌을 면제받을 수 있다. 이 두 조목의 율문에서 '편포'되는 자는 단지 어느 한 사람만을 가리킨다. 그중의 '편偏'은 많다거나 전부(偏)라는 뜻도 있을 수 없고 적다라는 뜻도 있을 수 없다.

「도률」 71~73호간에서는 "체포하거나 고하며 잡은 자의 수가 많으면 사람 수대로 상을 내린다"(所捕, 告得者多, 以人數購之)라고 한다. 여기서 말하는 '고告'는 윗 문장의 '혹은 관리에게 고하는 것'(若告吏)을 가리키고, '포捕'는 윗 문장의 '그 공범의 일부를 잡는 것'(頗捕其與)을 가리킨다. 그 공범의 일부를 잡아 붙잡은 자가 많을 가능성이 있다고 한다면 적을 수도 있다는 것이다. 따라서 '포捕'를 수식하는 '파頗' 자체는 '많다'나 '적다'라는 뜻을 가질 수 없다. 이 점은 앞에서 나온 '편포'의 '편偏'에 대한 분석을 통하여 서로 검증할 수 있다.

주지하는 바와 같이 편偏에는 '절반(半)'이나 '한쪽(一方)'이라는 의미가 있다. 『좌전』 「민공閔公 2년」 "몸의 반을 입히다"(衣身之偏)에 대하여 두예杜預가 주를 달기를 "편偏은 반半이다"(偏, 半也)라고 하고, 『여씨춘추呂氏春秋』 「사용士容」편 "따라서 촛불이 한쪽만 있으면 방 한 쪽에는 빛이 없게 된다"(故火燭一隅, 則室偏無光)에 대하여 고유高誘 주注에서도 역시 "편偏은 반半이다."(偏, 半也)라고 하고, 『좌전』 「양공 3년」 "한 쪽만 드는 것은 당黨이 아니다"(舉其偏, 不爲黨)에 대하여 공영달孔穎達의 소疏에서는 "편偏은 한 쪽 행랑의 이름이므로, 전에서는 이것을 자주 '동편'·'서편'이라고 한다"(偏者, 半廂之名, 故傳多云'東偏'·'西偏')이라고 한다. 『국어國語』 「진어晉語 6」 "언지역진벌정형구지대부욕구郎之役晉伐鄭荊救之大夫欲救"장에는 "오직 성인만이 외환을 없게 하는 동시에 내우를 없게 할 수 있으며, 반대로 성인이 아닌 자는 반드시 한 쪽을 이룬 후에 나머지도 가능하게 된다"(且唯聖人能無外患, 又無內憂, 詎非聖人, 必偏而後可)라는 구절이 있는데 위소韋昭가 주를 달기를 "편偏은 한쪽에 하나가 있는 것이다"(偏, 偏有一)이라고 하고, 『순자荀子』 「불순不苟」편 "대개 사람의 결점은 한쪽으로 치우쳐서 실패하게 된다"(凡人之患偏傷之也)에 대하여 양경楊倞이 주를 달기를 "편偏이란 한쪽만을 보는 것을 말한다"(偏謂見其一隅)라고 하고, 『전국책戰國策』 「연책燕策 3」 "연태자단질어진망귀燕太子丹質於秦亡歸"장의 '편단偏

祖’, 『장자莊子』「도척盜蹠」편의 ‘편고偏枯’, 『사기』「추양열전鄒陽列傳」의 ‘편청偏聽’, 『한서漢書』「두흠전杜欽傳」의 ‘편맹偏盲’, 『잠부론潛夫論』「명암明暗」편의 ‘편신偏信’, 『중론中論』「예기藝紀」편의 ‘편행偏行’, 『문선文選』「반악潘嶽·과부부료부婦賦」의 ‘편고偏孤’ 등은 거의 모두 둘 중의 하나를 의미한다. 또, ‘편偏’은 여러 가지가 병존하는 것 중의 한 쪽을 가리키는 경우도 있다. 『순자』「예론禮論」편의 “예禮에는 3가지 근본이 있다. 하늘과 땅은 생명의 근본이고, 선조는 종족의 근본이며, 임금은 다스림의 근본이다. 하늘과 땅이 없으면 어떻게 태어날 수 있겠는가? 선조가 없으면 어떻게 이 세상에 나올 수 있겠는가? 임금이 없으면 어떻게 다스려질 수 있겠는가? 이 세 가지 중 어느 하나가 없어도 사람들을 평안하게 할 수 없다”(禮有三本 : 天地者, 生之本也; 先祖者, 類之本也; 君師者, 治之本也. 無天地, 惡生? 無先祖, 惡出? 無君師, 惡治? 三者偏亡, 焉無安人)에 대하여 양경이 주를 달기를 “편망偏亡이란 하나가 부족한 것을 말한다”(偏亡, 謂闕一也)라고 하는데, 여기서 ‘편偏’은 ‘삼본三本’ 중의 하나를 가리킨다. 『국어』「주어하周語下」 “가릉지회柯陵之會”장의 “편상을 행하면 근심거리가 생기게 된다”(偏喪有咎)에 대하여 위소가 주를 달기를 “보步·언言·시視·청청聽 4가지 중 2가지가 없는 것을 편상偏喪이라 한다”(步·言·視·聽四者而亡其二. 爲偏喪)라고 하고, 『책부원구册府元龜』 권795에서는 이 주를 인용하여 “4가지 중 하나가 없는 것을 편상이라고 한다”(四者亡其一, 爲偏喪)이라고 한다. 『책부원구』본에 의거하면, ‘편偏’은 ‘보·언·시·청’ 중의 하나를 가리킨다. ‘편偏’의 이러한 용법을 보면, 『이년율령』의 ‘편포’와 ‘편고’는 공범이나 연좌된 사람 중의 어떤 한 사람을 가리켜 말하는 것이 아닌가 추측된다. 「적률」1~2호간에서는 모반자의 부모나 처자나 친형제 중 어떤 한 사람이 모반자를 붙잡을 경우 연좌된 사람들이 모두 기시형을 면제받을 수 있다는 것을 말하고 있다. 「도률」 71~73호간에서 “서로 함께 겁인을 모의하거나 겁인한 죄가 있는데, 능히 그 공범의 일부를 잡거나”(相與謀劫人·劫人, 而能頗捕其與)라고 한 것은 여러 명이 함께 타인을 협박하거나 협박하려고 계획한 자 중의 어떤 한 사람이라도 같은 무리에 속한 사람을 붙잡을 수 있다는 것을 말한 것이다. 나머지는 유추하면 된다.

운몽수호지진간『진률십팔종秦律十八種』162~163호간에는 "곡물을 저장하는 관청의 좌佐와 사史가 각각 면직되거나 전근할 경우 해당 관청의 색부는 반드시 그 직책을 떠나는 자와 함께 곡물을 검시하고 그 결과를 새로 부임한 관리에게 인계하도록 한다"(實官佐・史被免・徙, 官嗇夫必與去者效代者)라고 기재되어 있는데, 「효률效律」19호간에도 동일한 문장이 있다. 정리자는 이 문장의 '피被'를 '각각'(分別)으로 번역한다.[16] 딴위천은 '피頗'로 보고 '다소・대체로'라는 의미로 이해해야 한다고 한다.[17] 간문을 보면 아마도 '피頗'나 '편偏'으로 읽어야 하고, 좌佐나 사史 중의 어떤 한 사람을 가리키는 것 같다. 간문 아래에서 "이직한 전임자와 현재 물자 관련 직책에 종사하고 있는 관리가 죄에 연루된다"(去者與居吏坐之)라고 한 것은 바로 위에서 말한 좌나 사의 면직이나 전임이 각각 혹은 동시에 진행되거나 다소 발생한다는 것이 아니라, 어떤 사람은 면직되거나 전임되고 어떤 사람은 유임된다는 것을 나타낸다. 이러한 상황 하에서 우리는『이년율령』의 '편(파)포(고)'의 의미에 대하여 추측한 것을 검증할 수 있다.

모반이나 타인에 대한 협박이나 화폐의 불법 주조와 같은 중죄를 저지른 공범과 이에 연좌된 사람들에 대하여, 율문에서는 만약 어느 한 쪽이 범인을 잡거나 고발한다면 본인(범인에 대하여 말함)과 연좌된 모든 사람의 형벌을 사면할 수 있다고 규정하고 있다. 이것은 그들이 염려하는 것을 없애고 그들이 범인을 검거하고 체포하도록 격려함으로써 관부에서 범죄를 억제하는 부담을 덜어주기 위한 것이었다.

이상의 고찰을 통하여『이년율령』의 "편(파)포(고)"에 대한 하나의 새로운

---

16 睡虎地秦墓竹簡整理小組,『睡虎地秦墓竹簡』(文物出版社 1990), 57쪽.
17 單育辰, 앞의 논문.

해석을 제시하였다. 즉, 여기서 '편偏'이나 '파頗'는 공범(또는 연좌된 자) 중의 한 쪽을 가리킨다. 이러한 인식은 수호지진간『진률십팔종』162~163호간 의 "피柀"를 이해하고자 할 때에도 적용할 수 있다. 다만 율문에서 어떤 곳에 서는 왜 '편偏'을 사용하고 어떤 곳에서는 왜 '파頗'를 사용했는지, 그 경우 두 글자는 완전히 같은 것인지 아니면 구별이 있는 것인지 아직은 판단할 방법이 없다.

[附記] 이 글의 초고가 완성되고 나서 펑하오彭浩 교수, 리우좌오劉釗 교수, 션페이沈培 교수의 가르침을 받았다. 또, 성균관대학교 동아시아학술원에서 「동아시아 자료학의 가능성 모색 – 출토자료를 중심으로」라는 주제로 개최 된 국제학술회의에서 숙명여자대학교의 임중혁 교수가 토론자로 참석하여 논평을 맡아 주셨다. 이 자리를 빌려 감사의 마음을 전한다.

함안(咸安) 성산산성(城山山城) 목간(木簡) 속의 고유명사 표기에 대하여

권인한(權仁瀚)*

1. 머리말

　고대한국어를 연구함에 있어서 가장 심각하게 직면하게 되는 문제 중의 하나가 바로 자료의 절대적인 부족임은 주지하는 바와 같다. 『삼국사기三國史記』·『삼국유사三國遺事』로 대표되는 문헌 자료는 고려시대에 기록된 2차 사료로서 전승 과정에서의 변개變改나 전와轉訛의 문제를 고민하지 않을 수 없기에 고대 당시 한국어의 실체에 접근하기에는 많은 문제점을 내포하고 있음은 잘 알려진 사실이기 때문이다. 이런 점에서 1차 자료의 중요성은 아무리 강조하여도 지나침이 없을 것이다. 다행히도 우리에게는 금석문이나 고문서류가 일부나마 남아 있어서 이들을 대상으로 고대한국어의 실체에 다가가고자 부단히 노력해왔던 것이 사실이나, 그럼에도 불구하고 자료상의 제약 문제를 해결해 줄 수 있는 신자료의 출현을 갈망해 온 것 또한 숨길 수

* 성균관대학교 문과대학 국어국문과 교수.

없는 사실이라 할 것이다.

최근에 들어와 이러한 학계의 여망에 부응할 수 있는 1차 자료로 지목된 것이 바로 목간들이다. 1975년 경주 안압지 목간의 출토를 시발점으로 하여 익산 미륵사지(1980), 부여 관북리(1983~2003), 경주 월성해자(1984~1985), 하남 이성산성(1990~2000), 함안 성산산성(1991~2007), 경주 황남동(1994), 부여 궁남지(1995~2001), 경주 박물관 부지(1998), 부여 쌍북리(1998·2007·2008), 김해 봉황대(2000), 부여 능산리(2000~2002), 인천 계양산성(2005) 등 10여 개 유적에서 6~8세기에 걸치는 350여 점[1]의 묵서 목간들이 출토됨으로써 고고학계는 물론 국사학계, 국어학계, 서예학계 등 관련 제 분야의 학자들을 흥분시키고 있다. 특히, 국어학계에서는 경주 월성해자 출토의 149호 목간에서 설총薛聰 당대의 이두토吏讀吐를 발굴함으로써 이두의 발달사를 새롭게 쓰는 등[2] 이전에는 감히 생각할 수 없었던 연구 성과들을 보여주고 있음이 주목된다.

그런데 목간 자료에 대한 국어학계의 관심이 좀더 다양해질 필요가 있는 것으로 판단된다. 어순이나 이두토 등 차자표기법의 발달 과정에 초점을 맞추는 것이 매우 중요한 작업임이 분명하지만, 그에 앞서 목간들에 보이는

---

1 국립가야문화재연구소, 「함안 성산산성 제12차 발굴조사 현장설명회 자료집」(2007.12.13.), 15쪽에 따르면, 2007년 11월까지 국내의 고대 목간 출토 현황은 15개 유적들에서 총 459점 인데, 이 중에서 묵서 목간수는 351점이라고 한다. 2008년 4월 부여 쌍북리 280-5번지 창고 신축부지에서 다시 6점의 목간이 출토되었고, 이 중 묵서 목간은 2점이라는 부여문화재연구원의 보고와 2008년 7월 나주 복암리 유적에서 다시 묵서 목간 2점이 출토되었다는 국립 나주문화재연구소의 보고까지를 종합한다면, 현재까지 국내에서는 총 467점의 목간 중 묵서 목간 355점이 출토된 것으로 그 현황을 정리할 수 있을 것이다.
2 김영욱, 「고대 한국목간에 보이는 석독표기」, 『구결연구』19, 2007, 171~190쪽; 정재영, 「월성해자 149호 목간에 나타나는 이두에 대하여 - 설총 당대의 이두 자료를 중심으로」, 『목간과 문자』1, 2008, 93~110쪽.
이들의 논의를 통하여 이 목간에서 '-中'(-긔), '-賜-'(-시-), '-在-'(-겨-), '-之'(-다), '-者'(-은), '-內'(-안) 등의 이두토들을 찾아냄으로써 이두의 본격적인 발달 시기를 종래의 8세기 중·후반에서 7세기 말 이전으로 반세기 이상을 앞당기는 성과를 보인 바 있다.

국어사적 기초 자료에 대한 정리 또한 그에 못지 않은 중요성을 지닌 것임에 분명하기 때문이다. 이러한 의미에서 이 글에서는 함안 성산산성의 1, 2차 출토분[3] 목간들을 대상으로 필자의 석문안釋文案을 제시한 후, 6세기 중·후반에 제작된 것으로 추정되는 이 목간들에 나타난 고유명사 표기들을 최대한 수집·정리하여 그 특징들을 고찰함에 1차적인 목표를 두고자 한다.

2. 목간木簡 석문안釋文案 및 고유명사 표기의 정리

이 장에서는 먼저 함안 성산산성에서 1, 2차에 걸쳐 출토된 목간들(앞으로 '이 목간'으로 줄임)에 대한 필자의 석문안을 제시한 후, 여기에 나타나는 고유명사 표기들을 지명, 인명, 관직명으로 구분하여 정리하고자 한다.

1) 목간 석문안

목간의 석문안을 제시하기에 앞서 고유명사로 판단되는 표기들을 찾는 기준 및 그 과정에 대하여 소개할 필요가 있을 것이다. 필자는 이 목간들의 성격이 대체로 신라의 각 지방에서 성산산성으로 공물貢物을 보낸 꼬리표[付札 또는 荷札]로 볼 수 있을 뿐만 아니라, 그 기본 구조를 "지명地名＋인명人名＋(관직명官職名)＋(공물명貢物名)＋(수량數量)" 정도로 잡을 수 있음에 유념하면

---

3 이는 국립창원문화재연구소편, 『한국의 고대목간』(2004/2006)에 수록된 함안 목간 전체를 말한다. 국립가야문화재연구소, 위의 글, 24~29쪽에 의하면, 성산산성에서 2006년과 2007년에 걸쳐 3, 4차로 각각 40점, 76점이 더 출토되었다고 하나, 아직 이들은 전체가 공개된 것이 아니기 때문에 이 글에서는 우선 기존의 1, 2차 출토 목간들만을 대상으로 한 것임을 밝혀 독자들의 양해를 구하고자 한다.

서[4] 신라의 초기 금석문들에 대한 연구들[5]에서 밝혀진 지명 후부요소後部要素('－城', '－伐', '－村' 등), 인명 접미사接尾辭('－知', '－智', '－之', '－次', '－利', '－兮' 등), 그리고 자간 공백이나 본문의 앞·뒷면 위치 배분 상태 등에 유의하여 목간의 문면을 분절한 뒤, 그 결과에 따라서 지명, 인명, 관직명 등 고유명사 표기 자료를 추출하고자 한 것이다. 예를 들어,

① ・「仇利伐 上彡者村   」 <1_앞>
   ・「『乞利』   」 <1_뒤>
② ・「甘文城下麥甘文本波王□   」 <2_앞>
   ・「 □□村 □利兮 [負]   」 <2_뒤>

1호 목간의 경우는 지명 후부요소('－伐', '－村'), 글자 크기, 인명 접미사('－利'), 뒷면에의 배치 등을 고려하면, 손쉽게 지명 '구리벌仇利伐', '상삼자촌 上彡者村', 인명 '걸리乞利'로 분리해낼 수 있게 된다. 반면 2호 목간의 경우는 다소 복잡한 설명을 요구한다. 먼저 뒷면에서는 '－촌村'이라는 지명 후부요소와 '－혜兮'라는 인명 접미사가 있을 뿐만 아니라 그 사이에 약간의 자간 공백도 찾아지므로 지명 '□村', 인명 '□利兮'로 쉽게 분리해낼 수 있다. 그러나 앞면에서는 '－성城'이라는 지명 후부요소만 찾아질 뿐 자간 공백 등의 여타 정보를 전혀 볼 수 없으므로 '감문성甘文城 / 하맥감문본파왕□下麥甘文本波王□' 정도로만 분절할 수 있을 듯이 보인다. 그러나 지명 전부요소 '감문甘文'이 반복된다는 점과 이에 후속되는 요소 '－본파本波'가 '발원취락發源聚落' 또는 '본원本原'의 뜻을 지닌 지명 후부요소임을 밝힌 최근의 연구 성과들[6]

---

4 이용현, 『한국목간기초연구』신서원, 2006, 349~402쪽.
5 남풍현, 『이두연구』, 태학사, 2000; 주보돈, 『금석문과 신라사』, 지식산업사, 2002; 김창호, 『고신라 금석문의 연구』, 서경문화사, 2007 등.
6 전덕재, 「함안 성산산성 목간의 내용과 중고기 신라의 수취체계」, 『역사와 현실』 65, 2007, 226~232쪽; 권인한, 「고대 지명형태소 '本波 / 本彼'에 대하여」, 한국목간학회 제3회 정기발

의 도움을 받는다면 '감문성'과 '감문본파'를 지명으로 분리할 수 있게 된다. 끝으로 앞면의 마지막 부분 '王□'를 독립된 인명으로 볼 것인지, 뒷면 '□□村'에 이어지는 것으로 보아 하나의 지명 '王□□□村'의 앞 부분으로 볼 것인지를 결정하기는 쉽지 않으나,[7] 앞면 하단부에 나타나는 충분한 공격空隔을 양자간의 분리를 알려주는 정보로 삼는다면 전자의 처리가 바람직한 것으로 볼 수 있을 것이다.[8]

대체로 이상과 같은 방법과 절차에 따라 이 목간들에 대한 필자의 석문안을 제시할 것인바, 이를 위하여 『한국의 고대목간』(국립창원문화재연구소, 2004 / 2006) 도록의 사진을 바탕으로[9] 지금까지 이 목간들에 대하여 판독 또는 석문안을 제시한 바 있는 기존 논의들[10]을 두루 참조하였음을 밝혀

표회, 2008.7.26, 3~4쪽.

7 전덕재, 앞의 글, 241쪽에서는 2호 목간의 문면을 "甘文城의 下麥(또는 甘文城 下의 麥)을 甘文 本波 王□□村에 사는 □利兮가 부담하였음(또는 등에 지고 운반하였음)"으로 해석함으로써 후자의 가능성을 주장한 바 있다.

8 따라서 필자는 이 목간의 전체 의미를 "甘文城 안(또는 甘文城에 가까운 곳)에서 난 麥을 甘文本波에 사는 王□가 (보냄)<앞면> □□村에 사는 □利兮가 (등에) 짐[負]<뒷면>" 정도로 해석하고자 한다.

9 도록의 사진만으로 판독이 어려운 경우는 성산산성 홈페이지의 목간 데이터베이스에서 제공되는 고해상도의 적외선 사진도 일부 활용하였음과, 문제시되는 자형에 대한 판단은 『大書源』(二玄社, 2007)에 의거하였음을 밝혀둔다.

10 윤선태, 「함안 성산산성 출토 신라목간의 용도」, 『진단학보』 88, 1999, 7~12쪽; 박종익, 「함안 성산산성 발굴조사와 목간」, 『한국고대사연구』 19, 2000, 20쪽; 주보돈, 「함안 성산산성 출토 목간의 기초적 검토」, 『한국고대사연구』 19, 2000, 44쪽; 李成市, 「한국목간연구의 현황과 함안 성산산성 출토의 목간」, 『한국고대사연구』 19, 2000, 95쪽; 平川南, 「일본 고대목간 연구의 現狀과 新視點」, 『한국고대사연구』 19, 2000, 137~138쪽; 謝桂華, 「중국에서 출토된 魏晋代 이후의 漢文簡紙文書와 성산산성 출토 목간」, 『한국고대사연구』 19, 2000, 192~199쪽; 이수훈, 「함안 성산산성 출토 목간의 稗石과 負」, 『지역과 역사』 15, 2004, 8~9쪽; 전덕재, 「함안 성산산성 목간을 통해서 본 중고기 신라의 지방통치체제－수취체계를 중심으로」, 한국역사연구회, 『목간과 한국고대의 문자생활』, 2006, 34~37쪽; 국립창원문화재연구소, 「함안 성산산성 11차 발굴조사 현장설명회 자료」, 2006.12.14, 21~24쪽; 이용현, 앞의 책, 343~348쪽; 이경섭, 「성산산성 출토 하찰목간과 신라 중고기의 수취체계」, 『고대 동아시아 세계의 물류와 목간』, 동국대학교 문화학술원 동아시아 문화연구소, 2008, 34~36쪽 등. 이하 석문안의 각주들에서는 위의 각 저자명들을 해당 논문에 대한 약호로 삼을 것이다.

앞선 연구자들의 노고에 심심한 사의를 표하고자 한다.

[범례]

1. < > 속에 제시된 목간의 번호는 『한국의 고대목간』(국립창원문화재연구소, 2004/2006)을 따른 것이다. 일부 번호가 빠진 경우는 해당 목간에 묵흔이 없거나, 있더라도 현재로서는 판독이 어려운 것으로 판단한 것들이다.

2. 형태 및 제원諸元 정보는 따로 제시하지 않는 대신, 무결실 완형完形 목간의 경우는 「 」 속에 석문을 제시하고, 파손부가 있는 결실 목간은 해당 부분(좌측→ 상단, 우측→ 하단)에 '…'로 표시하는 등 최대한 원형의 모습을 살려 옮기고자 노력하였다.

3. 고유명사로 판단되는 표기들에는 밑줄을 긋고, 해당 표기 뒤에 A(~벌伐, ~성급城級 지명), a(~촌村, ~본파급本波級 지명), B(인명), C(관직명)의 구분 기호를 부여하되, 확실한 판단이 서지 않는 경우에는 'A/a?' 'A/a+B?', 'B?' 등과 같이 물음표를 달았다.

4. 추독推讀한 글자에 대해서는 '[負]'와 같이 [ ] 속에 글자를 제시하고, 판독 불능자는 '□'로 표시하였다.

5. 이필異筆은 『 』 속에 넣어 제시하고, 자간 공백이 있는 경우는 되도록 원형에 가깝게 띄어쓰기를 행하였다.

6. 전도부顚倒符가 있는 경우는 '乎レ于(⟹ 于乎)'와 같이 해당 부분 뒤에 순서를 바로잡아 제시하였다.

7. 속자俗字(정자正字) 일람一覽 : 麥(麥), 尒(尒), ア(部), 巳(巴), 彌(彌), 珎(珍), 礼(禮), 舡(船), 弓口(弘)

- 「仇利伐(A) 上彡者村(a)   」 <1_앞>
  「『乞利』(B)   」 <1_뒤>
- 「甘文城(A)下麥甘文夲波(a₁)王□(B₁)   」 <2_앞>
  「 □□村(a₂) □利兮(B₂) [負]¹¹   」 <2_뒤>

---

11 이 글자에 대하여 「負」자로 판독한 견해(이수훈, 전덕재)를 존중한 것이다. 우측 획 부분만

- 「仇利伐(A) ^{上彡者村(a)} 『波婁』(B)　　　　　　　　　」<3, 34>

- 「仇利伐(A) ^{仇阤[尒]₁₂(B₁)一伐(C)}　」<4>
  ^{尒利□(B₂)一伐(C)}

- 「仇利伐(A) [辶]德知(B)一伐(C) 奴人 [塩]…」<5>

- 「王私¹³烏多(A/a?)伊伐支(B₁)[走]¹⁴負支(B₂)　」<6>

- 「仇伐(A)干好□村(a₁) [卑]ㄱ¹⁵(a2/B?)稗石(＝一石, 以下同)」<7>

- 「及伐城(A) [秀]刀巴(B)稗　」<8>

- 「竹尸□乎ㄴ于(⇒于乎)支(A/a＋B?)¹⁶稗一」<9>

- 「甘文夲波(a₁) 居□旦¹⁷利村(a₂) 伊竹伊(B)」<10>

- 「烏欣弥村(a)卜兮(B) 稗石」<11>

- 「上谷乃村(a)居利支(B)稗　」<12, 44>¹⁸

- 「陳城(A)巴兮支(B)稗　」<13, 41>

남아 있으나 「負」자로 추독할 수 있는 필획상의 특징을 보여주고 있기 때문이다.

12 이 글자에 대하여 「利」자로 판독한 견해(윤선태, 이수훈)도 있으나, 「尒」자로 판독(또는 추독)한 견해(박종익, 주보돈, 謝桂華)를 존중한 것이다.

13 이 글자에 대하여 그 동안 「松」자로 판독하는 견해가 다수였으나(윤선태, 이수훈, 전덕재, 이경섭), 그 다음의 「烏」자와 함께 전형적인 北魏代의 자형을 보여주고 있으므로(Ⅲ.2.의 자형 대비표 참조) 「私」자로 판독한 견해(平川南, 이용현)를 따른 것이다.

14 이 글자에 대해서는 「走」(윤선태, 이수훈, 전덕재), 「下」(주보돈), 「乙」(이용현) 등으로 견해가 갈리고 있으나, 북위대의 자형과 비슷하므로 「走」자로 추독한 것이다(Ⅲ.2.의 자형 대비표 참조).

15 이 글자를 「尸」자로 판독한 견해들(謝桂華, 전덕재, 이경섭)도 없지 않으나, 일본 초기 자료들에서의 「部」의 속자와 자형이 흡사하다는 견해(李成市, 平川南)를 존중한 것이다.

16 이 부분은 길이로 보아 "지명+인명"의 연속 표기로 판단되나, 적절한 분절 표지가 찾아지지 않으므로 현재와 같이 표시한 것이다.

17 이 글자는 「且」자에서 좌하부 이음선이 없는 모습을 하고 있는데, 이는 「旦」자의 북위대 자형들에서 볼 수 있는 특징이므로(Ⅲ.2.의 자형 대비표 참조) 「旦」字로 본 견해(윤선태, 박종익, 주보돈, 李成市, 전덕재, 이용현)를 따른 것이다.

18 [부록1]에서 보듯이 두 목간은 서체 및 내용면에서 거의 동일하므로 기존 논의들에서 두 목간을 차이나는 것으로 처리한 것은 수정되어야 할 것이다. 또한 두 번째 글자에 대하여 「吟」자(박종익, 李成市, 平川南, 이용현) 또는 「亇」자(윤선태)로 본 견해나, 두 번째, 세 번째 글자를 합하여 「郭」자(謝桂華)으로 본 견해는 자형상 받아들이기 어렵다. 최근의 연구들(이수훈, 전덕재, 이경섭)에서 12호 목간에 대하여 이 부분을 '上谷乃村'으로 판독한 바와 같이 「谷」자와 「乃」자가 上下 合俗字에 가까운 자형을 보이고 있으므로 두 목간을 소위 '쌍둥이 목간'으로 본 것이다.

- 「大村(a)伊息知(B)一伐(C)　」 <14>
- …□家村(a)□□□　」 <15>
- …[言]斯只(B)石[19](=二石)　」 <16>
- …前谷村(a) 阿足只(B)□…　<17>
- …□□□只支(B) [稗]　」 <18>
- 「古[阤](A)伊骨利(a)[阿][20]那(B+)」 <20_앞>[21]

  「仇仍支(B)稗[麥]」 <20_뒤>
- 「[屈]仇□□[村](a)□□ … <21_앞>

  「　　稗 石 …　　　　　　　<21_뒤>
- 「夷財[22]支(a/B?)□[那]尒利知(B)□… <22>
- …[知](B)上干支(C)　」 <23>
- …[村](a)尒□[利](B)　」 <24>
- 「古阤(A)伊骨利村(a)阿那衆智(B₁)卜利古支(B₂)」 <28_앞>

  「稗[麥]　　　　　　　　　　　」 <28_뒤>
- 「古阤(A) 新村(a₁) 智利知(B₁)一尺(C)□[村](a₂) <29_앞>

  「豆于[23]利智(B₂)稗石　　　　　　」 <29_뒤>
- 「夷津支(a/B₁?)阿那古刀□□豆支(B₂)」 <30_앞>

  「　　　　稗　　　　　」 <30_뒤>
- 「古阤(A)一古利村(a)末那(B+)」 <31_앞>

---

19 이 글자를 대부분 「元」자로 판독하였으나, '二石'으로 판독한 견해(이경섭)를 존중하되, 원문의 모습에 가깝게 「石」자에 윗줄을 그어 제시한 것이다.

20 이 글자에 대하여 「利」자(윤선태, 박종익, 李成市, 平川南, 謝桂華, 이수훈, 이용현), 「村」자(전덕재, 이경섭), 판독 불능자(주보돈) 등으로 견해가 갈리고 있으나, [부록2]의 사진을 자세히 살펴보면 18호 목간의 「阿」자와 비슷한 필획이 관찰되므로 현재와 같이 추독한 것이다. 또한 28번과 비교하여 앞면의 마지막 부분 '[阿]那'는 그 아랫 부분에 공백이 없음을 고려하여 뒷면의 첫 부분('仇仍支')에 이어지는 인명 전부요소로 보아 괄호 속에 'B+'로 표시하였음도 밝혀둔다(31호 목간에서의 앞면 하단부 '末那'에 대한 처리도 이와 같다). 이 목간들에 등장하는 '阿那', '末那' 등에 대한 좀더 자세한 논의는 별고를 기약한다.

21 이 목간의 서체 및 내용은 [부록2]에서 보는 바와 같이 28호 목간과 거의 일치하므로 원문에 대한 판독을 위하여 해당 목간을 크게 참조한 것임을 밝혀둔다.

22 이 글자는 晉代 王羲之 十七帖의 초서체와 흡사하므로(Ⅲ.2.의 자형 대비표 참조) 「財」자로 판독한 견해(李成市, 이수훈)를 받아들인 것이다.

23 이 글자는 자형상 기존 논의들에서 「尒」자로 판독한 것과는 달리 「于」자로 판독한 것이다.

「毛[眉]次尸智(B)稗石 」<31_뒤>

- 「上弗刀[珎]村(a) 」<32_앞>

「□加古波[孕](B) 稗石 」<32_뒤>

- 「仇利伐(A) ^{[彤]谷村(a)} 」<33>

仇礼支(B) 負

- 「內恩知(B₁) 奴人 居助支(B₂) 負 」<35>

- 「[仇][利][伐](A) 只[卽]智(B₁) 奴 」<36>

□□□□(B₂?)

- 「內只次(B₁)奴 須礼支(B2)負 」<37>

- …比夕須(B₁)奴 …<38>

仒先利支(B2) 負

- 「鄒文(A)比尸河村(a)仒利牟[利](B) 」<39>

- 「[阿]卜智村(a) 仒礼[及]²⁴(B?) 」<40>

- 「及伐城(A)□□(a/B?)稗石 」<42>

- 「陽村(a)[文]尸只(B) 」<43>

- 「□□□[鄒]□□□支(A/a+B?) 」<46>

- …可[初]智□[須](B)麥石」<47>

- …[殂]鐵十之²⁵ 」<48>

- 「仇伐(A)阿那[古]²⁶只(B)稗 石」<52>

- 「鄒文(A)□□[村](a)□夲(B)[石} 」<54>

- 「弓口[帝]沒利(B) 負 … <57>

- …石蜜白智(B)私 … <59_앞>

…勿く²⁷利乃□□支(B) 稗… <59_뒤>

---

24 이 글자를 「得」자로 판독하고, 그 다음에 「一」자가 더 있는 것으로 본 견해가 있으나(이수
훈), 사진상으로는 「及」자에 더 가까울 뿐만 아니라 「一」자 부분은 묵흔으로 보기 어려운
듯하여 「及」자 한 글자로 본 견해(이용현, 이경섭)를 따른 것이다.

25 이 목간을 '迫鐵十六'으로 판독한 견해(이경섭)가 있으나, 김영욱, 「西河原森ノ內 유적지의
'椋直' 목간에 대한 어학적 고찰」, 『목간과 문자』 1, 2008, 221쪽의 논의를 따라 현재와 같
이 판독한 것이다.

26 이 글자를 「舌」자로 판독한 견해가 있으나(이수훈, 이용현, 이경섭), 국립창원문화재연구
소, 앞의 글(2006.12.14), 22쪽에서 판독한 것처럼 자형상 「古」자에 더 가까운 듯하다.

- ···目珎兮城(A)下··· <60_앞>

  ···目珎兮村(a)□··· <60_뒤>

- ···[乃][節][七]家[城](A)夫[鄒]只□(a/B?)」 <61+75+90_앞>

  ···　　　　　　　　□稗石　　　」 <61+75+90_뒤>

- ···□□□尸支(A/a+B?)」 <63_앞>

  ···鄒(B?)[稗]」 <63_뒤>

- 「□伊伐支(B)□□··· <64_앞>

  「　　　　[稗][石]··· <64_뒤>

- 「甘文(A/a?)尒□(a/B?)··· <65_앞>

  「□□□··· <65_뒤>

- ···[小]□[谷]支村(a)　」 <66+62_앞>

  ···□□□女(B?)稗石　」 <66+62_뒤>

- ···加礼··· <67_앞>

  ···刀(B?)稗··· <67_뒤>

- ···居珎尺乙支(B?)··· <68>

- 「千竹利(B?)··· <69>

- ···千竹利(B?)」 <70>

- ···利次(B)稗石　」 <71>

- ···□(B?)一伐(C)稗　」 <72>

- ···伐(C)　稗石　」 <73>

- 「及伐城(A)只智(B)稗石　」 <74>

- ···伐(A)[夫]²⁸知居兮(B)··· <E+76>²⁹

- 「須伐夲波(a)　居須智(B)　」 <77>

---

27 이 글자에 대해서는 윤선태, 「부여 능산리 출토 백제목간의 재검토」, 『동국사학』 40, 2004, 68∼69쪽의 논의를 따라 「勿」의 國字로 본 것이다.

28 이 글자를 「未」자(이수훈, 이용현, 이경섭) 또는 「只」자(전덕재)로 판독한 견해가 있으나, 「未」자로 보기에는 중앙부에 ' ｜ '이 보이지 않으므로 국립창원문화재연구소, 앞의 글 (2006.12.14), 23쪽에서와 같이 「夫」자로 추독한 것이다.

29 국립창원문화재연구소, 앞의 글(2006.12.14), 24쪽에서 2002년에 발굴된 것으로 추가 공개된 A∼F 목편 중 E와 76호 목간이 결합되어 하나의 목간을 이룸을 뜻한다(<61+75+90>, <66+62>, <95+45> 목간의 경우도 이와 같다).

- ···□村(a) □□尒支(B) 」 <78>
- ···伊伐支(B)□利□(B?)稗一 」 <79>
- 「及伐城(A) □□(B?) 稗石」 <80>
- ···伊伐支(B)[石]··· <81>
- ···□支(B?) 」 <82>
- ···[蒜]³⁰尸子 」 <84>
- ···伊失兮村(a) 」 <85>
- ···[家]鄒加□[支](B)石 」 <86>
- 「□□□[那]支(B)[石]··· <88>
- ···[支](B?)利沙□··· <89>
- ···□□支(B?)··· <92>
- 「夷[津](A/a?)阿那休智(B) 稗 」 <95＋45>

이상 필자의 석문 안에서 기존의 논의들과 달라진 점을 정리해 보면 다음과 같다.

첫째, 각주 18)에서 말한 것처럼 12호 목간과 44호 목간이 서체 및 내용면에서 일치하는 이른바 '쌍둥이 목간'으로 본 점이다. 둘째, 각주 20)에서 말한 대로 20호 목간 앞면 전체와 28호 목간 앞면의 일부분이 「촌村」자의 유무에만 차이가 날 뿐, 역시 서체 및 내용면에서 거의 일치하는 목간들임을 밝힌 점이다. 종전의 논의들에서 이러한 사실을 놓치게 된 원인은 아마도 [부록]에서 제시한 바와 같이 문제의 사진들을 한 자리에서 대비하지 않고, 도록의 순서에 따라 따로 떼어서 살핀 결과가 아닐까 한다. 앞으로 목간을 판독함에 있어서 서체나 내용면에서 유사하다는 느낌이 드는 목간들을 만날 경우에는 필자가 제시한 바와 같이 문제의 사진들을 나란히 놓고서 그 동일성 여부를 검토할 것을 권하고 싶다. 셋째, 북위대의 자형 자료와 비교하여

---

30 이 글자는 윗 부분이 'ㅛ'의 초서 필획(ㅛ)을 보이고 있음과 '蒜尸'가 '마늘' 또는 '만늘'로 해독될 수 있음에 유의하여 「蒜」자로 추독한 것이다.

29호 목간 뒷면의 인명을 '두혜리지豆兮利智'에서 '두우리지豆于利智'로 수정한 점이다. 자형 대비의 정밀성을 요구하는 사례가 될 것이다. 마지막으로 각주 30)에서 말한 것처럼 자형 및 국어사적인 지식을 바탕으로 84호 목간의 첫 글자를 「산蒜」자로 추독하여 '산시자蒜尸子'를 '마늘(씨)'에 대한 표기로 이해한 점이다. 자형 판독에 있어서 때로는 국어사 방면의 지식이 유용함을 잘 보여주거니와, 출토 자료의 해독에 있어서 관련 제 분야 학자들의 공동 작업이 필요함을 알려주는 예로 삼아도 좋을 것이다.

2) 고유명사 표기의 정리

이제 이상의 목간 석문안을 바탕으로 이들에 나타난 고유명사 표기들을 종류별로 정리할 것인바, 논의의 편의상 약略·속자俗字 및 추독자推讀字들은 정자正字로 바꾸어 제시할 것이다.

(1) 상위 지명(A류)

상위 지명으로 판단되는 A류 표기들을 후부요소를 기준으로 모아보면 다음과 같다.

> ① ~城: 甘文城<2_앞>, 及伐城<8, 42, 74, 80>, 陳城<13, 41>, …巴珍兮城<60_앞>, …乃箭七家城<61+75+90_앞>
> ② ~伐: 仇利伐<1_앞, 3, 4, 5, 33, 34, 36>, 仇伐<7, 52>, …伐<E+76>
> ③ 無表示: 古阤<20_앞, 28_앞, 29_앞, 31_앞>, 鄒文<39, 54>

위에서 무표시의 예로 제시된 '고타古阤'와 '추문鄒文'의 경우는 그 뒤에

'~촌村'이라는 하위 지명이 이어진다는 점에서 상위 지명임은 분명하나 그들의 후부 요소가 '성城'인지, '벌伐'인지 아니면 제3의 요소인지 분명히 하기는 어려운 듯하다. '추문'의 예는 단양 적성비(550?)에 '추문촌鄒文村'으로 나와 있음이 문제를 더 복잡하게 만들고 있거니와, 6세기 중·후반으로 추정되는 이 목간의 제작 연대와 비교하여 불과 몇 십 년 사이에 '촌村'이 '성城'이나 '벌伐'로의 승격이 가능할 것인지에 대해서는 사학계의 의견을 여쭙고 싶다. '고타古陀'의 경우는 『삼국사기』에 '고타(야)군古陀(耶)郡'으로 나옴으로써 상위 지명임은 분명한 듯하나, 그 후부 요소가 '성城'이나 '벌伐'인지, 아니면 '군郡'인지에 대해서는 현재의 필자로서는 가리기 어렵다.

(2) 하위 지명(a류)

하위 지명으로 판단되는 a류 표기들도 후부요소를 기준으로 모아보면 다음과 같다.

④ ~村 : 上彡者村<1_앞, 3, 34>, □□村<2_뒤>, 干好□村<7>, 居□旦利村<10>, 烏欣彌村<11>, 上谷乃村<12, 44>, 大村<14>, …□家村<15>, …前谷村<17>, 屈仇□□村<21_앞>, …村<24>, 伊骨利村<28_앞>, 新村<29_앞>, □村<29_앞>, 一古利村<31_앞>, 上弗刀珍村<32_앞>, 肜谷村<33>, 比尸河村<39>, 阿卜智村<40>, 陽村<43>, □□村<54>, …巴珍兮村<60_뒤>, …小□谷支村<66+62_앞>, …□村<78>, …伊失兮村<85>

⑤ ~本波 : 甘文本波<2_앞, 10>, 須伐本波<77>

⑥ 無表示 : 伊骨利<20_앞>[31]

이밖에 상위 지명, 하위 지명 또는 인명인지의 여부가 불확실한 예들을 모아보면 다음과 같다.

⑦ 不分明 : 王私烏多(A/a?)<6>, 卑部(a/B?)<7>, 竹尸□于乎支(A/a＋B?)<9>, 夷財支(a/B?)<22>, 夷津支(a/B?)<30_앞>, □□□鄒□□□支(A/a＋B?)<46>, 夫鄒只□(a/B?)<61＋75＋90_앞>, …□□□尸支(A/a＋B?)<63_앞>, 甘文(A/a?)<65_앞>,[32] 尒□…(a/B?)<65_앞>, 夷津(A/a?)<95＋45>

(3) 인명(B류)

인명으로 판단되는 B류 표기들을 후부 접미사를 기준으로 모아보면 다음과 같다.

⑧ ～支 : 伊伐支<6, 79>, 走負支<6>, 居利支<12, 44>, 巴兮支<13, 41>, …□□□只支<18>, 阿那＋仇仍支<20_앞＋뒤>, 夷□支<22>, 卜利古支<28_앞>, 阿那古刀□□豆支<30_앞>, 仇禮支<33>, 居助支<35>, 須禮支<37>, 尒先利支<38>, …勿利乃□□支<59_뒤>, □伊伐支<64_앞>, □□尒支<78>, …伊伐支<79, 81>, □□□那支<88>

⑨ ～智 : 阿那衆智<28_앞>, 豆于利智<29_뒤>, 末那＋毛眉次尸智<31_앞＋뒤>, 只卽智<36>, …石蜜居白智<59_앞>, 只智<74>, 居須智

---

31 여기서의 ‘伊骨利’는 앞서 말한 바와 같이 ‘伊骨利村’에서 ‘村’이 생략된 것임이 분명하다.
32 본고의 초고 단계에서는 이 예를 ③의 예로 제시한 바 있으나, 그 뒷부분이 인명인지, 지명인지가 불분명하기 때문에 현재와 같이 조정한 것이다. 뒷부분이 하위 지명이라면 ‘甘文城’의 예로 보아 ‘城’이 생략된 예가 될 것이고, 뒷부분이 인명이라면 ‘甘文本波’로 보아 ‘本波’가 생략된 예가 될 것이다.

<77>, 阿那休智<95+45>

⑩ ~知 : □德知<5>, 伊息知<14>, □那尒利知<22>, …知<23>, 智利知
　　　　<29_앞>, 內恩知<35>

⑪ ~只 : …言斯只<16>, 阿足只<17>, 文尸只<43>, 阿那古只<52>

⑫ ~利 : 乞利<1_뒤>, 尒□利<24>, 尒利牟利<39>, 弘帝沒利<57>

⑬ ~兮 : □利兮<2_뒤>, 卜兮<11>, 夫知居兮<E+76>

⑭ ~次 : 內只次<37>, …利次<71>

⑮ ~巴 : 秀刀巴<8>

⑯ 其他 : 王□<2_앞>, 波婁<3, 34>, 仇阤尒<4>, 尒利□<4>, 伊竹伊
　　　　<10>, □加古波孕<32_뒤>, 比夕須<38>, …可初智□須
　　　　<47>, …鄒<64_뒤>

이 밖에 인명인지의 여부가 불확실한 예들을 모아보면 다음과 같다.

⑰ 人名? : 尒禮及<40>, …□□□女<66+62_뒤>, …刀<67_뒤>, …居
　　　　珍尺乙支<68>, 千竹利<69, 70>, □利□<79>, …□支<82>,
　　　　…家鄒加□支<86>, …支<89>, …□□支…<92>

(4) 관직명(C류)

관직명으로 판단되는 C류 표기들을 모아보면 다음과 같다.

⑱ 一伐<4, 5, 14, 72>, …伐<73>

⑲ 一尺<29_앞>

⑳ 上干支<23>

이상에서 정리된 고유명사 자료들은 이 목간들이 제작되던 당시 즉, 6세기 중·후반 경에 우리 선조들에 의하여 실제로 쓰여졌던 표기들이라는 점

에 가장 큰 의의를 부여할 수 있을 것이다. 이에 따라 금석문 및 문서류에
이어서 고유명사 표기들에 관한 또 하나의 실재 자료원을 확보할 수 있게
되었다는 점에서 고대한국어 연구의 앞날에 큰 희망이 될 것임에 틀림없을
것이다.

3. 고유명사 표기의 특징과 그 의미

이제 앞서 정리된 고유명사 표기들을 대상으로 용자상用字上의 특징, 자형
상의 특징, 언어상의 특징 및 이들이 의미하는 바를 기술할 차례가 되었다.

1) 용자상의 특징

먼저 이 목간들에 나타난 고유명사 표기에 쓰인 글자들의 총목록을 제시
하면 다음과 같다.

　㉑ 고유명사 표기자 총목록(가나다 순, <목간번호>, 어깨번호는 반복 횟수)
　加<32_뒤, 86>
　可<47>
　家<15, 61+75+90_앞, 86>
　干<7, 23>
　甘<2_앞2, 10, 65_앞>
　居<10, 12, 35, 44, 59_앞, 68, 77, E+76>
　乞<1_뒤>
　古<20_앞, 28_앞2, 29_앞, 30_앞, 31_앞2, 32_뒤, 52>
　谷<12, 17, 33, 44, 66+62_앞>

骨<20_앞, 28_앞>

仇<1_앞, 3, 42, 5, 7, 20_뒤, 21_앞, 332, 34, 36, 52>

屈<21_앞>, 及<8, 40, 42, 74, 80>

那<20_앞, 22, 28_앞, 30_앞, 31_앞, 52, 88, 95+45>

乃<12, 44, 59_뒤, 61+75+90_앞>

內<35, 37>

女<66+62_뒤>

多<6>

旦<10>

大<14>

德<5>

刀<8, 30_앞, 32_앞, 67_뒤>

彤<33>

豆<29_뒤, 30_앞>

禮<33, 37, 40>

妻<3, 34>

利<1_앞, 1_뒤, 2_뒤, 3, 42, 5, 10, 12, 20_앞, 22, 24, 28_앞2, 29_앞,
  29_뒤, 31_앞, 33, 34, 36, 38, 392, 44, 57, 59_뒤, 69, 70, 71, 79>

末<31_앞>

毛<31_뒤>

牟<39>

沒<57>

文<2_앞2, 10, 39, 43, 54, 65_앞>

勿<59_뒤>

彌<11>

眉<31_뒤>

蜜<59_앞>

白<59_앞>

伐<1_앞, 3, 43, 52, 6, 7, 8, 14, 33, 34, 36, 42, 52, 64_앞, 72, 73, 74,
  77, 79, 80, 81, E+76>

卜<11, 28_앞, 40>

夷<222, 30_앞, 95+45>

尒<42, 22, 24, 38, 39, 40, 65_앞, 78>

一<42, 5, 14, 29_앞, 31_앞, 72>

仍<20_뒤>

孕<32_뒤>

者<1_앞, 3, 34>

財<22>

前<17>

節<61+75+90_앞>

帝<57>

助<35>

足<17>

走<6>

竹<9, 10, 69, 70>

衆<28_앞>

卽<36>

只<16, 17, 18, 36, 37, 43, 52, 61+75+90_앞, 74>

支<6, 9, 12, 13, 18, 20_뒤, 222, 23, 28_앞, 30_앞2, 33, 35, 37, 38, 41, 44, 46, 59_뒤, 63_앞, 64_앞, 66+62_앞, 68, 78, 792, 81, 82, 86, 88, 89, 92>

智<28_앞, 29_앞, 29_뒤, 31_뒤, 36, 40, 47, 59_앞, 74, 77, 95+45>

知<5, 14, 22, 23, 29_앞, 35, E+76>

津<30_앞, 95+45>

珍<32_앞, 60_앞, 60_뒤, 68>

陳<13, 41>

次<31_뒤, 37, 71>

尺<29_앞, 68>

千<69, 70>

初<47>

村<1_앞, 2_뒤, 3, 7, 10, 11, 12, 14, 15, 17, 21_앞, 24, 28_앞, 29_앞2, 31_앞, 32_앞, 33, 34, 39, 40, 43, 44, 54, 60_뒤, 66+62_앞, 78, 85>

鄒<39, 46, 54, 61+75+90_앞, 64_뒤, 86>

阤<4, 20_앞, 28_앞, 29_앞, 31_앞>

匕<61+75+90_앞>

巴<8, 13, 41, 60_앞, 60_뒤>

波<2_앞, 3, 10, 32_뒤, 34, 77>

河<39>

兮<2_뒤, 11, 13, 41, 60_뒤, 60_앞, 85, E+76>

好<7>

乎<9>

弘<57>

休<95+45>

欣<11>

　　이상 열거된 용자들은 총 111자로서 『삼국사기』·『삼국유사』의 고유명
사에 쓰인 글자들과 비교해보면,[33] 「동彤」·「미眉」·「잉孕」의 세 글자를 제
외한 108자가 일치함으로써 97.3%의 일치율을 보이는 것으로 나타난다(문제
의 세 글자는 모두 추독자들이므로 혹여 다른 글자로 판독된다면 일치율은 더 높아질
가능성도 있다).[34] 이러한 인상적인 일치율은 기존의 문헌 사료들이 비록 2차
자료들이지만, 고유명사 표기들의 용자에 관한 한 매우 높은 신뢰도를 지닌
것임을 확인해 준다는 데에 그 의미를 부여할 수 있을 것이다. 그러나 이러한
조사 결과는 문헌 자료 용자들과의 비교에 그친 것이므로 앞으로 동시대의

33 문헌 자료들에 나타난 고유명사 표기들의 용자의 확인을 위하여 송기중,『고대국어 어휘
　　표기 한자의 자별 용례 연구』, 서울대학교출판부, 2004를 참조하였다.
34 실제로 국립창원문화재연구소, 앞의 글(2006.12.14), 21쪽에서는 31호 목간의 뒷면 두 번째
　　글자를 「眉」자가 아닌 「羅」자로 추독한 바 있는데, '糸'의 필획 부분이 분명치 않음이 문제
　　이긴 하지만 그러할 가능성이 있는 듯하다. 왜냐하면, 송기중, 위의 글, 212쪽에 의할 때
　　「羅」자는 문헌 표기례에서 113종 어휘에 걸쳐 사용되는 多用字의 하나인데, 이 목간들에
　　서 전혀 나타나지 않음이 오히려 이상하다는 점에서 문헌 표기례에서 전혀 쓰이지 않은
　　「眉」자보다는 「羅」자로 추독하는 편이 통계적인 관점에서 더 가능성이 높아 보이기 때문
　　이다.

금석문 자료들과의 비교를 통하여 고유명사 표기 용자 전반에 대한 체계적인 분석으로 이어져야 할 것이다. 별고로 미룬다.

2) 자형(=서체)상의 특징

이 목간에 쓰인 글자들의 자형에 대해서는 기존 논의들에서도 중요한 언급들이 있다. 즉, 진한대秦漢代의 예서와는 구별되는 위진시대의 행서와 매우 유사한 서체임을 확인한 점,[35] 남북조시대의 육필 행서로 된 이백李柏 문서文書의 서체와의 유사성을 지적한 점,[36] 이 목간들에 보이는 일부 세련된 행서체는 중국 남조의 서사문화의 유입과 일정한 관계가 있을 가능성을 지적한 점[37] 등인데, 필자도 이들과 의견을 같이한다. 다음의 자형 대비표를 보도록 하자.

㉒ 위진남북조대 자형과의 대비표

字 (番號)	私 (6)	烏 (6)	走 (6)	旦 (10)	于 (29)	財 (22)	尸 (31)	弗 (32)
咸安								
中國	北魏	北魏 契智墓誌	北魏 金光明経卷二	北魏 于景墓誌	北魏 元暐墓誌	東晉 王羲之 十七帖 (三井本)	王獻之	隋 智永 真草千字文

---

35 謝桂華, 앞의 글, 200쪽.
36 平川南, 앞의 글, 149쪽.
37 고광의, 「6~7세기 신라 목간의 서체와 서예사적 의의」, 『목간과 문자』1, 2008, 112~114쪽.

㉒의 예들은 기존 논의들에서 별로 주목받지 못하였던 글자들을 중심으로 자형 대비를 예시한 것인데, 「불弗」자의 한 예를 제외하고는 모두 위진남북조 시대, 그 중에서도 특히 북위의 행·초서체의 자형과 거의 일치함을 확인할 수 있다. 이러한 자형상의 특징은 1차적으로 한국서예사 연구의 신 자료원으로 공헌할 수 있음에 더 큰 의미를 찾아야 하겠거니와, 2차적으로는 이 목간들의 대체적인 제작 시기에 대한 추정을 가능케 한다는 점에서도 그 의의를 찾을 수 있다. 그 동안의 논의들에서 이 목간들의 제작 시기에 대하여 "6세기 중엽 좀더 구체적으로는 561년에서 앞뒤로 그다지 멀지 않은 시기가 성산산성 목간 연대의 지표가 된다."[38] 라고 말한 바 있는데, 우리의 자형 대비의 결과도 이러한 추정을 크게 벗어나지 않는다. 왜냐하면 자형상의 특징이 위진남북조대에서 수대隋代에 걸치고 있는데, 「진초천자문眞草千字文」의 서사자書寫者 지영智永이 왕희지王羲之의 후손으로서 진陳·수대隋代에 걸쳐 생존한 인물이므로 수 나라의 건국(589년)에 약간 앞서는 시기로 잡아 큰 무리가 없을 것이기 때문이다.

3) 언어상의 특징

끝으로 이 목간들에 보이는 언어상의 특징들을 정리해보면 다음과 같다.

첫째로 새로운 지명 후부요소 '－본파本波'의 등장이다. '－본파'는 신라 6부명 '본피本彼 / 본파부本波部'에 기원을 둔 것으로 이 목간들에 와서 지명 후부요소로 전환된 것으로 판단된다. 그 어원은 ① 고구려나 백제의 지명에 비하여 신라의 지명들에서는 '－원原'으로 끝나는 예를 거의 찾아보기 어렵

---

38 이용현, 앞의 책, 328쪽.

다는 점, ②『삼국사기』권37 웅천주熊川州 영현領縣으로 "서원西原[一云臂城, 一云子谷](현재의 청주시)"에서 '원原=비臂'의 대응관계를 찾을 수 있고, '비臂'는 중세국어에서 '불(~풀)'의 훈을 지니므로 '-원原'에 해당되는 지명 후부요소가 신라에서는 '*-불'로 나타날 가능성이 있다는 점, ③일본 지명들에서도 후부요소 '-원原'이 '-hara / haru'로[39] 나타나는데, 현대일본어의 /h/는 /*p/로 소급된다는 점에서 양국에서 '-원原'에 해당하는 '*-불'과 '*-para'가 동일 기원일 가능성이 있다는 점 등을 근거로 '본파本波 / 본피本彼=본원本原=*本불'의 가설을 제기할 수 있는 것이다.[40]

둘째로 지명 후부요소들이 생략되어 쓰일 만큼 그 쓰임이 일반화됨으로써 매우 높은 정착성을 보인다는 점이다. 앞선 예시 ③과 ⑥에 보인 무표시 지명례들이 여기에 해당되는 예들이거니와, 특히 ⑥에 제시된 20호 목간의 '이골리伊骨利'는 28호 목간에서의 '이골리촌伊骨利村'의 '-촌村'이 생략된 표기로 볼 수 있다는 점이 그 가장 큰 근거의 하나가 된다. 제한된 공간에 서사에 임해야 하는 목간의 특성상 생략 표기는 일반적인 현상으로 보아야 할 것이나, 그렇다고 하더라도 송신자나 수신자가 생략되어도 문맥 파악에 어려움이 없는 요소라야 한다는 점에서 지명 후부요소 '-촌村'의 정착 가능성은 그 만큼 높아진다고 해야 할 것이기 때문이다.[41]

셋째로 인명 접미사 용례의 다양성을 보인다는 점이다. 예시 ⑧~⑮에서 보듯이 '~지支>~지智>~지知>~지亽늡>~리利>~혜兮>~차次>~파巴'의

39 일본에서 '原'을 '~haru'로 읽는 예들로는 후쿠오카현의 '마에바루(前原)', 미야자키현의 '사이토바루(西都原)' 등인데(홍성화,『한일고대사유적답사기』, 삼인, 2008, 67, 79~80쪽 참조), 지역적인 분포로 보아 '~hara'의 선행 형태로 추정된다.
40 권인한, 앞의 글(2008.7.26), 3~4쪽.
41 익명의 심사위원 한 분으로부터 "지명의 후부 요소 '村'의 생략은, 성산산성으로 공물을 납입하는 촌이 법적으로 규정된 공지의 사실이었기에 생략한 것으로 볼 수도 있다"는 지적을 받았다. 개연성이 높은 지적임은 분명하나, 그러한 법적 공지를 증명할 수 없는 현재로서는 필자의 가설을 그대로 이어갈 수밖에 없음을 혜량해 주시기를 바란다.

순으로 인명 접미사가 쓰이고 있는데, 이들을 초기 금석문들에서의 인명 접미사의 용례와 비교해보면,[42] '~지智, ~차次, ~지只, ~혜兮, ~리利, ~파巴'(단양丹陽 적성비赤城碑)>'~지知, ~차次, ~지之, ~리利'(남산신성비南山新城碑)>'~지智, ~지支, ~리利'(영일迎日 냉수리비冷水里碑)≒'~리利, ~지支, ~혜兮'(명활산성비明活山城碑)의 순이므로 이 목간들에 쓰인 인명 접미사의 종류가 가장 다양함을 확인할 수 있는 것이다. 이는 신라 각지에서 보내어진 목간들이 수합된 결과라는 점에서 어쩌면 당연한 현상으로 볼 수도 있겠으나, 종전에 비하여 훨씬 많은 수의 접미사 용례들을 확보함으로써 앞으로 신라어의 문법 체계 구명에 공헌할 수 있을 것으로 기대된다.

넷째로 드물지만 이 목간들에서 동일 지명에 대한 이표기인 듯한 예를 찾을 수 있다는 점에서[43] 당시의 한자음 연구에도 일정한 기여를 할 수 있으리라는 점이다. '이골리촌伊骨利村'<28_앞>과 '일고리촌一古利村'<31_앞>이 동일 지명에 대한 이표기임을 증명할 수 있다면(현재로서는 서체나 다른 특징들에서 이를 증명하기는 어려울 듯하다), '이伊=일一', '골骨=고古'의 동음관계를 상정하여 중고음中古音 이전의 한자음적 특성이 반영된 고대 한국한자음의 한 단면을 보여주는 자료로 삼아도 좋을 것이다. 앞으로 3, 4차 출토분 목간들에 대한 실사를 통하여 이 방면의 좀더 정밀한 고찰이 필요함을 절감케 된다.

4. 맺음말

이상 함안 성산산성에서 1, 2차에 걸쳐 출토된 목간들을 중심으로 목간

---

42 남풍현, 앞의 책, 69~181쪽 및 김창호, 앞의 책, 29~150쪽 참조.
43 이용현, 「목간으로 본 신라의 문자·언어 생활」, 『구결연구』 18, 2007, 124~125쪽 참조.

석문안을 작성하고, 이를 바탕으로 지명, 인명, 관직명의 고유명사 표기들을 수집·정리하여 이들에 나타난 용자상의 특징, 자형(=서체)상의 특징, 언어상의 특징들을 살펴보았다. 애초에 목표한 바에 충분히 도달한 것으로 보기는 어려우나, 고대한국어 연구에 필요한 기초 자료의 확보라는 1차 목표는 어느 정도 달성된 것으로 보아 다행스럽게 생각하면서 논의 성과와 과제들을 정리하는 것으로 결론을 삼고자 한다.

먼저 본고의 논의를 통하여 얻어진 성과들은 다음과 같이 정리할 수 있을 것이다.

(1) 목간의 석문 과정에서 12호 목간과 44호 목간이 동일한 '쌍둥이 목간'이라는 사실의 확인과 함께 종전에 판독이 거의 불가능한 것으로 보아온 20호 목간의 앞면에 대하여 28호 목간의 앞면과 자형상의 대비를 통하여 양자가 한 글자를 빼고는 동일하다는 점을 구명하였다.

(2) 목간 석문안을 바탕으로 지명(A, a류), 인명(B류), 관직명(C류)으로 나누어 이 목간들이 제작되던 당시에 실제로 쓰인 고유명사 자료를 정리하여 제시함으로써 그 동안 고대한국어 연구에서의 숙원이었던 연구 자료의 부족 문제를 해소할 수 있는 계기를 마련하였다.

(3) 이 목간들의 고유명사 표기들에 나타난 몇 가지 특징들을 고찰하였다. 첫째로 용자면에서는 이 목간에 쓰인 글자들이 총 111자인데, 이 중에서 『삼국사기』·『삼국유사』에 쓰인 글자들과 비교하여 108자 97.3%의 일치율을 보임을 확인하였다. 둘째로 자형(=서체)면에서는 이 목간들의 자형이 위진남북조에서 수대隋代에 걸치는 특징을 보여주고 있는데, 특히 북위의 자형과의 인상적인 일치를 관찰할 수 있었다. 셋째로 언어면에서는 ①새로운 지명 후부요소 '－본파本波'의 등장, ②지명 후부요소 '－촌村'의 생략 가능성, ③인명 접미사 용례의 다양성 확인, ④지명 이표기례를 통한 고대 한국한자음 연구의 가능성 확인 등의

특징을 제시하였다.

끝으로 앞으로의 논의 과제들은 다음과 같이 정리될 수 있을 것이다.

(1) 무엇보다도 함안 성산산성 3, 4차 출토 목간들에 대한 연구의 필요성이다. 이를 통하여 1, 2차 출토 목간들과의 종합적인 연구가 이루어져야 함은 물론이다.
(2) 각주 20)에서 말한 바 있는 인명 전부요소에 대한 연구의 필요성이다. '아나阿那-', '말나末那-'의 분석 가능성을 비롯하여 일본의 자료에 등장하는 '한漢=aya~ana'와의 관련성 탐구[44] 등 고대 한국의 인명 전부 요소 즉, 성씨의 발달에 대한 본격적인 연구가 이루어져야 할 것이다.
(3) 3장 말미에서 언급된 목간 자료를 통한 고대 한국한자음 연구의 가능성 모색이다.

[附記] 이 글은 『史林』 31(首善史學會, 한국, 2008년 10월)에 게재한 논문을 수정·가필한 것임.

---

44 鮎貝房之進, 「(六)漢をアヤ又はアナと訓じたるに就きて」(『雜攷 新羅王號攷朝鮮國名攷』, 國書刊行會, 1931), 250~294쪽 참조.

(1) 12호, 44호 목간의 비교

(2) 20호, 28호 목간의 비교

12

44

20앞(전체)

28앞(부분)

일본어사(日本語史)와 동아시아 목간

이누카이 다카시(犬飼 隆)*

1. 한자의 도입과 고유어로의 적용

고대 동아시아에서는 한자가 공통의 문자였다. 일본을 포함한 동아시아 여러 나라의 언어에는 원래 고유 문자가 없었으며 국가체제의 확립과 함께 한자를 도입하였다. 한자를 있는 그대로 중국어 이외의 언어에 적용시킬 수 없었기 때문에, 어떤 언어이건 처음에는 자국의 기록물을 한문 즉 고전중국어로 표기하였다. 고대 동아시아에서는 중국어가 국제공통어였고 현대의 영어와 같은 지위를 중국어와 한문이 점하고 있었다. 중국 주변의 여러 민족은 먼저 외국어로서 중국어와 한자를 배워 외교에 사용하였으며 동시에 자신들의 기록물을 표기하였다.

그 후 한자와 한문을 고유어에 걸맞게 개조하는 작업이 동아시아 여러 지역에서 일제히 수행되었다. 각각의 고유어에 입각하여 변용된 한문이 생겨

* 일본 아이치(愛知)현립대학 교수.

났다. 처음에는 변용이 무의식적으로 이루어졌을 것이다. 고전중국어의 단어를 표현하는 문자를 고전중국어의 문법에 따라 배열하는 것이 한문이라 한다면 동아시아 여러 언어는 중국어에는 없는 단어가 존재하며 문법 또한 다르기 때문에 단어를 배열하는 순서도 일치하지 않는다. 이러한 언어를 모국어로 삼는 사람이 한문을 쓰려고 하면, 이와 같은 영향이 그가 사용한 문자들에 나타난다. 현대를 살아가는 우리들이 영어를 말하거나 쓰려고 할 때와 마찬가지로 어딘가 변칙적인 요소가 발생하는 것이다. 오늘날, 중국의 서역이나 한반도 등에서 발굴되는 한자자료에는 나중에 서술하겠지만 순수한 한문과 다른 이질적인 요소가 보인다. 어순이 정식 한문 문장과 다르거나, 한자가 표현하는 의미나 용법에 정식 한문과 다른 점이 있기도 하다. 변용이 많이 이루어진 것을 일본에서는 '변체한문變體漢文'이라고 부른다.

중국어와 동아시아 여러 언어의 문법적 성격의 차이를 확인해 보자. 중국어는 세계 언어의 문법 유형상, 전형적인 '고립어'이며 용언 뒤에 목적어의 부류가 오는 어순을 취하는 SVOSubject-Verb-Object 언어이다. 일본어는 문법 유형상, 전형적인 '교착어膠着語'('접착어(接着語)'라고도 한다)이며 어순은 용언이 문말에 오는 SOV 언어이다. 고대 한반도의 언어도 현대 한국어와 마찬가지로 교착어였다는 것은 확실하다. 중국의 북부나 서역에 거주하던 여러 민족의 언어도 현대와 마찬가지로 교착어였을 가능성이 있다. 중국어는 동사류의 어형語形변화가 없기 때문에, 동아시아 여러 언어의 동사류에 보이는 활용어미나 그 뒤에 붙는 접사接辭를 표기하려고 할 경우 이에 해당되는 한자가 없다. 중국어는 조사의 부류가 적기 때문에, 동아시아 여러 언어의 후치사後置詞나 명사에 붙는 접사도 적절하게 표현할 수가 없다. 또 한문의 어순은 중국어의 어순을 따르기 때문에, 동아시아 여러 언어에서 문장의 의미내용을 표현하는 어순과 맞지 않는다. 이러한 모순들이 문자 배열 상에 드러나 나타날 때가 있다. 예를 들어 동아시아 여러 지역에서 서사된 5·6세기 한문에는 공통적으로 연호 뒤에 '○월중月中'이라는 자구字句가 자주 보인다. 이 '중中'

이라는 글자는 정식 한문에서는 '그 달 중에'라는 명사적인 의미용법이지만, 이들 예에서는 '그 달에'라는 뜻으로 사용되고 있다. 이 글을 쓴 사람의 언어가 교착어이기 때문에 일본어 조사 'に(니)'에 해당되는 후치사로 '중中'을 사용하여 서사한 것이다.

위와 같은 문법상의 계기가 없었다 하더라도, 한문으로 동아시아 각국의 기록을 작성하려고 한다면, 먼저 한 글자 한 글자마다 고전중국어로서의 의미를 이해하고 그것을 같은 의미의 고유어에 적용시켜 번역하는 작업이 되풀이된다. 익숙해짐에 따라 자연히 한자의 의미를 중국어 발음의 매개 없이 고유어로 이해할 수 있게 되었을 것이다. 예를 들어 '산山'이라는 한자를 'サン(산)'으로 음독音讀하면서 일본어의 'やま(야마)'를 떠올리는 회로가 단축되어 '산'이라는 글자 그 자체와 일본어의 'やま(야마)'가 직접적으로 결합된다. 이것이 안정적으로 행해지게 된 것이 훈독訓讀이다. 이러한 운용은 처음에는 자연발생적으로 행해졌을 것이다. 따라서 고대에는 '한자'와 '고유어에 의한 읽기'의 대응관계는 기본적으로 다대다多對多의 형식이었다. 그 과정에서는 여러 가지 사정에 의해 한자가 가지고 있는 중국에서의 규범적인 의미용법과 다른 고유어 읽기가 정착해버린 시기가 있었다. 예를 들어 일본에서는 '점鮎(메기)'을 일본열도에서 서식하는 어류인 'あゆ(아유, 은어)'라는 훈독을 사용하여 읽는다. 또 '양楊'과 '류柳'를 구별하지 않고, 모두 '버드나무'를 어원으로 하는 'やなぎ(야나기)'라는 훈독을 사용하여 읽는다.

이렇게 발생한 변용은 한자의 문자 시스템 전체의 변화에 미치는 경우도 있다. 일본어에 정착한 한자는 이른 시기부터 많은 글자가 훈독을 가지게 되었다. 현대에는 일본에서 사용하는 거의 모든 한자에 훈독이 있고, 각각의 글자가 음독과 훈독이라는 두 가지 체계적인 표음기능을 갖추고 있다. 중국 한자의 표음기능 체계는 한 가지이기 때문에 중국과 일본의 한자는 같은 자체字體를 사용하더라도 문자체계로서는 다르다고 할 수 있다.

더구나 고대 동아시아 여러 나라에서는 한자의 의미용법을 변용하는 것에서 더 나아가 한자 자체字體의 구성과 배열방법을 모방하여 고유어의 문자를 만드는 경우가 있었다. 서하西夏의 문자나 조선시대에 창작된 한글이 그 실례이다. 일본의 가나假名도 거시적으로는 그 하나이지만, 본 논문에서는 이 문제를 다루지 않겠다. 다만 가나의 전신인 만요가나萬葉假名가 한자의 음독을 주로 빌려 일본어의 발음을 표현하는 방법이었다는 점, 그 기원이 이두吏讀 속의 고유어 표음표기와 밀접한 관계를 가지고 있었다는 점을 여기에서 밝혀 둔다.

일본의 훈독에 해당되는 용법과 동일한 용법이 고대 동아시아 일대에서 행하여졌을 가능성이 있다. 한반도에서 훈독에 해당되는 용법이 행하여졌던 것은 확실하다. 고려시대의 역사서 『삼국사기』(1145년 성립)에는 신라시대의 오래된 지명이 다수 기재되어 있는데, 예를 들면 '성산군星山郡'은 '일리군一利郡', '리산군里山郡'이라고도 서사되어 지금의 '가리현加利縣'에 해당된다는 기술이 있다. 지명의 발음이 '가리加利'로 표기되는 kari와 같았다면, 고대의 표기 '一'은 ka와 비슷한 고유어의 읽기에 사용되었고, 고대의 '성星', '리里'의 어형語形도 kari와 유사한 발음이었다는 것이 된다.[1] 일본의 훈독은 이러한 사례를 본떠서 성립되었을 가능성이 높은데, 중세 이후 한반도에서는 한글이 발명된 후부터 한자에다 고유어 읽기를 대응시켜 읽는 일이 사라졌다. 필자는 일본과 한반도를 제외한 고대 동아시아 국가들의 한자 사용 사례에서 고유어를 사용하여 한자를 읽은 흔적을 찾아볼 수 있는가에 관심을 두고 있다. 일견 한문으로 쓰인 것처럼 보이는 문자열文字列을 고유어의 어형과 문형에 입각하여 읽어야만 하는 사례가 출현하기를 기대한다.

본 논문에서는 고유어로 한자를 읽는 것에 관한 여러 문제 중에서 중국의 규범적인 의미용법과는 다른 의미용법을 문제로 삼는다. 구체적으로는 다

---

1 金東昭 저, 栗田英二 역, 『韓國語變遷史』(明石書店, 2003), 90쪽.

음 두 가지 현상을 다루겠다. 첫째로, 8세기 이전의 일본열도에서는 '매枚'·'목牧'·'수收'자가 통용되었다. 이 '수收'의 이체자異體字의 자형字形은 8세기 한반도에서 사용되었던 자형과 일치한다. 둘째로, 8세기 이전의 일본열도와 한반도에서는 공통적으로 '일鎰'이 '약鑰'의 의미용법으로 사용되고 있었다. 이와 같은 용법이 중국 북부에서 한족漢族이 아닌 다른 민족의 언어에서도 사용되었던 실례가 있다. 이것을 일본과 요遼의 지식인들이 중국의 규범적인 의미용법에 조응시켜 '비야非也', '속용俗用'이라고 평가하였다.

이 두 가지 현상을 본 논문에서는 공통 원리를 사용하여 설명하고자 한다. 목간 등에 행초체로 썼을 때, 자체가 서로 다른 글자들을 구체적인 자형만으로는 구별할 수 없게 되고, 그 때문에 의미용법에 통용이 발생하였다. 그 결과 호적이나 자서字書와 같은 정식 문서에 해서체로 썼을 때에도 자체로서 통용되는 경우가 있었다고 생각된다. 통용이 생기는 요인은 한 가지에 국한되지 않는다. 글자의 <형음의形音義>가 모두 통용의 요인이 될 수 있다. 본 논문이 초고 형태로 발표되었던 국제학술회의(2008년 8월 28, 29일)에서도 '매枚'자와 '목牧'자의 발음이 통하고 있었을 가능성(상고음上古音의 지부之部에서 '음입대전陰入對轉'의 관계)에 대한 교시를 받았다. 그러나 통용의 요인이 될 수 있는 것이 사실이라 하더라도, 실증할 조건이 없다면 그 사실만으로는 학술연구의 대상이 되지 않는다. 본 논문이 중국 주변의 여러 나라에서 고유어에 입각한 한자의 운용에 초점을 두는 것은 통용이 발생한 사정을 출토자료에 의해 확인할 수 있기 때문이다.

2. '매枚'와 '목牧'의 통용, '수收'와의 관련

1) '매枚'와 '목牧'의 통용

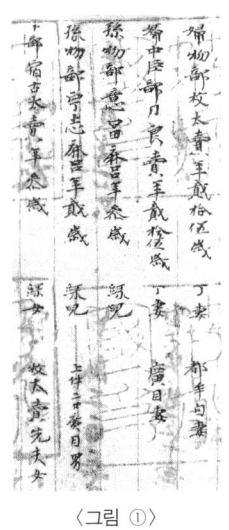

〈그림 ①〉

일본역사 연구자들 사이에서는 널리 알려진 일이지만, 8세기 이전의 일본에서 '목牧'자는 '매枚'자로 사용되고 있었다. 이 두 글자의 통용을 명료하게 증명하는 예는 다음과 같다. 대보大寶 2년도(702)에 편찬된 치쿠젠국 시마군 가와베리(筑前國 嶋郡 川邊里)의 호적에 있는 '물부매태매物部枚太賣'(방점은 필자. 이하 동일)라는 표기이다.〈그림 ①〉 이 25세의 여성은 호주 '모노노베 쿠와시物部細'의 삼남인 '모노노베 쓰무지物部都牟自'(30세)의 처인데, 별도로 '우라베卜部'씨의 어떤 남성과도 혼인관계를 맺어 일녀를 두고 있다. 그 여아에 관한 각주가 가족의 말미에 '목태매선부녀牧太賣先夫女'라고 쓰여 있다. 동일 인명이 '매'와 '목'을 사용하여 서사되고 있기 때문에 이 문서를 쓴 사람은 같은 자체의 글자라고 인식하고 있었음을 알 수 있다.

(전략)

婦物部枚太賣年貳拾伍歲	丁妻	都牟自妻
婦中臣部刀良賣年貳拾伍歲	丁妻	廣目妻
孫物部意富麻呂年叅歲	綠兒	
孫物部宇志麻呂年貳歲	綠兒	上件二口廣目男
卜部宿古太賣年叅歲	綠女	牧太賣先夫女

같은 호적 속에 다음과 같은 예도 있다. 그림은 생략하지만, 호주의 기재가 산일되어 '처대가부천매妻大家部泉賣'부터 시작하는 호의 어린아이들로 차녀와

삼녀가 '매매枚賣', '소목매小牧賣'이다. 이 아이들은 각각 9세와 4세로 분명히 직계 자매이지만, 동생의 이름은 누이의 이름에 '소小'자를 붙인 것으로 '목牧'은 '매枚'의 통용으로 보아도 좋을 것이다. 형 또는 누이의 이름에 '소小'를 붙여 동생 또는 여동생의 이름으로 삼는 예는 매우 많다.

8세기 이전, '매枚'자와 '목牧'자의 통용은 일본 전국에서 행하여졌다. 예를 들면 다음 나가야오가長屋王家 목간 중 하나에서는 '목牧'자가 조수사助數詞 '매枚'의 뜻으로 사용되고 있다.[2] <그림 ②> 이것은 단(=조)풍사旦(=朝)風寺에서 행해졌던 법요를 위한 용품송부 의뢰장이다. 2월 20일이라는 날짜로 보아, 찬바람을 막기 위한 거적 '삼매三枚'와 '회과포시문悔過布施文'을 급히 보내라고 지시하고 있다.

〈그림 ②〉

- 移 務所 立薦三枚 旦風悔過布施文
　　　　　　　右二種今急進

- 大炊司女一人依齊會而召 二月廿日
　遣仕丁刑部諸男　　　　家令

아래에서는 8세기 전반까지의 일본 목간 가운데, 공표된 사진에서 자형을 명료하게 판별할 수 있는 것을 두 개 선별하여 그 필획에 대하여 검토하겠다. 먼저 1997년 발굴조사로 나라현 아스카지(奈良縣 飛鳥池) 유적에서 출토된 목간은 천무천황天武天皇 정축년丁丑年(677)이라는 연호가 있다.[3] <그림 ③> 뒷면

2　木簡學會 편, 『日本古代木簡選』(岩波書店, 1990), 칼라 卷頭畵 사진 2.
3　木簡學會, 『木簡研究』 第21號, 1999, 圖版(一)의 (1).

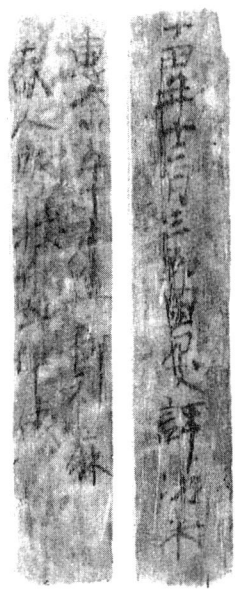

〈그림 ③〉

〈그림 ④〉

의 인명 '하토리베노 히라부(服部枚布)'는 벼를 찧는 담당자이다.

· 丁丑年十二月三野國刀支評次米
· 惠奈五十戶造 阿利麻
　春人服ア枚布五斗俵

이 글자는 석문에서 '매枚'로 옮겨 적었지만, 실제 자형은 변偏이 '재방변扌'의 형태로 되어 있으며 '매枚'로도 '목牧'으로도 읽을 수 있다. 첫 획이 세로로부터 시작되어 가로로 꺾여 들어가는 '우牛'변보다 가로로부터 시작하는 '재방변扌'처럼 보이지만 명료하지 않다. 아마 쓴 사람도 어느 쪽인가를 의식적으로 구별하지 않았을 것이다. 어쨌든 '목木'변의 형태는 아니다. 보통 행초체로 흘려서 쓸 경우 이러한 혼란이 늘 발생하였을 것이다.

다음으로, 야마구치현 나가노보리동산 유적(山口縣長登銅山跡大切ⅢC區)에서 출토된 8세기 전반의 목간들에는 '매枚'자로 옮겨 적은 글자의 예가 다수 존재한다. 실제 형태를 보면 행초체로 '재방변扌'에 '우又'방으로 쓴 것 같은 자형의 글자가 있다.[4]<그림 ④> 이 글자들은 문맥에서 '매枚'자로 해석되기 때문에, '목木'변과 '등글월문攵'을 이렇게 흘려서 쓴 것이 된다. 내용은 밑에 제시한 석문대로 정련동精鍊銅의 구분, 배분처에 관한 부찰이다. 『일본서기日本

---

4 木簡學會, 『木簡研究』 第19號, 1997, 197쪽의 (37) (41) (48).

書紀』 권9 신공섭정기神功攝政紀에 있는 '철정사십매鐵鋌四十枚'의 예를 참조하면, 이 목간들의 '매枚'는 동을 판금板金한 숫자이다. 그러나 이 자형은 뒤에 서술할 '수收'의 이체자로 '재방변扌'에 '등글월문攵'의 자형과의 관계에서 볼 때 매우 흥미롭다.

- 節度使判官犬甘卅斤枚一
- 豊前門司五十七斤枚一
- 調銅八十五斤枚三

이렇게 호적 기재처럼 해서체 레벨에서 서사하는 경우에 생기는 '목木'변과 '우牛'변의 혼동은 행초체로 흘려 썼을 때 '목木'변과 '우牛'변이 '재방변扌'과 동일한 자형이 되는 것을 매개로 발생하였을 것이다. '재방변扌'과 '목木'변의 형태는 혼동하기 쉽다. 그리고 '우牛'변은 '재방변扌'에 세로로 한 획을 더 그은 형태이다. 특히 예서의 필법이 남은 서체에서는 가로 획의 붓이 세로로부터 시작되기 때문에, 가로획이 쉽게 세로의 한 획을 더 그은 형태가 된다. 또한 뒤에 서술할 '수收'의 변도 제 1, 2획을 'ン'처럼 쓰면 수扌변으로 혼동된다. 이러한 서사書寫상의 자형의 혼란이 의미용법상의 통용을 낳고 해서체=자체의 수준에 이르렀을 것이다.

2) 고대 일본에서의 '목牧', '매枚'의 훈독

필자가 아는 한, '매枚'와 '목牧'의 통용을 보면 '목牧'을 '매枚'의 의미로 사용한 예만 존재하고 그 반대 경우는 없다. 여기에 대한 일본어사적인 배경을 살펴보고자 한다. 훈독은 한자의 의미용법에 대한 일종의 번역이지만, 7, 8세기의 일본어에는 '목牧'의 훈독으로 적당한 말이 존재하지 않았다. 따라서 '목牧'을 '매枚'의 이체자로 사용하여도 지장이 없었다.

『일본서기』에는 '목牧'의 용례가 4례 보인다. 권1 현종천황顯宗天皇 즉위전 기卽位前紀의 '……吾是去來穗別天皇之孫, 而困事於人, 飼牧牛馬', 권25 효덕천황조孝德天皇條의 '爲君臣以牧民', 같은 조의 '天皇我皇可牧萬民之運', 권27 천지천황조天智天皇條의 '置牧而放馬'이다. 첫 번째 예는 중국의 고사에 입각하여 윤색한 것이다. 두 번째와 세 번째 예는 『광아廣雅』의 '목牧은 기르는 것이다 牧, 養也'와 같은 의미용법에 의한 것, 네 번째 예는 사실에 근거한 기술일 것이다. 그러나 『일본서기』는 일본 최초의 정사로서 정식 한문으로 쓰고자 의도한 문헌이다. 따라서 『일본서기』를 쓴 사람은 이들 '목牧'을 중국어로서 사용하고 있다고 간주하지 않으면 안 된다.

이에 반하여 한자를 일본어로 읽도록 서사된 『고사기古事記』에는 '목牧'의 용례가 없다. 가집歌集 『만엽집萬葉集』의 사본에는 '목牧'의 예가 두 가지 있다. '목내호牧乃湖(ひらのうみ)'(권卷3 가번호歌番號 274)와 '목포牧浦(ひらのうら)'(권11 가번호 2743)인데, 이것들은 모두 '매牧'의 통용으로 볼 수 있다. 이 'ひら(히라)'라는 지명은 현재 시가현滋賀縣 시가군滋賀郡 시가정志賀町에 비정되고 있다.

8세기 이전의 일본어에서 '목牧'을 훈독하려고 할 때, 그 훈으로 사용하기 적당한 'まき(마키)'라는 말은 용례가 존재하지 않았다. '마련하다' 등을 의미하는 동사 'まく(설設)', '씨앗을 뿌리다, 넓은 곳에 풀어놓다' 등을 의미하는 동사 'まく(시蒔)'가 의미상으로 연결될 가능성은 있지만, '목牧'자와의 관련성을 증명할 수 없다. 7, 8세기의 일본에서는 말을 사육하였고, 헤이죠쿄 平成京에서는 우유나 유제품이 소비되었기 때문에 목축하고 있었던 것은 사실이지만, 고대의 일본인은 이를 고유 일본어로 표현하지 않았다. '목牧'이 사실상 '매牧'의 이체자로서 사용되었던 이유는 일본어의 어휘체계에서, 한자 '목牧'의 의미용법에 상당하는 의미영역이 공백이었기 때문이다.

목장의 뜻인 'まき'라는 말이 일본 문헌에 나타나는 것은 이때가 헤이안 시대平安時代 후반이기 때문이다. 예를 들어 1000년경에 서술된 『원씨물어源氏物語』에 'みまき 미마키御牧場'라는 용례가 있는데, 그 어원은 불분명하다. 그

후보 중 하나로서 '목牧'을 음
독한 일본어 어두 혹은 한반
도를 경유한 어두를 가정해
볼 수 있지만, 현재 이것을 실
증할 방법은 없다.

　고자서古字書를 보면, 헤이
안시대 초기의 『신찬자경新撰
字鏡』에는 '목牧'에 '亡六反, 養
也, 創也'라는 자주字注가 있
는데 훈독은 보이지 않는다.
<그림 ⑤> 사본은 천치본天治本)
『신찬자경』은 900년경에 승
려 창주昌住가 저술한 부수배
열의 자서이다. 한자의 의미
용법 설명에 중국의 『옥편玉
篇』 등에 보이는 기술을 인용
하였고, 그 글자에 해당되는
일본어 훈독이 있으면 제시
하는 경우가 있다. 그럼에도

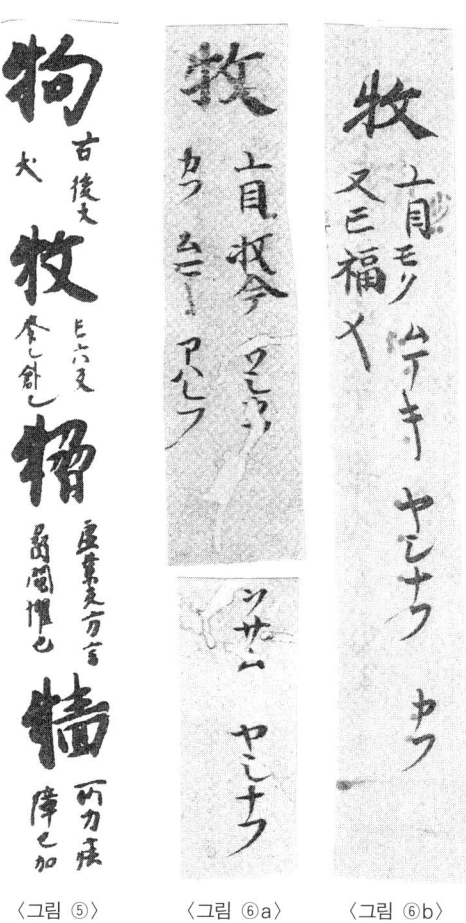

<그림 ⑤>　　　<그림 ⑥a>　　　<그림 ⑥b>

여기에 훈독이 제시되지 않은 이유는 해당되는 단어가 존재하지 않았기 때문
일까? 헤이안시대 말기의 『유취명의초類聚名義抄』에는 '목牧'에 'ウシウマカ
フ　アハレフ'(불하말佛下末의 부部), 'ヤシナフ　カフ'(승중僧中의 부部)와 'ム
マキ'(양 항목 공통)이라는 훈독이 있다.<그림 ⑥>(ab 사진은 관지원본觀智院本)
『유취명의초』는 1100년대 전반에 성립된 대규모 자서이다. 『옥편』을 모방
하여 부수를 배열하고 글자의 음과 의미용법을 기술하였는데 대부분의 글자
에 일본어의 훈을 달고 있는 것이 특징이다.

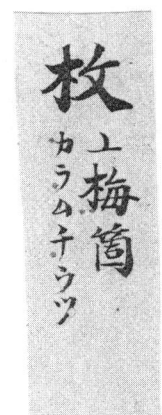

〈그림 ⑦〉

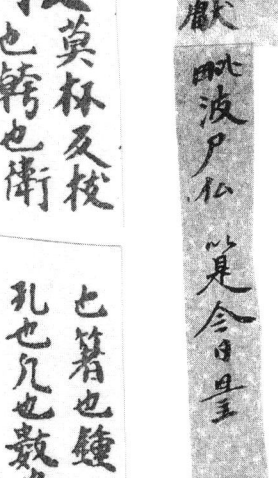

〈그림 ⑧〉　　　〈그림 ⑪〉

7·8세기의 일본에서의 '목牧'='매枚'의 훈독은 앞의 나가야오가長屋王家 목간의 문맥상으로 보아도 'ひら(히라: 장, 얇고 평평한 것을 세는 말)'가 적당하다. 정창원正倉院 문서에 동일 인명을 '고구련매마高丘連枚麿', '고구련매마려高丘連枚麻呂' '고구련비량마려高丘連比良麻呂'라고 쓴 예가 있는 점에서, 8세기의 일본에서 '매枚'자를 'ひら(히라)'라고 훈독한 것은 확실하다.[5] 다만, 『유취명의초』의 '매枚'자에 달려있는 훈독 'カラ ムチウツ'는 '간幹', '편鞭'에 해당되는 의미용법이며, 조수사助數詞에 해당되는 훈은 달려있지 않다.<그림 ⑦> 헤이안시대에도 'ひら(히라)'라는 훈독이 존재했을 것이다. 9세기 후반의 『동대사풍송문고東大寺諷誦文稿』에는 '화천녀花天女의 수법시修法時에는 삼목三牧의 금전金錢을 비파시불毗波尸佛에 헌상한다(花天女カ修法時ニハ三牧金錢ヲ獻毗波尸佛)'(39행)는 예가 있다.[6] 이 '삼목三牧'은 분명히 '삼매三枚'의 뜻이다. <그림 ⑪> 『신찬자경』의 '매枚'자의 자주字注에는 '수야數也'가 포함되어 있어 조수사의 훈독이 기대된다.<그림

5 『時代別國語大辭典上代編』(三省堂, 1967)의 'ひら' 항목. 본 논문에서는 실례를 보다 확실한 것으로 바꾸었다.

6 中田祝夫, 『東大寺諷誦文稿の國語學的研究』(風間書房, 1969) 참조.

⑧> 그러나 『류취명의초』는 다른 훈독을 채용하고 있다. 여기에 대해서는 다음 절에서 논한다.

'ひら(히라)'는 '평평한 상태, 평평한 것'이라는 뜻이다. 제1절에서 든 치쿠젠국 가와베리(筑前國 川邊里)의 '매枚＝목태매牧太賣'라는 이름이 지닌 의미는 'ひらた(히라타 : 平田)女(평평한 밭의 여자)'로 해석할 수

〈그림 ⑨〉

있다. 우라베(卜部)씨와의 사이에 태어난 딸 '숙고태매宿古太賣'는 'すくだ(스쿠다 : 鋤田)女(일군 밭의 여자)'로 해석할 수 있으며 모녀의 이름에 서로 관련이 있다. 아스카지飛鳥池 목간의 인명 '매포枚布'는 말미의 'ぶ(부)'를 '그렇게 행동하다, 그러한 모습을 하다, 그러한 상태이다'라는 뜻의 동사어미 'ぶ(부)'로 해석하여 동사종지형 'ひらぶ(히라부)'에 의한 명명命名이라고 해석할 수 있다. '(정신적으로) 안정시키다, (토지를) 평평하게 하다, 넓히다' 등의 뜻이다. 이는 『일본서기』 권24 황극천황조皇極天皇條에 백제에 사신으로 간 '아즈미히라부 무라지阿曇比羅夫連', 동 권26 제명천황조齊明天皇條에 숙신肅愼, 하이蝦夷와 싸웠던 '아베노히쿠타오미 히라부阿部引田臣比羅夫'의 이름과 같다.

3) '매枚', '목牧' 그리고 '수收'의 통용 실태

그런데 '매枚'와 '목牧'의 통용은 더 나아가 '수收'의 이체자를 그 범위에 포함하고 있었다. 나라현奈良縣 아스카촌明日香村 이시가미石神 유적에서 출토된 '구주력具注歷'을 서사한 7세기의 목간이 2003년 2월에 공표되었다. 당초 12직直의 '수收'가 기대되는 위치에 '매枚'가 달려있는 것처럼 보였는데, 그 글자

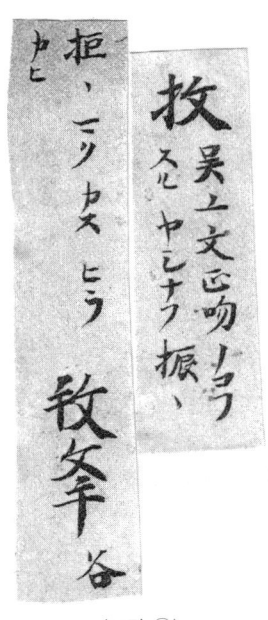

〈그림 ⑩〉

는 변이 목木변이 아니라 '재방변扌'이었고, '수收'의 이체자의 하나일 것으로 지적되어[7], '수收'로 옮겨 적는 것이 확정되었다.<그림 ⑨>

앞에서 언급하였던 헤이안시대 말기의 자서인 『유취명의초』에 같은 글자체가 표제어로 걸려 있다.(불하본의 부) 변이 '재방변扌'이고 방이 '등글월문攵'인 글자이다.<그림 ⑩> 현행 강희자전체로는 '문攽'이 된다. 그리고 거기에 'ひら(히라)'라는 훈독이 달려있다. 해당하는 글자에 달린 훈독과 자주字注 'ノゴフ スル ヤシナフ 振也 拒也 マク カス ヒラ カヒ'를 보면 한 글자에 대한 자의字意 설명으로서 통일성이 결여된 것이 분명하다. 이 자체에 해당하는 훈독 및 자주로서 자연스러운 것은 'のごふ(닦다)', 'する(하다)', '거拒' 그리고 '진振'이다. 『예기禮記』「중용中庸」 주의 "振, 猶收也."(진振은 여기서는 수收와 같다)라는 부분을 참조할 수 있다. 'かず(카즈: 수收)', 'ひら(히라: 장, 얇고 평평한 것을 세는 수사)'는 이 글자가 아니라 '매枚'의 훈독인 편이 더 어울린다. 'やしなふ(야시나우 : 기르다)', 'まく(마쿠: 뿌리다, 마련하다)', 'かひ(카이: ~치기, 사육사)'는 이 글자가 아닌 '목牧'의 훈독이 더 어울리며, 실제 앞에서 제시한 '목牧'의 훈독과 일치한다.<그림 ⑥>(ab)

이 현상은 착종錯綜이라고 생각될 지도 모르겠지만 필자는 의미가 있다고 생각한다. 그 배경에 '목牧'・'매枚' 그리고 '수收'의 이체자가 해서체로 서사되었을 때에도 통용되었다는 사실을 상정한다. 제1절에서 목간 등의 필획을

---

7 新川登龜男, 「アジアの中の新發見具注歷」(『月刊しにか』 163호, 大修館書店, 2003.8).

검토한 바로 보면, 통용이 일어난 이유는 평소 행초체로 썼을 때 발생하는 자형의 혼란이었다. 그것이 해서로 쓴 자체의 수준에도 영향을 끼치고 있었던 것이다. 특히 '수收'자의 'をさむ(오사무: 거두다, 다스리다)'의 훈독에 상당하는 의미용법을 매개로 하여 세 개의 자체가 통용되었다고 예상한다. 앞에서 제시한 '목牧'의 훈독에도 'ヲサム(오사무: 거두다, 다스리다)'가 나타나고 있다.<그림 ⑥a> 중국 고전에서도 '목牧'은 '치治'와, '매枚'는 '수收'와 의미용법상 통용되는 경우가 있었다. 『운회韻會』에 "牧, 治也."(목牧은 치治이다), 『광아廣雅』에 "枚, 收也."(매枚는 수收이다)라고 하는 것을 참조할 수 있다.

　『유취명의초』에 채록되어 있는 훈독은 선행하던 자서에서 인용한 것뿐만 아니라, 헤이안시대에 행해진 한문 훈독의 실제 문맥에서 채취한 것도 포함하고 있다. 유사한 자형의 글자가 어떤 한문 문맥에서는 '매枚'자, 어떤 한문 문맥에서는 '목牧'자, 또 다른 한문 문맥에서는 '수收'자로 읽히고 있고, 이 훈들이 '재방변扌', '등글월문攵' 글자의 항목에 수집되어 현재 우리가 보는 것과 같은 기술이 되었다고 추측된다. 이를 실증하려면 훈점에 'をさむ(오사무)'를 사용한 고점본古點本의 예를 폭넓게 수집할 필요가 있다. 아직 조사하는 단계이지만 아래와 같은 예를 확인하였다. 나라奈良시대의 사경寫經이라 일컬어지는 천리대학天理大學 부속도서관장附屬圖書館藏 『남해기귀내법전南海寄歸內法傳』 권1의 예는 '수收'의 첫 획이 위로 치우쳐 '목牧'자의 변의 제3획(왼쪽 밑에서 위로 삐침)이 빠진 자형이 되고 있다. 그리고 방은 '우又'가 아니라 '등글월문攵'이다.[8] 헤이안시대 초기 내지 중기의 글씨라고 일컬어지는 석산사장石山寺藏 『법화경의소法華經義疏』 서품초序品初의 예는 여기에서 문제 삼고 있는 '재방변扌'에 '등글월문攵'의 자형이다.[9] 이것들은 석문에서는 '수收'로 번지繙字되어 있기 때문에, 색인류를 이용할 때에 주의해야 한다.

8　大坪併治, 『訓點資料の研究』(風間書房, 1968) 참조.
9　中田祝夫, 「古點本の國語學的研究 譯文篇」(講談社, 1954 / 改訂版, 勉勉社, 1979) 참조.

4) 동일한 자형이 신라에서도 사용되었다

또, 흥미로운 것은 정창원正倉院 소장『신라민정(촌락)문서新羅民政(村落)文書』에 상기의 예와 마찬가지로 '재방변扌'에 '등글월문攵'의 자형을 한 글자가 사용되고 있는 점이다. 이 문서는 신라에서 일본으로 전해져 정창원에 보존되어 있는 1차 자료이다. 서사된 연대에 관하여 일본 연구자들 간에는 문서에 기재된 '을미년乙未年'을 755년으로 비정하는 설이 유력하다. 문제의 글자는 예를 들어 문서에 기재된 두 번째 촌락 '당현살하지촌當縣薩下知村'의 4행 후반의 '三年間中◆坐內◇一'(◇ 위치의 글자는 '호戶'의 뜻으로 '연烟'의 이체자인 듯하다)의 ◆의 위치에 있다.<그림 ⑫a> 이를 '수收'의 이체자로 보면, 문장의 의미는 '3년 사이에 이 마을의 구성원으로서 정착한 호戶가 하나'라고 해석된다. '중中'은 제1장에서 언급한 신라의 후치사에 상당하는 이두吏讀이고, '수좌收坐'가 동사, '내內'는 앞의 글자를 고유어로 읽는 것을 표시하는 이두로 '~하다 / ~한(것)'으로 해석된다.

다른 문맥에서 같은 자형의 의미용법을 살펴보아도 이 글자를 '수收'의

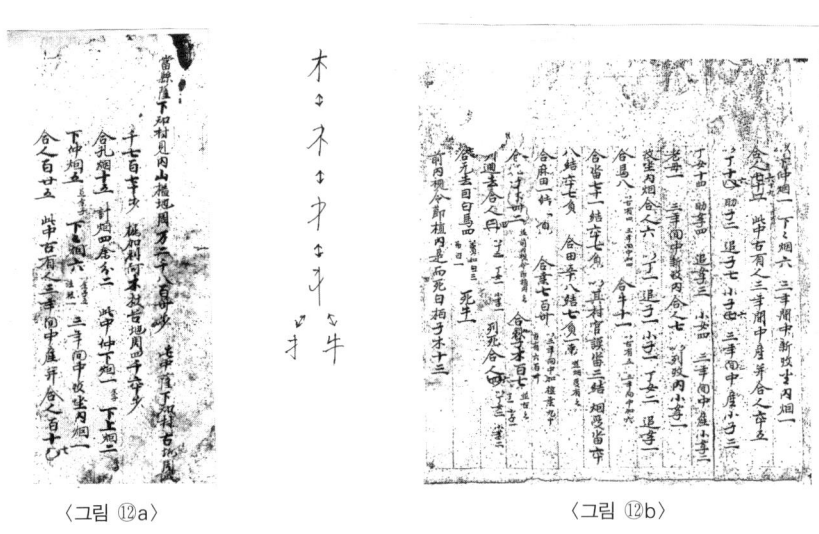

〈그림 ⑫a〉 〈그림 ⑫b〉

이체자로 보아도 문제없다. 세 번째의 앞머리에 촌명을 결여하고 있는 조의 5·6행의 기술 '三年間中新◆內合人七 以列◆內小女子一 / ◆坐內◇合人六 以丁一 追丁一 小子一 丁女二 追女一'<그림 ⑫b>는 '3년 사이에 새롭게 구성원이 된 사람은 도합 7인. 열께의 구성원이 된 사람은 소여자小女子 1인. 정착한 사람은 도합 6인으로 그 내역은 이정일以丁一, 추정일追丁一, 소자일小子一, 정녀이丁女二, 추녀일追女一'이라고 해석된다. '열께'은 일본 후지와라쿄藤原京 목간 및 헤이죠쿄平城京 목간에서 혈연집단으로 이루어진 작업반을 가리키는 의미용법으로 사용되고 있다. 예를 들면 후지와라쿄藤原京 목간에는 '夜不仕人 猪手列丸マ國足(야근을 하지 않는 사람은 이테猪手 열께의 와니베노쿠니타리丸マ國足이다)'라고 보이는데 이 '열께'과 같은 예이다. 이 '열께'이 서로 같은 용법이라면, 상기 신라 목간의 경우 그 마을에는 혈연으로 작업반에 추가된 소녀가 한사람 있고, 그 외에 6인이 정주한 것이 된다.

8세기 한반도와 일본열도에서는 같은 자형을 한 '수收'의 이체자가 사용되었다. 일본에서는 여기에서 본 바와 같이 그 자형의 글자가 '매枚'와 '목牧'과도 통용되고 있었다. 동아시아 여러 나라에서 한자가 중국의 규범과 다른 의미용법으로 사용되었을 때, 그것을 개별적인 문화상의 현상으로 보는 것은 이제는 불충분하다. 동아시아 일대에서 한자수용의 일환으로 다시 파악할 필요가 있다. 지금 필자는 한반도 및 중국북부, 서역에서 '목牧', '매枚', '수收'의 통용을 증명하는 출토자료가 출현하기를 예상하고 또한 기대한다.

3. '일鎰'과 '약論'의 통용

1) 고대 일본의 '일鎰'과 '약論'

앞 장에서 본 대로 고대 일본에서 '목牧'은 사실상 '매枚'의 이체자였다.

<그림 ⑬>

그 통용은 행초체로 썼을 때 자형의 구별이 없어지는 점에서 생겨났다. 독해의 입장에서 바꾸어 말하면, 문맥 중에서는 다소 혼동하기 쉬운 자형의 글자라 하더라도 앞뒤 문장을 통해 그 뜻을 추측하여 읽을 수 있다. 그러나 행초체에서 규범적인 해서체로 바뀌면, 자형의 작은 차이가 말과 말을 변별하는 자체의 차이가 된다. 이로 인해 다음과 같은 일이 발생된다. 자체가 서로 다르다면, 각각의 자체가 나타내는 <형음의形音義>는 다르다. 행초체의 자형으로 서사되었을 때에 통용되던 것이 해서체의 자체 수준에서는 '오용'이 된다. 고대 일본에서 중국의 규범적인 '목牧'의 <형음의>가 인식되면, 그러한 자체의 글자를 '매枚'의 <형음의>로 사용하는 것은 '오용'이라고 간주된다. 그러나 만약 어떠한 기준을 만들어 '목牧'을 '매枚'의 의미용법으로 사용하는 것을 승인한다면, 그것은 자체와 자체 간의 '통용'이 된다. 앞 장에서 『유취명의초』에 현대의 인식에서 보아 부자연스러운 훈독과 자주字注가 달려있는 예를 지적하였다. 그것은 자체의 수준에서 통용이 있었음을 시사하고 있다.

이 사고방식을 '일鎰'과 '약鑰'의 통용에 적용시켜 보자. 고대의 한반도와 일본열도에서는 공통적으로 '일鎰'을 열쇠의 뜻으로 사용하였다. 이 '일鎰'자는 중국의 규범적인 의미용법에서는 24량 혹은 20량에 해당하는 금속의 중량을 표기하는 단위이다. 제1장의 말미에 서술했듯이, 통용이 발생하는 요인은 한 가지만 있는 것은 아니지만, 본 논문에서는 '약鑰'자의 방에 죽竹머리가 붙은 이체자를 행초체로 썼을 때에 '일鎰'자의 행초체와 같은 자형이 되기 때문에 통용이 생겼다는 사실을 자료에 입각하여 확인하고자 한다.

약 20년 전에 필자는 일본 고대사를 전공으로 하는 도노 하루유키東野治之, 일본어사를 전공으로 하는 모리 마사모리毛利正守와 함께 헤이죠쿄平成京의 나가야오가 유적長屋王家跡에서 출토된 8세기 초엽의 목간 윤독회를 실시하였다. 그 때, 목간에 서사된 문자 중에 '일鑰'로 번지繁字되어 있지만 '약鑰'의 이체자로 방에 죽竹머리가 붙은 자형이라고 해야 하는 글자가 있는 것을 깨달았다.<그림 ⑬> 나가야오가長屋王家 이외의 각 유적에서 출토된 문자자료 중에도 마찬가지로 '일鑰'로 옮겨 적혀 있지만, '약鑰'자의 방에 죽竹머리가 붙어 있는 이체자로 해야 할 것이 있다. 일본 연구자들이 목간 등에 행초체로 쓴 애매한 자형을 '일鑰'로 옮겨 적는 것은 고대 일본에서는 '일鑰'을 '열쇠'의 의미로 사용하는 일이 일상적이었기 때문이다. 『유취명의초』에도 '일鑰'의 이체자로 '열쇠(カギ)'의 훈독이 붙은 예가 있다.(승상僧上의 부部)<그림 ⑭> 이 지식에 근거하여, 문맥상에서 열쇠의 의미로 해석되면 '일鑰'로 옮겨 적는 예가 많았다.

그러나 헤이안시대의 일본에서도, 지식인들은 '일鑰'을 열쇠의 의미로 사용하는 용법이 사실상 폭넓게 행하여졌어도 오용임을 인식하고 있었다. 『화명류취초和名類聚抄』의 '약鑰' 항목에 '금안속인인약지처용일자비야今案俗人印鑰之處用鑰字非也'라는 기술이 있다.<그림 ⑮> 『화명류취초』는 미나모토 시타가우(源順, 911~983)가 930년대에 저술한 분류체의 자서이다. '금안今案'은 시타가우 자신의 생각을 의미한다. '속인俗人'은 지금 사람, 즉 10세기 전반의 일반인이다. '인약印鑰'은 '인감印鑑'과 같은 것으로 관청 등의 '문감門鑑'을 가리킨다. 이 기술의 뜻은 '약鑰'을 사용

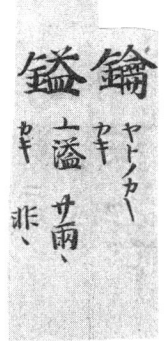

〈그림 ⑭〉

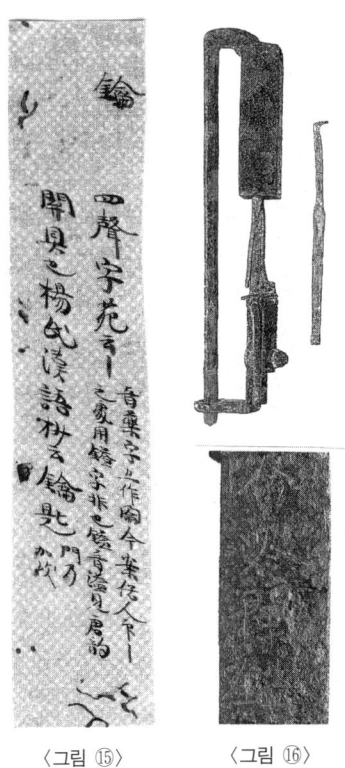

〈그림 ⑮〉 　 　 〈그림 ⑯〉

해야 할 곳에 '일鎰'자를 사용하는 것은 '잘못이다(非)'라는 것이다. 전술한『유취명의초』의 '일鎰'의 기술 말미에 쓰인 '비야非也'는 '일鎰'자의 의미에 대한 해설이 아니라, 이『화명류취초』의 기술을 계승한 것이다.『유취명의초』의 서명에서 '유취類聚'는『화명류취초』에서 취하였다는 것이 일본 연구자들의 정설이다.『유취명의초』의 기술 중에는『화명류취초』에서 인용한 것임을 보여주는 '순운順云'이라는 주기注記가 다수 보인다. 이 '비야非也'는 '순운順云'이라는 주기注記를 생략한 것이라고 생각된다.

2) 신라에도 같은 용법이 존재

그런데, 1996년도 일본 목간학회 연구집회 자리에서, 이성시李成市가 안압지雁鴨池 출토 목간을 소개하였다. 그때 출토된 금속제 열쇠에 '일鎰'의 이체자를 새긴 것이 있는데<그림 ⑯> 한국 학회에서는 그것을 어떻게 해석해야 하는가를 놓고 검토 중임을 이야기하였다. 그 자리에서 필자는 이성시에게 상기의『화명류취초』의 기술에 관한 지식을 제공하였는데, 한반도와 일본 열도에서 같은 의미용법이 행해지고 있었음을 확인하고 매우 기뻐했다. 필자의 은사인 고노 로쿠로河野六郎는 일찍이 '일본에서 한자사용은 한반도의 실험을 전제로 하고 있다'고 이야기하였다.[10] 필자는 그 가르침을 받아 연구의 길로 나아갔는데, 그 구체적인 예가 되는 물증이 나타난 것에 깊은 감명을 받았다.

이렇게 한반도와 일본열도에 공통된 용법, 더구나 중국의 규범에 비춰보면 잘못된 용법의 존재가 판명되었지만, 영향의 선후관계는 여전히 신중하게 밝혀나가야 할 것이다. 『화명류취초』의 기술은 10세기 전반의 것이다. 안압지에서 출토된 열쇠는 8세기 중엽의 것이다. 안압지 출토유물에 대해서는 최근 재검토가 진행되고 있다. '책사문사이문금策事門思易門鎰'이라고 서사된 목간에 관하여, 그 '금鎰'은 열쇠라는 의미이고 당시 신라어로 훈독한 용법이라고 추정된다.[11] <그림 ⑰>
그렇다 하더라도 그 연대가 7세기로

〈그림 ⑰〉　　　〈그림 ⑱〉

올라갈 가능성은 없다. 그러나 일본열도에서는 7세기 출토유물에 '일鎰'을 열쇠의 의미로 사용한 예가 존재한다. 아스카지飛鳥池 목간에는 '익鎰'방에 획을 생략하여 사용하였다고 해석되는 예도 있다.<그림 ⑱> 현존하는 물증만을 본다면 일본열도에서 이 용법이 선행하였던 것처럼 보이지만, 필자는 언젠가 한반도의 7세기 이전 출토자료에 이 '일鎰'자의 용법이 나타나는 것은 아닐까라고 예상하고 있다.

10 河野六郎, 「古事記に於ける漢字使用」, 『古事記大成3 言語文字篇』(平凡社, 1957. 후에 河野六郎氏著作集3, 平凡社, 1980에 수록).
11 尹善泰, 「雁鴨池出土門號木簡と新羅東宮の警備－國立慶州博物館撮影赤外線善本寫眞を中心に」, 『新羅文物研究』 창간호, 國立慶州博物館, 2007.

3) 통용이 발생한 사정과 이에 대한 인식

'일鎰'이 '약籥'의 의미용법으로 사용되게 된 이유의 하나는 위에서 서술했듯이 후자의 방에 '죽竹'머리가 붙은 자체를 행초체로 썼기 때문임이 확실하다. 나가야오가長屋王家 목간의 자형도 전체적으로는 '약籥'자의 방에 죽竹머리가 붙은 이체자에 가깝지만, '일鎰'과 일치하는 점도 있어 혼란스러운 상태이다.<그림 ⑬> 같은 연대의 니죠오지二條大路 목간의 한 예를 보면, 앞면의 자형은 방의 아래 부분이 '명皿'으로 되어 있는데, 그 뒷면에 서사된 자형은 가로획이 위에 있어 '책冊'으로 되어 있다.<그림 ⑲> 행초체로 썼을 때에 '죽竹', '인人'을 흘려 쓴 필획과 '익籥'의 윗부분을 흘려 쓴 필획과의 구별이 없어지고, 가로획의 상하 위치에 의해 '명皿'과 '책冊'의 구별이 없어진 것이 혼동의 이유가 되었다고 추정된다. 『유취명의초』에도 '명皿'이 있는 자형과 '책冊'이 있는 자형 양쪽이 등록되어 있다.<그림 ⑭>

그리고 중국의 규범적인 '일鎰'자 용법에서 드러나듯이 금속의 중량이 한 개분을 주조할 정도의 무게라는 점이 관련되고 있을 가능성도 있다. 열쇠를 주조한 경험이 한자의 의미용법의 인식에 반영되었을 지도 모른다는 것이다. 시즈오카현靜岡縣 이바伊場 유적에서 출토된 8세기 후반의 토기묵서에 '군일취郡鎰取'라고 쓰여 있어서<그림 ⑳> 군아郡衙에 열쇠 담당자가 있었음을 알 수 있다.

한편, 일단 행초체의 수준에서 통용되던

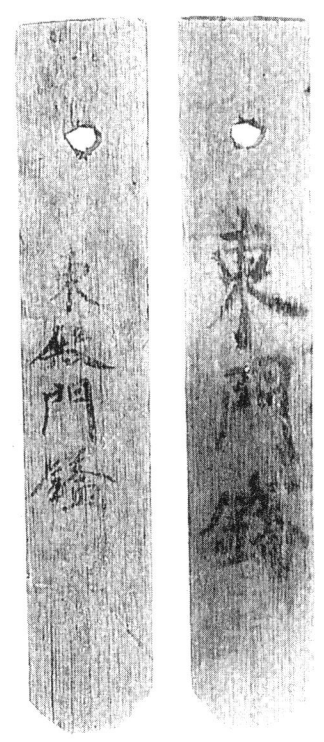

〈그림 ⑲〉

것이 해서체의 글자체 '일鎰', '약鑰'으로 되돌려져 자서에 수록되면 그 통용을 어떻게 인식하는가가 다시 문제가 된다. 일본에서는 『화명류취초』를 편찬한 미나모토 시타가우 源順가 '일鎰'은 '비야非也＝오용誤用'이라고 인식하였다. 그러나 동아시아의 다른 지역에서는 이를 통용으로 승인하고 있었다. 『용감수감龍龕手鑑』에

龍龕手鑑

鑑俗鑰正音某開
鑰一也二

（金部
Ⅵ
P7
B5）

〈그림 ⑳〉

서는 이를 '일속약정鎰俗鑰正'이라고 하였다.[12](그림 참조) 『용감수감』은 요나라 승려 행균行均이 997년에 저술한 자서로 『간록자서干祿字書』의 체제를 취하고 있다. '속俗'이라고 평가하였으나 오용이라고는 인식하지 않았다. 필자는 이 자서가 요나라에서 서사되었다는 점을 중시한다. 요나라는 거란족의 왕조이다. 한반도, 일본열도와 마찬가지로 중국북부에 거주하던 민족의 문화에서도 '일鎰'을 열쇠의 의미로 사용하는 용법이 있었고, 그것을 해서체의 수준에서 용인한 것이 된다. 아마도 한족漢族인 송宋왕조에서는 통용을 용인하지 않았던 것은 아니었을까? 지금 필자는 옛 요나라 지역에서 '일鎰' 내지 '익鎰'자를 열쇠의 의미로 사용한 자료가 출토되기를 예상하고 또 기대하고 있다.

---

12 愛知縣立大學 大學院 國際文化研究科 方國花의 敎示에 의거하였다.

4. 금후의 연구전망

〈그림 A〉

본 논문에서는 한자의 자체와 자형의 통용에 초점을 두고 고찰했지만, 필자의 목표는 언어의 여러 측면 전체에 있다. 필자는 문장표기, 문표기文表記의 수준에 속하는 문제로서 문말사文末詞 '지之'의 용법이나 문의文意의 단락에 한 글자 공백을 두는 규칙, 혹은 일본의 만요가나萬葉仮名의 기원에 대한 이두의 영향에 관하여 몇 편의 논고를 공표하였다.[13] 그 논문들은 신라어, 백제어, 고구려어 서기방법書記方法의 역사와 밀접한 관계가 있고, 한국출토목간의 연구에서도 종종 같은 현상이 언급되고 있다. 최근 필자는 어형의 표기에 관해서 한국출토목간과 일본출토목간과의 비교대조가 매우 유익하다고 생각하고 있다. 여기에서 한반도의 표음표기의 입성운미入聲韻尾를 가진 한자음의 용법과 일본열도의 '렌고가나連合仮名', '니고가나二合仮名', '랴쿠온가나略音仮名'와의 관계를 짧게 서술해 둔다. 상세한 내용은 필자의 별고를 참조하기 바란다.[14]

함안咸安 성산산성城山山城 목간의 촌명村名 중에 '이골리伊骨利'가 있다.(『한국의 고대목간』목간번호 28 (그림 A)와 20) '이골伊骨'로 쓴 것(동同 06~30)도 같다고 생각해도 좋다. '이伊'는 i, '리利'는 ri로 생각되는 신라어의 어형을 보여주고 있다고 해석할 수 있는데, '골骨'은 중국의 한자음에서는 t입성入聲의 글자이다. 이 t를 신라어에서 r로 읽었다고 한다면, 고유명사의 표기로서 합

---

13 犬飼隆, 『木簡による日本語書記史』(笠間書院, 2005); 「日本語を文字で書く」, 『ひと・もの・こと列島の古代史 6 言語と文字』(岩波書店, 2006) 등.

14 犬飼隆, 「古代語資料としての出土物」, 日本語學會 『日本語の研究』第4卷 1號, 2008.1; 「日本語表記史中の龍角寺文字瓦」, 『房總と古代王權』(高志書院, 2008) 등.

리적으로 설명된다. '이골리'의 문자열에서 ikuri라
는 음운열을 iku(r=)ri처럼 나타내고 있는 것이 된다.
이는 이 촌명村名의 신라어 어형이 모음으로 끝나고
있었다는 것을 가정한 경우이지만, 만약 폐음절어閉
音節語에서 자음 r로 끝났다고 가정한다면, 촌명의 어
형 ikur을 '이골伊骨'로 표기해도 충분하다. 그렇지
만 어말의 r을 분명하게 표시하기 위해 한 글자를
덧붙여 써 넣어 '利'의 ri로 어말의 r을 나타냈다고
해석된다.

　이 표기방법은 일본 만요가나 용법의 하나인 '렌
고가나'와 밀접한 대응관계를 가지고 있다. 렌고가
나의 한 예로 7세기의 『천수국만다라수장명天壽國曼
荼羅繡帳銘』에 쓰여 있던 인명의 일부인 '吉多斯'를 들
수 있다.<그림 B> '길吉'의 t입성을 ki(t=)tasi처럼
처리하여 '키타시(きたし)'를 나타내고 있다. 위의
신라 지명이 모음으로 끝났다고 보면 같은 표기방
법이라는 것이 된다. 그리고 이 t입성入聲을 무시하
고, '길吉'을 일본어의 キ(키)로 대응시키는 관습이
성립하면 랴쿠온가나가 된다. 일본어는 개음절開音節
구조이기 때문에 발음이 자음으로 끝나는 것을 허
용하지 않기 때문이다. 랴쿠온가나가 되지 않는 경
우는 니고가나가 된다. 예를 들어 지명 '사쓰마薩摩'
의 '사쓰薩'가 니고가나이다. '사쓰薩'의 t입성에 원
래 없었던 모음 ウ(우)를 첨가하여 한자 한 글자를
일본어의 이음二音에 대응시켜 'さつ(사쓰)'를 표기
하고 있다. 그러나 일본에서도 7세기에는 모음으로

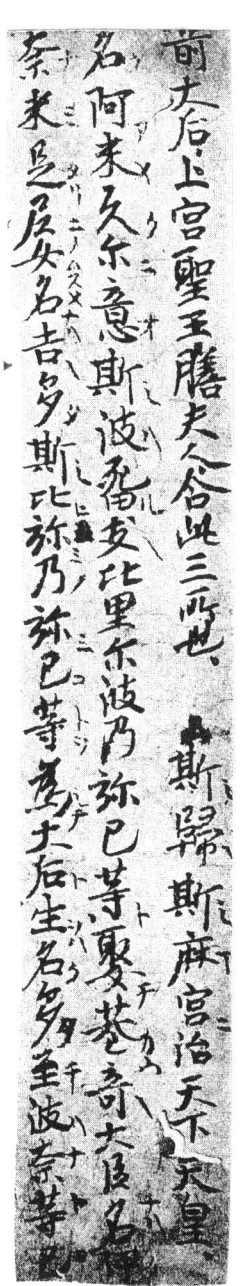

〈그림 B〉

끝나는 음의 한자를 어말語末에 덧붙여 써 넣어 발음을 명시하는 표기방법이 행해졌던 사례가 있다. 예를 들어 치바현千葉縣『용각사와요문자와龍角寺瓦窯文字瓦』에 '적가赤加'라고 쓰고 'あか(아카)'라고 부른 예가 있다. 지명 aka에 대하여 '적赤'의 훈독으로 충분하지만 어말語末의 ka를 만요가나 '가加'로 명시한 것이다.

위의 문제의 해석은 신라어가 폐음절閉音節 구조였는가라는 논의와 관련되므로 한일의 대조연구가 필요하다. 한국 연구자의 견해를 기다린다. 그리고 지금 필자는 중국의 북부 및 서역의 출토자료의 고유명사 표기에도 같은 예가 출토되기를 예상하고 기대하고 있다.

본 연구의 일부는 일본학술진흥회 과학연구비 보조금 기반연구(C)「上代の戶籍・計帳の人名を古代日本語として解讀する研究」의 성과이다.

3 부

지역과
사회

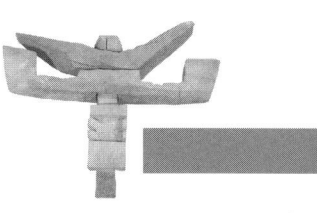

과거 역사상을 알려주는 역사적을 포함한 고대 인류의 실적을 규명하는 것은, 공식으로 처리된 문헌이 아닌, 그 시기 당대에 가능한 출토자료의 발견이란 문헌 사료가 기닌 한계를 극복하고 대로운 역사상을 서술할 수있는 계기를 제공한다. 특히 춘추고대사 연구의 경우, 문헌사료의 한계는 더욱 분명하다. 춘추시대 역사의 주요 문헌자료인 춘추와 좌전春秋左氏傳은 노사國史 중기의 역사서술의 연계를 벗어나지 못하였으며, 국어國語 역시 전국國時 의 문장에 다른 제후국에 비해 상대적으로 많을 뿐만 아니라 구체적인 서술도 춘추와 좌전春秋左氏傳과 중복되는 내용이 십상 부분 보이기 때문에 도레의 춘추시기의 기원状을 이해하기에는 다소 부족이 있다. 전국시대를 이해하기 힘든 문헌정료 역시 마천가 있이다. 대표적인 역사서인 사기史記의 경우, 연대기代을 중심으로 된 기가계용은 갖당한 혼란이 있으며, 서술 내용 역시 紀을 중심으로 구성되어 많이 지역적 편차가 심한을 받을 수 있다. 전 국책戰國策 역시 국별國別로 편집되어 전하지만, 저술 내용의 시기時를의 역대차 차이가 있는 부분도 없으며 지역의 현대 화된 물전현황이나 각공의 역사식과고적적 미味을 받고 싶다. 아마도 문헌사료의 한계에 의한 고대가 연구는 반경이나 범문의 고대사회제도 비슷한 문제일 것이다. 출토결료에 대한 실리의 기능은 이러한 역시 연구의 위 참긴 사료의 공백을 메우고 힘을 불만 아니라 발하여지지 없는 기록을 실물원 자료로서 재탄생시키고 있다. 바로 여기에서 역사연구—우리 고대사연구— 역시의 출토자료 응신을 세을 데 인식할 필요가 있다.

선진시대
제(齊) · 초(楚)문화의 교류

상박초간(上博楚簡) 『포숙아여습붕지간(鮑叔牙與隰朋之諫)』을 통하여

야나카 신이치(谷中信一)*

1. 머리말－문명과 문화

'문명Civilization'은 형성된 시점에서 보면 특정한 시대, 특정한 지역 혹은 특정한 사회집단에서 발생된 것이지만, 그 특질로 인하여 곧 그 지역과 사회를 벗어나 전파되어 가는 성질을 지니고 있다. 즉, 문명이란 본래 지역성 Locality을 가지지 않고 일정한 조건만 갖추어지면 몇몇 사람에 의해서도 아무런 변형도 없이 그대로 수용되고 향수될 수 있는 성격을 가지고 있다고 할 수 있다. 그리고 이를 누리는 사람은 인종이나 국적을 불문한다. 근대 유럽에서 발달된 과학기술문명은 대개 이와 같은 성격을 가진다. 현재의 IT는 이러한 근대과학기술문명에 연결되어 있는 현대의 대표 사례이며 '전지구화Glovalization'라는 현상도 이러한 과학기술이 가져온 인류문명의 한 양상이다.

---

* 일본여자대학 교수.

이에 대하여 문화는 어떨까? '문화Culture'도 문명과 마찬가지로 특정한 시대, 특정한 지역, 혹은 특정한 사회집단 속에서 생겨나 전개해 나간다. 그리고 그 일부는 시간의 흐름과 더불어 주변 여러 지역을 향해 확산되고 전파되어 가지만, '문명'과 다른 점은 '문화'는 일정한 역사나 풍토 속에서 생겨나 그 속에서 발전하고 전개하는 성질을 가지고 있기 때문에 다른 지역에서는 수용되지 않는 경우도 있고, 혹은 수용된다 하더라도 일정 정도 변형, 변용이 가해지는 경우가 많으며, 또 이러한 변용 과정에서 그것이 단시간에 이루어지는 일은 없고 상당한 시간을 요하는 경우가 많다는 것이다.

이것을 고대 중국의 예를 들어 고찰해보자. 이른바 황하문명권은 황하중류 지역에서 발생하였는데 이윽고 동심원상으로 확대되면서 주변 여러 지역으로 전파되어 형성되었다. 또, 이와 전후하여 발생한 장강문명도 마찬가지로 동심원상으로 확대되면서 주변 여러 지역으로 전파되어 이른바 장강문명권이 형성되었다. 이 두 개의 문명권이 이윽고 합류하여 동아시아에 광대한 중화문명권이 형성되어 갔다고 여겨진다.

이것을 '문화'의 측면에서 살펴보자. 고대 중국 문명권에서는 신석기시대 이래 각지에서 다양한 문화가 형성되어 왔다. 현재 고고학 연구 성과에서는 오늘날의 '중국'은 상고 시대에서는 몇 개인가의 '문화'권으로 나뉘어져 각각 독자적인 '문화'를 형성 발전시켰다고 한다. 즉, 이러한 문화권 개념을 도입한 다원적 문화론이 상고 시대 중국연구 분야에서 우세한 학설이 되고 있는 중이다. 여기에 의하면 '중국'은 크게 7개 문화권으로 나누어 볼 수 있다고 한다. 즉 '황하문명'을 기원으로 하고 그 중류 지역을 중심으로 발전한 중원中原문화와 그 하류지역을 중심으로 발전한 제로齊魯문화. 장강문명을 기원으로 하고 그 중류지역을 중심으로 발전한 형초荊楚문화와 하류지역을 중심으로 발전한 오월吳越문화. 여기에 장강상류지역의 사천四川분지를 중심으로 발전한 파촉巴蜀문화. 또 황하이북에서 발전한 연燕문화. 이 7대 문화권이다.[1]

춘추전국시대가 되자 각 지역은 독자적으로 문화적 특색을 유지하면서도 상호 교류를 통해 역사를 공유하게 되었다.[2] 그러나 이들 여러 지역이 서로 교류하고 있었다 하더라도 또한 그들은 독자의 문화적 특색을 계속 보존하고 있었다. 따라서 한마디로 '중국' 혹은 '중국 문화'라 하더라도 그 시대를 상고, 즉 선진시대로 잡는 한『공양전』등에 보이는 것과 같은 '중국'개념은 당시 제齊 지역의 유가에 의한 세계관 내지 역사관에 의해 형성된 일종의 이데올로기에 지나지 않는다. 그렇다고 한다면 이러한 관념의 산물로서의 '중국'은 이미 존재하고 있었다고 하더라도 정치적으로 그리고 문화적으로 하나의 실체를 갖춘 집합체로서 일원적으로 파악하고 이해할 수 있는 '중국'은 아직 존재하지 않았다고 말해야 할 것이다. 왜냐하면 '중국'은 여전히 그러한 의미에서의 '중국'이라는 실태를 가지기에는 아직 일렀기 때문이다. 즉 오늘날 말하는 의미에서의 '중국'은 지리적 역사적으로 형성되는 바로 그 과정에 있었다.[3] 그 때문에 각 지역은 문화적으로는 각각 스스로의 특성을 다채롭게 길러 유지하면서 긴 세월에 걸쳐 서로 교섭하여 소위 '중화문명권'을 형성해 나가고 있었다.

이상과 같은 대략적인 고찰을 통해서도 '문화'는 특정한 지역과 시대에 뿌리를 두는 성질을 가지고 있다고 이해할 수 있다. 환언하면 '문명'이 공간 축, 즉 지역성을 항상 뛰어넘어 전개해 나가고자 하는 성격을 가지기 때문에 원리적으로는 만인이 그것을 향수할 수 있게 만드는 것에 반하여, '문화'는 일원화 내지는 보편화되기 어렵고 다종다양한 내실을 지닌 채 공존상태를

1 李學勤 저, 五井直弘 역,『春秋戰國時代の歷史と文物』제1장 導論(研文出版, 1991, 원제『東周與中國文明』) 및 蘇秉琦 저, 張明聲 역,『新探中國文明の起源』제1장(言叢社刊, 2004, 원제『中國文明起源新探』) 참조.
2 拙著,『齊地の思想文化の展開と古代中國の形成』序章(汲古書院, 2008) 참조.
3 'China'라는 호칭이 秦에 유래한다는 점에서도 이는 분명할 것이다. 따라서 '중국'을 'China'로 치환해 보아도 동일하게 설명될 수 있다.

유지하려는 성질을 가지고 있다고 말할 수 있을 것이다.

즉, '문화'란 시대나 지역이라는, 말하자면 시간축과 공간축이 교차하는 곳에 깊이 뿌리를 내리고 자라나가는 것이다. 지금 우리는 이것을 문화의 지역성이라고 부르기로 하고, 본론에 앞서 이점에 대하여 소소한 견해를 서술하고자 한다.

2. 문화와 그 지역성

1) 언어와 그 지역성

언어는 문화의 형성이나 전달에 불가결한 수단이다. 언어 없이 문화는 생겨날 수도 보급될 수도 없을 것이다. 더구나 인류가 생존하고 생활하는 이 지구상에는 지역마다 매우 다양한 종류의 언어가 존재한다. 크게는 어족의 차이로서 작게는 방언의 차로서, 언어는 그것을 사용하는 사람들의 행동 범위에 의해 크게 규정되어 때로는 언어는 민족을 나누는 지표도 될 수 있다. 여기에서 일본의 방언을 예로 들어보겠다. 일찍이 봉건시대라고 불리는 지방분권사회였던 에도江戸시대는 지역 간의 교류가 한정되어 있었기 때문에 지역마다 방언이 풍부하게 남아 있었다. 그런데 메이지유신明治維新 이후 정치, 경제, 학술 등 모든 면에서 중앙집권제가 정비되어 감에 따라 방언은 점차 그 지위와 역할이 감소되었다. 게다가 과학기술문명이 교통, 통신 수단을 현격하게 진보시키자 방언은 그 역할이 한정적으로 축소되고 점차 공통어('표준어')로 대체되어 갔다. 말하자면 강력한 기술문명이나 강고한 중앙집권 정치가 방언의 존재를 완벽하게 도태시켜버렸다고 해도 좋을 것이다. 그 결과 일상생활 속에서 방언을 말할 수 있는 것은 노인들만으로 한정되어버린 현상을 그대로 지구 규모로 확대해 보면 현대의 글로벌리제이션 아래에서 영어가 힘을 얻은 결과 많은 소수 언어가 도태되어 사라지고 있는 현상과 합치된다. 또 저 광대한 면적과 엄청난 인구를 소유한 중국에서도 중앙집권적인 정치체제, 매스미디어의 발전 및 학교의 공통어 교육 보급 등에 의해 방언을 대신하여 보통화普通話가 급속하게 전국 공통어로 되어 가는 중이다.

본래 언어는 지역성을 가장 많이 띠고 있었음에 틀림없다. 그러나 자연적 혹은 인위적인 여러 외부의 힘이 작용함에 따라 우세한 언어는 지역성의 제한에서 해방되어 그때까지 통용되던 한정된 지역 밖으로 진출하게 된다. 이 같은 의미에서 언어지도는 자연조건만이 아니라 오히려 정치적, 경제적 때로는 군사적인 요인이라는 여러 가지 인위적 조건에 의해 달리 그려지게 된다.

예를 들면, 고대 유럽의 로마제국은 광대한 제국 영역 내에 다수의 민족을 품고 있었다는 사실로 미루어 여러 언어가 공존하고 있었다고 여겨진다. 이때 '로마 시민'은 로마의 라틴지방에서 사용되던 라틴어를 공통어로 삼고 있었다는 것은 잘 알려져 있다. 로마군 병사는 모두 로마 시민이라고 불렸는데 그들의 출신지는 로마제국 각지로 확산되어 갔다. 그들은 출신지의 민족의상을 몸에 걸치고 민족 전통의 무기를 손에 들고 싸웠다고 여겨진다. 그러나 군대 조직 속에서는 장군에서 말단 병사에 이르기까지 지휘와 명령이 전부 라틴어로 전달되고 있었다고 한다. 로마군 병사는 모국어와 함께 공통어로서 라틴어를 사용하지 않으면 안 되었다고 한다.[4] 라틴어가 고대 유럽에 널리 보급된 것은 이러한 역사적 배경이 있었다. 고대 로마제국의 형성과 라틴어 문화권의 확대는 평행하여 이루어지고 있었다고 말할 수 있을 것이다.

한편 진한秦漢 통일제국의 형성도 고대 로마제국의 형성 내지 현대의 글로

---

4 塩野七生, 『ローマ人の物語』(新潮社, 1992~2005) 참조.

벌리제이션과 마찬가지 문맥에서 이해할 수 있다. 진한 통일제국의 형성은 그 정치적 강압을 바탕으로 수많은 지역문화를 쇠퇴시키고 그 한편에서 진한 문화로 지역문화를 대체하고자 하였다고 생각된다. 그러나 실제로 진秦의 경우 스스로 키워왔던 문화가 그다지 성숙한 것이 아니었으며 따라서 제齊지 역의 문화나 초楚지역의 문화를 무시할 수는 없었던 듯하다. 옛 초나라 땅에 진이 군현을 두고 통치를 하게 된 이후도 계속하여 초문화는 그 명맥을 유지 해 갈 수 있었다고 한다.[5] 진이 무력을 사용하여 천하통일을 성취하였다 하더라도 각지에서 발전하여 뿌리박고 있던 다채로운 지역문화까지도 압도 할 수는 없었던 것이다.

아마도 진한 통일제국 형성 후에도 각 지역에서는 여전히 다양한 언어(방 언)가 사용되고 있었음에 틀림없다. 그러나 그래서는 통일 정책을 추진하기 에 크게 불편하였다. 당시의 통치자는 통일 정책을 추진하기 위해서 언어(방 언)의 문제를 간과할 수 없었고, 따라서 주지하는 바와 같이 우선 문서행정의 핵심인 문자를 통일하여 군현제를 확립시키고자 하였다. 그렇지만 구어를 문어처럼 통일하는 것은 불가능하였다. 그래서 뒤이은 한漢제국이 통치하게 되자 각 지역 방언의 수집에 착수하였다. 따라서 양웅揚雄이 지었다고 여겨지 는 『방언方言』(『사부총간四部叢刊』본에 의하면 정식명칭은 『유헌사자절대어석별국방 언輶軒使者絶代語釋別國方言』이라고 한다)은 그의 개인적인 관심에 이끌려 저술되었 다기보다는 이러한 사정을 배경으로 하여 저작되었다고 볼 수 있고, 그것은 제국통치에 불가결한 작업이었다고 생각하여야 할 것이다.

---

5 工藤元男, 『睡虎地秦簡よりみた秦代の國家と社會』(創文社, 1998) 참조.

2) 문자와 그 지역성

문자는 사람들이 자신들의 특유의 문화를 시간이나 공간을 넘어 기록하고 전달하는 것에 의해 발전되어 왔다고 생각된다. 이러한 의미에서 문자는 회화나 조각보다도 더욱 높은 전달능력을 가지고 있었다. 이로 인해 세계 각지에서 발전한 고대문명은 회화나 조각과 함께 문자를 소유한 경우가 많았다. 문자를 소유한다는 것은 자기 문명의 역사에 권위를 부여할 뿐만 아니라 시간축에서나 공간축에서나 모두 자문명을 구체적이고 또한 광범위하게 전달해가기 위한 수단을 획득한 것이 된다. 이것은 스스로가 쌓아 올린 문명에 보편성을 부여하고 또한 그것을 공고하게 만들어 나가기 위해 불가결한 과정이었음에 틀림없다. 즉, 문자는 문명의 소산이다.

한편으로 문화는 반드시 처음부터 문자를 요구하지 않을뿐더러 불가결한 것으로도 삼지 않는다. 문화는 어떤 형태이건 사람의 생활이 있는 곳에는 반드시 생겨난다. 문예나 예능, 제사 등은 모두 그들의 일상생활 속에서 발상發祥한 문화의 여러 가지 양태일 것이다. 비록 그것들을 후세에 남기고자 하는 강한 의지가 있었다고 하더라도 이것이 곧바로 문자를 만들어내는데 충분한 에너지가 된다고는 단정할 수 없다. 하루하루 삶을 영위하는 지역 속에서 구전해 가면 그것으로 충분하기 때문이다. 그렇지만 다른 한편으로 문자와의 친화성이 강한 것도 문화이다. 왜냐하면 문화는 그것을 향수하는 자들에게 존재증명이라고도 말할 수 있는 아이덴티티 그 자체이고, 문자는 그 문화를 견고하게 정착시켜 주기 때문이다. 예를 들어 만약 문자가 없는 지역에서 그 지역 특유의 문화를 만들어냈다고 해보자. 그들은 비록 외래의 문자라 하더라도 그것을 받아들이고 요령 있게 소화하여 그 지방 독자의 문화를 기록하고 발신하려고 노력할 것이다. 일찍이 고대 일본에서 외래문자인 한자를 구사하여 일본 고유문화를 표현하고자 시도한 결과, 일본 고유의 가나假名 문자가 태어난 것은 그 전형적인 예라고 할 수 있을 것이다.

그런데 이 문제를 고대 중국에 적용시키면 어떻게 될까? 진시황제가 문자를 통일하기 전인 선진시대에 독자적 문화를 형성해 간 각국 각 지역은 고대 은殷에서 전해진 '한자'를 기본으로 하여 제각기 다른 자체의 문자를 통용시키고 있었다고 한다.[6]

최근 고고학적 발견에 의해 선진시대의 문자 중에서 가장 구체적이고 또한 풍부하게 알 수 있게 된 것은 초楚지역에서 사용되던 소위 '초문자楚文字'이다. 이들 초문자는 지금까지 초지역에서 출토된 문자자료가 보여주고 있듯이 『설문說文』에 의해 해독할 수 있는 문자가 있는 반면, 이에 의해 해독할 수 없는 문자도 적지 않다는 사실이 이미 알려져 있다. 때로는 예정隸定하는 것조차 곤란한 문자로 있다.[7]

아무튼 『맹자孟子』 「등문공상滕文公上」에 "남방의 이적은 까치가 지저귀는 듯한 이상한 말을 한다는 뜻"(南蠻鴃舌之人)라고 하듯이 제齊지역, 노魯지역 등의 북방과 초지역 등의 남방과의 사이에 언어 레벨에서는 의사소통이 용이하지 않았다는 것만큼은 분명하다.

3) 종교와 그 지역성

종교도 하나의 문화현상이다. 따라서 그 연원으로 거슬러 올라가면 매우 강력한 지역성을 가지고 있음을 알 수 있다. 세계 종교라고 일컬어지는 기독

---

6 許愼의 『說文解字』 敍에 "……分爲七國, 田疇異聊, 車饗異軌, 律令異池, 衣冠異制, 言語異聲, 文字異形, 秦始皇帝初兼天下, 丞相李斯乃奏同之, 罷其不與秦文合者……"라고 하는 것을 참조. 여기에 열거되고 있는 田疇, 車饗, 律令, 衣冠, 言語, 文字 등은 모두 지역성이 강한 문화의 산물이다.
7 張光裕 주편, 『郭店楚簡研究 第一卷 文字篇』 「緒言」(藝文印書館, 2000) 및 李守奎 편저, 『楚文字編』(華東師範大學出版社, 2003) 참조.

교나 이슬람교, 불교도 시작은 지역에 깊게 뿌리내리고 일어난 종교였다. 그것이 세계성, 보편성을 획득한 것은 어느 정도 시간이 지난 뒤부터이다.

한편, 예를 들어 동아시아에 널리 찾아 볼 수 있는 조상숭배 및 이에 유래하는 귀신신앙 등의 종교현상에 대해서 살펴보면 그 연원이 매우 오래되어 선사시대까지 거슬러 올라갈 수 있으며, 선사시대에도 이미 꽤 광범위하게 보급되어 각 지역에 정착해 있었다고 추측된다.[8]

다만 이것과 깊게 관련된 '천天'의 숭배에 대해서는 잘 알려져 있듯이 서방에서 흥기한 주왕조가 상제신앙을 받들고 있던 은을 멸망시키고 중원에 가지고 들어온 것으로 이윽고 전 중국을 뒤덮게 되었다고 여겨지고 있다.[9] '천'숭배는 북방의 황하유역에서는 일찍부터 우세하였어도 남방의 장강유역에서는 여전히 미성숙하였다고 생각된다. 현행본 『노자老子』나 곽점초간郭店楚簡 『태일생수太一生水』, 상박초간上博楚簡『항선恒先』 등 초도가楚道家의 학설로 여겨지는 문헌군文獻群에서는 '천'이 반드시 궁극적 실재라고 인식되고 있지 않고, 또한 지고의 존재로서 신격화되고 있지도 않다. 『노자』의 경우는 '도'가, 『태일생수』의 경우는 '태일太一'이, 『항선』의 경우는 '항恒'이 궁극적 실재로서 설정되어 있고, '천'은 이들 궁극적 실재로부터 만물이 연역되어 나오는 과정에서 언급되는 실재의 하나로서 자리매김되고 있는 것에 지나지 않기 때문이다.[10]

또, 진한 통일 이후 기록 이외에는 보이지 않기 때문에 그 이전은 알 수

---

8 池澤優, 『孝思想の宗教學的研究』(東京大學出版會, 2002)는 그 부제를 「古代中國における祖先崇拜の思想的發展」이라고 하듯이 조상숭배라는 종교현상을 역사적, 구조적으로 논하고 있어서 많은 시사를 얻었다.

9 예를 들면 金谷治, 「中國古代の神觀念としての天」(『金谷治中國思想論集(上卷)』, 平河出版社, 1997) 등.

10 이에 반하여 같은 도가를 대표하는 『莊子』에서는 '천' 개념은 중요한 위치를 차지하고 있다. 예를 들면 '天機', '天鈞', '天倪', '天根', '天殺', '天籟', '天鬻', '天一', '遁天之刑', '遁天倍情', '與天爲徒', '天之戮民' 등 독특하다고 할 수 있는 발상을 전개하고 있다. 여기에 『노자』와의 큰 차이를 볼 수 있다.

없지만, 『사기史記』「봉선서封禪書」에 '연제해상지방사燕齊海上之方士'라고 하듯이 연燕의 동방 제齊의 북방에 해당되며 주로 발해勃海 연안을 중심으로 하는 연해부에서는 후대의 신선도교로 이어지는 신선술이 일찍부터 방사들에 의해 주창되고 있었다고 한다.[11]

이에 반해 초지역에서는 후술하듯이 귀신 신앙을 핵으로 하는 종교문화가 특징적이었다고 여겨진다.[12]

4) 사상과 그 지역성

사상도 시대와 지역의 제한을 받으면서 발생 전개하는 하나의 문화현상이라는 의미에서 지역성을 가진다고 할 수 있다. 그렇지만 사상을 문화의 지역성이라는 관점에서 고찰하면 가장 복잡하고 중층적인 문제를 품고 있는 것을 알게 된다.

현대의 우리들이 선진시대에 생성 전개된 사상을 연구하려고 할 경우 주로 전래문헌을 재료로 삼지 않을 수 없다. 그런데 전래문헌은 그 자체에 담겨있던 사상의 지역적 배경을 이미 상실하였고, 때로는 그 시대적 배경까지도 상실해 버렸으며, 이를 대신하여 소위 '중국사상'으로서의 '일반성' 내지 '보편성'을 획득한 경우가 많다. 사상이란 원래 인간의 뇌리 속의 관념을 조작하여 만들어진 것에 불과하며, 그런 의미에서 문화로서는 형태를 이루기 매우 어렵기 때문에, '일반성' 내지 '보편성'을 획득할 수 없었던 사상은

---

11 顧頡剛 저, 小倉芳彦 외 역, 『中國古代の學術と政治』(大修館書店, 1978, 原題 『漢代學術史略』, 후에 『漢代方士與儒生』로 改題) 참조.
12 『呂氏春秋』「異寶」에 "楚人信鬼"라고 하고, 『漢書』「地理志」에 "楚人信巫鬼, 重淫祀"라고 하며, 王逸 『楚辭章句』에 "昔楚國南郢之邑, 沅湘之間, 其俗信鬼而好祠, 其祠必作歌樂鼓舞以樂諸神"이라고 한다.

일찌감치 사라져 버려 오늘날까지 전해지기 힘들었을 것이다.

한 예로서 『논어論語』를 사상의 지역성이라는 시점에서 고찰해보자. 말할 필요도 없이 『논어』는 중국선진사상사를 연구하기 위해서는 빼놓을 수 없는 문헌이다. 더구나 『논어』는 『시경詩經』, 『서경書經』 등이 그러하듯이 유학이 경학화 되어가는 과정과 발을 맞추어 전승되는 과정에서 탈지역성, 즉 '일반성' 내지 '보편성'을 상당히 많이 획득하고 있다. 더구나 '경학'이라는 말이 보여주듯이 경전이란 시간축과 공간축을 넘어서는 보편타당한 진리의 서책이라는 의미이기 때문에 원래부터 경전이 시대성이나 지역성을 띠는 일은 있을 수 없다는 전제 하에 향수되어 왔다는 역사적 사정도 있을 것이다.[13]

그런데 『논어』가 분명히 춘추말기 공자의 사상을 전하고 있다 하더라도, 이것을 노魯나 제齊 혹은 주周라는 지역이나 시대의 제한을 넘어 광범위하게 '중국'이 낳은 사상이고 사상가라고 단정하는 것은 여전히 신중하지 않으면 안 된다. 왜냐하면 공자가 살던 시대는 주왕조의 지배가 이데올로기적으로는 어찌됐든 간에 현실적으로는 중국 전역에 미치지 못하고 있었다.[14] 문화권으로서의 화하華夏세계는 이미 상정되어 있었다고 해도 통일적 정치권으로서 '중국'이 형태를 이루기 위해서는 진시황제의 천하통일을 기다리지 않으면 안 되었다. 즉 오늘날 말하는 의미에서의 '중국'이라는 통일적 정치·문화권은 당시에는 아직 형성되지 않았다.

그렇다면 우리는 전래문헌으로서의 『논어』에서 공자 사상의 지역성과 시대성을 추출해내지 않으면 안 된다. 그렇지만 이것은 지난한 작업임에 틀림

---

13 津田左右吉가 『論語と孔子の思想』을 지어 특히 그 시대성을 명확히 밝히고자 했던 것은 잘 알려져 있다.

14 확실히 당시의 주왕은 이념상으로는 "溥天之下, 莫非王土, 率土之濱, 莫非王臣."(『시경』 小雅·北山)이라거나 "王土無外"(『公羊傳』 桓公 8년·僖公 24년·成公 12년)라는 위치를 부여받은 천자이고, 공자는 이 주왕조에 의한 천하질서의 회복을 염원하였다. 그렇지만 실제로는 이러한 언급은 모두 이데올로기에 지나지 않았고 역사적 현실은 아니었다.

없다. 전래문헌에는 시대성은 둘째치더라도 지역성을 명확하게 보여주는 지표를 찾아내는 것이 곤란하기 때문이다. 하지만 사상은 역사적 지리적 조건 아래에서 전개한다는 일반법칙에 비추어보면 중국사상으로서 대표적인 위치를 점하기에 이른 공자의 사상도 처음에는 특정 지역에서 일어나고 그 미치는 범위도 한정적이었다고 보지 않으면 안 될 것이다.[15]

사상도 원래는 그것이 발생한 곳의 지역적 특징을 많이 지니며 우선은 그 지역에서 수용되어 이윽고 주변지역으로 파문이 퍼져나가듯이 확산되어 간다. 이처럼 사상도 지역성을 강하게 띤다는 것은 의심할 여지가 없지만 그것이 널리 수용되는 과정에서 점차 시대나 지역을 넘어 모종의 보편성을 획득하면서 여러 지역에 전파되어 감에 따라 사상 속의 지역성과 시대성은 희박해져 가는 것이다.

이것은 중국사상을 대표하고 또 유가와 대립적 관계에 있었다고 여겨지는 도가의 『노자』에 대해서도 마찬가지이다. 노자는 도가의 시조로 간주되어 『노자』는 도가사상의 원류에 놓이고, 어떤 도가사상이라 하더라도 『노자』의 영향 아래에서 형성되어 간 것처럼 이해되어 왔다. "태초에 『노자』가 있었다"는 식이다.

『사기』「노자전老子傳」을 보면 알 수 있듯이 노자의 사상을 노자의 출신지인 초에 관련시켜서 고찰하는 작업의 의의는 적지 않음에 틀림없다. 그렇지만 현행본 『노자』를 읽는 것만으로는 그 지역성을 읽어낸다던가 사상분석을 통해서 그 지역성을 적확하게 추출한다던가 하는 작업은 상당히 힘들다. 뿐만 아니라 현행본 『노자』가 원래 노자의 저작이라고 인정해도 될 것인가라는 문제조차 현재로서는 전혀 증명할 도리가 없다.

이를 보더라도 기존의 중국 선진 사상사 연구가 중국을 몇 개의 지역으로

---

15 『史記』「孔子弟子列傳」을 보면 공자의 제자 중에 노나라 사람이 가장 많았다는 것을 알 수 있다.

나누어 각각의 지역성과 관련시켜 사상사를 구축하는 것은 곤란하였음을 알 수 있다. 사상은 지역성이 강한 문화현상임에도 불구하고, 많은 경우 선진시대에서조차 심히 막연한 개념이었던 '중국'이라는 울타리 안에서만 논해졌던 것이다. 물론 통일중국이 완성되어 사상의 지역성이 희박해져버린 시대라면 이것도 용납될 것이다. 그렇지만 그 이전의 사상사를 구축할 경우에는 반드시 지역성을 고려해야 한다고 말하지 않으면 안 된다.

그렇다면 어떻게 하면 지역성을 고려한 사상사 연구가 가능하게 될 수 있을까? 이를 가능하게 만드는 것은 최근 고고학의 발달에 의해 계속 발견되고 있는 출토문헌자료라고 할 수 있다. 이 출토문헌자료야말로 지역성이 강한 언어로 또한 문자로 사상이 기록되어 있을 가능성이 높기 때문이다.

그렇다고는 하나 문제는 그렇게 간단하지만은 않다. 예를 들면 최근 초지역에서 속속 출토되는 사상문헌을 살펴보자. 여기에서 사용되고 있는 언어는 당연하지만 한어漢語이고, 그 문자는 독특한 형태를 하고 있지만 한자이다. 따라서 예정隸定하여 그것들을 읽는 한 큰 위화감 없이 전래문헌과 마찬가지로 읽을 수 있다. 또한 이들 출토문자자료에 사용되는 초문자는 상당 수준까지 석독할 수 있어서, 그 사상은 전래문헌과 비교할 수 있을 정도로 친근성을 띠고 있다. 간략하게 말하면 출토문자자료에 기록되어 있는 사상이라고 하더라도 전래문헌의 그것과는 그다지 차이가 없다는 뜻이다.

출토문헌자료를 사용한다고 출토지의 특징이 곧바로 드러나지는 않는다. 예를 들면 초지역에서 출토된 것이라도 초지역의 문화전통이나 사상 등의 특징을 곧바로 분명하게 드러내 보여준다고 할 수 없다. 다만 지금까지 이상으로 사상을 연구할 때 지역성이라는 것에 유의하여 출토지와의 관련성을 탐색할 필요가 분명하게 부각되었다고 할 수 있을 것이다. 이것은 지금까지 전래문헌을 고찰할 때 그 성립사정에 관하여 지역성을 가미하는 것이 비교적 곤란하였다는 점, 또 그 때문에 그 중요성이 별반 강조되지 않았다는 점에서 보면 사상사 연구에 큰 수확이고 진전을 가져온 것이라고 해야 한다.

이상 문화와 그 지역성에 대하여 생각하는 바를 다소 논하였는데 이러한 논술을 전제로 하여 다음 장에서는 최근 출토되어 상박초간上博楚簡이라고 불리는 일련의 죽간군 중에서『포숙아여습붕지간鮑叔牙與隰朋之諫』을 예로 들어 사상사 연구에 지역성을 가미하는 작업의 의의와 그렇게 하여 얻은 소견의 일단을 서술하고자 한다.

3.『포숙아여습붕지간鮑叔牙與隰朋之諫』 고찰

1) 원석原釋비판
—『경건내지競建內之』와『포숙아여습붕지간』에 대하여

본편은『상해박물관장전국초죽서上海博物館藏戰國楚竹書(五)』(上海古籍出版社, 2005)에 수록되어 있다. 이 상해박물관장전국초죽서는 마청위엔馬承源 주편의『상해박물관장전국초죽서(一)』(「前言 : 戰國楚竹書的發現保護和整理」, 上海古籍出版社, 2001)에 의하면 도굴의 결과 발견된 죽간군으로 고고학자에 의해 정식으로 발굴된 것이 아니다. 따라서 구체적인 출토지는 '호북湖北'이라고 일컬어지고 있을 뿐 그 이상은 확정할 수 없고, 동시에 발굴된 부장품 등으로 매장연대를 추정할 길도 없다. 또, 죽간 그 자체를 가지고 과학적 방법을 통해 연대를 측정해 보아도 '전국만기戰國晚期'(상기 마청위엔의 「전언前言」 참조)라고 할 뿐이어서 극히 대략적인 추정에 그치고 있다. 그래서 이들 죽간에 쓰인 문자의 특징으로부터 이것이 진시황제가 문자를 통일하기 이전의 것, 즉 전국시대 초지역의 문헌군일 것이라고 추정할 수 있을 뿐이다.

이것은 1993년 호북성湖北省 형주시荊州市 곽점郭店의 전국초묘에서 발견된 소위 곽점초간에 대해서도 거의 같다고 할 수 있다. 곽점초간의 경우는 다행히 부장품과 함께 발굴되었다는 점에서 어느 정도까지 하장연대下葬年代를 추측할 수가 있지만, 연대추정을 확정짓는 결정적인 증거물, 예를 들면 구체적인 연대를 기록한 소위 연대간年代簡 등은 발견되지 않았다. 초의 옛 도읍 영郢의 근처로 귀족의 분묘가 많이 발견된 지역에서 발굴된 점, 죽간에 쓰인 문자가 초문자인 점, 하장연대 추정이 가능한 포산초간包山楚簡의 서체와 유사한 점, 주로 이 세 가지 상황증거로부터 기원전 278년 진秦나라 백기白起에 의해 초 도읍 영이 함락된 사건(이른바 '백기발영白起拔郢') 이전의 죽간일 것이라고 여겨지고 있을 뿐이며 여기에는 이미 다른 견해도 제출되어 있다.[16] 그리고 문제의 상박초간과 이 곽점초간의 출토지 및 하장연대는 매우 근접해 있을 것으로 보인다.

즉, 모두 전국중기부터 만기에 걸쳐 서사되었을 것이다. 죽간의 서사연대가 이와 같다 하더라도 그 문헌의 저작연대가 언제쯤이었을까는 별도의 문제이지만, 이에 관하여 판정할 수 있는 단서는 죽간 그 자체에는 없다. 비교적 성립사정이 분명한 전래문헌과의 비교대조를 통해 어느 정도까지 연대추정이 가능할 뿐이다.[17]

다음으로 『포숙아여습붕지간』에 대하여 설명하고자 한다. 원석原釋은 전체 10매로 이루어진 죽간군에 대하여 제1호간 뒷면에 '경건내지競建內之'라고 쓰인 것을 근거로 『경건내지』로 명명하였다. 또한 전체 9매로 이루어진 죽간군에 대하여 제9호간 표면에 '포숙아여습붕지간'이라고 씌어진 것에 근거하여 『포숙아여습붕지간』이라고 명명하였다. 이처럼 등장인물은 공통되지만 각기 다른 스토리의 설화가 기재되었다는 견해에 서서, 각기 다른 문헌으로

---

16 王保玹, 「試論郭店楚簡各篇的撰作時代及其背景－兼論郭店及包山楚墓的時代問題」(『中國哲學』20, 1999), 池田知久, 「郭店楚簡『窮達以時』の研究」(池田知久 편, 『郭店楚簡儒教思想』, 汲古書院, 2003), 李承律, 「郭店一號墓より見た中國考古學の方法論と白起拔郢の問題」(이승률 저, 『郭店楚簡儒教の研究－儒系三篇を中心にして』, 汲古書院, 2007) 등을 참조.
17 銀雀山漢簡은 抄寫연대, 하장연대 모두 前漢前期라는 것은 확정되어 있고 초사된 문헌의 성립연대는 전국시대까지 거슬러 올라갈 수 있다고 하는데, 이 판정에는 잘못이 있을 수 없다고 생각된다. 吳九龍, 『銀雀山漢簡釋文』(文物出版社, 1985), 敍論 참조.

취급한 것인데, 이것이 공개되자마자 반론이 끊이질 않았다. 그 결과 현시점에서는 두 죽간군을 하나의 문헌으로 간주해야 한다는 것이 거의 정설이며 합쳐서 『포숙아여습붕지간』으로 명명되고 있다.

원석이 처음에 별개의 문헌으로서 취급하기로 한 것은 어째서일까? 아마도 그 이유의 하나는 필적이 다르다는 점에 있을 것이다. 그다지 길지 않은 한편의 문헌을 2명이 분담하여 필사한다는 것은 생각하기 어렵기 때문일 것이다.[18] 더욱이 『경건내지』라고 처음에 명명된 부분과 『포숙아여습붕지간』이라고 명명된 부분에서는 죽간 1매당 평균 글자 수에도 차이가 보인다는 점 등 전체적으로 부조화가 눈에 띄는 것은 부정할 수 없다. 전자의 문자수는 최대가 36자, 최소가 33자로 거의 균일하지만, 후자는 최대가 51자, 최소가 38자(최종간最終簡을 제외)로 한결같이 많은데다가 각 간의 글자수가 들쑥날쑥한 점도 관계가 있다고 생각된다.

2) 『포숙아여습붕지간』의 구성

두 문헌을 합하면 총 19매의 비교적 정리된 분량으로 표제에서 알 수 있듯이 포숙아와 습붕 두 사람이 주군인 제환공齊桓公에게 간언諫言을 올려 반성을 촉구하는 내용으로 되어 있다. 따라서 이 이야기의 무대는 제나라가 된다. 이러한 문헌이 초나라에서 읽히고 있었다는 것, 더욱이 소유자의 사후에 부장될 정도로 소유자가 살아있을 때 애독하던 문헌의 하나였다는 것을 엿볼 수 있다.

---

18 李學勤,「試釋楚簡『鮑叔牙與隰朋之諫』」(『文物』, 2006年 第9期)은 이 점에 관하여 "초사한 사람은 한 사람이 아닌데, 이것은 지금까지 발견된 죽간 중에서는 독특한 현상이다"라고 한다.

즉, 이 사실은 실제 세계에서는 커뮤니케이션이 용이하지 않았던 남북 두 지방 사이에서, 즉 남방의 대국 초楚에서 북방의 대국 제齊를 무대로 하는 이야기가 서책이 되어 전승되고 있었다고 해석해도 무방할 것이다. 여기에 제초齊楚간의 문화적 교류, 특히 이 경우는 제에서 초로의 문화적 영향이 있었다는 것을 여실히 알 수 있다.

그런데 지금 그 내용을 자세히 음미해 보면 제의 실상이 정확하게 서술되어 있다고는 도저히 말할 수 없다는 점을 알게 된다. 그것은 정확하지 않은 정도가 아니라 제의 실정과는 완전히 무관계하게 창작된 이야기가 아닐까라는 인상마저 강하게 풍기는 내용으로 되어 있다. 다시 말하면 제의 역사나 인물에 대하여 정확한 지식이 있었다면 이 같은 이야기가 창작되는 일은 없었을 것이라고도 생각된다. 이 정도로 본편은 우리가 고문헌을 통하여 알고 있는 제지역의 역사와 크게 괴리되는 내용으로 되어 있다. 이렇게 놓고 보면, 본편은 제지역의 사정에 그다지 밝지 않은 초나라 사람이 제지역에서 재료를 취해 창작한 이야기였을 가능성도 부정할 수 없다.

그렇다면 왜 그렇게까지 하여 초지역에서 제지역을 무대로 하는 이야기를 지어낼 필요가 있었을까를 묻지 않을 수 없다. 즉, 초지역에서 창작된 이야기에 왜 제의 저명한 인물이 등장하는 것인가라는 의문이다. 여기에서 저명한 인물이란 제환공, 포숙아, 습붕을 말한다. 소박하게 생각하여 그들은 제지역뿐만 아니라 저 멀리 남쪽의 초지역에서도 명성을 떨치고 있었던 것일까?

그리고 본편의 내용은 나중에 상세하게 분석하겠지만, 특히 재이災異가 강조되고, 또 그 때문에 제사의 중요성이 서술된다. 이를 한마디로 말하면 재이사상을 주제로 하는 설화라고 할 수 있다. 위정자인 환공이 이러한 재이 사상을 받아들여 지금까지 자신의 악정을 반성하고 선정을 행하고자 노력했기 때문에 나라는 잘 다스려졌다는 것으로 결말을 맺는다.

재이를 극복하기 위해 가장 먼저 필요하다고 여겨지는 것이 제사라는 것은 중요한 사항이지만, 그와 동시에 올바른 정치를 행해야만 문제가 해결된다는 지극히 이성주의적, 합리주의적인 입장도 보여주는 스토리 전개에도 주의해야 할 것이다.

그런데 본편에서는 재이현상으로서 일식日食이 언급된다. 이 자연계의 이변에 대하여 머지않아 인간계에 발생할 피해의 전조前兆라고 해석하여 미연에 피해를 제거해야한다고 설명된다. 아래에서 자세하게 논술하겠지만 그 대처법으로서 우선 첫째로 언급되는 것이 제사이고, 둘째로 언급되는 것은 제사와 일견 모순되는 듯이 보이지만 올바른 정치이다. 후자는『상박초간(2)』에 수록된『노방대한魯邦大旱』과 약간 공통되는 점이 있다.[19]

3) 재이관災異觀

본편은 다음과 같이 시작한다.

> 개기일식이 있었다. (환桓)공公이 사대부들에게 물었다. "일식이 일어났는데 이는 어찌된 일인가?" 포숙아가 대답하였다. "별이 움직여 제의 분야인 북방으로 이동하였기 때문입니다." (환공이) 말했다. "爲齊……(缺簡)……□□ "많습니다."라고 하였다. 포숙아가 대답하였다. "재해가 지금에라도 덮치고, 전쟁이 일어나려고 합니다. (머지않아 이것들이) 근심거리가 되어 공의 몸에 덮칠 것입니다." (환)공이 말하였다. "그렇다면 그것을 막을 수 있겠는가?" 습붕이 대답하였다. "공께서 몸소 무도無道를 행하였습니다. 행위를 고쳐 선행하고자 마음먹지 않은 채로 이를 쫓으려 해도 (그러한 것이) 가능하겠습니까?" 공이 말하였다. "참으로 나는 어리석었다. 너희들이 나를 꾸짖지 않았기 때문에 과인은 이렇게

---

19 『노방대한』에 대해서는 필자의 역주「上海博楚簡『魯邦大旱』譯注」(上海博楚簡研究會 編,『出土文獻と秦楚文化』, 창간호, 2004.7) 및 논문「上博簡『魯邦大旱』の思想とその成立―「刑德」說を中心に―」(『中國出土資料研究』 제8호, 2005.3) 참조.

일식을 일으키고 말았다."[20]

　일식의 발생은 성신星辰의 운행에도 변조變調를 초래하는 원인이 된다는 것을 우선 지적하고 다음으로 이 자연계의 변조는 인간세계의 악정에 의해 야기된 현상이라고 한다. 즉, 자연계의 이변은 인간계의 통치자 스스로가 야기하였다는 입장이다. 이것은 뒤집어 말하면 통치자의 정당한 정치 행위는 자연계의 이변을 소멸시켜 정상적인 운행으로 되돌릴 수 있다는 발상으로 귀결된다. 자연 현상에 인문적 의미를 부여하고 그것과 통치 행위와의 사이에 인과관계를 발견하고자 하기 때문에 이를 천인상관사상天人相關思想이라고 할 수 있다.

　더구나 여기에는 이러한 하늘의 이변 현상은 통치자에 대한 일종의 경고라는 견해가 보인다. 이것은 명백하게 한대漢代에 유행한 천견론天譴論과 동일한 발상의 천인상관사상이라고 할 수 있다. 다만 한대의 그것은 '천자天子'와 '천天'이라는 관계를 전제로 하지만, 본편이 구상하고 있는 것은 '천자'가 아니라 단지 제의 통치자 환공이다. 또, 환공의 질문에 대한 포숙아 등의 대답이 '천'을 예로 내세우지 않고, 다만 "재해가 지금에라도 덮치고, 전쟁이 일어나려고 합니다. (머지않아 이것들이) 근심거리가 되어 공의 몸을 덮칠 것입니다"[21]라고 하는 점에서도 알 수 있듯이 그것은 단순히 불길한 사태가 일어날 전조일 뿐이며, 천의天意의 표명, 즉 천자에 대한 천의 견책譴責이라고까지는 말하지 않고 있다. 따라서 천견론의 원리적 맹아가 여기에 보인다고는 할 수 있지만, 이것을 한대의 천견론과 동일한 사상이라고는 할 수 없을 것이다. '천인합일' 이론의 한 가지로 전개된 이러한 천견론이 확립하기 위해

20　"日旣. 公問士大夫, 「日之食也, 曷爲.」 鮑叔牙答曰, 「星變子.」 曰, 「爲齊……(缺簡)……□□言曰, 「多.」 鮑叔牙答曰, 「害將來, 將有兵, 有憂於公身.」 公曰, 「然則可奪歟.」 隰朋答曰, 「公身爲亡道. 不遷於善而奪之, 可乎哉.」 公曰, 「尙(甚)哉, 吾不賴. 二三子, 不責怒, 寡人至於使日食.」"
21　"害將來, 將有兵, 有憂於公身."

서는 한대의 공양학자公羊學者 동중서董仲舒를 기다리지 않으면 안 되었다.

그런데 공양학公羊學은 주지하는 바와 같이 제학齊學으로 여겨지는『공양전 公羊傳』을 근거로 삼고 있는데, 이『공양전』속에 보이는 많은 자연재해나 인위재해(화재 등)에 대한 춘추경春秋經의 기술은 그것들이 '재災'나 '이異'이기 때문이라고 해설하는 데 그칠 뿐이고, 그것을 이유로 통치자가 어떤 대응책 을 강구했는가 또는 강구해야 했는가라는 것까지는 언급하고 있지 않다. 많은 경우는 '재災'가 있었기 때문에 기록하였다, '이異'가 있었기 때문에 기록하였다고 서술하는 데 그치고 있다. 게다가 일식처럼 빈번하게 일어나는 자연현상에 대해서는 예를 들어 은공隱公 3년의 "기사己巳일에 일식이 일어났 다."[22]는 경문에 대하여 "무엇 때문에 이것을 썼는가? 재이를 기록한 것이다. 일식이 일어나면 어째서 때로는 날짜를 쓰고, 때로는 날짜를 쓰지 않으며, 때로는 삭朔을 쓰고 때로는 삭朔을 쓰지 않는가? '모월 모일 삭에 일식이 일어났다'는 것은 정삭正朔에 일식이 일어났다는 것을 말한다. 때로는 날짜를 쓰고 때로는 날짜를 쓰지 않는 이유는 때로는 앞에서 어긋난 것이고, 때로는 뒤에서 어긋났기 때문이다. 앞에서 어긋났다는 것은 정삭이 일식 전날에 있었다는 것이다. 뒤에서 어긋났다는 것은 정삭이 일식 다음날에 있었다는 것이다."[23]라는 것이 그 실례로 그 이후에 발생한 일식에 대해서는 전문傳文 조차 남아 있지 않다. 개기일식에 대해서도 대체로 마찬가지인데, 예를 들면 환공 3년의 경문 "가을 7월 임진삭壬辰朔에 일식이 일어났다. 개기일식이었 다"[24]에 대한 전문에는 "기旣란 무엇인가? 다한다(盡)는 의미이다"[25]라는 훈

---

22 "己巳. 日有食之."
23 『公羊傳』,「隱公 3년」, "何以書. 記異也. 日食則曷爲或日, 或不日, 或言朔, 或不言朔. 曰, 某 月某日朔, 日有食之者, 食正朔也. 其或日, 或不日, 或失之前, 或失之後. 失之前者, 朔在前也. 失之後者, 朔在後也."
24 "秋, 七月, 壬辰朔. 日有食之. 旣."
25 『公羊傳』,「桓公 3년」, "旣者何. 盡也."

고적인 주석이 있을 뿐으로 그 후 양공襄公 24년과 선공宣公 8년에도 개기일식의 기사는 보이지만, 아무런 전傳도 달려있지 않다. 이상과 같이 『공양전』은 재이에 대해서 주의를 기울여 기술하고 있다고 하여도, 예를 들어 '개기일식'에 관해서는 본편과 관련시켜 볼 수 있을만한 해석은 일절 행하고 있지 않다. 이 점에서 본편의 재이관은 『공양전』의 재이사상과 관련시켜 고찰할 수 있는 성질이 아니라는 것을 알 수 있다.

마찬가지로 제지역의 안자晏子학파가 편집하였다고 여겨지는 『안자춘추晏子春秋』에는 다음의 2편에서 천인상관사상을 찾아볼 수 있다.

① …… 공이 서쪽을 바라보다가 혜성을 발견하고, 백상건伯常騫을 불러 그 것을 없애도록 하였다. 이때 안자가 말하였다. "그렇게 해서는 안 됩니다. 이는 하늘天의 가르침입니다. 일월의 기운과 풍우가 제때를 지키지 못하고 혜성이 나타난 것은 백성들이 혼란스럽게 되었기 때문에 하늘天이 이를 알려주는 것 입니다. 따라서 혜성으로 요상妖祥을 보여 불경함을 경고한 것입니다. 지금 임 금께서 만약 문文을 숭상하고 간언을 받아들이며 성현을 만나보신다면, 이를 없애려하지 않아도 혜성은 저절로 사라질 것입니다. 그러나 지금 임금께서 술 에 빠져 쾌락만 즐기고 정치는 올바로 돌보지 않으면서 소인배에게는 너그럽 게 대하며 참언하는 자를 가까이하고 광대를 좋아하며 문文을 싫어하고 성현을 멀리한다면 어느 겨를에 혜성이 사라지겠습니까? 또한 불성茀星마저 나타날 것입 니다." ……

— 「내편간상內篇諫上」 제18[26]

여기서는 혜성의 출현이 '하늘의 가르침天敎'이라고 해석된다. 더욱이 일

---

26 『晏子春秋』, 「內篇諫上」, "……公西面望睹彗星, 召伯常騫, 使禳去之. 晏子曰, 不可. 此天敎 也. 日月之氣, 風雨不時, 彗星之出, 天爲民之亂見之. 故詔之妖祥, 以戒不敬. 今君若設文而受 諫, 謁聖賢人, 雖不去, 彗星將自亡. 今君嗜酒而幷于樂, 政不飾而寬于小人, 近讒好優, 惡文而 疏聖賢人, 何暇去彗. 茀又將見矣……"

월의 기의 운행이 순조롭지 않아 계절에서 어긋난 풍우가 불어 닥친다거나 혜성이 나타난다거나 하는 '요상妖祥'은, 정치가 혼란스러운 것에 대한 '하늘天'의 '경고戒'라고 한다. 그 때문에 혜성의 출현을 본 통치자는 안이하고 타락한 생활태도를 고치고 성현을 적극적으로 등용하여 정치를 올바르게만 한다면 혜성도 저절로 사라질 것이라고 한다. 여기에서는 첫머리에 경공이 백상건을 불러 혜성을 없애려고 하였을 때, 안자가 우선 '안 됩니다'라고 한 것에서도 알 수 있듯이, 혜성을 불길하다고 여겨 이를 종교 행위를 통해 없애려는 시도가 무의미하다고 설명되고 있는 점에 주의하지 않으면 안 된다.

또, 『안자춘추』에는 다음과 같이 보인다.

　　② 경공景公 때에 형혹熒惑(화성)이 허虛에 머물면서 1년이 되어도 사라지지 않았다. 경공이 이를 괴이하게 여겨 안자晏子를 불러 물었다. "나는 '사람이 선한 일을 행하면 하늘이 상을 내리고, 불선한 일을 행하면 하늘이 재앙을 내린다'고 들었습니다. 형혹이란 천벌인데, 지금 허虛에 머물고 있습니다. 그것이 누구에게 해당됩니까?" 그러자 안자가 대답하였다. "제나라가 거기에 해당됩니다" 경공이 언짢아하며 물었다. "천하에 대국이 열둘인데, 모두 제후라고 부릅니다. 어찌하여 제나라만 홀로 이것에 해당됩니까?" 그러자 안자가 설명하였다. "허虛는 제나라의 분야입니다. 또, 하늘이 재앙을 내리는 것이 원래 부강함에 있습니다. 선한 일을 행하더라도 그를 등용하지 않고, 정치를 베풀되 옳게 실행하지 않으며 어진 이를 멀리 가도록 하고 도리어 간사한 사람을 번창시켜서 백성은 원망하는데도 자신을 위하여 상서로움을 바라며, 오로지 자신의 보양만을 추구하면 죽음을 향하는데 무슨 지장이 있겠습니까? 이러한 까닭으로 열사刿술가 차례를 잃고 변성變星이 그 빛을 내리쏘며, 형혹이 회역하고, 얼성孼星이 곁에 있게 된 것입니다. 현자가 있어도 등용되지 않고 있으니 어찌 멸망하지 않을 수 있겠습니까?" 경공이 말하였다. "없앨 수 있겠습니까?" 안자가 대답하였다. "형혹을 이르게 만든 자가 이를 제거시켜야지요 이르게 하지 못한 자는 이를 없앨 수 없습니다." 그러자 경공이 "과인이 이를 어떻게 하면 되겠습니

까?"라고 물었다. 안자가 대답하였다. "어찌 원망이 모여 있는 감옥을 철거하여 죄수들을 밭으로 돌려보내고, 백관의 재산을 풀어 백성들에게 베풀며, 고아와 과부를 구휼하고 노인을 공경하지 않습니까? 무릇 이와 같이 한다면 1백 가지 악도 사라질 것입니다. 그까짓 얼성孽星 하나쯤이야 말할 나위 있겠습니까?" 경공이 "좋습니다"라고 대답하였다. 이를 실행하기를 석 달이 되자 형혹이 그 자리를 옮겨갔다.

— 동同 제21[27]

　이 문답은 '형혹'(화성)이 28수宿 중 허수虛宿에 1년 이상이나 계속 머무르는 것을 불길한 전조로 보는 경공과 여기에 대해 합리적인 해석을 피력한 안자의 대화로 구성되어 있다. 안자는 우선 사람들로부터 들은 것이라고 하여 "사람이 선한 일을 행하면 하늘이 상을 내리고, 불선한 일을 행하면 하늘이 재앙을 내린다"라고 하여 그것을 근거로 하여 '형혹'의 이러한 모습, 즉 "열사가 차례를 잃고 변성이 그 빛을 내리쏘며, 형혹이 회역하고, 얼성이 곁에 있게 된 것"은 '천벌'에 다름 아니라고 단언한다. 전형적인 천인상관사상이다. 제나라의 통치자인 경공은 이와 같은 하늘의 뜻을 추측하여 신속하게 "원망이 모여 있는 감옥을 철거하여 죄수들을 밭으로 돌려보내고 백관의 재산을 풀어 백성들에게 베풀며 고아와 과부를 구휼하고 노인을 공경하는" 선정을 행하지 않으면 안 된다. 그렇게 하면 "1백 가지 악이 사라질 것이다. 그까짓 얼성 하나쯤이야 말할 나위 있겠는가?"라고 하여 온갖 나쁜 일, 나쁜 운세도 제거할 수 있다고 한다. 여기에서도 중시되고 있는 것은 정치행위이

---

27 『晏子春秋』,「內篇諫上」, "景公之時, 熒惑守于虛, 朞年不去. 公異之, 召晏子而問曰, 吾聞之, 人行善者天賞之, 行不善者天殃之. 熒惑, 天罰也, 今留虛. 其孰當之. 晏子曰, 齊當之. 公不說, 曰, 天下大國十二, 皆曰諸侯. 齊獨何以當之. 晏子曰, 虛齊野也. 且天之下殃, 固于富彊. 爲善不用, 出政不行, 賢人使遠, 讒人反昌, 百姓疾怨, 自爲祈祥, 錄錄彊食, 進死何傷. 是以列舍無次, 變星有芒, 熒惑回逆, 蘖星在旁. 有賢不用, 安得不亡. 公曰, 可去乎. 對曰, 可致者可去, 不可致者不可去. 公曰, 寡人爲之若何. 對曰, 益去冤聚之獄, 使反田矣. 散百官之財, 施之民矣. 振孤寡而敬老人矣. 夫若是者, 百惡可去. 何獨是蘖乎. 公曰, 善. 行之三月, 而熒惑遷."

고 종교행위가 아니라는 것을 알 수 있다.

본편에서의 일식이 ①에서는 혜성으로 ②에서는 화성으로 대체된 것에 지나지 않고, 모두 종교 행위에 의해서가 아니라 정치행위에 의해서 해결되어야 한다고 말하는 점에서 본편의 주의主意와 공통된다는 것을 알 수 있다.

그런데 소위 천인상관사상에 대하여 정면에서 비판을 가한 것은 '하늘과 사람의 구분(天人之分)'을 주장한 순자였다. 순자는 천변지이天變地異 등은 단순한 "천지天地의 변變, 음양陰陽의 화化"에 불과하며, 여기에서 하늘의 뜻을 알아내려는 것은 아무런 근거가 없기 때문에 통치자는 오로지 '강본절용强本節用', '양비동시養備動時', '수도불이修道不貳'에 전념해야 한다고 주장한다. 이는 「천론天論」편의 다음과 같은 문장에서 찾아볼 수 있다.

> 하늘의 운행에는 일정한 법도가 있는데, 이는 성왕 요 때문에 존재하는 것도 아니고, 폭군 걸 때문에 없어지는 것도 아니다. 이것에 다스림의 도로 대응하면 길하고, 혼란의 도로 대응하면 흉하다. 농사에 힘쓰고 비용을 절약하면 하늘도 가난하게 만들 수 없고, 보양이 충분히 이루어지고 운동도 시의에 맞게 하면 하늘도 병들게 할 수 없으며, 사람의 도리를 닦아 여기에 어긋나지 않으면 하늘도 재앙을 내릴 수 없다. 그러므로 장마와 가뭄도 그런 사람을 굶주리게 할 수 없고, 추위와 더위도 그런 사람을 병들게 할 수 없으며, 요괴도 그런 사람을 불행하게 할 수 없다. 농사에 소홀하고 비용을 마구 사치하면 하늘은 그런 사람을 부유하게 만들 수 없고, 보양도 대충하고 운동도 거의 하지 않으면 하늘도 그런 사람을 건전하게 할 수 없고, 사람의 도리를 어겨서 함부로 행동하면 하늘도 그런 사람을 행복하게 할 수 없다. 그러므로 이런 사람은 장마와 가뭄이 일어나지 않았는데도 굶주리고, 추위와 더위가 닥치지 않았는데도 병들고, 요괴가 나타나지도 않았는데 불행하게 된다. 타고난 세상은 잘 다스려지던 시대와 같은데도 잘 다스려지던 시대와 달리 재앙과 재난을 받는 것에 대해 하늘을 원망해서는 안 되며 그들의 행동방법이 그렇게 만든 것이다. 그러므로 하늘과 사람의 구분에 밝으면 곧 그를 지인至人이라 할 수 있다. ……별이 떨어지고 나무가 우는 소리를 내면 나라 사람들이 모두 두려워하

며 "이것은 무슨 일인가?"라고 말한다. 그렇지만 이것은 아무 것도 아니다. 천지 음양의 변화로 드물게 일어나는 현상이다. 이것을 이상하다고 여기는 것은 괜찮지만, 두려워하는 것은 잘못이다. 일식과 월식이 생기고 철에 맞지 않는 비바람이 일고 이상한 별이 어쩌다 나타나는 것은 어느 시대에나 있었던 일이다. 군주가 현명하여 정치가 공평하게 수행되면 비록 그런 일이 세상에 연달아 일어나도 걱정할 필요가 없다. 그렇지만 군주가 어리석고 정치가 위태로우면 그런 일이 한 번도 일어나지 않았다고 해도 아무 도움이 되지 않는다.[28]

순자가 살고 있던 전국시대 말기에는 이러한 천인상관사상이 사상계에 만연하여 있었고, 위의 문장은 이러한 풍조를 비판하기 위한 입론이라고 생각된다. 『사기』「순자열전」에 "순경은 혼탁한 정치의 세상에 망국과 폭군이 계속 이어지며, 성인의 대도를 따르지 않고, 무속에 미혹되며 길흉의 징조를 믿는 것을 미워하여, …… 차례로 정리하여 수만 글자의 저작을 남기고 죽었다"[29]고 하는 것은 이것을 말하는 것이다. 그렇지만 여기서도『안자춘추』처럼 천인상관사상을 긍정적으로 보는가,『순자』처럼 부정적으로 보는가의 차이는 있지만, 통치자가 행하여야 할 것은 경건한 종교행위가 아니라 성실한 정치행위라는 것을 말하는 점에서는 완전히 공통된다.

한편, 다음으로 '일식'을 들어 천인상관사상을 설파하는 문헌으로『예기

---

28 『荀子』,「天論」, "天行有常. 不爲堯存, 不爲桀亡. 應之以治則吉, 應之以亂則凶. 彊本而節用, 則天不能貧. 養備而動時, 則天不能病. 脩道而不貳, 則天不能禍. 故水旱不能使之飢, 寒暑不能使之疾, 祅怪不能使之凶. 本荒而用侈, 則天不能使之富. 養略而動罕, 則天不能使之全. 倍道而妄行, 則天不能使之吉. 故水旱未至而飢, 寒暑未薄而疾, 祅怪未至而凶. 受時與治世同, 而殃禍與治世異, 不可以怨天, 其道然也. 故明於天人之分, 則可謂至人矣. …… 星隊木鳴, 國人皆恐. 曰, 是何也. 曰, 無何也. 是天地之變, 陰陽之化, 物之罕至者也. 怪之可也. 而畏之非也. 夫日月之有蝕, 風雨之不時, 怪星之黨見, 是無世而不常有之. 上明而政平, 則是雖幷世起, 無傷也. 上闇而政險, 則是雖無一至者, 無益也."
29 『史記』,「孟子荀卿列傳」, "荀卿嫉濁世之政, 亡國亂君相屬, 不遂大道而營於巫祝. 信機祥, …… 序列著數萬言而卒."

禮記』「혼의昏義」편이 있는데, 일식이 발생하는 이유에 대하여 다음과 같이 말한다.

　　…… 이 때문에 남자로서 수양해야 할 가르침이 잘 수행되지 못하여 양사陽事가 다스려지지 않을 때는 그 문책의 징조가 하늘에 나타나 일식이 된다. 아내로서 순종해야할 도리가 잘 수행되지 못하여 음사陰事가 다스려지지 않을 때는 그 문책의 징조가 하늘에 나타나 월식이 된다. 그러므로 일식일 때는 천자가 소복을 하고 육관六官의 직을 다스려서 천하의 양사陽事를 바로잡으며 월식일 때는 왕후가 소복하고 육궁六宮의 직을 다스려서 천하의 음사陰事를 바로잡는 것이다. 그러므로 천자와 왕후는 해와 달, 양과 음과 같다. 서로가 기다린 후에 천하의 경영이 이루어지는 것이다.[30]

　여기서는 일식이 일어나는 것은 양사가 다스려지지 않기 때문에 하늘이 견책을 가하고 있는 것이라고 하여 천자는 소복을 입고서 육관의 직을 바르게 하고 천하의 양사를 바로잡지 않으면 안 된다고 한다. '탕천하지양사蕩天下之陽事'라는 것이 구체적으로 어떠한 것인지 분명하게 밝히기 어렵지만, 혼의라는 편제로 보아 남녀 간의 일을 가리키는 말일 것이다. 그렇다면 본편의 일식의 해석과는 다르다고 보지 않으면 안 된다. 한편 가나야 오사무金谷治는 이 한 구절을 인용하여 "예禮에 대한 해설이라기보다 오히려 동중서 등을 연상시키는 천인상관사상의 단적인 표명으로 아마도 가장 새롭게 서술된 말일 것이다"라고 한다.(金谷治 저, 『秦漢思想史研究』, 344쪽 참조) 「혼의」편이 진한 연간의 유자儒者에 의해 저작되었다는 설에 의하면 본편은 그렇게까지는 언급하고 있지 않다는 점에서 그 저술 시기는 「혼의」편보다는 빠르리라

---

30 『禮記』,「昏義」, "…… 是故男教不脩, 陽事不得, 適見於天, 日爲之食. 婦順不脩, 陰事不得, 適見於天, 月爲之食. 是故日食則天子素服, 而脩六官之職, 蕩天下之陽事. 月食則后素服, 而脩六宮之職, 蕩天下之陰事. 故天子之與后, 猶日之與月, 陰之與陽. 相須而后成者也."

고 생각된다.

한편, 포숙아 등의 간언을 받아들여 크게 반성한 환공은 성실하게 정치를 행하여 이하와 같은 결과를 얻을 수 있었다고 한다. 즉

> 霅塝地至卓復. 이리하여 일식도 재앙이 되지 않았고, 공公○도 또한 피해를 불러들이지 않고 해결되었다.[31]

하늘은 환공의 반성에 감응하여 재해를 내리지 않았다는 것이다. 이것은 앞에서 인용한 ②의 결말 "경공이 '좋습니다'라고 대답하였다. 이를 실행하기를 석 달이 되자 형혹이 그 자리를 옮겨갔다"는 것과 완전히 같은 결말이다.

여기까지 고찰을 진행시켰을 때, 본편과 비교하지 않으면 안 되는 것이 같은 상박초간에 들어있는 『노방대한魯邦大旱』이다. 왜냐하면 이들 두 편은 모두 구체적으로 발생한 재이(가뭄)를 모티브로 하고 있고, 재이가 인간의 불선한 행위에서 초래된 불선한 결과라고 해석하는 점에서도 공통되기 때문이다. 따라서 두 편을 천인상관사상에 근거하여 재이사상을 설파한 설화로 묶을 수 있다. 다만, 본편이 통치자의 정치행위야말로 문제해결의 관건으로 보는 동시에, 한편으로 제사가 담당하는 역할에 일정 정도 평가를 부여하는 점에도 주의하지 않으면 안 된다. 그래서 절을 바꾸어 본편에서 종교행위로서의 제사가 천인상관사상과 관련하여 어떻게 자리 매김되고 있는가를 고찰해보겠다.

---

31 霅塝地至卓復. 日作亦入不爲災, 公○亦不爲害. 이 문장 중 "霅塝地至卓復"의 의미는 미상.

4) 제사관

본편은 비종교적 정치행위에 의해 재이를 해결해야 한다고 주장하면서 동시에 이하에 인용하듯이 종교적 행위로서의 제사에 대해서도 언급하고 있다.

포숙아와 습붕은 다음과 같이 말하였다. "이것은 우리들 신하의 책임입니다. 그 옛날 (殷의) 고종이 제사를 집행할 때에 꿩이 울면서 제기祭器 앞에 앉았습니다. 그래서 고종은 조기祖己를 불러 들여 '이것은 도대체 무슨 일인가?'라고 물었습니다. 조기는 대답하기를 '옛날 선대의 뛰어난 왕의 시대에 하늘이 재이를 보이지 않고 대지가 재이를 보이지 않았기 때문에 귀신에게 기원을 드려 "하늘이여 부디 저를 버리지 말아주시길"이라고 말했습니다. 또 가까운 신하들이 간언하지 않고, 먼 곳의 제후들이 바르지 않았으므로 그 자신의 토지에서 정사를 수행했습니다. 지금 여기서 제사의 보상으로 복을 바란다고 하신다면 아무쪼록 꿩의 울음소리를 점쳐서 일식의 제사가 끝난 후 선왕이 남기신 법에 대해서 잘 다스려야 합니다.' 그러자 고종은 바로 부설傳說에게 명하여 꿩의 울음소리를 잘 점쳐서 일식의 제사를 집행하고 선왕이 남긴 법을 집행하고 전통을 부활시키고 고실故實을 모방하여 일을 관리하도록 명령하였습니다. 그리고 새로운 것을 하려는 자를 사형에 처하고, 고실에 따르지 않는 자도 사형에 처하였습니다. 그러자 3년도 지나지 않아 먼 곳의 사람들로 따르려고 하는 자가 700여국에 달하였습니다. 이 고종이야말로 능란하게 선을 행하여 재이를 물리친 인물입니다."[32]

---

32 "鮑叔牙與隰朋曰, 羣臣之皋也. 昔高宗祭, 有雉雊於彝前. 詔祖已而問焉曰, 是何也. 祖已答曰, 昔, 先君格王, 天不見禹, 地不生龍, 則祈諸鬼神曰, 天地罔弃我矣. 近臣不諫, 遠者不謗, 則修諸鄉里. 今, 此祭之得福者也. 請量之以疏趾. 旣祭之後焉, 修先王之法. 高宗命傳說量之以祭. 旣祭, 焉命行先王之法, 發古慮, 行古作. 發作者死, 弗行者死. 不出三年, 逑人之附者七百邦. 此能從善而去禍者."

여기에서 제사는 조금도 부정되지 않는다. 오히려 "제사가 끝난 후 선왕이 남기신 법에 대해서 잘 다스려야 합니다"라고 하듯이 우선 종교적 행위인 제사, 즉 귀신에게 기원하고 이것에 가호를 구하는 일을 마친 후 통치자에게 필요한 구체적인 시책, 즉 '선왕의 법'을 수행하여야 한다는 것이 서술된다. 종교행위와 정치행위의 2단구조로 되어있는 것이다.

그런데 본편의 이 부분과 유사한 문장이 『상서尚書』「고종융일高宗肜日」편에 다음과 같이 보인다.[33]

> 서. 고종이 탕왕의 제사를 지냈다. 그때 꿩이 날아와 정鼎의 귀에 올라앉아 우는 일이 있었다. 조기祖己는 이것을 왕에게 훈계하였다. 고종융일高宗肜日과 고종지훈高宗之訓 2편을 지었다.
>
> 고종의 융일肜日(의 제사를 지내는 날)에 꿩이 우는 이변이 있었다. 조기가 말하였다. "먼저 왕에게 고하고서 이 일을 바로잡겠다." 조기가 왕에게 다음과 같이 훈계의 말을 올렸다. "하늘은 백성들을 감시하여 그 (백성들이) 의로움을 지키도록 관장하고 있습니다. (그 의로움에 응하여) 수명을 내려준 것이 긴 자도 있고, 길지 않은 자도 있습니다. 하늘이 백성을 요절하게 하여 그 수명을 중간에 끊은 것이 아닙니다. 백성들이 선한 행동에 순종하지 않고 복죄하지 않는다면 하늘은 명을 내려서 그 행동을 바로잡고, '(천명의 위엄이) 어떠한가!'라고 하는 것입니다. 아아! 왕위를 이어 백성 다스리는 일을 신중하게 하는 자는 모두 하늘의 자손이 아닌 자가 없습니다. 조상의 제사는 부친의 묘에서만 성대하게 해서는 안 됩니다."[34]

---

33 이 편은 顧頡剛, 張西堂 등은 동주 연간의 저작으로 보고, 池田末利도 '아마도 그들의 견해대로일 것이다'(전석한문대계11, 池田末利 저, 『尚書』, 216~217쪽 참조)라고 한다. 여기의 해석도 池田末利에 따랐다. 또한 『사기』 「은본기」에도 "帝武丁祭成湯, 明日, 有飛雉登鼎耳而呴. 武丁懼. 祖己曰, 王勿憂, 先修政事. 祖己乃訓王曰, 惟天監下, 典厥義. 降年有永有不永, 非天夭民, 中絶其命. 民有不若德, 不聽罪, 天旣附命正厥德, 乃曰, 其奈何. 嗚呼. 王嗣敬民, 罔非天繼, 常祀毋禮于弃道. 武丁修政行德, 天下咸驩, 殷道復興."라고 하여 거의 같은 문장이 존재한다.

34 『尚書』, 「高宗肜日」, "序 高宗祭成湯. 有飛雉升鼎耳而雊. 祖己訓諸王. 作高宗肜日, 高宗之訓. 高宗肜日, 越有雊雉. 祖己曰, 惟先格王正厥事. 乃訓于王曰, 惟天監下民, 典厥義. 降年有永有

여기에 의하면 고종이 탕임금을 제사지낼 때, 꿩이 날아와 제기인 정鼎에 앉아 울었다. 이를 상서롭지 못하게 여긴 고종이 조기를 불러 가르침을 청한 부분까지는 동일하지만, 『상서』(『사기』 은본기도 마찬가지이다)에서는 조기는 무정武丁(고종)에게 천명을 잘 지키고 백성을 잘 다스려야 하며, 그러면 하늘은 결코 재앙을 내리지 않는다는 것 등을 훈계한 것으로 되어 있다. 그렇지만 본편에서는 "옛날 선대의 뛰어난 왕의 시대에 하늘이 재이를 보이지 않고 대지가 재이를 보이지 않았기 때문에 귀신에게 기원을 드려 '하늘이여 부디 저를 버리지 말아주시길'이라고 하였다"[35]라고 하여 조기는 무정武丁에게 천지, 귀신에게 지내는 제사를 소홀히 해서는 안 된다고 밝히고 있다. 그 결과 고종은 부설에게 "꿩의 울음소리를 잘 점쳐서 일식의 제사를 집행하고 선왕이 남긴 법을 집행하고 전통을 부활시키고 고실을 모방하여 일을 관리하라"[36]고 명한다. 본편이 인용하는 『상서』「고종융일」편은 종교행위와 정치행위의 경계가 극히 애매한데, 이 점에서 『노방대한』 등과는 크게 다르다고 하지 않으면 안 된다.

이와 같이 분석 고찰해 가면 본편을 정치행위의 중요성을 설파하면서도 일면에서 종교행위를 중시하는 입장까지도 배려하여 구성된 설화라고 추정할 수 있지만, 앞에서도 서술하였듯이 이처럼 종교행위에 대하여 일정 정도 가치를 부여한 것은 『안자춘추』 등에는 보이지 않는 본편이 지니는 특징이라고 생각된다. 더욱이 본편에는 "귀신에게 기원을 드려 "하늘이여 부디 저를 버리지 말아주시길"이라고 말하였다"[37]라는 조기의 말이 있듯이 귀신 제사가 설파되고 있는 것에도 주의해야 할 것이다.[38]

不永. 非天天民中絶命. 民有不若德不聽罪, 天旣孚命, 正厥德. 乃曰, 其如台. 嗚呼, 王司敬民, 罔非天胤, 典祀無豐于昵."
35 "昔, 先君格王, 天不見禹, 地不生龍, 則祈諸鬼神曰, 天地罔弃我矣."
36 "量之以祭. 旣祭, 焉命行先王之法, 發古慮, 行古作."
37 "祈諸鬼神曰, 天地罔弃我矣."

그런데 재이를 어떤 초월적이며 신비적인 힘을 가진 존재, 즉 '귀신'이나 소위 '천신지지天神地祇' 등의 의사표시라고 해석하고, 종교적 행위를 통해 이들 초월적인 힘에 대응함으로써 이로부터 벗어나려는 발상은 매우 오래된 것이지만, 적어도 『노자』로 대표되는 초도가楚道家 등에는 이러한 발상이 없었다고 생각된다. 왜냐하면 『노자』 속에는

> 천지는 인仁하지 않으니 만물을 추구芻狗(제사에 사용하는 짚으로 만든 개. 사용하고 나면 버린다)로 여긴다. 성인은 인仁하지 않으니 백성을 추구로 여긴다. (제5장)[39]

> 천도는 친애하는 자가 없고, 항상 선인善人의 편을 든다. (제79장)[40]

라고 한다. 이러한 문장으로 보면 초도가는 하늘도 땅도 무위자연인 '도'의 작용 그대로 운행되고 있다는 사고, 다시 말하면 천지자연의 메커니즘에는 사람이 개입할 수 없다는 사고를 취하고 있기 때문에 자연재해에 대해서는 어떠한 종교행위도 무의미하다는 것을 알고 있었다고 추정된다. 그렇다면 본편에 보이는 천인상관사상은 이것이 초지역에서 출토된 고서라 하더라도

---

38 귀신제사의 중요성을 서술하는 것에 상박초간 『柬大王泊旱』이 있다. 元勇準은 이것에 대하여 다음과 같이 해설하고 있다.
 "본편은 楚에서 발생한 가뭄에 대한 楚簡王과 신하들의 대화이다. 특히 가뭄의 원인과 대책에 대하여 太宰는 가뭄의 원인은 초왕이 정치를 제대로 행하지 않았기 때문에 帝가 형벌을 내린 것이며, 그 대책은 정치를 올바르게 행하는 것이라고 간언한다. ……그렇지만 본편에서 강조되고 있는 정치란 어디까지나 제사를 말한다. …… 올바른 정치에서는 성심성의껏 제사를 지내야 한다는 사고가 큰 비중을 차지하고 있는 점이 본편의 특징이다."(「上海博物館藏戰國楚竹書(四)『柬大王泊旱』譯註(下)(補論)」, 2006.4.22)
 또, 島田翔太가 『간대왕박한』은 분명하게 무속을 배경에 둔 문헌이며, 전국 초기의 왕권과 무속의 결합을 보여준다(「上博楚簡『柬大王泊旱』における「修頹」と中國古代における「ケガレ」の觀念」, 2007.7.14)고 해설하고 있는 것도 참조될 수 있다.
39 통행본 『老子』, 「제5장」, "天地不仁, 以萬物爲芻狗. 聖人不仁, 以百姓爲芻狗."
40 통행본 『老子』, 「제79장」, "天道無親, 常與善人."

적어도 초도가의 사상(『노자』, 『항선』, 『태일생수』 등)과는 근본적으로 다른 계통에 속한다는 것을 알 수 있다.

이에 따라 재차 초지역의 종교문화 풍토에 대하여 여러 각도에서 살펴보면, 시야에 들어오는 것이 초지역 특유의 귀신신앙이다. 예를 들면 조휘趙輝는 『초사문화배경연구楚辭文化背景研究』(楚學文庫, 湖北敎育出版社, 1995)에서 "고대의 역사전적 중에서 초지역 사람들이 귀신을 믿고 무축을 숭배한 것과 관련된 기재는 계속 이어져 끊긴 적이 없었다고 할 수 있다"라고 하여,

> 楚人鬼而越人襪. (『열자列子』 「설부說符」)
> 荊人畏鬼而越人信襪. (『여씨춘추呂氏春秋』 「이보異寶」)
> 楚地 …… 信巫鬼, 重淫祀. (『한서漢書』 「지리지地理志」)
> 昔楚南郢之邑, 沅湘之間, 其俗信鬼而好祀. (『초사楚辭』 「구가九歌」 왕일서王逸序)

등을 인용하고 더욱이,

> 초지역 사람들이 무축과 귀신을 믿어 황당무계함에 빠져 있던 것에 대하여 이보다 더한 경우는 있을 수 없다고 해야 할 것이다. 그들은 일반적인 생활 속의 사정을 신령과 관계하여 처리하였을 뿐만 아니라 국가의 성치, 군사 등과 같은 중대사마저도 신의 뜻에 따라야 했다. …… 『여씨춘추』 「치악侈樂」편에 "초나라가 쇠약해지자 무음巫音을 만들었다"라고 한다. 초의 쇠락이 비록 반드시 도리를 잃은 제사를 숭배한 것 때문이라고는 단정할 수 없지만, 이렇게 국가를 통치하고도 끝내 쇠퇴하지 않았던 경우는 거의 보지 못하였다.

라고 하여, 귀신신앙과 무축巫祝의 존재가 초문화의 특징이라고 한다.(54~56 쪽)[41]

---

41 張正明, 『楚文化史』(上海人民出版社, 1987) 112~120쪽에도 같은 해설이 보인다.

이것은 예를 들면 『안자춘추』「내편간상內篇諫上」 제14 「경공욕사초무치오제이명덕안자간景公欲使楚巫致五帝以明德晏子諫」에 초에서 무축이 찾아와 경공에게 등용되고자 했는데, 안자가 이를 추방하였다는 설화가 있는 것도 이 사실을 방증한다.

더 나아가 본편이 인용하고 있는 『상서』「고종융일」편의 유사 설화가 『상서』「고종융일」편 그 자체와 다른 점은 「고종융일」편에 보이는 '천'에 대한 신앙이 '천지, 귀신'을 향한 신앙으로 대체되고 있는 점이다. 이것이야 말로 바로 초지역 전통문화가 반영된 결과라고 볼 수 있을 듯하다.

이처럼 고찰을 진행시켜 본 결과 본편에 보이는 천인상관사상도 순수한 사상 그 자체가 아니라 초지역의 전통습속인 귀신신앙과의 습합공존習合共存이 시도되어 창작된 사상은 아닐까라고 생각된다.

5) 제환공관

제환공과 관련된 설화는 선진에서 한대에 걸친 시기의 문헌에 다수 보인다. 이들 문헌에 묘사된 제환공과 본편에 묘사된 제환공을 비교하여 양자간에 어떠한 차이가 있는가를 검토하고자 한다. 이 비교를 통하여 본편의 제환공관이 어떠한 특색을 가지고 있는가가 명확하게 드러날 것이며 이를 통하여 본편 성립의 배경이 보이리라고 생각되기 때문이다.

본편에서는 습붕과 포숙아의 발언 속에 제환공의 행장이 다음과 같이 묘사되어 있다.

> 습붕과 포숙아는 함께 배례한 후 일어나서 말하였다. "공께서는 스스로 무도한 행동을 해 오셨습니다. 예를 들면 총애하는 맹화자孟華子를 끌어안고 예郳마을의 시장을 마차로 달려 나가기도 하고, 말을 달리면서 사냥을 하기도 하여

한도라는 것이 없었습니다. 어떤 때에는 수조豎刁와 역아易牙 두 사람을 대신으로 삼았습니다. 그러자 그들은 결탁하여 짐승이 동료를 불러대는 것처럼 동료를 불러 모아서는 취하는 것도 주는 것도 하고 싶은 대로 마음껏 하였습니다." 제환공은 이를 깨닫자 부끄럽게 생각하여, …… "국가의 정치에 종사하지 않고, 주군이 하고 싶은 대로 마음껏 행동하여, 민을 ○하여 쾌락을 찾아다니고, 즐거움만을 추구하여 탐욕스러운 무리들과 친하였기 때문에 제나라를 피폐하게 만들었습니다. 공은 매일 마음대로 행동하여 사전에도 사후에도 전혀 반성이라는 것을 하지 않습니다. 그 때문에 백성들은 모두 주군을 원망하게 되었습니다. 이로 인해 제나라는 지금이라도 멸망하려고 하고 있습니다만 그럼에도 주군은 그들을 추방하지 않고 있습니다. 제가 간언을 올리고자 하여도 만나 뵙는 것조차 이루어지지 않았습니다. 주군은 전혀 살펴보시지 못하고 있습니다. 본래 사람의 성질은 세 종류가 있습니다. 식욕과 색욕, 그리고 질병입니다. 지금 수조는 필부인 주제에 만승의 나라를 다스리려고 하여 주군을 능멸하고 있습니다. 그가 초래한 재앙은 심각합니다. 역아는 수조와 한통속이 되어 주군에게 사람을 먹게 하는 짓까지 하였습니다. 그의 되먹지 못한 행위는 이 또한 지독한 것입니다. 주군은 이것을 잘 살피시지 않으면 머지않아 반드시 주군의 몸에 위해가 미칠 것입니다"라고 하였다.[42]

환공은 '망도亡道'를 행하고 있었다는 것이다. 그 '망도'란,

> I. 雍孟華子, 以馳於郊市.
> II. 驅逐畋弋, 無期度.
> III. 以豎刁與易牙爲相.

<hr>

42 "隰朋與鮑叔牙皆拜, 起而言曰, 公身爲亡道, 雍孟華子, 以馳於郊市, 驅逐畋弋, 無期度. 或以豎刁與易牙爲相. 二人也朋黨, 羣獸要朋, 取與厭公, 覺而儕之. 不以邦家爲事. 縱公之所欲. □民獵樂, 篤歡附貪, 疲弊齊邦, 日盛于縱, 弗顧前後. 百姓皆怨悁, 然將亡, 公弗詰□. 臣雖欲諫, 或不得見. 公固弗察. 人之性三, 食色疾. 今豎刁匹夫而欲知萬乘之邦而遺君. 其爲災也深矣. 易牙刁之與者而食人, 其爲不仁厚矣. 公弗圖, 必害公身."

라고 하여 매우 구체적이다. 이러한 행위가 의미하는 것은 다음과 같이 설명
되어 있다.

  i. 不以邦家爲事. 縱公之所欲. (군주로서의 임무를 잊고 욕망대로 행동하고
    있는 것)
  ii. □民獵樂, 篤歡附貪, 疲弊齊邦, 日盛于縱, 弗顧前後. (자신의 쾌락을 추구
    한 나머지 앞뒤도 돌아보지 않고 제나라를 피폐하게 만들고 있는 것)
  iii. 二人也朋黨, 羣獸要朋, 取與厭公, 覺而㺟之. (두 사람이 결탁하여 환공을
    업신여기고 저들 마음대로 하도록 시키고 있는 것)

그 결과 사람들은 모두 환공에게 원한을 품게 되고 이것이야말로 망국의
징조인데도 환공 혼자 알아차리지 못하고 있다고 경고하고 있다.("百姓皆怨悄,
然將亡, 公弗詰□.")

그 때문에 두 사람은 환공에게 간언하고자 하는 것인데, "신이 비록 간언
하고자 하여도 알현할 수 없었다(臣雖欲諫, 或不得見)"라고 하듯이 알현하는
것조차 할 수 없었다. 왜 알현할 수 없었는지 그 이유는 명기되어 있지 않지
만 이제 겨우 환공에게 간언할 기회를 얻었다는 것이다. 그래서 우선 발설한
말이 다음과 같은 말이었다.

  주군은 전혀 살펴보시지 못하고 있습니다. 본래 사람의 성질은 세 종류가
 있습니다. 식욕과 색욕, 그리고 질병입니다. 지금 수조는 필부인 주제에 만승의
 나라를 다스리려고 하여 주군을 능멸하고 있습니다. 그가 초래한 재앙은 심각합
 니다. 역아는 수조와 한통속이 되어 주군에게 사람을 먹게 하는 짓까지 하였습
 니다. 그의 되먹지 못한 행위는 이 또한 지독한 것입니다. 주군은 이것을 잘
 살피시지 않으면 머지않아 반드시 주군의 몸에 위해가 미칠 것입니다.

인간의 본성으로 '식'과 '색'과 '식息'을 드는 것부터 시작한다. '식'이란
미식에 대한 욕구, '색'이란 미인에 대한 욕구, '식息'이란 안락에 대한 욕구

일 것이다. 이것들은 사람이라면 누구나 가지고 있다고 한다. 그 때문에 수조와 역아의 '불인不仁' 때문에 초래될 '재앙'이 가장 심각하다고 한다. 이러한 논리 구성은 전후 문맥과는 조화를 이루지 못하고 있다고 느껴질 정도로 정돈되어 있다는 인상을 금할 수 없다. 그런데 앞에서 '망도亡道'라고 하였는데, 여기서 "주군은 이것을 잘 살피시지 않으면 머지않아 반드시 주군의 몸에 위해가 미칠 것입니다"라고 하는 점으로 보면, 이것은 제나라의 쇠망이라는 의미에서 망국의 도가 아니라 환공 자신의 몸을 위험하게 만드는 말하자면 망신亡身의 도라고 말해야 할 것이다. 그렇다면 그 망신의 도가 문제가 되는데, 구체적으로는 다음의 사항을 가리킨다.

> Ⅰ. 총애하는 여자를 위해 비례非禮를 감히 돌아보지 않고, 군주로서의 분별을 잃은 것.
> Ⅱ. 수렵이라는 귀족 최고의 유희에 탐닉하여, 군주로서의 분별을 잃은 것.
> Ⅲ. 본래 자격이 없는 인물을 사사로운 감정에 이끌려서 임용하여 군주로서의 분별을 잃은 것.

이러한 행위는 한 가지라도 취해서는 안 되는 것인데 환공은 이것을 동시에 3가지나 행하고 있었기 때문에 제나라가 멸망하고 환공이 파멸하는 것도 어쩔 수 없다고 한다. 이것은 본편의 환공 비판이 매우 신랄하다는 점을 보여준다. 이처럼 본편은 제환공의 행장과 그것이 초래한 결과 및 그 행방에 대하여 상세하게 묘사하고 있고, 이것이야말로 『포숙아여습붕지간』에 보이는 '제환공관'이라고 해야 할 것이다.

따라서 본 절에서는 이러한 제환공관이 그 밖의 선진 문헌과 비교하여 어떤 차이가 보이는가를 고찰해 보겠다.

『논어』에서는,

> ○ 공자가 말하였다. "진문공은 속이고 바르지 않았지만 제환공은 바르고

속이지 않았다. (「헌문憲問」)⁴³

○ 자로가 말하였다. "환공이 공자 규糾를 죽였습니다. 소홀은 이에 순절하였지만 관중은 죽지 않았습니다." 다시 말하였다. "그는 어질지 않았던 것입니까?" 공자가 말하였다. "환공이 제후를 규합할 때 전차를 쓰지 않은 것은 관중의 힘이었다. 누가 그의 인仁에 미치겠는가? 누가 그의 인仁에 미치겠는가?" (「헌문憲問」)⁴⁴

라고 하여 환공이 재상 관중을 얻어 천하의 패자가 된 것에 대하여 매우 높은 평가를 내리고 있다.

『맹자』에서도,

오패 중에서 환공의 업적이 가장 뛰어났다. 채구葵丘의 회맹에서 제후들이 희생을 묶은 채로 그 위에 맹약의 서책을 올려놓고 피를 마시지 않고 서약을 행하였다. 제1조에 말하였다. "불효자는 주살하며 한번 정한 세자는 바꾸지 말며 첩을 아내로 삼지 말라." 제2조에 말하였다. "현자를 존중하고 인재를 육성하며 덕이 있는 이를 표창하라." 제3조에 말하였다. "노인을 공경하고 어린 이를 사랑하며 손님과 나그네를 소홀히 하지 말라." 제4조에 말하였다. "사士는 관직을 세습시키지 말고 관직을 겸임시키지 말며, 사士를 취할 때에는 반드시 역량 있는 인물을 채용하고 마음대로 대부를 죽이지 말라." 제5조에 말하였다. "제방을 구부러지게 쌓지 말며 기근에 시달리는 이웃 나라가 쌀을 수입해가는 것을 막지 말며 대부들을 봉해주고서 천자에게 보고하지 않는 일이 없도록 하라." 그리고 다시 말하였다. "모든 우리 동맹한 사람들은 이미 이처럼 맹약한 이상 모두 사이좋게 지내도록 하자." 그러나 지금 제후들은 모두 이 다섯 가지 금령을 어기고 있다. …… (「고자하告子下」)⁴⁵

---

43 『論語』, 「憲問」, "子曰, 晉文公譎而不正, 齊桓公正而不譎."
44 『論語』, 「憲問」, "子路曰, 桓公殺公子糾. 召忽死之, 管仲不死. 曰未仁乎. 子曰, 桓公九合諸侯, 不以兵車, 管仲之力也. 如其仁, 如其仁."
45 『孟子』, 「告子下」, "五霸, 桓公爲盛. 葵丘之會, 諸侯束牲載書而不歃血. 初命曰, 誅不孝, 無易樹子. 無以妾爲妻. 再命曰, 尊賢育才, 以彰有德. 三命曰, 敬老慈幼, 無忘賓旅. 四命曰, 士無世

라고 하여 패자로서 환공의 뛰어난 공적을 구체적으로 기록할 뿐 그의 사생활까지는 언급하고 있지 않다.

시대가 내려와서 『순자』가 되면,

○ 제환공은 오패 중에서도 가장 뛰어난 업적을 남긴 사람이다. 즉위하기 전의 일로는 형을 죽이면서 나라를 다투었고, 집안의 일로는 고모들과 자기 누이들 중에 시집을 가지 않은 여자가 일곱이나 되었으며, 집안의 생활은 쾌락에 빠지고 사치를 행하여 제나라 수입의 반을 쓰는데도 모자랄 지경이었고, 나라 밖의 일로는 주邾나라를 속이고 거莒나라를 습격하였으며 35개국을 병합하였다. 그가 한 일이나 행위는 이처럼 음험하고 더럽고 어지러워 마음대로였다. 그를 어찌 대군자의 문하에서 이야기할 수 있겠는가? 그런데도 망하지 않고 패자가 된 것은 어째서인가? 대답하여 말한다. 아아! 저 제환공은 천하의 위대한 절의를 지니고 있었으므로, 누가 그를 망하게 할 수 있었겠는가? 관중이 나라 일을 맡을 만한 인물임을 한번 보고는 간파한 것은 천하의 위대한 지혜이다. 그에 대한 노여움과 원한을 잊고 마침내 그를 중부仲父로 삼은 것은 천하의 위대한 결단이다. 그를 세워 중부로 삼았지만 귀족과 친척들도 감히 질투하는 이가 없었고, 그에게 제나라의 명문 귀족인 고씨나 국씨와 같은 지위를 주었지만 조정의 신하들도 감히 그를 싫어하는 이가 없었으며, 그에게 삼백 마을의 영지를 주었지만 부호들도 감히 그를 거역하는 이가 없었다. 신분의 상하, 연령의 고하를 막론하고 모두 질서 있게 환공을 따라 그를 존귀하게 여기고 공경하지 않는 이가 없었던 것은 천하의 위대한 절의이다. ……(「중니仲尼」)[46]

官, 官事無攝, 取士必得, 無專殺大夫. 五命曰, 無曲防, 無遏糴, 無有封而不告. 曰, 凡我同盟之人, 旣盟之後, 言歸于好. 今之諸侯, 皆犯此五禁. ……"

46 『荀子』, 「仲尼」, "齊桓, 五伯之盛者也. 前事則殺兄而爭國, 內行則姑姉妹之不嫁者七人, 閨門之內, 般樂奢汰, 以齊之分奉之而不足, 外事則詐邾襲莒, 并國三十五, 其事行也若是其險汙淫汰也. 彼固曷足稱乎大君子之門哉. 若是而不亡, 乃霸, 何也. 曰, 於乎. 夫齊桓公有天下之大節焉, 夫孰能亡之. 倓然見管仲之能足以託國也, 是天下之大知也. 安忘其怒, 出忘其讎, 遂立爲仲父, 是天下之大決也. 立以爲仲父, 而貴戚莫之敢妬也, 與之高・國之位, 而本朝之臣莫之敢惡也, 與之書社三百, 而富人莫之敢距也, 貴賤長少, 秩秩焉, 莫不從桓公而貴敬之, 是天下之大節也.……"

○ 왕자王者보다 신분이 낮은 자들로 오패가 있다. 제환공은 집안에 악기들을 늘어놓고 사치하며 노는 일에만 열중하여 천하 사람들로부터 수신을 잘한 사람이라고 여겨지지 않았으나, 그런데도 제후들을 규합하여 천하를 바로잡아 오패의 필두에 서게 된 것은 다른 이유가 있었던 것이 아니다. 관중에게 정치를 일임할 줄 알았기 때문이다. 이것이야말로 군주로서 지켜야할 중요한 일이다. 이를 아는 임금은 적합한 재상을 임용하는 것에 의해 그 힘을 발휘할 수 있으므로 공적도 명성도 매우 높아지는 것이다. ……(「왕패王霸」)[47]

라고 하여 환공은 공과 사의 두 측면에서 평가된다. 즉 환공이 패자가 되어 군림한 공적을 칭찬하는 반면, "집안의 일로는 고모들과 자기 누이들 중에 시집을 가지 않은 여자가 일곱이나 되었으며, 집안의 생활은 쾌락에 빠지고 사치를 해앟여 제나라 수입의 반을 쓰는데도 모자랄 지경이었다"라든가 "제환공은 집안에 악기들을 늘어놓고 사치하며 노는 일에만 열중하여 천하 사람들로부터 수신을 잘한 사람이라고 여겨지지 않았다"라고 하는 등, 사생활에서 엉망으로 행동하는 모습을 묘사한다. 이 점은 본편이 환공의 '망도'로서 예시하는 Ⅰ, Ⅱ 부분과 대응한다고 보아도 좋지만, 「왕패」편에서는 이것을 환공의 치명적인 결함(=亡道)이라고까지는 단언하지 않는 점에서 본편과는 다르다.

　나아가 제지역의 문헌과 비교해 보자. 우선 『관자管子』에는 거의 전편에 걸쳐 관중과의 대화의 장면에서 환공이 등장하며 대개 환공이 관중의 진언이나 간언을 받아들임으로써 패자의 자리에 오르게 되고, 또 패자로서의 지위를 계속 유지하였다는 것이 기록되어 있다. 이를 하나하나 인용하는 것은 피하겠지만, 본편처럼 그 사생활의 문란함이 상세하게 묘사되는 부분

---

47 『荀子』, 「王霸」, "卑者五伯, 齊桓公闥門之內, 縣樂奢泰, 游抏之脩, 於天下不見謂脩, 然九合諸侯, 一匡天下, 爲五伯長, 是亦無他故焉. 知一政於管仲也. 是君人者之要守也. 知者易爲之興力, 而功名甚大. ……"

은 없다.

다음으로 『안자춘추』이다. 여기서도 종종 안영晏嬰이 경공에게 간언할 때에 '선군환공先君桓公……'이라고 환공을 언급하는 곳이 있다. 그 가운데 환공의 사생활의 무절제한 모습에 대하여 언급하는 일절이 다음과 같이 보인다.

> 경공이 안자에게 물었다. "옛날 우리 선군이신 환공께서는 술도 잘 마셨고, 음식도 한 상 가득 차려 즐겼으며, 여색을 좋아하여 분별이 없었다. 바르지 못한 행실이 이와 같았는데도 어찌 제후를 거느리고 천자에게 조회할 수 있었는가?" 안자가 대답하였다. "옛날 우리 선군이신 환공께서는 풍속을 변화시키되 정치로써 하였고, 어진 이에게 스스로를 낮추되 몸소 실천하였습니다. 관중은 군주(환공)의 적이었습니다만, 그가 나라를 안정시키고 공적을 이룰 수 있다는 것을 알았습니다. 그 때문에 노나라 교외에까지 가서 그를 맞이하여 친히 말고삐를 잡고 돌아와서는 종묘에 예로써 인사드렸습니다. …… 선군께서는 현자를 보면 그대로 두지 않았고, 유능한 사람을 등용할 때에는 태만함이 없었습니다. 이로 인해 안에서 정치를 하면 백성이 모여들고, 밖으로 정벌에 나서면 다른 제후들이 두려워하였습니다. 지금 임금께서 선군의 과오만 듣고 그 위대한 절의는 밝히지 못하고 있습니다. 환공의 패업을 어찌 의심하신단 말입니까?" (내편 문하內篇問下 「경공문환공하이치패안자대이하현이신景公問桓公何以致霸晏子對以下賢以身」 제2)[48]

여기서는 환공이 사생활에서는 사치와 호색을 누리고 있었는데 어떻게 패자로서 군림할 수 있었는가라고 경공이 안영에게 묻고 있다. 이에 대해 안영은 환공의 과오를 들을 뿐 어찌하여 그의 장점을 보지 못하는가라고

---

48 『晏子春秋』, 「內篇問下」, "景公問于晏子曰, 昔吾先君桓公, 善飮酒窮樂, 食味方丈, 好色無別. 辟若此, 何以能率諸侯以朝天子乎. 晏子對曰, 昔吾先君桓公, 變俗以政, 下賢以身. 管仲, 君之賊者也, 知其能足以安國濟功. 故迎之于魯郊, 自御, 禮之于廟. …… 先君見賢不留, 使能不怠. 是以內政則民懷之, 征伐則諸侯畏之. 今君聞先君之過, 而不能明其大節. 桓公之霸也, 君奚疑焉."

간언하고 있다. 패자로서 환공의 공적이 전해 내려오는 한편, 그의 무절제함
도 동시에 전해지고 있었다는 사실을 알 수 있다. 경공은 후자의 일면만
듣고 있었다는 것일까?

또한 다음과 같이 수조竪刁를 언급하는 일절이 있다.

> 옛날 우리 선군이신 환공께서는 관중을 등용하여 패자가 되었고, 수조를
> 총애하여 파멸하였습니다. …… (내편간하內篇諫下「경공폐첩사수지삼일불렴안
> 자간景公嬖妾死守之三日不斂晏子諫」 제21)[49]

여기에서는 환공이 수조를 총애하여 파멸하였다고 분명하게 말하고 있다.
『사기』「제태공세가」에 의하면 관중의 유언을 듣지 않고, 역아, 개방開方,
수조 등을 등용한 것은 환공 41년(즉 관중, 습붕이 죽은 해에 해당된다)보다 나중
의 일로, 그 이후 3인은 전권하여 환공은 유폐상태에 놓이고, 음식도 제대로
못 먹게 된 끝에 환공 43년 겨울에 죽는다. 확실히 본편이 말하는 것처럼
환공은 결국 스스로 자신의 파멸을 부른 것이다. 그리고 그 후에도 장사지내
지 못하고 2개월에 걸쳐 방치되었기 때문에 구더기가 시체에서 방 밖으로까
지 기어 나왔다고 한다.(『정의正義』 안사고주顏師古注에서 인용) 안영이 여기에서
'멸滅'이라고 한 것은 이러한 사정을 가리킨 말일 것이다. 다만 3인의 전권을
허용해버린 환공은 그대로 파멸해버리게 되기 때문에 본편처럼 파멸의 한
걸음 앞에서 포숙아와 습붕의 간언을 받아들여 깊이 반성한다는 일은 도저히
있을 수 없다.

이상으로 생각하면 본편이 환공의 호색한 모습을 묘사하는 것은 분명히
어떤 환공전桓公傳에 근거하고 있다고 생각되는데, 그만큼 환공의 무절제한
모습을 상세하게 서술한 예는 전래문헌 중에는 없고, 또한 무절제함과 함께

---

49 『晏子春秋』,「內篇諫下」, "昔吾先君桓公, 用管仲而覇, 嬖乎竪刁而滅. ……"

환공의 패자로서의 일면이 대비적으로 서술되지 않은 점도 전래문헌에는 보이지 않는다. 전래문헌 중에는 보이지 않는다는 점에서 보면 포숙아와 습붕 두 사람의 간언을 받아 환공이 깊이 반성한다는 스토리도 전래문헌 중에는 없다.

이상에서 본편의 환공관은 상당히 특수하며 이야기 전체가 다수에 의한 창작이라고 추정된다. 특히 수조와 역아를 재상으로 등용한 것을 관중, 습붕의 사후로 보는『사기』에 의하면 원래 본편과 같은 설정 자체가 있을 수 없으므로 제나라의 역사에 대해서 충분한 지식이 없는 자의 창작이 아닐까고 생각된다.

4. 맺음말

본편은『안자춘추』와 직접적인 관련은 없지만, 제나라가 무대인 점, 군주에 대하여 간언하고 있는 점, 군주가 이를 받아들이고 있는 점 등에서 설화의 구상은 거의 같다.

더구나 상박초간 전체를 살펴보면 그 속에는『안자춘추』와 유사한 편이 포함되어 있다는 것이 이미 지적되고 있다.『노방대한』,『소왕훼실昭王毀室』,『경공학競公瘧』,『간대왕박한柬大王泊旱』이 그것이다.『노방대한』은『안자춘추』내편간상「경공욕사영산하백이도우안자간景公欲祠靈山河伯以禱雨晏子諫」제15를,『소왕훼실』은 내편간하「경공로침대성봉우하원합장안자간景公路寢臺成逢于何願合葬晏子諫」제20과 외편「경공대성분성괄원합장기모안자간이허景公臺成盆成适願合葬其母晏子諫而許」제11을,『경공학』은 내편간상「경공병구불유욕주축사이사안자간景公病久不愈欲誅祝史以謝晏子諫」제12와 외편「경공유질양구거예관청주축사안자간景公有疾梁丘據裔款請誅祝史晏子諫」제7을 각각 환골탈태시켜 만들어낸 설화일 것이다. 그리고 상박초간 중에 이만큼이나 집중적으로『안자춘추』와의 관련성을 지적할 수 있다는 것은 결코 우연일 리가 없다. 또한 이 편들이 저술된 지역은 본고의 고찰에 의하면 제지역이 아니라 초지역이라는 것은 틀림없으며, 또한 그 저술연대는 전국중기 이후, 아마도 전국말기에 가까운 시기가 아닐까라고 생각된다.

이러한 사실에서 분명하게 밝힐 수 있는 것은 초지역과 제지역의 교류가 상당히 밀접하였다는 것이다.[50] 앞에 『안자춘추』에서 본 것처럼 초지역에서 무녀가 와서 각종 소문을 불러일으킨 일이 있었던 점, 또한 초지역에서는 현행본 『안자춘추』의 조본祖本이라고 생각되는 이야기집이 본편과 같은 스토리를 만들어내는 소재로서 중시되고 있었다는 것 등이 그 사실을 이야기하고 있다.

---

50 졸고, 앞의 책, 제1부 제3장 「齊地兵法思想の漢代への影響−『淮南子』兵略訓を中心に」 및 같은 책 제3부 제4장 「今本『老子』の形成と管子學派」에서 제지역과 초지역의 사상교섭이 밀접하였다는 것을 논하였는데 이는 오로지 전래문헌에만 의거한 고찰이었다.

악록서원(嶽麓書院) 소장 진간(秦簡)에 보이는 군명(郡名)에 대한 일고찰

천쏭창(陳松長)*

1. 머리말

2007년 말 호남대학湖南大學 악록서원嶽麓書院에 소장되어 있는 총 2,098매의 진간秦簡에는 많은 율령문서가 있다. 이 율령문서 중에는 적지 않은 군명郡名이 있다. 간문簡文에 출현한 이들 군명은 대체적으로 다음과 같은 몇 가지 상황으로 나누어볼 수 있다. 첫째는 군명임을 확실하게 밝힌 것인데, 예를 들면 '형산군衡山郡', '남군南郡', '낭야군琅琊郡' 등과 같은 것이다. 둘째는 앞에서 군郡과 군郡 사이의 천서遷署를 밝히고 그 뒤에 군명을 나열한 것으로, 예를 들면 865호간의 "무릇 서로 간란하여 천遷해야 하는 자는 모두 각각 천하여, 같은 군에 있을 수 없게 한다. 그 여자도 마땅히 천해야 하는 자는 동군, 삼천, 하내, 영천, 청하……"(諸相與奸亂而遷者, 皆別遷之, 毋令同郡, 其女子當遷者, 東郡, 參川, 河內, 穎川, 諸(淸)河……)가 그 예이다. 셋째는 군수郡守, 가수假守, 가위假尉 등 군급郡級 관직 명칭으로부터 추정할 수 있는 것으로, 예를 들면 '동군수

* 중국 후난(湖南)대학 역사학원 교수 겸 악록서원 부원장.

東都守', '하간수河間守', '동정수洞庭守', '태산수泰山守', '주릉수州陵守', '남군가수南郡假守', '청하가수淸河假守', '남양가위南陽假尉' 등이 그 예이다.

초보적인 정리 결과, 이 진간에서 군명이라고 인정할 수 있는 것은 대체로 다음의 22개이다.

내사內史	동군東郡	남양南陽	남군南郡	태원泰原	삼천參川
영천潁川	하내河內	낭야군琅邪郡	구강군九江郡	상당上黨	하간河間
창오蒼梧	동정洞庭	항산恒山	청하淸河	형산군衡山郡	태산泰山
여강廬江	사천군四川郡	주릉州陵	강호군江湖郡		

이런 군명들은 대체로 다음과 같은 다섯 가지 상황으로 나누어 볼 수 있다. 첫째, 『사기史記』「진본기秦本紀」에 기재된 진 36군의 명칭과 동일한 것으로, 예를 들면 내사, 동군, 남군, 남양군, 태(太)원, 삼(三)천, 영천, 하내, 낭야, 구강, 상당 등 10개이다. 이는 전적典籍에서 흔히 볼 수 있는 진대 군명인데, 이에 대해서는 언급을 생략하겠다. 둘째, 리야진간里耶秦簡에 기재된 군명과 서로 증명할 수 있는 것으로 창오蒼梧, 동정洞庭 두 군이 이에 해당한다. 창오군과 동정군에 관한 토론은 이미 많이 진행되었기 때문에 여기서는 더 이상 언급하지 않겠다. 셋째, 근현대 학자들이 고증한 진나라 48군의 명칭과 서로 증명할 수 있는 것으로, 예를 들면 하간, 항산, 형산, 여강, 청하, 사천군 등과 같은 것이 그것이다. 넷째, 사서史書에서 한대漢代에 이르러서야 비로소 설치되었다고 기록한 현명縣名인데, 태산, 주릉 등과 같은 것이 그것이다. 다섯째, 종래 전적에 기재되지 않았던 개별적인 군명으로, 예를 들면 '강호군'과 같은 것이 그것이다. 이는 처음으로 나타난 새로운 군명으로, 특별히 주목할 가치가 있다. 본 논문은 뒤에 제시한 세 종류의 일부 군명들에 대하여 정리하고 고증할 것이다.

2. 청하淸河

'청하'는 혹 '청하請河'라고 쓰기도 한다. 군명으로서 이미 여러 차례 악록
서원진간에 보인다.

> 제374호간 : "淸河假守가 信都에게 上言하기를"(淸河假守上信都言……)
>
> 제865호간 : "무릇 서로 奸亂하여 遷해야 하는 자는 모두 각각 遷하여, 같은
> 郡에 있을 수 없게 한다. 그 여자도 마땅히 遷해야 하는 자는 東郡,
> 參川, 河內, 潁川, 請(淸)河……"(諸相與奸亂而遷者, 皆別遷之, 毋令同郡.
> 其女子當遷者, 東郡, 參川, 河內, 潁川, 請(淸)河……)
>
> 제864호간 : "죄인으로 마땅히 請(淸)河, 河間, 恒山에서 戍해야 하는 자는
> 모두 □□郡에 보내어 戍하게 한다. 淸河, 河間에서 마땅히 戍해야
> 하는 자는, 각각 ……에서 戍한다"(罪? 人而當戍請(淸)河, 河間, 恒山者,
> 盡遣戍□□郡. 淸河, 河間當戍者, 各戍……)

『제로봉니집존齊魯封泥集存』 집록集錄에 있는 '청하태수淸河太守' 봉니封泥에
대해서 왕구워웨이王國維는 『집존集存』의 발문跋文을 편찬할 때 그 형태에 근거
하여 '한초漢初의 것'이라고 판단하였다.[1] 쑨웨이쭈孫慰祖가 이에 대하여 고찰
하기를, 『사기』「소진열전蘇秦列傳」의 "조나라 동쪽에 청하가 있다"(趙東有淸
河)를 인용하고, 「번쾌열전樊噲列傳」의 "청하·상산 총 27현을 평정하였다"(降
定淸河, 常山凡二十七縣)이라는 구절도 인용하여, 청하와 상산을 병렬로 두고
그 현수縣數를 계산했는데, 그 수치는 바로 두 군의 합으로 이전에 이미 그
군이 존재했었다고 한다.[2]

악록서원진간의 '청하' 역시 '항산'과 같이 나렬되어 있는데, 모두 알고

---

1 王國維, 『觀堂集林』 권18, 「書齊魯封泥集存后」(中華書局, 1959).
2 孫慰祖, 『中國古代封泥』(上海人民出版社, 2002).

있듯이 '항산'은 곧 '상산'이므로 『사기』「번쾌열전」에 기재되어 있는 '청하·상산'은 확실히 진대의 군명임을 알 수 있다. 따라서 쑨웨이쭤의 고증을 정론定論으로 판정할 수 있을 뿐만 아니라 동시에 '청하태수' 봉니도 역시 청하군수淸河郡守의 인감印鑑인 것을 증명할 수 있다. 이 점에 대해서는 근년 들어 대량으로 출토된 진대의 봉니들도 증거로 삼을 수 있다.

씬더용辛德勇은 일찍이 청하군에 관하여 역사·지리 방면에서 고증을 하였다. 즉 '서한 청하군'의 핵심구역은 오늘날의 하북河北 청하·고성故城으로부터 산동山東 임청臨淸·무성武城·하진夏津·고당高唐 일대로,[3] 즉 한漢 이전의 『산경山經』·『우공禹貢』 하河와 『한지漢志』 하河, 이 두 가지 황하黃河 하도河道의 중간지역이다.[4] 전국戰國시기에 이 지역은 조趙나라에 속한 곳으로 무성읍武城邑이 있어 동무성東武城이라고 칭하였는데 평원군平原君 조승趙勝의 봉읍封邑이다.[5] 청하는 조나라 동쪽 영역의 중간 지역이었고 상산과 같이 동서로 병칭되었다.[6] 진왕정秦王政 14년에 진의 장수인 환기桓齮가 조나라의 평양平陽과 무성을 공격하여 함락시켰다.[7] 평원군의 봉읍인 것을 보아 알 수 있듯이 무성이 청하의 중진重鎭이었고 그 실수失守는 진이 이미 전체의 청하구역을 공격하여 취했다는 것을 나타낸다. 진의 청하군은 바로 이 시기에 설치된 것이다.

진 청하군의 범위는 서부지역이 한대의 하간군河間郡보다 더욱 넓었을 것이다. 무성과 같이 진에 편입된 평양은 당唐 상주相州 임장현臨漳縣의 서쪽 25리에 위치하고[8] 장수漳水의 남쪽 부근에 있다.[9] 무성이 있는 청하지역에 이미 군을

3 『漢書』 권28,「地理志」上(中華書局, 1982); 譚其驤 주편, 『中國歷史地圖集』 제2책,「冀州刺史圖」(中國地圖出版社, 1982) 참조.
4 譚其驤,「西漢以前的黃河下游河道」, 原刊 『歷史地理』 創刊號(1981), 여기에서 인용하는 논문은 작자의 문집 『長水集』 下冊(人民出版社, 1987)을 참조함.
5 『史記』 권76,『平原君虞卿列傳』(中華書局, 1982).
6 『史記』 권69,『蘇秦列傳』(中華書局, 1982).
7 『史記』 권6,『秦始皇本紀』(中華書局, 1982).

설치한 이상 평양이 있는 장수의 남쪽구역을 통치하는 기관이 없으면 안되기 때문에 같은 청하 관할에 귀속시켰을 것이다.[10]

악록서원진간에는 '청하'가 군명으로 반복적으로 출현하는데 이는 진대에 청하군을 설치하였다는 사실을 확실히 증명하는 동시에 현대 학자들이 정확하게 고증했다는 것을 증명해준다.

3. 형산衡山

형산은 군명으로는 악록서원진간에 두 차례 나타나는데 모두 직접적으로 '형산군衡山郡'이라고 명기되어 있다.

> 제1221호간 : "癸가 衡山郡에서 行戍하는데 3년을 居하며 법과 같이 한다"(癸
> 行戍衡山郡, 居參歲以當法)
> 제383호간 : "河內는 九江郡에서 署하며, 南郡과 上黨□邦道 마땅히 東故徼에
> 서 戍하는 자는 衡山郡에서 署한다"(河內署九江郡, 南郡·上黨□邦道
> 當戍東故徼者, 署衡山郡)

형산군의 설치에 관하여 탄치씨앙譚其驤은 "「항우본기項羽本紀」에서는 번군吳芮 오예番君를 세워 형산왕衡山王으로 삼았다. 그 군을 설치한 연도는 야오쓰으나이姚氏鼐는 알 수 없다고 했지만, 이전의 예로 보아 진이 설치한 것이다. 「진시황본기秦始皇本紀」 28년 서남으로 회수淮水를 넘어 형산과 남군으로 갔다고 되어 있는데, 형산과 남군이 병기되어 있으므로 아마도 그때 이미 군을

---

8 『史記』 권6, 「秦始皇本紀」 正義에서 인용하는 『括地志』(中華書局, 1982).
9 譚其驤, 『中國歷史地圖集』 제1책, 「趙、中山圖」(中國地圖出版社, 1982).
10 辛德勇, 「秦始皇三十六郡新考」(『文史』 2006年 第1·2期).

세웠을 것이다"[11]라고 한다.

씬더용은 탄치씨앙의 주장에 대하여 그는 이상의 논술에서 교동군膠東郡이 게시된 통례에 근거하여 형산을 진의 군으로 판단한 것이라고 평론하였다. 오늘날 '형산발노衡山發弩'와 '형산마승衡山馬丞'의 봉니[12]가 있으므로 탄치씨앙의 주장을 충분히 증명할 수 있다. 탄치씨앙은 다시 논술하기를 "「진시황본기」 28년 서남으로 회수를 넘어 형산과 남군으로 갔다고 되어 있는데, 형산과 남군이 병기되어 있으므로 아마도 그때 이미 군을 세웠을 것이다"라고 하지만, 여기의 형산과 남군이 과연 대거관계對擧關係에 있는지에 대해서는 다시 생각해야 할 것이다. 앞에서 서술한 바와 같이 형산과 항산 두 개의 군을 설치한 것이 모두 진시황의 산악山嶽 숭배와 관련이 있고 또 진시황이 따로 항산을 순시한 기록이 있기 때문에, 여기서 말하는 '형산'은 산악을 가리키는 것이지 군명을 가리키는 것이 아니다. 만약 진군 설치의 총체적인 상황과 연결하여 분석하면 역시 그것을 산악으로 판단하는 것이 더 합리적이다.[13] 그러므로 형산군은 진시황 33년에 다른 군과 함께 다시 설치되었을 것이다. 형산군은 구강군九江郡을 분할하려 설치한 것인데, 주요 원인은 구강 지역이 너무 넓어서 그곳을 분할하여 관리하려는 것이었다.[14]

악록서원진간에서는 '형산군'을 명기하고 있는데, 이것은 산악의 이름이라는 의심을 배제할 수 있을 뿐만 아니라, 위에서 인용한 제1221호간에도 명확한 월별 기재, 즉 "五月甲辰州陵守綰·丞越·史獲論令：癸·瑣等各贖黥,

---

11 譚其驤, 「秦郡新考」, 原載 『浙江學報』 제2권 제1기, 1947.12. 여기서는 저자의 文集 『長水粹編』(安徽教育出版社, 2002)을 참조.

12 周曉陸·路東之, 『秦封泥集』, 254쪽; 陳曉捷·周曉陸, 「新見秦封泥五十例考略－爲秦封泥發現十周年而作」, 西安碑林博物館 편, 『碑林集刊』 제11집, 317쪽.

13 (清)張宗泰, 『質疑刪存』(光緒刊 『聚學軒叢書』 第一集本) 卷中 『秦始皇南渡淮水之衡山乃天柱山考』에서 이 '衡山'을 山名으로 해석하였다. 楊守敬, 『晦明軒稿』(上海古籍出版社, 2002)의 『衡山考』 역시 이 '형산'을 산명으로 해석하였다.

14 辛德勇, 「秦始皇三十六郡新考」, 『文史』 2006년 제1·2기.

癸行戌衡山郡, 居三歲以當法……"이 있으므로, 여기서의 '오월갑진五月甲辰'은 진 25년의 5월 갑진일 것이다. 왜냐하면 제1219호간의 "廿五年五月丁亥朔壬寅, 州陵守綰·丞越敢獻之……"라는 문장과 편호 0083호간의 간문 중에 "廿五年六月丙辰朔己卯南郡假守賈報州陵守綰·丞越……"이 있는데, 장페이위張培瑜가 편집한 『중국선진사역표中國先秦史曆表』[15] 중 「전국삭윤표戰國朔潤表」를 통하여 알 수 있듯이, 여기에 기록된 25년 5월과 6월의 삭일 간지가 바로 진이십오년秦廿五年, 즉 B.C. 222년 5월과 6월의 삭일 간지이고, 간지에 근거하여 추산하면 이 간의 "오월갑진"은 5월 18일이고, 제1219호간에 기록된 "이십오년오월정해삭임인廿五年五月丁亥朔壬寅"의 임인일壬寅日과 이틀밖에 차이가 나지 않으므로, 이 역시 두 간에서 말하는 것이 동일한 일이었음을 설명해 주는 것이다. 그런데 이 세 개의 간의 서사방식과 기록된 내용을 보면 그 중 '주릉수관州陵守綰, 승월丞越'도 분명히 같은 주릉수州陵守와 승丞의 이름이다. 따라서 우리는 제1221호간에 보이는 5월이 진시황 25년 5월이라고 판단할 수 있으며, 이는 곧 진시황이 6국을 통일하기 직전인 B.C. 222년 5월인 것이다. 이것은 또한 늦어도 진시황 25년 이전에 형산군이 이미 존재했었다는 것을 의미한다. 이를 근거로 하여 우리는 「진시황본기」에서 "28년 서남쪽의 회수를 건너 형산과 남군으로 갔다"(二十八年, 西南渡淮水, 之衡山, 南郡)라는 기재 중에 형산은 산악 이름이 아니고 사실상 '남군'과 같은 군의 명칭이라고 확정할 수 있다. 왜냐하면 일찍이 진시황 25년(B.C. 222년)에 형산군은 이미 죄인들의 유배지로 진간에 기재되어 있기 때문이다. 따라서 "형산군은 진시황 33년에 다른 군과 함께 다시 설치하였다"고 하는 추측은 성립될 수 없다.

---

15 張培瑜, 『中國先秦史歷表』(齊魯書社, 1987).

4. 태산泰山

태산이 진나라의 군명인지에 대해서는 역대로 근거가 되는 문헌자료가 부족하였다. 악록서원진간 중 제1114호간에서는 "태산수가 말하기를 신검 수인 불경 창昌 등 부부가 도둑질하였는데, 내위귀신백찬이다. ……"(泰山守言, 新黔首不更昌等夫妻盜, 耐爲鬼新(薪)白燦. ……)이라고 하는데, 우리는 진대의 직관 설치에 따라 '태산수'의 '수守'가 틀림없이 군수의 칭호라고 판단할 수 있다. ('수守'와 관련된 논의는 나중에 자세히 설명한다)

『제로봉니집존』에는 "태산사공泰山司空" 봉니 1점이 수록되어 있다. 쑨웨이쭈가 고증하여 말하기를 "태산은 진한시기에 모두 그 현이 없으므로 인문印文은 군이 아니면 어디로도 귀납할 수 없다. 「지리지地理志」에서는 "태산군은 고제高帝 때 설치되었다"고 한다. 취엔쭈왕全祖望의 『한서지리지계의漢書地理志稽疑』에서 말하기를, 원래는 진 제군齊郡에 속하였는데 초한교체기에는 제국齊國에 속하였고 제북국齊北國이 되었다가 5월에 다시 제국齊國에 속하게 되었으며 각각 제북齊北과 박양博陽 두 군으로 나누어 설치되었다고 한다. 고제 4년 한에 속하게 되어 박양을 태산으로 변경하였다. 왕구워웨이는 "원래 한초의 군인데 진이 이를 설치한 연고 때문이다. 이 봉니가 증명하듯이 태산 역시 진시황 26년 후 제군齊郡에서 분리된 군이다. 고제가 박양을 태산으로 개명한 것은 아마도 그 진명秦名을 회복시켰을 뿐일 것이다"[16]라고 주장하였다.

진간 중의 '태산수'는 의심할 것도 없이 태산이 진대에 이미 군으로 설치되었다는 중요한 증거를 봉니 중의 '태산사공'에 제공하였다. 동시에 쑨웨이쭈의 고증이 대체로 믿을 만한 것임을 설명해 주었다. 「지리지」에 있는

---

16 孫慰祖, 『中國古代封泥』(上海人民出版社, 2002).

"태산군은 고제 때 설치되었다"(泰山郡, 高帝置)는 기재는 진대의 문헌자료가 제한된 상황 하에서 내려진 판단이며, 사실상 태산은 진초에 이미 군으로 설치되어 있었다. 따라서 '고제 때 설치되었다'는 결론은 어쩌면 취엔쭈왕이 추론한 바와 같이 초한교체기에 태산군이 제국齊國에 속하였다가, 나중에 다시 단독으로 분리되어 박양군으로 되고, 고조시기에 이르러 군현을 구획할 때 다시 박양군을 태산군으로 개명했다는 것을 보여주는 것이다. 이것은 아마도 "한은 진의 제도를 계승하였다"(漢承秦制)는 하나의 증거일 것이다.

5. 여강廬江

여강은 군명으로서 악록서원진간에서는 '가수假守'와 함께 보인다. 즉, 제 0556호간에서는 "승상이 여강가수의 서書를 올려 말하기를, 여강장도가 때때로 패절敗絶하여 보수하지 않으면, 즉 장도가 패절함에 보수하지 않고 수도水道를 행하면, 수도가 이원異遠하다. 장도라는 것은⋯⋯"(丞相上廬江假守書言: 廬江莊道時敗絶不補, 卽莊道敗絶不連(補)而行水道, 水道異遠. 莊道者⋯⋯)라는 문장에 보인다.

여강이 진나라의 군명인지에 대해서는 유감스럽게도 문헌자료가 부족하였다. 탄치씨앙은 「진군에 대한 새로운 고찰秦郡新考」에서 여강을 애매모호하게 처리하였다. 즉, "「경포전黥布傳」에서는 항적項籍이 죽고 나서 천하가 안정되고 경포가 드디어 부符를 나누어 회남왕淮南王이 되었고, 구강九江·여강廬江·형산衡山·예장군豫章郡은 모두 경포에 속하였다고 하는데, 4개의 군 중 구강을 제외한 나머지 군은 선인들은 진군이 아니라고 보았다. 생각건대 역도원酈道元의 『장수주贛水注』에서는 남창南昌은 진秦은 여강 남부(즉 여강군廬江郡의 남부도위南部都尉)로 삼았다고 한다. 나중에 예장이 설치되었으므로 여강도 반드시 진의 옛 군이 아니라고 할 수 없다"[17]고 한다.

썬더용은 이에 대하여 평가하기를 "오늘날 비록 여러 기록에서 여강군이 보이는 것은 비교적 오래되지 않았지만, 『수경주水經注』의 기록에 의하면 믿을 만한 자료를 근거로 하고 있고 그 신뢰도는 반드시 『사기』등의 사서보다 낮지 않기 때문에 최대한 중시해야 한다"[18]고 한다.

악록서원진간에 기재되어 있는 것은 '여강'이 진대秦代에 이미 진군으로 설치되어 있었다는 사실을 충분히 설명해 주고 있다. 그것은 탄치씨앙의 추측이 정확하다는 것을 강력히 증명해주고 있으며, 문헌 기록이 약간 늦은 아쉬움을 보충해줄 뿐만 아니라, 『수경주』와 같은 문헌 기록의 대부분이 역사적 근거가 있다는 것도 설명해 주고 있다.

6. 사천군四川郡

'사천군'은 간문에 두 번 보인다.

> 제0706호간 : "縮이 請許하여 郡에 죄가 있어 마땅히 罰戍해야 하는 자는, 泰原은 四川郡에서 署하고, 東郡, 參川, 穎川은 江胡郡에서 署하며, 南陽, 河內는 九江郡에서 署하도록 한다"(縮請許而令郡有罪罰戍者, 泰原署四川郡; 東郡, 參川, 穎川署江胡郡; 南陽, 河內署九江郡)

제0194호간은 상태가 온전하지 못하여 정확하게 알 수 없지만, 위아래 문장에 근거하여 추정해 보면 역시 '태원서사천군泰原署四川郡'이라는 구절이 있다.

---

17 譚其驤,「秦郡新考」,『浙江學報』제2권, 제1기, 1947.12. 여기서는 저자의 문집『長水粹編』(安徽教育出版社, 2002)을 참조함.
18 辛德勇,「秦始皇三十六郡新考」,『文史』2006년 제1·2기.

사천은 군명으로서 일찍이 진秦 봉니와 인장에도 나타난 적이 있다.『고고여문물考古與文物』1998년 제2기에서 '사천태수四川太守'의 봉니[19]와 관련된 논문이 발표되었고, 그 후『고고학보考古學報』2001년 제4기에서도 '사천수승四川水丞' 봉니[20]가 발표되었다. 겨우샤오루周曉陸의『진봉니집秦封泥集』(7)[21]에서는 이것을 다음과 같이 고증한다.『사기』「고조본기高祖本紀」에서는 "항씨가 오에서 병사를 일으키자, 진의 사천감 평은 병사를 이끌고 풍을 3일간 포위하였다 …… 병사를 이끌고 설로 가니, 사천수 장은 설에서 패하여 척으로 도망갔고, 패공의 좌사마가 사천수 장을 잡았다"(項氏起吳, 秦泗川監平, 將兵圍豊三日, …… 引兵之薛, 泗川守壯敗于薛. 走至戚, 沛公左司馬得泗川守壯)라고 하고,『집해集解』에서는 "문영文穎에 말하기를 사천泗川은 오늘날의 패군沛郡이고 고조시기에 패라고 개명하였다"고 한다.『한서』「고제기高帝紀」는 이것과 대체로 비슷하다.『사기』「강후주발세가絳侯周勃世家」에서는 "적籍이 이미 죽어, 이에 따라 동으로 가서 초나라 땅인 사천군과 동해군을 정벌하였다"(籍已死, 因東定楚地泗川、東海郡)라고 한다. 그렇다면 사수군泗水郡은 본래 진의 사천군이다. …… 나중에 자형이 유사하여 천川이 수水로 와전되었다. …… 사천군이라고 명명한 것은 그의 경내에 회淮·기沂·수濉·사泗 4개의 강이 있기 때문인데, 나중에 사수泗水가 있다는 것을 근거로 사수군이라고 했다고 한다.

왕후이王輝도 역시 이에 대해서 고증하였다. 즉,『한서』「지리지」에서 '패군沛郡'은 반고班固의 자주自注에서는 "진의 사수군은 고제 때 명칭이 변경되었다"(故秦泗水郡, 高帝更名)고 한다.『한서보주漢書補注』에서 왕선겸王先謙이 말하기를『휴수주濉水注』에서는 "진시황 23년에 설치"(始皇二十三年置)라고 되어 있다고 한다. 겨우샤오루는 "본래 사수군은 사천군이라고 하였는데, 이것은

19 周曉陸·路東之·龐睿,『西安新出秦封泥補讀』에 수록되어 있는 圖版 참조.
20 中國社會科學院考古硏究所漢長安城工作隊,「西安相家巷遺址秦封泥的發掘」에 수록되어 있는 도판 참조.
21 周曉陸·路東之,『秦封泥集』(三秦出版社, 2000).

사마천이 『사기』를 편찬했을 때까지는 명확하였다. 나중에 천川이 수水로 와전되어 저소손禇少孫이 보작補作했을 때 반고가 『한서』를 편찬했을 때의 잘못을 답습했다고 생각한다"고 한다. 이 설이 정확하다.[22]

썬더용은 이에 대해서 다음과 같이 평론한다. 져우샤오루의 논지는 '사천 경거四川輕車'라는 진인秦印으로 증명 가능하며, 나중에 중국사회과학원 고고 연구소가 서안西安 상가항相家巷에서 체계적인 고고발굴을 진행했을 때 진秦 "사천수승四川水丞" 봉니도 출토되었다. 또, 『속한서續漢書』 「군국지郡國志」에도 패국沛國은 본래 "사천군泗川郡"[23]이라고 기재되어 있고, 『초학기初學記』에도 진 36군을 서술할 때 "사수泗水"를 "사수四水"[24]라고 하는데, 각각이 모두 일 정 부분 본래의 면모를 가지고 있으므로, 져우샤오루의 논지에 의거하여 사수泗水를 사천군으로 개명해야 한다고 한다.

악록서원진간의 기재는 '사천태수四川太守', '사천수승四川水丞', '사천경거四川輕車' 등 진대 봉니와 인장의 신빙성을 검증해 줄 뿐만 아니라, 진대에 확실히 '사천군'이 있었다는 것도 증명해 주고 있다. 나중에 문헌에 기재된 '사수군'은 바로 '사천군'을 잘못 쓴 것이다. '사천군'은 지금의 사천성四川省과는 완전히 다른 시대의 지역 개념이다.

7. 주릉州陵

주릉은 하나의 특정한 행정구역명으로서 악록서원진간에 여러 번 나타 난다.

---

22 王輝·程學華, 『秦文字集証』(台湾藝文印書館印行, 1999).

23 『續漢書·郡國志匯釋』(安徽教育出版社, 2007).

24 『初學記』卷八總叙州郡(中華書局, 1962).

제1219호간 : "25년 5월 丁亥朔 壬寅, 州陵守인 縉, 丞인 越이 감히 이를 讞합니다……"(廿五年五月丁亥朔壬寅, 州陵守縉, 丞越敢讞之……)

제1221호간 : "5월 甲辰 州陵守 縉, 丞 越, 史 獲이 令을 논함, 癸, 瑣 등은 각각 贖黥하여, 癸는 衡山郡으로 行戌하여, 3년간 居하는데 법과 같이 한다 ……"(五月甲辰州陵守縉, 丞越, 史獲論, 令癸·瑣等各贖黥, 癸行戌衡山郡, 居三歲以當法. ……)

제0083호간 : "25년 6월 丙辰朔 己卯, 南郡假守 賈가 州陵守 縉, 丞 越에게 보고하기를 子가 讞하기를 求盜 尸 등이 秦 男子 治 등 4인을 체포하고……"(廿五年六月丙辰朔己卯, 南郡假守賈報州陵守縉·丞越: 子讞求盜尸等捕秦男子治等四人)

제0163호간 : "25년 7월 丙戌朔 乙未, 南郡假守 賈가 州陵守 縉, 丞 越에게 보고하기를 子가 讞하기를 荊長癸等□, 男子治等告□□"(廿五年七月丙戌朔乙未, 南郡假守賈報州陵守縉·丞越: 子讞荊長癸等□, 男子治等告□□)

제0061호간 : "…… 州陵守縉令癸與□徒 ……"

이 진간에 자주 보이는 '수守'와 '가수假(假)守'는 모두 군수郡守의 고유 명칭이다. 예를 들면 제0319호간 '동군수東郡守', 제0488호간의 '남양수南陽守', 제1954호간의 '하간수河間守', 제0921호간의 '동정수洞庭守', 제0083호간의 '남군가수南郡假(假)守' 등은 예외 없이 모두 군수의 고유 명칭이다. 이로부터 유추하면 우리가 앞에서 토론한 '태산수泰山守'도 군수이고 여기에서 반복적으로 나타나는 '주릉수州陵守'도 군수일 것이다. '수守'는 '대리'의 의미로 해석할 수 있는데, 예를 들면 『사기』「진섭세가陳涉世家」에서 진승 등이 봉기한 후에 "진陳을 공격하였는데 진의 수守와 령令은 모두 없었고, 수승守丞이 홀로 초문譙門 안에서 전투를 하였으나 이기지 못하여 수승이 죽으니 이에 진입하여 진을 점령하였다"(攻陳, 陳守令皆不在, 獨守丞與戰譙門中. 弗勝, 守丞死, 乃入據陳)라는 문장을 들 수 있다.[25] 야오나이姚鼐는 일찍이 '진수陳守'라는 명칭에 의거하여 "진군陳郡이 있었다는 것을 알 수 있다"고 단정하였고, 나중에 왕구위王

이와 탄치씨앙도 이러한 학설을 이어받아 진秦이 진군을 설치했다고 주장하였다. 하지만 청대의 조익趙翼은 '수守'는 진한시기에 시험적으로 채용한 관리를 가리키는 데 사용되었고 '수령守令'과 '수승守丞'도 이러한 현령縣令과 현승縣丞의 대리를 가리킨다고 이해하였다.[26] 비록 조익의 학설이 일리가 없는 것은 아니지만, 우리는 이 '수령'과 '수승'의 '수守'자 뒤에 모두 특정한 직관명이 있다는 것을 주의해야 한다. 이와 같이 '수守'를 '대리'의 의미로 해석해야 비로소 잘 이해할 수 있게 된다. 만약 단독으로 하나의 '수守'자만으로 이와 같이 이해한다면 그것은 좀 곤란하다. 그밖에 이미 발표된 상서湘西 리야진간에 '양릉수陽陵守'가 보이는데, 같은 간독의 아래 문장에는 또 '양릉수승陽陵守丞'이라고 서사되어 있다. 그 때문에 학계에서는 여기의 '양릉수'는 '양릉수승'을 잘못 쓴 것으로 '승丞'자가 빠진 것으로 보고 있다. 리야진간에 보이는 '전관수田官守'의 '수守'에 이르러서는 그 앞에 출현한 단어가 지명이 아니기 때문에 분명 '군수郡守'의 의미가 아니고 간수看守나 호수護守라는 일반적인 '수리守吏'의 명칭일 것이다. 진대에 군수郡守와 군위郡尉를 임시로 설치할 때에는 예를 들면 악록서원진간 제0370호간에 "군위가 없으면 수守로 하여금 위尉의 일을 보게 하고, 태수가 없으면, 위를 가수로 삼으며, 태수와 위가 모두 없으면 600석 이상 및 수리풍모관으로 하여금……"(郡尉不存, 以守行尉事, 泰守不存, 令尉爲假守, 泰守·尉皆不存, 令吏六百石以上及守吏風莫(模)官……)이라고 하듯이 대부분의 경우 명확한 규정이 있었다. 이를 통해 볼 때 '수守'자가 단독으로 출현할 경우에는 바로 군수나 태수를 가리킨다는 것을 알 수 있다. '수리守吏'란 임시적으로 어떤 부서를 대신 관리하는 관리에 대한 통칭일 것이다. 그의 봉록은 600석 정도이고 리야진간의 '전관수'도 이러한 '수리' 중의 하나일 가능성이 크다.

---

25 『史記』 권48, 「陳涉世家」(中華書局, 1982).
26 趙翼, 『陔餘叢考』 권26, 「假守」條(上海商務印書館, 1957).

주릉은『한서』「지리지」에서는 남군의 관할 아래에 있는 18개 현 중의 하나로서, 오늘날 호북성湖北省 종상현鍾祥縣 서북 경내의 호집진胡集鎭 부근에 있었다. 장가산한간『이년율령二年律令』「질율秩律」에도 비슷한 기록이 있는데 "진릉·소·경릉·안륙·주릉·사선……녹봉이 600석이며, 승과 위는 절반이다"(屬陵·銷·竟陵·安陸·州陵·沙羨……秩各六百石, 有丞·尉者半之)라 고 되어 있다.[27] 이로부터 한대초기에 주릉은 이미 현 이름이었음을 알 수 있다. 그러나 우리는 이 진간에서 알 수 있듯이 주릉은 진시황 25년 전후에 일찍이 군의 명칭으로 존재하고 있었고, 아마도 당시에 남군에서 임시로 분치分置된 군 중의 하나였을 것이다.

8. 강호군江胡郡

제0706호간 : "메는 것을 청하면 허락하고, 君에 유죄자 중 그 죄가 戌에 해당하는 자에게 명하여 泰原은 四川郡에 두고, 東郡·參川·穎川은 江胡郡에 두고, 南陽·河內는 九江郡에 두고……"(縮請許而令郡有罪 罰當戌者, 泰原署四川郡; 東郡·參川·穎川署江胡郡; 南陽·河內署九 江郡……)

제0194호간 : "……泰原署四川郡; 東郡·參川·穎川署江胡郡, 南陽"

제0383호간 : "河內는 九江郡에 두고, 南郡·上黨□邦道에서 東으로 戌하여 徵하는 자는 衡山郡에 둔다"(河內署九江郡; 南郡·上黨□邦道當戌東故 徵者, 署衡山郡)

제0480호간 : "옮기는 것을 보지 않거나 고하지 않으면 貲1甲에 처한다. 전에 이 令□□ 이미 入關하는 것 및 은밀히 □□環陷? 江胡에서 出關하지 않는 것 및 咸陽에 머무르는 것……"(□遷其弗見莫告, 貲一甲. 前此令

27 張家山漢墓竹簡整理小組,『張家山漢墓竹簡(二四七号墓)』(文物出版社, 2001).

□□已入關及陰密□環陷? 江胡而未出關及其留在咸[陽]……)

　　이 4개의 간 중 제0706호간은 매우 완전하여 문자도 정확하게 석독할 수 있지만, 유감스러운 것은 그와 관련된 간을 찾을 수 없다는 것이다(아마도 이 간독들은 전해지는 과정에서 유실되었을 가능성이 크다). 제0194호간과 제0383호간은 이어져 있는 것으로 두 개의 간을 병합하면 내용은 기본적으로 완전하다. 조금 아쉬운 점이 있다면 제0194호간의 상반부분의 글자가 손상되어 분명하지 않고 판독하기 어려운 점이다. 다행히 그 내용은 제0706호간과 거의 비슷하기 때문에 양자를 참조하여 대부분의 문자를 확정할 수 있다. 하지만 제0706호간이든 제0383호간이든 그 중의 '강호군江胡郡'이라는 세 글자는 매우 선명하여 문자의 석독상에 문제가 없다. 그 뿐만 아니라 간문에서는 '태원서사천군泰原署四川郡'과 '남양하내서구강군南陽河內署九江郡'의 사이에 위치하고 있으므로 "동군東郡・삼천三川・영천서강호군潁川署江胡郡"의 '강호군'은 분명 하나의 군명일 것이다. 그러나 여기서 사람을 곤혹스럽게 하는 것은 전적典籍의 기재나 출토문헌에서 '강호'를 군현명으로 삼은 경우를 아직은 찾아볼 수 없는 점이다. 제0480호간에서 '강호'라는 두 글자를 다시 발견할 수 있는데, 그 문자의 형태와 필법은 제0706호간 및 제0383호간과 기본적으로 동일하다. 주지한 바와 같이 고문헌 중에 '호胡'와 '호湖'는 대부분 통용된다. 따라서 '강호江胡'는 '강호江湖'로 읽을 수는 있지만 '강호군'이 결국 어디에 있는지는 알 수 없다.

　　'강호江湖'는 전래문헌에서는 대체로 강이나 호수를 가리킨다. 예를 들면 『장자莊子』「대종사大宗師」편에서는 "샘물이 말라 물고기가 땅 위에 모여 서로 물기를 끼얹고 서로 물거품으로 적셔 줌은 강호에서 서로를 잊고 지내는 것만 못하다"(泉涸, 魚相與處於陸, 相呴以濕, 相濡以沫, 不如相忘於江湖)라고 하고,[28]

----

28 『莊子集釋』, 新編諸子集成本(中華書局, 2004).

『한서』「화식전貨殖傳」의 「범려范蠡」에서는 "이에 편주를 타고 강호를 부유하며 성명을 바꾸어 제나라에 이르러서는 치이자피라고 하였고, 도읍陶邑에 이르러서는 주공이라고 하였다"(乃乘扁舟, 浮江湖, 變姓名, 適齊爲鴟夷子皮, 之陶爲朱公)[29]이라고 하는데, 여기서 "상망어강호相忘於江湖"와 "부강호浮江湖"는 모두 강과 호수를 가리킨다. 그러나 제0480호 진간의 "前此令□□已入關及陰密□環陷？江胡而未出關及其留在咸[陽] ……"에 보이는 '강호'는 강과 호수를 가리키지 않는다. 간문 중의 '이입관以入關'과 '미출관未出關'을 통해 판단하면 여기의 '강호'는 아마도 함곡관函谷關이나 함양咸陽 근처의 특정지역을 가리키는 것 같다. 하지만 상식적으로는 관중 지역의 수계는 '강江'이라고 하지 않는다. 함양 부근에서 가장 유명한 수계는 위수渭水와 경수涇水 밖에 없고, 더구나 관중 지역에는 호수가 적기 때문에 이 지역을 '강호'로 명명하는 것은 이해하기 힘들다. 따라서 '환함강호環陷江胡'의 '강호'는 특정구역의 통칭일 가능성이 있다.

예를 들면 『한서』「가산전賈山傳」에는 "진은 천하에 치도를 건설하여 동으로는 연제燕齊에 이르고 남으로는 오초吳楚에 이르니, 강호 상에 동해 변까지 이르지 않는 곳이 없었다. 길은 넓이가 50보에, 매 거리 3장마다 나무를 심었고, 밖으로는 울타리를 두텁게 구축했는데, 내부에 금추를 세우고 나무는 청송으로 하였다"[30]라는 문장이 있고, 『후한서後漢書』「환담풍연열전桓譚馮衍列傳」에는 "이에 강호에서 바다와 접한 대岱에서는 풍파가 끊이지 않았고, 변경 사람들은 전쟁터에서 참살되어 사망자의 수가 절반이 넘었으며, 재앙의 독으로 그 고통이 뼈에 사무치니, 필부와 어린아이, 부녀들은 모두 가슴속에 원한을 품었다"[31]라는 문장이 있다.

---

29 『漢書』 권91(中華書局, 2000).

30 『漢書』 권51, 「賈鄒枚路傳」 제21(中華書局, 2000). "秦爲馳道於天下, 東窮燕齊, 南極吳楚, 江湖之上, 濱海之觀畢至. 道廣五十步, 三丈而樹, 厚築其外, 隱以金椎, 樹以青松."

31 『後漢書』 권28(中華書局, 2000). "於是江湖之上, 海岱之濱, 風騰波湧, 更相駘藉, 四垂之人, 肝"

이 두 인용문에서 '강호지상江湖之上'은 '빈해지관濱海之觀' 및 '해대지빈海岱之濱'과 대응되고 있기 때문에, 여기서의 '강호'는 오吳 · 초楚 사이의 강과 호수를 가리킨다. 따라서 진간에 보이는 '강호군江胡(湖)郡'은 어쩌면 진대秦代에 오 · 초 지역의 강과 호수 부근에 대한 통치를 강화하기 위하여 특별히 설치한 군치郡治일 가능성이 있다. 그 위치도 강과 호수가 많은 오 · 초 지역에 있었을 것이다. 이러한 점에서는 편호로 제1159호간이 이러한 추론의 방증이 될 수 있을 것이다. 즉, "강동과 강남의 군리가 4년 동안 그 관이 머무르며 파견하지 않은 것을 알고도 쫓지 않으면 동일한 죄로 처벌한다"(江東江南郡吏四歲智(知)官留弗遣而弗趣追, 與同罪)라는 문장이 있는데, 간문에서는 구체적으로 어떤 군郡의 '군리郡吏'를 가리키는 것이 아니라 '강동강남군리江東江南郡吏'에 대한 총칭일 것이다. 그 의미도 장강 동쪽과 남쪽의 각 군의 군리를 총칭하는 것일 것이다. 이렇게 보면 진대에는 강동 · 강남 지역에 대한 통치를 특별히 주목했다는 것을 알 수 있다. 아마도 진나라 사람들은 물의 성질을 잘 모르고 강호 지역을 관리하는 데에도 그다지 익숙하지 않았기 때문에 특별히 '강호군'을 설치하여 전문적으로 관리했을 것이다. 이 군은 나중에 군의 설치가 분할되고 세분화됨에 따라 진한 군현 설치 체계에서 사라지게 되었을 것이다.

이상은 악록서원진간에 보이는 몇 가지 군의 명칭에 대하여 분석해 보았다. 앞의 5개 군의 명칭에 대한 논의는 주로 학계에서 이미 확인된 진대 48군의 결론에 일정 정도 새로운 자료와 증거를 제공하는 것이며, 뒤의 2개 군의 명칭은 이 진간에서 처음 출현한 새로운 명칭이다. 그 중 '주릉'이 군명인지 현명縣名인지에 대해서는 다시 논의가 필요하지만, '수守'자의 단독적인 사용과 유사한 사례로부터 판단하면 여기서의 '주릉'은 군의 명칭일 것이다.

腦塗地, 死亡之數, 不啻太牢, 殃咎之毒, 痛入骨髓, 匹夫僮婦, 鹹懷怨怒."

만약 '주릉수州陵守'가 현수縣守라면, 이 간에 자주 보이는 '동군수東郡守'·'남양수南陽守'·'동정수洞庭守'도 현수로 해석할 수밖에 없을 것이다. 정말로 그렇다면 진대 직관職官 체제에 대하여 다시 보아야 할 것이다. 그 밖에 '강호군'은 전래문헌에 보이지 않는 군명일 뿐만 아니라, 한대 이후의 군현명에도 출현한 적이 없다. 이 군의 설치 시대 및 위치 문제와 관련하여 왜 후대의 「지리지」에는 전혀 기록이 남아 있지 않는 것일까? 이러한 것들은 모두 진한시대 역사지리 연구에서 생각해 보아야 할 참신한 문제들을 제기하고 있다. 본고에서 고찰한 것은 미성숙한 추론에 불과하다. 잘못된 부분에 대해서는 학계 제현의 많은 지도와 편달을 바란다.

진한(秦漢) 문서제도 고찰

간독(簡牘)문서의 초안과 심의 및 수신과 발신

리쥔밍(李均明)*

문서 작업은 진한秦漢 행정의 안정 장치이며, 사안에 따라 문서를 보내기 때문에 사람들은 이를 '문서행정'이라고 부른다. 수호지진간睡虎地秦簡 『진률 십팔종秦律十八種』[1] 「내사잡內史雜」에서 "업무와 관련하여 상급기관에 지시를 청할 때에는 반드시 문서로서 해야 하고 구두로 지시를 청해서는 안 되며, 다른 사람에게 지시를 청하도록 부탁해서도 안 된다"[2]라고 한 것처럼 상급기 관에서 하급기관으로 명령을 전달하거나 하급기관에서 상급기관으로 보고 할 때에는 반드시 서면형식으로 해야 했다. 심지어 각종 문서를 상부에 보고 하는 시기와 내용 및 방법까지도 모두 규정하고 있는데, 예를 들면『진률십 팔종』「전률田律」에서 "때맞추어 비가 내리고 이로 인하여 곡식에 이삭이 패면, 응당 비가 내려 이삭이 팬 토지의 면적과 이미 개간되었으나 파종하지 않은 토지의 면적을 서면으로 즉시 보고해야 한다. 곡식이 생장한 후에 비가

---

* 중국 칭화(淸華)대학 출토문헌 연구보호중심 연구원.

1 睡虎地秦墓竹簡整理小組, 『睡虎地秦墓竹簡』(文物出版社, 1990년).
2 "有事請也, 必以書, 毋口請, 毋羈請."

내려도 강우량과 이로 인하여 혜택을 입은 토지의 면적을 즉시 보고해야 한다. 만일 한발·폭풍우·침수·메뚜기떼 및 기타 해충 등의 재해로 곡식이 손상을 입은 경우도, 재해를 입은 토지의 면적을 보고해야 한다. 가까운 거리에 있는 현縣에서는 발이 빠른 사람을 통하여 보고할 문서를 전달하고, 거리가 멀리 떨어져 있는 현에서는 역참驛站을 경유하여 문서를 전달하도록 하는데, 8월 말 이전까지 전달을 끝마쳐야 한다"[3]라고 한 것과 같다. 문서작업의 범위는 행정사무의 사소한 부분까지 미치고 있다. 예를 들면『진률십팔종』「구원廐苑」에서 "철제 농기구를 빌려 사용하다가 낡아서 더 이상 사용하지 못할 정도로 파손된 경우 문서로써 그 파손 상황을 보고하도록 하고, 파손된 농기구를 관청에서 거두어들이되 그것을 빌려간 사람으로 하여금 배상하게 하지 않는다"[4]라고 하듯이 철기를 폐기할 때에도 반드시 법의 규정대로 폐기에 관한 행정서류를 작성해야 했다. 또한『진률십팔종』「창률倉律」에서 "창고에 곡물穀物·추고芻稿를 들임에 그 내용을 창고의 부적에 기입하고 내사에 보고한다"[5]라고 하듯이 곡물이나 추고를 창고에 들일 때에는 반드시 입고장부를 작성하여 내사에게 보고해야 했다. 당시에는 특별히 문서작업의 정확성을 강조하여 실수의 기준에 대해서도 법에 규정하고 있었다. 예를 들어 수호지진간『법률답문法律答問』에서는 "어떻게 하는 것을 '대오(大誤)'라 하는가? 인호人戶의 숫자·우마牛馬의 숫자 및 660전을 초과하는 재화의 가치를 잘못 계산한 것을 '대오大誤'라 하고, 이외의 것은 '소오小誤'이다"[6]라고 하고 수호지진간『효률效律』에서는 "회계 장부에 기재된 물자의 숫자가 법률

3 "雨爲澍, 及秀粟, 輒以書言澍稼·秀粟及墾田暘毋稼者頃數. 稼已生後而雨, 亦輒言雨少多, 所利頃數. 旱及暴風雨·水潦·螽蟲·群它物傷稼者, 亦輒言其頃數. 近縣令輕足行其書, 遠縣令郵行之, 盡八月□□之."
4 "假鐵器, 銷敝不勝而毀者, 爲用書, 受勿責."
5 "入禾稼、芻稾, 輒爲廥籍, 上內史."
6 "何如爲'大誤'? 人戶·馬牛及諸貨財值過六百六十錢爲'大誤', 其它爲不."

에 규정된 한도보다 부족하거나 또는 초과하여 있는 경우, …… 인구를 1호戶 이상 잘못 계산하거나 우마를 1두頭 이상 잘못 계산한 것은 중대한 착오이다. 만일 회계 책임자가 스스로 자신이 범한 착오를 조사하여 밝혀냈을 경우, 죄를 한 등급 감해준다"[7]에서 보는 것과 같다. 한간漢簡에서도 역시 '서오書誤' 와 관련된 기재가 보인다. 예를 들면『신간』EPT59·77에서는 "8월 초순부 터 문서를 잘못 기재함"[8]이라고 하는데, 이것은 근무일수 기록에 실수가 있 었던 것이다.『신간』EPT58·91에서 "죽糜 134석8두2승 대를 조粟로 잘못 기록하였는데, 우가 문서를 잘못 작성한 것이다"[9]라고 한 것은 식량 종류의 기록에 실수가 있었던 것이다.『합교』185·32에서 "이관한 정월부터 3월 까지의 사시리명적의 착오가 10개인 것과 관련하여 □里에 처함"[10]라고 한 것은 관리의 명책名冊을 기록할 때 발생한 10개의 실수에 대하여 적죄謫罪로 처벌한 내용이다. 사적史籍에 이와 관련된 예로는 "영평 3년 당시 황제가 투항한 오랑캐에게 비단을 사사하는 조서를 내렸는데, 상서尚書에서 그 일을 담당하다가 10을 100으로 잘못 기재하였다. 황제는 사농司農이 올린 부簿를 보고 크게 노하여 랑郞에게 태형을 가하도록 명하였다. 의意는 이에 머리를 조아리며 말하길, '실수에 따른 과오는 인지상정으로 용인되나, 만약 태만하 여 저지른 과오라면 신의 지위가 높으니 그 죄가 크고, 랑郞의 지위는 낮으니 그 죄가 가벼운 것입니다. 모든 허물은 신에게 있으니 신이 마땅히 먼저 죄를 치러야 합니다'라고 하면서 의복을 벗고 죄를 받으려 하였다. 황제는 화가 풀렸고, 그로 하여금 다시 관대를 추스르게 하고 랑郞을 용서하였다"[11]

---

7 "計脫實及出實多於律程 …… 人戶·馬牛一以上爲大誤. 誤自重也, 減罪一等."

8 甘肅省文物考古研究所等,『居延新簡』(中華書局, 1990년. 이하 본문에서는『신간』이라고 함), "自少八月爲書誤."

9 "誤以糜百卅四石八鬥二升大爲粟, 禹爲書誤."

10 謝桂華等,『居延漢簡釋文合校』(文物出版社, 1987년, 본문에서는『합교』라고 함), "坐移正月盡三月四時史名籍誤十事, 適□里."

11『後漢書』「鐘離意傳」"永平三年, 時詔賜降羌子絿, 尚書案事, 誤以十爲百. 帝見司農上簿, 大

라는 문장이 있다. 이 경우는 한 글자의 실수로 인하여 중벌을 받을 뻔한 예이다. '서오書誤'가 항상 경제적인 손실을 동반하기 때문에 대부분의 경우 장죄贓罪로 처벌되었다. 『신간』EPT43·55의 "장부의 수치를 제멋대로 기입하여 부세를 거둔 경우 장물죄 250전 이상……에 해당한다"[12]라는 문장을 보면 한대의 서오書誤에 대한 한 가지 처벌은 250전의 장물에 대한 처벌과 같았음을 알 수 있다. 문서를 위조하는 것 또한 법이 용납하지 않았다. 예를 들면 장가산한간張家山漢簡 『주언서奏讞書』 「안례案例·9」에서는 "촉군蜀郡의 태수가 언讞하다. 좌佐인 계啓와 주도령사主徒令史 빙冰은 사사로이 성단城旦으로 하여금 가작家作을 돌아가며 시켰는데, 계에게 고하니, 계는 부簿를 거짓으로 작성하길 관부에 일을 하였다고 기재하였다. 그 죄를 심의한다. 정廷의 회답. 계의 죄는 문서위조죄(僞書)이다"[13]라고 하고, 또, 『주언서』「안례·12」에서는 "하동河東 태수가 언讞하다. 郵의 업무를 담당하는 관대부인 내內는 문서를 8일 동안 전송하지 않았다. 더욱이 그 긴급문서를 거짓으로 고쳐서 가지고 있었던 것이기에 죄를 심의한다. 정廷의 회답. 내內는 응당 문서위조죄로 논한다"[14]라고 한다. 문서를 위조하는 자에 대한 처벌이 매우 무거웠다. 예를 들면 장가산한간 『이년율령二年律令』 「적률賊律」에는 "문서를 위조한 자는 경 위성단용으로 처벌한다(爲僞書者, 黥爲城旦舂)"고 되어 있다. 이것은 당시 중형에 해당하는 노역형이었다. 『합교』145·8에서는 "외리가 관부의 문서를 엿본 것에 연루된 것은 법령을 위반한 것이다"[15]라고 하여 문서작업에 항상

怒, 召郎將笞之. 意因叩頭曰: '過誤之失, 常人所容, 若以懈慢爲愆, 則臣位大[罪]重, 郎位小[罪]輕, 咎皆在臣, 臣當先坐.' 乃解衣就格. 帝意解, 使復冠而貫郎."

12 "坐簿書貴直(値)爲擅賦臧(贓)二百五十以上……."

13 張家山漢墓竹簡整理小組, 『張家山漢墓竹簡』[247号墓](文物出版社, 2001년). 이하 본문에서는 장가산한간이라고 한다. "蜀守讞: 佐啓·主徒令史冰私使城旦環家作, 告啓, 啓詐簿曰治官府, 疑罪. …… 廷報: 啓爲僞書也."

14 "河東守讞: 郵人官大夫內留書八日, 詐更其檄書辟留, 疑罪. …… 廷報: 內當以爲僞書論."

15 "坐外吏窺府書, 甚毋狀."

보안을 언급했다는 것을 보여주고 있다. 이상의 각종 예들은 문서작업의 중요성 및 중요시된 정도를 나타내는 것으로, 행정당국은 문서 범죄 및 문서 오류의 발생을 방지하기 위하여 부단히 경험을 집적하여 문서작업에 대한 엄밀하고 효과적인 시스템을 구축하였다. 여기에는 주로 초안 작성, 심의審核, 평석, 수신과 발신, 전달, 보관 등이 포함된다. 이들 각 부분은 서로 긴밀히 연계되어 있고, 서로 보충하고 서로 제약하고 있으며, 각 과정의 담당자는 모두 문건에 명확히 기록됨으로써 진한 문서작업의 시대적인 특색을 나타냈고, 이는 이후 2천여 년 봉건사회 문서작업 방식에 기초가 되었다. 지면의 제약상 본고에서는 단지 문서작업 중의 초안 작성, 심의, 평석, 수신과 발신 부분에 대해서만 논술하기로 한다. 전달 부분에 대해서는 이미 논문을 발표하였기 때문에 여기서 다시 언급하지는 않겠다.[16]

1. 초안 작성과 기초인起草人

초안 작성은 처리하려는 사무에 알맞는 초고를 작성하는 것을 말하는데, 문서를 이루는 첫 단계이자 기초로서 만들어진 초고는 다시 수정할 수 있다. 간독 및 사적史籍에서는 초고를 '초草'라고 약칭하는데,『신간』EPT31·1에서 "영사인 담이 주초함令史譚奏草"라 하고,『합교』에서 286·18에서 "연인 보가 주초함掾褒奏草"에서『한서』「회남왕전淮南王傳」에서 "당시에 무제는 문학을 애호하였는데, 안安 등의 여러 숙부에 속하는 이들은 변론이 박학하고 문사에 능하여 심히 존중을 받았다. 매번 서書를 올리면 상사를 받았으며, 종종 사마상여 등에게 초고를 보인 후 이를 보냈다. 안사고 주 : 초草는 문장

---

16 졸고,『漢簡所見"行書"文書述略』(『初學錄』), 49~77쪽 참조.

의 초고草稿를 말한다"[17]라고 하고, 그리고 『한서』 「공광전孔光傳」에서 "어떤 때 하는 말은, 즉시 초고를 삭제하여 장주章主(황제)의 과실인 것처럼 하였으니, 이는 간사함으로 충직함을 드러낸 것이므로, 신하된 자의 대죄大罪인 것이다"[18]라고 하는 것이 그 예이다. 오늘날 이미 출토되어 있는 진한 간독 문서 가운데 초고는 매우 큰 비중을 차지하는데, 간독 문서 총량의 거의 4분의 1에 달한다. 간독의 초고는 아래와 같은 비교적 뚜렷한 특징을 갖고 있는데, 모두 초안 작성 과정과 관계가 있다.

오늘날 볼 수 있는 초고는 글자체가 대부분 거친 편이다. 규모가 비교적 크고 전형적인 예로는 『돈敦』 40~160간과 『돈』 205·206·969·970~976간까지 총 130여 개의 목간으로 구성된 문서조합이 있다.[19] 그 주요 부분은 조정에 보고하는 장주문서章奏文書로 서역에서 전쟁과 관련된 사항을 서술하였고 초서체로 서사하였으며 글자체가 조잡하다. 『갑을편甲乙編』 128·1 『영원병물부永元兵物簿』 책[20]은 3개의 월별 통계 및 상행문서를 포함하고 있으며, 또 2분기의 통계 및 상행문서도 초서로 서사되어 있다. 또, 『신간』 EPT68·1~235간 중 54매의 간은 '탄핵 관련 문서'에 속한 것으로 예외 없이 모두 초서체로 서사되어 있다. 대개 초고는 작성한 사람과 수정에 참여한 사람이 알아볼 수 있으면 되기 때문에, 빠르고 시간을 절약할 것이 요구되며 글자체는 일반적으로 거칠다. 비교적 규격에 맞게 쓰는 초고도 있는데, 이러한 현상은 문서를 작성하는 사람의 서사습관에 따라 결정되게 된다.

초고는 대부분 문서 책임자가 아니라 비서에 의해서 작성된다. 작성자는

---

17 "時武帝好藝文, 以安屬爲諸父, 辨博善爲文辭, 甚尊重之. 每爲報書及賜, 常召司馬相如等視草乃遣." 師古注 : "草謂爲文之稿草"

18 "時有所言, 輒削草稿, 以爲章主之過, 以奸忠直, 人臣之大罪也."

19 甘肅省文物考古研究所, 『敦煌漢簡』(中華書局, 1991년). 이하 본문에서는 이를 『돈』이라고 한다.

20 中國社會科學院考古研究所, 『居延漢簡甲乙編』(中華書局, 1980년).

상급자의 이름을 직접 쓰는 것은 불편하였기 때문에, 일반적으로 다음과 같은 방식으로 처리하였다.

책임자를 '군君'이라 부르는데 예를 들면 다음과 같다.

"건무3년 10월 을해일, 갑거후군이 과소에 전달함 : 성북수장을 파견함"(建武三年十月乙亥, 甲渠候君移過所 : 遣城北隧長)

—『신간』 EPT26・1

"갑거장수후군이 관을 벗고 머리를 조아리며 사죄하길 재임시에 자주 위반된 행위를 저질렀으니 죄는 죽을죄에 해당합니다. 머리를 조아려 죽을 죄를……"(甲渠障守候君免冠叩頭死罪死罪, 奉職數毋狀, 罪當萬死, 叩頭死罪死罪……)

—『신간』 EPF16・36・37

"도위군이 무부위에게 전달함 : 계체고・절성전황 등과 문서가 관련이 있어, 지금……"(都尉君移戍部尉 : 械逮故若絶城錢況等有書, 今……)

—『돈』 203

이상의 3가지 예에 보이는 '군'자는 상급자나 선배에 대한 하급자나 후배의 존경을 나타내는데, 상급자가 초고를 심의해야 하기 때문에 문서를 작성하는 사람은 일단 '군'자를 대신 적어 놓고 나중에 정본正本을 발송할 때 본명을 사용한다.

'사厶'로 책임자 이름을 대신하는 경우도 있는데, 예를 들면 다음과 같다.

"10월 그믐 관서대천도, 내가 재배하고 말합니다."(十月晦關書大泉都. 厶再拜言)

—『돈』 60

"때에 맞추어 모두 멸하지 못했습니다. 신 스스로 관직에 있으면서 위반된 행위를 하였으니 제가 죽을죄에 해당합니다. 신 머리를 조아려 죽을죄를 졌습니다. 신 둔수지역에 파견됨에 비견됩니다."(不以時殄滅. 臣厶奉使無狀, 罪當萬死, 臣厶叩頭叩頭死罪死罪. 臣厶比遣當屯)

—『돈』82A

"서역대사 모위좌로 하여금 도위분토를 통솔케 함. 신 머리를 조아리며 재배하고 다시 문서를 올립니다."(使西域大使五威左率都尉糞土臣厶稽首再拜上書)

—『돈』146

"신 엎드려 생각건대 천성이 우순하여 결성달신하지 못했습니다."(臣厶伏自念天姓(性)愚頓, 未有以結誠達信)

—『돈』970

이상의 4 가지 예에 보이는 '사厶'자는 '모某'와 통하는데, 이것은 특정한 호칭이 아니라 문서를 작성하는 사람이 상급자의 이름을 직접 쓰는 것을 피하기 위한 것이다.

간독 중에는 책임자의 이름을 공란으로 비워둔 것이 더 많다. 예를 들면 다음과 같다.

"건무 4년 정월 을미일 갑거후가 제23수에게 이름."(建武四年正月乙未, 甲渠候 謂第卄三守)

—『신간』EPT27·1

"2월 갑신 갑거장수후 감히 아룁니다. 삼가……"(二月甲申, 甲渠障守候 敢言之。謹……)

—『신간』EPT40·31

"건세2년 구월 갑신일, 갑거후가 진북후관에서 전달함 : 당곡"(建世二年三月癸亥朔甲申, 甲渠候 移殄北候官 : 當曲)

—『신간』EPT65·43A

"4월 기유(?) 갑거수후 거연현에 전달함. 초록하여 전달함은 율령과 같이 함."(四月己醜, 甲渠守候 移居延, 寫移如律令)

——『신간』EPT68·33

간독 초고 중에는 책임자의 이름과 문서를 작성한 날짜를 모두 쓰지 않은 것도 많다. 예를 들면 다음과 같다.

"건세2년 2월 갑오일, 갑거장수후가 ……"(建世二年二月甲午朔, 甲渠障守候 ……)

——『신간』EPT43·67

"건무5년 8월 갑신일, 갑거장후가 아뢰옵니다."(建武五年八月甲辰朔, 甲渠障候 敢言之)

——『신간』EPF22·163

이름을 쓰지 않는 것은 초고를 작성하는 사람이 상급자의 이름을 직접 쓰는 것을 피할 수 있는 방법일 뿐만 아니라, 책임자가 서명하고 원고를 발송하도록 남겨둔 것이기도 하였다. 원고를 작성한 날짜를 적지 않은 것은 초고를 작성하고 수정하고 심사하는 데 시일이 걸리기 때문에, 발송할 문서를 필사할 때 써넣도록 남겨둔 것이다.

대부분의 초고는 원고의 형태로 보존하지만, 소량의 원고는 폐기되는 경우도 있다. 예를 들면 다음과 같다.

"신작원년 4월 계미삭 을유일에 장액군 견수(견수)후가 사인으로서 문서를 보냄."(神爵元年四月癸未朔乙酉張掖肩水肩水候以私印行)

"신작원년 4월 계미(계미)삭 을유일에 장액군 견수도군과 승인 경."(神爵元年四月癸未癸未朔乙酉張掖肩水都君丞卿)

——『합교』306·4A, 5·9A

"건시2년 11월 갑신삭 을유일에 갑거장후가 감히 아룁니다. 삼가 명적 1編을 전달하오니 삼가 아룁니다."(建始二年十一月甲申朔乙酉甲渠障候敢言之謹移移移 名籍一編敢言之)

—『합교』 46 · 5

이러한 종류의 초고는 연자衍字로 인하여 폐기되기도 하는데, 어떠한 경우에는 폐기된 후에 글자를 연습하는 데에 사용되기도 한다. 이러한 간독은 자주 보인다.

초고 중에는 글자를 보충하거나 삭제하는 현상도 보인다.『신간』EPT5 6 · 9의 "候長常富校計, 充卽謂福曰 : 福負卒王廣袍 · 襲錢. 便□ 十二月奉錢六 百"이라는 문장 중 "福負卒王廣袍"의 '복福'자는 문구의 우측에 적혀있는데, 이것은 나중에 보충한 글자이다. 간독을 보면 보충하는 글자는 원문의 좌측과 우측, 혹은 위아래 글자 사이에 보충하는데 공간의 한계가 있기 때문에 보충한 글자의 크기는 통상적으로 작다.『신간』EPT44 · 3의 "第卄一隧長孫建, 第四助吏陳勳, 第……"라는 문장에서는 "第四助吏陳勳"이라는 6글자 위에 먹선을 그어 삭제의 의미를 나타내고 있다. 글자를 보충하거나 삭제하는 것은 문서를 작성하거나 수정하는 과정에서 생긴다. 일반적으로 초고에서 잘못 쓴 글자와 문구는 칼로 깎아 내고 나서 다시 쓰는데, 위에서 언급한 보충과 삭제는 빠른 속도가 요구됨에 따라 생기는 현상이다.

오늘날 볼 수 있는 초고는 대부분 문서를 발송하는 기관이 있는 유적지에서 출토되었다. 왕궈웨이는 일찍이 이러한 현상에 주목하였는데,『유사추간 流沙墜簡』「부서簿書」13에서는 "사도 · 사공부가 이 간에서 머리를 조아리고 죽을죄를 졌다고 말하지 않고 단지 감히 아뢰옵니다만을 말한 것이다. 혹은 도위와 돈황대수의 공문서가 도위의 처소에서 나온 것은 아마도 문서의 초고일 것이다"[21]라고 하였다. 이러한 초고가 있었던 유적지는 그 당시 문서실이나 망루 밖의 구덩이이다. 전자는 전문적으로 보관한 문서이고 후는 폐기된 옛문서이다. 확인과 수정을 거친 초고는 곧 탈고된 원고이고, 이것을 기준으로 삼아 바로 발송하거나 옮겨 쓴 문서는 곧 발송한 문서의 원본이다.

간독 중에는 또한 공문서를 작성하는 데 표준이 되는 것도 보이는데, 문서를 작성하는 사람이 모방하여 학습하는데 편리하게 하였다. 예를 들면 다음과 같다.

> "관에서 솜옷과 옷깃을 구입하는데, 그 가격이 어떤 곳의 수장 왕이 을이 있는 곳 ……"(…… 貫賣官複袍若干領, 直若干某所隊長王乙所 ……)
>
> ―『신간』 EPT56・230

> "……□ 녹봉 상대부로 모년모월일에 임명함"(……□ 秩上大夫, 某年某月日除)
>
> ―『신간』 EPT59・118

> "사람들이 天田을 구회할 때, 대부분 사람들은 리와 보로서 구획한다."(若干人畫天田, 率人畫若干裡若干步)
>
> ―『돈』 1584

이러한 유형의 표준본을 '서식書式'이라고 칭할 수 있다. 3가지 예에서 첫 번째 예는 옷과 일상용품을 외상으로 매매하는 명부의 표준본이고, 두 번째는 관원을 임명하는 명단의 표준본이며, 세 번째는 천전天田을 경작하는 길이를 구획하거나 노동효율을 통계내는 표준본이다. 문서를 작성하는 사람은 해당 표준본에 따라 문서를 작성하면 된다.

초고는 대부분 각급 기관의 비서들이 작성하는데, 한 사람이 작성하는 경우도 있고 여러 사람이 공동으로 작성하는 경우도 있다. 작성한 사람은

---

21 王國維・羅振玉,『流沙墜簡』(中華書局, 1993년 影印版). "司徒・司空府此簡不云叩頭死罪但云敢言之, 或系都尉與敦煌太守之公牘而出於都尉治所者, 蓋具書之草稿也."

문장의 맨끝이나 각 뒷면에 서명하여 책임의 소재를 명시한다. 예를 들면 ≪원강5년조서책元康五年詔書冊≫의 내용에서 확인할 수 있다.

　　"어사대부 병길이 감히 말씀드립니다. 승상 위상이 올린 대상 소창의 문서는 '태사승 정이 원강5년 5월 2일 임자일은 하지이기 때문에 군사들이 쉴 때, 태관은 우물에서 물을 길어 물과 불을 (새것으로) 바꾸고 닭이 우는 시간에(우는 닭을?) 진상해야 합니다.' 황제께서 이 보고를 들으시고 담당자에게 포고하라고 명령하셨습니다. 신 병길은 삼가 종어 관계자에게 알아보니, 수형도위는 태관의 어정에서 물을 길고, 중2천석. 2천석은 각각의 관에서 물을 길게 하고"(御史大夫吉眛死言 : 丞相相上大常書言大史丞定言 : 元康五年五月壬子日夏至, 宜寢兵. 大官抒井, 更水火, 進鳴雞, 謁以聞, 布當用者. ·臣謹案 : 比原泉禦者, 水衡抒大官禦井, 中二千石、二千石令官各抒別火)

　　　　　　　　　　　　　　　　　　　　　　　　　　　　—『합교』10·27

　　"별화관은 하지 하루 전날 부싯돌로 불을 얻어 중2천석과 2천석 관리로 장안과 운양에 재직하고 있는 자에게 주며 민은 모두 받아서 하지 당일에 오래된 불을 바꾼다. 경술일부터 군사들이 쉴 때 갑인일까지 5일 동안 업무를 보지 않고자 합니다. 신 바라건대 삼가 말씀드리오니 포고하여 주십시요."(官先夏至一日, 以除燧取火, 授中二千石、二千石官在長安、雲陽者, 其民皆受, 以日至易故火, 庚戌寢兵不聽事盡甲寅五日. 臣請布, 臣眛死以聞)

　　　　　　　　　　　　　　　　　　　　　　　　　　　　—『합교』5·10

　　"허락한다."(制曰 : 可)

　　　　　　　　　　　　　　　　　　　　　　　　　　　　—『합교』332·26

　　"원강5년 2월 11일 어사대부 병길은 승상에게 하달한다. 문서를 받아 업무에 종사하는데 담당자에게 하달하여 조서와 같이 처리하라."(元康五年二月癸醜朔癸亥, 御史大夫吉下丞相, 承書從事下當用者, 如詔書)

　　　　　　　　　　　　　　　　　　　　　　　　　　　　—『합교』10·33

"2월 15일 승상 위상은 거기장군, 장군, 중2천석, 2천석, 군태수, 제후상에게 하달한다. 문서를 받아 업무에 종사하는데 담당자에게 하달하여 조서와 같이 처리하라."(二月丁卯, 丞相相下車騎將軍・將軍・中二千石・二千石・郡大守・諸侯相, 承書從事下當用者, 如詔書. 少史慶, 令史宜王・始長)

—『합교』 10・30

"3월 24일 장액장사 연은 태수의 업무를 대행하며 견수창장 탕은 군승의 업무를 대행하여 (태수와 승의 명의로) 속국도위・농도위・부도위・소부・현관에게 하달한다. 문서를 받아 업무에 종사하는데 담당자에게 하달하여 조서와 같이 처리하라. (태수부의 속리인) 소속 종조, 부좌 정이 초사함."(三月丙午, 張掖長史延行大守事・肩水倉長湯兼行丞事下屬國・農・部都尉・小府・縣官承書從事下當用者, 如詔書. /守屬宗・助府佐定)

—『합교』 10・32

"윤월(4월) 6일 장액견수후관의 성위인 의는 직위의 순서에 따라서 도위의 업무를 대행한다. 후와 성위에게 하달한다. 문서를 받아 업무에 종사하는데 담당자에게 하달하여 조서와 같이 처리하라. 수졸사 의가 초사함."(閏月丁巳, 張掖肩水城尉誼以近次兼行都尉事下候・城尉・承書從事下當用者, 如詔書. /守卒史義)

—『합교』 10・29

"윤월 9일에 견수후관의 사리인 횡이 사인으로 후의 업무를 대행한다. 위와 후장에게 하달한다. 문서를 받아 업무에 종사하는데 담당자에게 하달하여 조서와 같이 처리하라. 영사 득이 초사함."(閏月庚申, 肩水士吏橫以私印行候事下尉・候長, 承書從事下當用者, 如詔書. / 史得)

—『합교』 10・31

이상 8매의 간簡들은 "물과 불을 교체하라는 조서(更水火詔書)" 및 그것을 각급별로 순서대로 하달해 가고 있는데, 앞의 7매의 간은 사본이고 하급기관으로 전달한 문서로써 맨 마지막 간은 원본이다.[22] 이렇게 보면 각 기관의 해당 책임자와 초고를 작성한 사람을 알 수 있다. 아래에서는 시험 삼아 간독에 자주 보이는 각급 기관의 문서 작성인을 나열해 보았다.(여기서는 단지 기관명과 초고 작성인만을 인용한다)

[丞相] 少史慶, 令史宜王·始長

—『합교』10·30

[大鴻臚] 掾勤·卒史欽·書佐□

—『합교』203·22

[大醫令] 掾未央·屬順·書佐臨

—『합교』18·5

이상은 조정의 각 부府에서 문서를 기초하는 사람이다.

[涼州刺史] 從事史賀音

—『신간』EPT54·5

[領河西五郡大將軍張掖屬國都尉] 掾陽·守屬恭·書佐豐

—『신간』EPF22·70、71

이상은 주부州府와 대장군大將軍의 막부莫府에서 문서를 기초하는 사람이다.

[張掖大守] 掾智, 屬沈, 書佐橫·實·均

—『합교』16·4

---

22 여기서 예로 든 8매의 간으로 구성된 冊書는 오바 오사무(大庭脩)의 복원을 참조하였다. 大庭脩, 『秦漢法律史的硏究』, 235~244쪽.

[張掖大守] 掾段昌, 卒史利, 助府佐賢世

—『신간』EPT52・96

[酒泉庫令以近次兼行大守事] 掾勝胡・卒史廣

—『합교』303・12

[張掖庫宰行大尹文書事] 兼掾義・兼史曲・書吏遷金

—『신간』EPT59・160

[張掖大尹] 掾戎・兼屬護・書佐定

—『신간』EPT59・338

이상은 태수부太守府에서 문서를 기초하는 사람이다. 신망新莽시대에는 '태수'를 '대윤大尹'이라고 하였다.

[居延都尉] 掾盛・守屬業・書佐宮

—『신간』EPT20・5

[居延都尉] 掾弘・兼屬駿・書佐晏

—『신간』EPT50・16

[居延都尉] 掾定・守卒史奉親

—『신간』EPT51・190

[輔平居成尉] 掾閎・兼史憲・書吏獲

—『신간』EPT65・23A、B

[玉門都尉] 掾安・守屬賀・書佐通成

—『돈』2055

[玉門都尉] 卒史山 · 書佐逢昌

—『돈』 1741

[玉門都尉] 掾恩 · 屬漢昌

—『돈』1254

이상은 도위부都尉府에서 문서를 기초하는 사람이다. 신망시대에는 '서좌書佐'를 '서리書吏'라고 하였다.

[居延令] 掾黨 · 守令史賞

—『신간』 EPF22 · 35

[居延令] 守令史謝 · 佐褒

—『합교』 170 · 3

[觻得丞] 掾晏 · 令史建

—『합교』 15 · 19

이상은 현정縣廷에서 문서를 기초하는 사람이다.

[甲渠候] 掾褒 · 令史譚 · 尉史宗

—『합교』 160 · 6

[甲渠障候] 掾譚 · 令史嘉

—『신간』 EPF22 · 54

[甲渠守候] 掾譚

—『신간』 EPT68 · 3

[甲渠障候] 令史博, 尉史昌・嚴

—『합교』35・22

[甲渠障候] 尉史充

—『신간』EPT56・65

[甲渠障候] 士吏宣・令史起

—『합교』139・36、142・33

[甲渠障候] 士吏彊・令史宣

—『합교』甲附36

[甲渠障守候] 尉史昌

—『합교』35・8

[殄北守候] 尉史宣・博

—『합교』157・5

[肩水候] 守令史禹

—『합교』7・7

[肩水候] 令史拓・尉史義

—『합교』10・35A、B

이상은 후관候官에서 문서를 기초하는 사람이다.

[左前候長] 候史充國

—『합교』10・34A

[甲渠候長] 候史定

—『합교』265・15

이상은 후관에 속한 각 부部에서 문서를 기초하는 사람이다.

위에 나열한 내용에 의하면 문서는 대개 문직文職에 있는 비서가 기초하지만, 둔수屯戍기관 중에는 사리士吏 등 무직武職에 있는 관리도 문서를 기초하는 데 참여한다. 『한관의漢官儀』에서 "상서랑은 주로 문서의 초고를 작성하고, 밤에는 건예문 안에서 5일간 교대로 숙직을 한다"[23]라고 하는 것에 의하면, 황실문서는 일반적으로 상서랑이 기초한다는 것을 알 수 있다.

문서 작업의 중요성을 고려하여, 진한시대에는 비서에 대하여 일정한 문화적 수준을 요구하고 있었다. 장가산한간『이년율령』「사률史律」에서는 "사史의 학동을 15편으로 시험을 보게 하는데, 5000자 이상을 암송하고 쓸 수 있어야 사史가 될 수 있다. 팔예八禮로 시험을 보는데, 군郡은 이들을 태사太史에게 보내어 팔예八禮 시험을 보게 하고, 태사太史는 암송 시험을 보아 가장 우수한 자 1인으로 하여금 현縣의 영사令史로 삼고, 가장 열등한 자는 사史로 삼지 않는다. 3년에 한 번은 모두 모아 시험을 보게 하고, 가장 우수한 사람을 뽑아 상서졸사尚書卒史로 삼는다"[24]라고 하듯이, 성적이 우수한 자만이 고급 비서 일을 담당할 수 있었다. 간독에도 비서 및 예비 인재의 능력 수준에 대한 문서가 다음과 같이 보인다. 즉

> "견수후관후사 대부 윤□, 근무일수 2개월 25일, 문서작성과 회계 및 관민을 다스림에 능하며 율령과 글을 숙지함."(肩水候官候史大夫尹□, 勞二月卅五日, 能書會計治官民, 頗知律令, 文, 年卅三歲, 長七尺五寸, 觻得成漢里)
>
> ―『합교』306·19

> "……□힘써 근면히 일함. 관직이 없지만 조사에 임용할 수 있다. 오직……"

---

23 "尚書郎主作文書起草, 夜更直五日於建禮門內."
24 "試史學童以十五篇, 能諷書五千字以上, 乃得爲史. 有(又)以八體試之, 郡移其八體課大史, 大史誦課, 取最一人以爲其縣令史, 殿者勿以爲史. 三歲壹並課, 取最一人以爲尚書卒史."

(……□力勤事, 毋官, 可補造史, 唯……)

첫 번째에는 후사候史에 관한 문서로 모든 면을 기재하고 있는데, '능서회
계能書會計'란 글쓰기와 계산 능력을 갖추고 있다는 것을 나타낸다. 두 번째
예는 어떤 사람이 적극적으로 일은 하지만 아직 직책이 없어서 지금 '조사造
史'직을 맡기도록 추천한다는 내용이다.(신망시대에는 '영사令史'를 '조사造史'라
고 하였다) 일반적으로 소리小吏의 인사人事와 관련된 문서에도 문서 작성 능력
을 갖추고 있는지의 여부를 기재한다. 예를 들면 다음과 같다.

"거연현 갑거후사로서 거연현 고산리에 거주하고 작위가 불경不更(?)인……
사"(居延甲渠候史居延孤山裡不…… 史)

"거연현 갑거색 유질후장으로 소무현 장수리에 거주하고 작위가 공승인 장
충은 나이 33세, 하평3년 10월 경수일에 임용됨. 사."(居延甲渠塞有秩候長昭武長
壽裡公乘張忠, 年卅三, 河平三年十月庚戌除, 史)

"거연 갑거 기산후장으로 거연현 누산리에 거주하고 작위가 상조인 화상은
나이 16세, 시건국 지황상술3년 정월 계묘일에 임용됨. 사."(居延甲渠箕山隧長居
延累山裡上造華商, 年六十, 始建國地皇上戊三年正月癸卯除, 史)

"옥문 천추수장 돈황현(?) 무안리에 거주하고 작위가 공승・여안한은 나이
37세, 신장 7척6촌 ; 신작4년 6월 신유일에 임용. 근무평점(功)은 1이고 근무일
수는 3년 9개월 2일, 30일은……"(玉門千秋隧長敦煌武安裡公乘呂安漢, 年卅七
歲, 長七尺六寸, 神爵四年六月辛酉除, 功一, 勞三歲九月二日, 其卅日)

"부가 불행히도 사망하고 헌정의 근무평점은 1, 근무일수는 3년 8개월 2일, 9월 그믐 경술에 마친다. 여전히 불사인 영사임."(父不幸死, 憲定功一, 勞三歲八月二日, 訖九月晦庚戌, 故不史今史)

—『돈』1186B

"거연현 갑거제2수장으로 거연현 광도리에 거주하고 작위가 공승인 진안국은 나이 63세, 건시 4년 8월 신해일에 임용. 불사."(居延甲渠第二隊長居延廣都裡公乘陳安國, 年六十三, 建始四年八月辛亥除, 不史)

—『신간』EPT51·4

"초원4년 오월 신유일에 임용. 불사."(初元四年二月辛醜除, 見, 不史)

—『합교』37·39

이상의 6가지 예를 보면, 앞의 4가지 예에는 '사史'라고 기재되어 있고 뒤의 2가지 예에는 '불사不史'라고 기재되어 있는데, 이것은 곧 문자 서사 능력을 갖추고 있는지의 여부를 가리킨다. '사史'는 문자 서사 능력을 갖추고 있는 것을 가리키며, 대체로 이러한 능력을 갖춘 소리小吏는『합교』3·19에서 "거연현 격호수장으로 고산리에 거주하고 작위가 공승인 낙희는 나이 30세로 장사를 대신하여 갑거후사로 전임되어······"[25]라고 하듯이 필요에 따라 수시로 사관의 직위로 전임될 수 있었다. 재임 중인 사관史官도 끊임없이 자신의 문화 수준을 높여야 하는 문제가 있었다. 따라서 간독 중에는『창힐蒼頡』·『급취急就』등과 같은 식자識字 교본 및 구구술九九術 등의 응용수학이 사람들의 학습에 제공되는 것을 자주 볼 수 있다.

요컨대 진한시대의 문서는 대부분 비서들이 기초한 것이지만,『신간』 EPT49·45B에서 "수서대장군격手書大將軍檄"이라고 하고,『신간』EPT65· 458에서 "위수기효권농연득尉手記曉勸農掾得"라고 하듯이 일부는 책임자가 직

---

25 "居延擊胡隧長孤山裡公乘樂熹, 年卅, 徙補甲渠候史代張赦······"

접 쓴 것도 있다.『한서漢書』「설선전薛宣傳」에서 "설선은 진실로 제도를 고치고 하교를 공경하는 효과가 있음을 살피어 직접 문서를 작성하여 간악하게 (재물을) 모아둔 내용을 조목조목 기록하여……"[26]라고 하듯이, '수手'는 '손수'를 의미한다. 어쩌면 어떤 사람들은 위의 두 개의 간은 단지 책임자가 베껴 쓴 것이지 기초한 것이 아니라고 의심할지도 모르지만,『돈』208A의 "돈덕윤서초敦德尹書草"라는 문장에 의하면, 작성한 것이 초고라는 것을 명백히 밝히고 있다.

2. 심의와 평석

초고를 다 쓴 후에는 문서 책임자에게 문서를 보내어 심의를 받아야 했다. 『합교』28·16의 "연포주초掾襃奏草",『신간』EPT31·1의 "영사담주초令史譚奏草"는 비서가 책임자에게 초고를 보고한 기록으로서,『오간』[一] 4378·4379의 "……연사주□백초掾史周□白草"와 같이 삼국三國 오간吳簡에 이르기까지 이러한 방법이 보인다. 만약 보고된 초고가 만족스럽지 않다면『신간』EPT17·5에서 "문서책임관은 연리에게 고하여 다시 초서를 작성하게 하는데, 관부에 긴급히 말하여 다음날 정과 수에서는……"[27]이라고 하듯이, 책임자가 직접 글을 쓰거나 되돌려 보내 수정하게 할 수 있었다. 간독에서는 심사를 거쳐 확정된 장부帳簿를 '정부定簿'라고 하는데『신간』EPT51·306에서 "장액군 거연현 갑거후관이 양삭3년에 비 600석의 관리가 장부의 (내용을) 확정하였다"[28]라고 하는 것이 바로 그것이다.

---

26 "宣察諉有改節敬宣之效, 乃手自牒書, 條其奸臧……"
27 "告主官掾更定此草, 急言府. 卽日庭隆……."
28 "張掖居延甲渠候官陽朔三年吏比六百石定簿."

한간에는 책임자가 사인한 초고가 자주 보인다. 예를 들면 다음과 같다.

"영시4년 5월 갑진일, 갑거장후가 감히 아뢰옵니다."(永始四年五月甲辰, 甲渠
障候護敢言之……)

—『신간』EPT50・5

"3월 계미, 갑거수후박이 거연현으로 전달함. 초록을 전달함……"(三月癸未,
甲渠守候博移居延, 寫移……)

—『신간』EPT48・7

"건세2년 정월 갑술, 갑거수후 성이……"(建世二年正月甲戌, 甲渠守候誠……)

—『신간』EPF22・335

"한원시26년 11월 경신삭 갑술일, 갑거장후 호가 감히 아룁니다……"(漢元
始廿六年十一月庚申朔甲戌, 甲渠障候獲敢言之……)

—『신간』EPF22・460A

"건무4년 5월 신사삭 무자일, 갑거색위 방이 후사를 행하며 감히 아룁니다.
조서에 이르기를 리 300석……"(建武四年五月辛巳朔戊子, 甲渠塞尉放行候事敢
言之. 詔書曰：吏三百石……)

—『신간』EPF22・45

"건무4년 5월 신사삭 무자일, 갑거색위 방이 후사를 행하며 감히 아룁니다.
조서에 이르기를 리민은 수목을 벨 수 없으며……"(建武四年五月辛巳朔戊子,
甲渠塞尉放行候事敢言之. 詔書曰：吏民毋得伐樹木 ……)

—『신간』EPF22・48A

위에서 인용한 6가지 예 중 후명候名인 '호護・박博・성誠・획獲・방放'의
필적은 모두 본문과 다르고 글자체도 비교적 크고 조잡한데, 이것은 두 번째
로 서사한 필적이다. 그 중에 5・6번째 예에서는 후명인 '방'의 필획의 끝이

그 아래 글자인 '행行'자의 필획 상단에 겹쳐 있다. 이런 글자는 문서 책임자의 서명, 즉 초고가 심사에 통과되고 나서 책임자가 친필 서명한 것에 해당하며, 서명 발급하다라는 의미를 지니고 있다.

평석은 초고 및 보낸 문서나 받은 문서를 설명한 것인데, 이것도 2차적으로 서사한 것이다. 초고에 대한 평석은 앞에서 인용한『신간』EPT17·5에서 말하는 "고주관연경정차초告主官掾更定此草"와 같은 것이 그것이다. 평석이 가장 많이 출현하는 것은 받은 문서나 그 봉검封檢에 있는 수신기록이다.(자세한 것은 다음 장의 '수신과 발신 및 담당자' 참조) 그밖에도 기타 사항에 관한 설명이 있는데, 예를 들면 다음과 같다.

> "2월 경시, 갑거후장 윤이 사인으로 후의 문서업무를 행하며 감히 이를 아룁니다. 삼가 초록을 전달하며 이를 감히 아룁니다. ·후군이 관부에 아룀. 양사양."(二月庚辰, 甲溝候長戎以私印行候文書事敢言之. 謹寫移, 敢言之. ·候君詣府 陽史陽)
>
> —『신간』EPT48·25

위의 예에 보이는 것은 발송한 문서의 원고이다. '·후군예부候君詣府'의 필적은 본문과 다른데, 2차적으로 서사한 평석문자이며, 갑구후장甲溝候長 융戎이 후문서사候文書事를 대행한 원인을 설명하려는 데에 목적이 있다. 대행한 사람이 쓴 것이므로 그 수장을 '군君'이라 존칭하였다.

> "건무3년 3월 정해삭 기유일, 성북수장 당이 감히 아룁니다. 2월 임오일에 병이 심해져 두 개의 지라에 용종이 가득차 옆구리가 어른키만큼 가득차 (부어올라) 음식을 먹을 수 없습니다."(建武三年三月丁亥朔已醜, 城北隧長黨敢言之. 乃二月壬午病加兩脾雍種·匈脅丈滿, 不耐食)
>
> —『신간』EPF22·80

> "일을 볼 수가 없어서, 감히 이를 아룁니다."(飮, 未能視事, 敢言之)
>
> —『신간』EPF22·81

"3월 정해삭 신묘일, 성북수후장 광이 감히 이를 아룁니다. 삼가 초록하여 수장 당의 병가서를 문서와 같이 전달합니다. 감히 이를 아룁니다. 지금 관부에 지시하여 의사를 보내주실 것을 청합니다."(三月丁亥朔辛卯, 城北守候長匡敢言之. 謹寫移隧長黨病書如牒, 敢言之, 今言府, 請令就醫)

—『신간』 EPF22·82

이상 3매의 간은 하나의 책서冊書로 구성되어 있는데, 성북수장城北隧長 당黨의 병가서病假書 사본 및 성북수후城北守候 광匡의 상행문서를 포함하고 있으며 갑거후관甲渠候官 유적에서 출토되었다. "지금 부에 지시하여 의사를 보내주시길 청합니다(今言府, 請令就醫)"라고 한 것은 2차적으로 서사된 의견에 해당하는 문자로 후관의 책임관원이 작성한 것이다. 그 의미는 곧이어 도위부에 보고하고 또 병자를 의사에게 보여 치료를 받게 해달라고 지시한 것으로, 보고에 대한 처리 의견을 나타낸다.

"(임용)문서상 관리의 승진과 파면으로 업무를 도울 4인을 임용하는데 개인마다 문서 하나이다."(牒書吏遷斥免給事補者四人, 人一牒)
"건무5년 8월 갑신삭 병오일, 거연령과 승이 살피고 위에 고하여 향에 말하기를 갑거후관으로 전달하며 문서에 따라 일을 처리하고 율령과 같이 하라."(建武五年八月甲辰朔丙午, 居延令·丞審告尉謂鄉移甲渠候官, 聽書從事, 如律令)

—『신간』 EPF22·56A

"갑거·이 문서를 개봉한 후에, 관부와 정에 전달하여 예전과 같이 서로 열람하게 한다."(甲渠·此書已發, 傳致官亭間相付前)

—『신간』 EPF22·56B

"갑거후관 위사 정순이 승진하여 결석임."(甲渠候官尉史鄭駿, 遷缺)

—『신간』 EPF22·57

"퇴직관리로 양리에 살고 작위가 상조인 양보는 나이 50세로서 정준을 대신하여 갑거후관 위사로 임명한다."(故吏陽裡上造梁普, 年五十, 今除補甲渠候官尉史, 代鄭駿)

—『신간』 EPF22・58

"갑거후관 두식 영사인 손량의 승진으로 결석임."(甲渠候官鬥食令史孫良, 遷缺)

—『신간』 EPF22・59

"의곡정장으로 고산리에 사는 대부 손황은 나이 57세 일을 마쳤다. 지금 손량을 대신하여 갑거후관 두식 영사로 임명됨."(宜穀亭長孤山裡大夫孫況, 年五十七, 董事, 今除補甲渠候官鬥[食]令史, 代孫良)

—『신간』 EPF22・60

위의 5매의 간은 하나의 관리 임면서任免書를 구성한다. 그 중 『신간』 EPF22・56B의 "갑거・이 문서를 개봉한 후에 관부와 정에 전달하여 예전과 같이 서로 열람하게 한다"[29]는 평석에 해당하는 문자이다. 그 의미는 이 문서를 받아 개봉한 후 다시 각 정亭으로 전달하여 열람하고 공포한 후 마지막에 보존하라는 것이다. 이 평석은 갑거후관의 책임자가 작성한 것이다.

"사풍이 아뢰다 : 탄원후장 장이 편리로서 졸인 범후・정방・장황을 파견하여 관에 도착하게 했다고 보고하였다. 지금 모두 도착하였다. 문서와 편지로서 아뢰니, 모두 확인하였다."(史馮白 : 呑遠候長章檄言遣卒范詡・丁放・張況詣官, 今皆到.・奏發書檄 皆見)

—『신간』 EPT59・3

이 문장은 사풍史馮이 관부官府로 온 수졸戍卒의 도착 상황에 관하여 보고한

---

29 "甲渠・此書已發, 傳致官亭間相付前."

것이다. '개견瞥見'은 2차적으로 서사된 평석문자로 관으로 가는 것을 보고한 모든 수졸을 가리킨다. 즉, 심의적인 성격을 띤 평석이다.

간독 문서에 나타나는 평석 현상은 매우 많지만, 위에서는 단지 몇 개의 예만 들었을 뿐이다. 이러한 평석의 특징은 용어는 간략하지만 의미는 오히려 깊다. 따라서 반드시 문서 자체와 당시의 사회 환경과 연계시켜 이해해야 한다.

3. 수신과 발신 및 담당자

수신과 발신은 문서 작업 과정 중 중요한 두 부분이다. 수신과 발신에 관한 기록은 본문의 평석에 나타나기도 하고 단독으로 작성한 등기부에 나타나기도 하는데, 전자의 경우는 다음과 같다.

> "감로2년 4월 경신삭 신사일 갑거장후 한강이 감히 이를 아룁니다. 삼가《4월행새임부리3월봉길벌용전부》1편을 전달하오니, 감히 이를 아룁니다. 문서는 당일 포시에 후관을 출발합니다."(甘露二年四月庚申朔辛巳, 甲渠障候漢疆敢言之. 謹移四月行塞臨賦吏三月奉秩別用錢簿一編, 敢言之. 書卽日餔時起候官)
>
> —『신간』 EPT56 · 6A

> "영사 제"(令史齊)
>
> —『신간』 EPT56 · 6B

위의 예에 보이는 "서즉일포시기후관書卽日餔時起候官"은 2차적으로 서사한 평석 문자로 이 문서의 원본은 이미 감로甘露 2년 4월 신사일辛巳日 포시餔時에 후관에서 발송됐다는 것을 나타낸다. 지금 보는 것은 해당 문서의 원고이기 때문에, 문서 발송 기록이 그 위에 기재되어 있다.

"원강4년 6월 정사삭 경신일, 좌전후장 우가 감히 이를 아룁니다. 삼가 《수졸세매의재물원서명적》 1편을 전달하오니, 감히 이를 아룁니다."(元康四年六月丁巳朔庚申, 左前候長禹敢言之. 謹移戍卒貰賣衣財物爰書名籍一編, 敢言之)

—『합교』10·34A

"도장에는 '인우'라고 찍혀 있다."(印日繭禹)
"6월 임술 금관졸 연수 가지고 옴. 후사 충국."(六月壬戌金關卒延壽以來 候史充國)

—『합교』10·34B

위의 예에 보이는 "인왈인우印日繭禹"와 "육월임술금관졸연수이래六月壬戌金關卒延壽以來"는 원간原簡 뒷면에 도착한 문서를 등기한 문장으로 필적은 원문과 다르다. 거기에는 도착한 문서의 인장, 도착시간 및 배달한 사람의 신분과 이름이 기재되어 있다.

"원연원년 10월 갑오삭 무오일 탁타수후 호가 견수성관에게 전달함 : 관리가 보고하길 색부낙안을 문책하는 것은 문서대로 하라. 문서가 도착하면 험문하고 채무를 징수해야 함. 보고는 율령에 따라 할 것"(元延元年十月甲午朔戊午, 橐佗守候護移肩水城官 : 吏自言丙嗇夫犖晏如牒. 書到, 驗問收責, 報, 如律令)

—『합교』506·9A

"견수새위인"(肩水塞尉印)
10월 임술일 졸 주평이 가지고 옴. 당일 색부□가 새위 앞에서 개봉함. 좌상."(卽日嗇夫□發 十月壬戌卒周平以來 尉前 佐相)

—『합교』506·9B

위의 예의 정황은 앞의 예와 대체로 같다. 다만 기록된 사항은 더 많다. 예를 들면 "즉일색부□발위전卽日嗇夫□發尉前"은 당일(10월 임술)에 색부嗇夫□이 새위塞尉 앞에서 문서를 개봉한 것을 가리킨다. 더 많은 평석 형식의 수신

문서의 기록은 봉검과 봉함封函에 보인다. 예를 들면 다음과 같다.

"도장이 파손됨."(印破)
"견수후관 리마치행으로 전달함."(肩水候官吏馬馳行 [封泥槽])
"12월 병인년 금관졸 외인이 가지고 옴."(十二月丙寅金關卒外人以來)

—『甲乙編』20·1

"장액후새위"(張掖候塞尉)
"갑구후관에 우행으로 전달함. 이미 상주되었음."(甲溝以郵行 已奏 [封泥槽])
"□□□졸 동이 가지고 옴."(□□□卒同以來)

—『신간』EPT59·367

위에서 인용한 두 가지 예 중 "견수후관리마치행肩水候官吏馬馳行"과 "갑구
이우행甲溝以郵行"만 봉검의 원문이고, 나머지는 모두 나중에 쓴 평석 문자이
다. 첫 번째 예에 보이는 '인파印破'는 도착한 문서의 봉니의 인장이 이미
파손되었다는 것을 가리킨다. 두 번째 예에 기재되어 있는 '이주已奏'는 도착
한 문서의 주요 부분이 이미 책임 관원에게 발송되어 검열을 받았다는 것을
가리킨다.

"장액군 거성사마"(張掖居城司馬)
"갑거장추에게 우행으로 전달함."(甲渠障候以郵行)
"9월 무술일 수졸 동이 가지고 옴. 2건임."(九月戊戌隧卒同以來·二事)

—『신간』EPT43·29

"동문보"(東門輔)
"갑거관 윤월을해일 제7졸이 가지고 옴."(甲渠官 閏月乙亥第七卒以來)
"성북부적부"(誠北部跡簿)

—『신간』EPT51·129

위에서 인용한 두 예에 보이는 봉함문封函文 중 "갑거장후이우행甲渠障候以郵行"과 "갑거관甲渠官"이 원문의 글자인 것을 제외하고, 나머지는 모두 2차적으로 서사된 수신 기록이다. 그 형식은 전술한 봉검과 같다. 첫 번째 예에서 평석에 해당하는 '이사二事'는 도착한 문서가 두 가지 일과 관련이 있다는 것을 가리킨다. 두 번째 예에서 비주에 포함된 "성북부적부誠北部跡簿"는 도착한 문서의 주요 부분이 성북부誠北部 일적日跡 순찰 통계를 가리킨다. 단독으로 작성된 수신, 발신, 문서의 등기 형식은 다음과 같다.

> "불침수후장 성사의 광지수장□풍에 대한 채무 800전을 광지후관으로 전달함. ·1건 1봉, 8월 임자일 위사 병이 봉함."(不侵守候長成敕之責廣地隧長□豐錢八百, 移廣地候官. ·一事一封 八月壬子尉史並封)
>
> —『합교』58 · 11

> "위사 승록을 파견하여《7월리졸병9인음약유료명적》을 가지고 관부에 가도록 함. 1건 1봉, 7월 경자일 위사 승록이 봉함."(遣尉史承祿便七月吏卒病九人飲藥有廖名籍詣府, 會八月旦. ·一事一封 七月庚子尉史承祿封)
>
> —『합교』311 · 6

이상의 두 예는 문서를 발송한 기록이다. 통상 세 개의 란欄으로 구분되어 있는데, 첫 란에는 대략적인 사항이 기술되어 있고, 중간 란에는 사항의 수와 봉함의 수와 봉함방식이 기재되어 있는데, 앞에서 예로 든『합교』33 · 2의 '일사집봉一事集封',『합교』136 · 39의 '이사집봉二事集封',『합교』45 · 25의 '이사이봉二事二封' 등도 이것과 같다. 마지막 란에서는 봉함한 날짜와 담당자가 기재되어 있다.

> "문서3봉 : 1봉은 여헌의 인장. 1봉은 왕건국 · 1봉은 이승, 10월 계사일 영사 홍이 개봉함."(書三封 : 其一封呂憲印 · 一封王建國 · 一封李勝, 十月癸巳令史

弘發)

―『합교』 180・39, 190・33

　"문서5봉, 편지3 : 2봉은 왕헌의 인장・2봉은 여헌의 인장・1봉은 손맹의
인장・1봉은 왕강의 인장・1봉은 성선의 인장・1봉은 왕윤의 인장, 2월 계해
일 영사 당주가 개봉함."(書五封、檄三 : 二封王憲印・二封呂憲印・一封孫猛
印・一封王彊印・一封成宣印・一封王充印, 二月癸亥令史唐奏發)

―『합교』 214・24

　이상의 2가지 예는 수신 기록인데 세 개의 란으로 구분된다. 첫 번째 란은
도착한 문서의 수량과 종류가 기재되어 있고, 중간 란에는 도착한 문서의
인장이 기재되어 있으며, 마지막 란에는 개봉한 날짜와 담당자가 기재되어
있다. 발發은 봉한 것을 뜯는다는 의미로, 문서 발송 기록의 '봉封'자와 서로
반대된다.

　위의 문장에 보이는 문서 수신・발신 기록에 나타나 있듯이, 당시 수신・
발신 문서를 취급하고 있던 사람도 각급 기관의 비서였는데, 이 점은 진대秦代
에도 마찬가지였다. 다만 진간秦簡에 보이는 서명자는 아직 구체적인 관직명
을 쓰지 않을 뿐이다. 『리야진간里耶秦簡』[30]의 관련 기사를 예로 들면 다음과
같다.

　33년 4월 신유삭 병오, 사공 등이 감히 이를 말합니다. 양릉 효리의 사오
충이 1,334전의 자전貲錢이 있습니다. 충은 동정군에서 수戍하고 있지만 어느
현縣에서 근무하는지 몰라 지금 전교권錢校券 1매를 만드니 동정위洞庭尉에게
아뢰어 충이 근무하고 있는 현으로 하여금 채무를 양릉사공에게 주도록 하십시
오 사공은 명계名計를 작성하지 않아 어느 현관에서 장부를 계산했는지 물어
연수를 계산해 근무부서에 주어 보고하도록 하십시오. 이미 그 집에 독촉을

―――――

30　湖南省文物考古研究所, 『里耶發掘報告』(岳麓書社, 2007).

해보았지만 집이 가난해 납입할 수가 없어 이에 수소戍所로 보냅니다. 부서의 책임자가 개봉하십시오. 감히 이를 말합니다.[31]

4월 기유, 양릉수승 주가 감히 이를 말합니다. 위를 베껴 아뢰어 보고합니다. 금포金布에서 개봉하도록 하십시오. 감히 이를 말합니다. 담儋이 처리함.[32]

34년 8월 계사삭 갑오일, 양릉수승 흔이 감히 이를 말합니다. 아직까지 고지가 없으므로 다시 아룁니다. 감히 이를 말합니다. 감墈이 처리함.[33]

35년 4월 기미삭 을축일 동정가위 휴가 현정, 천릉승에게 말함. 양릉의 졸이 천릉에서 근무하므로 율령에 따라 이를 처리하고 보고하라. 가嘉가 처리함.[34]

동정사마의 인장으로 이 문서를 봉인해 행서함. 경敬이 처리함.[35]

위에 인용한 목독은 사오士伍 충衷이 자전貲錢(벌금으로 지불해야 할 돈)을 빚진 일을 둘러싸고 4개의 문서로 구성되어 있는데, 문서를 발송한 시기가 각각 다르다. 즉, '33', '34', '35' 세 해에 걸쳐 있으며, 책임자와 담당자가 각각 다르다. 33년 4월 병오일의 문서의 책임자는 [양릉]의 사공인 등騰이고 담당자는 간독 뒷면 하단에 서명한 '경敬'이다. 수手는 '취급하다', '손수'라는

---

31 卅三年四月辛醜朔丙午, 司空騰敢言之：陽陵孝里士五(伍)衷有貲錢千三百卌四. 衷戍洞庭郡, 不智(知)何縣署, 今爲錢校券一, 上謁言洞庭尉, 令衷署所縣責以受(授)陽陵司空, [司空]不名計, 問何縣官計, 付署計年爲報. 已訾責(債)其家, [家貧]弗能入, 乃移戍所, 報署主責發, 敢言之.
32 四月己酉, 陽陵守丞廚敢言之. 寫上謁報, 報署金布發, 敢言之. 儋手.
33 卅四年八月癸巳朔甲午, 陽陵守丞欣敢言之. 至今未報, 謁追, 敢言之. 堪手.『里耶發掘報告』[9]4正面(彩版二十五左3)
34 卅五年四月己未朔乙丑, 洞庭假尉觿謂廷·遷陵丞：陽陵卒署遷陵, 以律令從事, 報之. 嘉手.
35 以洞庭司馬印行事
敬手『里耶發掘報告』[9]4背面(彩版二十六左3)
여기서의 '敬手'는 석문에는 빠져 있는데, 지금 도판에 의거하여 보충하였다.

뜻이다. '경수敬手'는 이 문서는 '경敬'이라는 이름을 가진 사람이 취급하였고, 취급한 업무는 초고 작성과 문서 발송을 포함한다는 것을 가리킨다. '사월을 유四月乙酉'는 '삼십삼년사월기유卅三年四月己酉'를 가리키는데, 그 전에 이미 연도가 있기 때문에 다른 기관으로 전송할 때 연도를 생략한 것이다. 33년 4월 기유일의 문서의 책임자는 양릉수승이고 담당자의 이름은 '담詹'이다. 앞의 두 문서가 발송된 후 회답이 없기 때문에, 34년 8월 갑오일에 양릉수승 주廚가 다시 문서를 발송하여 이 일을 문의한 것인데, 담당자의 이름은 '감埑'이다. 목독 뒷면의 35년 4월 을축일의 문서는 동정가위 휴觿가 목독 정면에 보이는 세 개의 문서를 처리한 것인데, 담당자의 이름은 '가嘉'이다. 당시 동정군부洞庭郡府는 사오 충衷이 천릉현遷陵縣에 주둔해 있다는 것을 알아냈다. 그래서 천릉승에게 문서를 발송하여 충衷이 자전을 빚진 일을 책임지고 처리해 줄 것을 부탁했지만, 양릉 쪽에서의 직접적인 회신은 보이지 않는다. 또, 어떤 문서에 문서를 받은 시간과 배달한 사람 등이 자세히 기재되어 있는 경우도 있다. 예를 들면

　　32년 정월 무인삭 갑오일, 계릉향색부가 감히 이를 말합니다. 성리의 전, 계릉의 우인이 결원이 되어 성리의 사오 개, 성을 제수하여, 성을 리전으로 하고 개를 우인으로 하고자 합니다. 령, 위로 하여금 이 일을 처리하도록 감히 이를 아룁니다.[36]

　　정월 무인삭 정유일, 천릉승 창이 계릉에 힐문하기를, 27호에 이미 한 명의 전이 있는데 지금 다시 성을 전으로 제수함은 어떤 율령에 의한 것인가? 마땅히 위가 이미 성, 개를 계릉우인으로 제수했으니 그것은 율령대로 하라. 기氣가 처리함. 정월 무술일에 수부守府의 쾌快가 행서함.[37]

36　卅二年正月戊寅朔甲午, 啓陵鄕夫敢言之：成里典、啓陵郵人缺, 除士五(伍)成里句·成, [成] 爲典, 句爲郵人, 謁令·尉以從事, 敢言之.『里耶發掘報告』[8]157正面(彩版二十一之中)

정월 정유일 단식시에 예첩인 염이 가지고 옴. 흔이 개봉함. 임壬이 처리함.[38]

이 목독을 보면 세 종류의 서로 다른 필적으로 기재되어 있다. 첫 번째는 32년 정월 갑오일의 문서로 책임자는 계릉향부이고 담당자는 목독의 뒷면에 서명한 '임壬'이다. 두 번째는 정월 정유일의 문건으로 책임자인 천릉현승 창昌이 회신하고 전술한 문건을 계릉향으로 돌려 보낸 것인데 담당자의 이름은 '기氣'이다. 이 문서는 그 다음날에 '쾌快'라는 사람이 배달에 착수한 것으로 되어 있다. 세 번째는 "정월정유단식시正月丁酉旦食時"라는 수신 기록이 있는 것으로 문서가 도착한 시간과 배달한 사람이 기재되어 있다. 문장에서 '흔欣'은 기록한 사람이자 개봉한 사람이다.

위에서 살펴본 두 가지 예와 한간을 비교해 보면 진대 문서의 담당자는 '감수堪手'나 '가수嘉手'와 같이 단지 서명 뒤에 '수手'자만 덧붙인다. 수手는 '취급한다'는 뜻으로, 초안 작성을 취급하거나 배달 및 수령 등의 사무를 취급하는 것을 포괄한다. 그러나 한대 문서의 담당자는『합교』160·6의 "연포掾襃·영사담令史譚·위사종尉史宗"와 같이 구체적인 관직 다음에 인명을 기재한다. 진한시대의 문서는 담당자가 서명하는 방법을 채택함으로써 작업의 책임을 명확하게 하고, 감독과 검사의 편리성이라는 목적에 도달함으로써, 문서 작업이 정확하고 효율적으로 진행되도록 보장해주었다.

---

37 正月戊寅朔丁酉, 遷陵丞昌卻之啓陵：廿七戶已有一典, 今有(又)除成爲典, 何律令？應尉已除成·匄爲啓陵郵人, 其以律令. 氣手. 正月戊戌日守府快行.
38 正月丁酉旦食時, 隸妾冉以來. 欣發. 壬手.『里耶發掘報告』[8]157背面(彩牘二十之中)

집필진(원고 게재 순)

김경호金慶浩 I 성균관대학교 동아시아학술원 인문한국사업단(HK) 교수

이승률李承律 I 성균관대학교 동아시아학술원 인문한국사업단(HK) 교수

후지타 가쓰히사藤田勝久 I 일본 에히메愛媛대학 법문학부 교수

히라카와 미나미平川 南 I 일본 국립역사민속박물관장

지쉬셩李旭昇 I 대만 현장玄奘대학 중문과 교수

천웨이陳衛 I 중국 무한武漢대학 역사학원장 겸 간백연구중심 주임

권인한權仁瀚 I 성균관대학교 문과대학 국어국문학과 교수

이누카이 다카시犬飼 隆 I 일본 아이치愛知현립대학 교수

야나카 신이치谷中信一 I 일본여자대학 교수

천쑹창陳松長 I 중국 후난湖南대학 역사학원 교수 겸 악록서원 부원장

리쥔밍李均明 I 중국 칭화淸華대학 출토문헌 연구보호중심 연구원

동아시아 자료학의 가능성 고대 동아시아사의 이해를 중심으로

1판 1쇄 인쇄 2009년 10월 20일 I 1판 1쇄 발행 2009년 10월 30일

책임편집 권인한 · 김경호 · 이승률 I **편집인** 김동순, 성균관대학교 동아시아학술원 02) 760-0781~4
펴낸이 서정돈 I **펴낸곳** 성균관대학교 출판부 02) 760-1252~4 I **등록** 1975년 5월 21일 제1975-9호
주소 110-745 서울특별시 종로구 명륜동 3가 53 ⓒ 2009, 성균관대학교 동아시아학술원

값 20,000원
ISBN 978-89-7986-841-8 94150 978-89-7986-832-6 (세트)

본 출판물은 2007년 정부(교육과학기술부)의 재원으로 한국연구재단(구 학술진흥재단)의 지원을
받아 수행된 연구임(NRF-2007-361-AL0014)